本教材得到了以下项目的重点资助：

国务院侨务办公室立项

彭磷基外招生人才培养改革基金资助

暨南大学教学改革研究项目（本科课程中心专项）

基于侨校特色的《大学与人生导论》课程教育改革的理论

本教材得到了以下项目的资助：

国务院侨办、暨南大学境外生通识教育课程体系改革项目

《华侨华人留学生高等教育系列精品教材》2010 年获批

广东省教育科学规划课题

“境外生法制教育与德育的整合的主要问题及对策研究” 课题批准号 06SJY017

暨南大学第八批教育教学改革研究项目

侨校特色《思想道德修养与法律基础》课程体系的研究课题批准号 JYX0842

暨南大学技术创新工程网络教学资源项目

《思想道德修养与法律基础》第三批立项序号 36

暨南大学校级精品课程

《思想道德修养与法律基础》项目批准号 200751031765

谨此感谢！

大学与人生导论

（修订版）

Introduction to university and life

金 焱 魏传光 主编

暨南大學出版社
JINAN UNIVERSITY PRESS

中国·广州

图书在版编目（CIP）数据

大学与人生导论/金焱，魏传光主编．—修订版．—广州：暨南大学出版社，2014.7（2022.1 重印）
ISBN 978－7－5668－1018－2

Ⅰ.①大…　Ⅱ.①金…②魏…　Ⅲ.①大学生—人生观—高等学校—教材
Ⅳ.①G641.2

中国版本图书馆 CIP 数据核字(2014)第 091329 号

大学与人生导论（修订版）
DAXUE YU RENSHENG DAOLUN（XIUDINGBAN）
主　编：金　焱　魏传光

出 版 人：张晋升
责任编辑：潘雅琴　李　苗
责任校对：方　敏　徐晓俊
责任印制：周一丹　郑玉婷

出版发行：暨南大学出版社（510630）
电　　话：总编室（8620）85221601
　　　　　营销部（8620）85225284　85228291　85228292　85226712
传　　真：（8620）85221583（办公室）　85223774（营销部）
网　　址：http：//www.jnupress.com
排　　版：广州市天河星辰文化发展部照排中心
印　　刷：广东虎彩云印刷有限公司
开　　本：787mm×960mm　1/16
印　　张：23
字　　数：420 千
版　　次：2010 年 9 月第 1 版　2014 年 7 月修订版
印　　次：2022 年 1 月第 6 次
印　　数：12001—12200 册
定　　价：49.80 元

序

大学——人生卓越的平台

蒋述卓

大学究竟是什么？答案众说纷纭。有人说：大学既不是天堂，也不是地狱，它仅仅是一个平台，一个人生的跳板。有些人在这个跳板上，由凤凰沦为麻雀；而有些人却借助这个平台，由麻雀变成凤凰。的确，大学是人的一生走向卓越的最好平台。因为，大学是人生，人生更是一所大学。在人生的历程中，大学就像一座灯塔放射出智慧的光芒，照耀着人生之梯，为人生的意义增添了无穷的想象。大学，虽是人生抛锚起航的一段行程，但这段行程却是整个人生最厚重的积淀，最黄金的时段。正是这段行程，促使我们全面发展、“精神成人”。正如儒家经典《大学》里面的一句话：“大学之道，在明明德，在亲民，在止于至善。”尽管这里的“大学”不是现代学制意义上的大学，但其表达的“大学之道”却是现代大学应该追求的精神内核与文化自觉。大学育人的最终目的是人格，而不是人力，其宗旨在于弘扬人的精神品质，在于使人弃旧图新，在于使人达到更理想的境界。《大学与人生导论》正是在这个意义上付梓出版的。

当今世界，国与国之间的竞争集中体现在综合国力上，而综合国力的强弱不仅体现在科技和生产力的发展水平上，也体现在以人的素质为表现形式的思想文化的发展水平上。大学，正是人类优秀思想文化传承的最好平台。因为大学本身就是一种文明的象征，是知识库、思想库、人才库，也是社会发展的晴雨表。大学意味着梦想，意味着提升，意味着创造，意味着超越——超越时代之局限，超越种族之狭隘，超越世俗之喧嚣，达到最深邃、最博大、最透彻、最浩瀚的境界，达到心灵的安宁、精神的升华和本性的自由。通过大学教育，我们每一个人都应该获得一种新的人生：它使我们能够从一粒沙中看到一片风景，从一朵云中想象一个传说，从一滴水中感受生活的丰富，从迤逦的花草中感悟生命的顽强，从而形成一整套完全属于自己的人生哲理及人生诗篇。而《大学与人生导论》正是遵循大学生成长的基本规律，以人生观、价值观、道德观、法制观教育为主线，综合运用相关学科知识，教育、引导大学生加强自身修养，了解、认知并弘扬中华民族的伟大民族精神和优良道德传统，培养高尚的理想情操和良好的道德品质，树立体现人类共同追求的、富有时代精神的价值标准和道德规范，并对大学生进行法制观念、法律意识以及以中国宪法为核心的各部门法律的知识教育，以了解中国的法治思想和法律制度。此外，为帮助大学生进一步理解“一国两制”国策的意义与内涵，书中还增加了港澳基本法的内容。综观该书，可以概括出以下三个特点：

（1）思想的开放与宽容。该书前七章以人和人生为经，以社会与自然为纬，从理论与实践的结合上，系统地探讨了人的本质、人的需要、人的自由等人生基本理论问题；论述了人生真谛、人生目的、人生价值、人生态度、人生理想等人生范畴；分析了人生与社会环境、人际环境的关系；揭示了人的德性、人格、心理、成才等重要人生课题的内蕴；指出了正确选择人生道路的原则、途径和方法。力图为大学生展现一幅完整的人生画卷，激发他们去探索人生奥秘，思考人生哲理，开启人生智慧，掌握人生艺术，实现人生价值。后三章通过概述基础法理、当代中国的法治思想、法律制度及规范，使学生在了解把握当代中国的法治与法制以及法律常识的基础上，进一步明确：民主与法治、公平与正义是衡量社会文明进步的重要尺度，是构建和谐社会的基本价值取向；法律的终极价值之一是自由，自由的核心理念是包容、宽容。在学习法理、宪法及实体法的理论过程中使大学生既增强法制观念，又陶冶博爱、仁善、宽容之人文情怀；既懂得尊重他人及其权利，也学会尊重自己，珍重自我的人生价值。

（2）学科的严谨与缜密。该书集思想性、科学性、知识性和实践性为一体，以应用为中心，有较强的现实性、针对性和可读性，更加贴近生活、贴近实际、贴近大学生；同时融合了各学科的知识，包括政治学、法学、伦理学、社会学、心理学、人才学、美学等方面的知识，构建了合理的知识结构，为境内及境外不同社会制度下大学生思想道德素质的提高奠定了理性认识的基础；而且还把人格、道德修养与法治精神及知识建构有机地进行整合，把弘扬中华优秀传统文化与吸纳人类文明精粹与创建现代文明有机地结合起来，重在塑造多元文化背景下现代青年学生的优良品质。

（3）情感的真挚与热忱。列宁说：“没有人的‘感情’，就从来没有也不可能有对于真理的追求。”的确，“感人心者，莫先乎情。”要实现人对人的理解，关键在于“情”。只有心灵碰撞，情感交融，方能产生沟通、共鸣、体验、理解和认同。就德育教材而言，其优劣评价的根本标准，在于其思想内容能否成为作者与读者之间情感交流的共鸣器，能否触动读者情感的心弦。可以看出，《大学与人生导论》在“情”字上是下了一番工夫的。该书通篇以人为本，以情动人，以情育人，努力做到情理交融，情理并茂，充分体现了现代教育的民主思想。此外，该书还体现了时代特征和大学生的特点，紧密联系时代特征以及现代社会对人才的新要求，结合大学生的思想特点和实际，深刻探讨了当代大学生关注的许多热点、难点问题。该书尊重学生在教育中的主体地位，注重以平等的态度与学生交流，并尽可能在语言风格上、思维方式上贴近学生，力避空洞说教和枯燥的模式。

总之，《大学与人生导论》一书在诸多方面做了新的有益尝试，这是难能可贵的，也是值得充分肯定的。

大学成就人生，人生成就辉煌，这就是大学与人生。是为序！

2010 年 8 月 20 日
于暨南园

目 录

第一章

大学理念与价值目标

> 大学并不是诗人或不朽作家的摇篮，也不是培养伟大人物的诞生地，尽管大学有这样的人才。但是大学是通过一种伟大而又平凡的手段，去实现一个伟大而又平凡的目的。大学旨在提高社会的思想格调，提高公众的智力修养，纯洁国民的情趣，为大众提供真正的原则，为大众的志向提供确定的目标，扩展时代的思想……
>
> ——［英］约翰·亨利·纽曼

在《剑桥趣闻散拾》中有一则关于岗维尔及基斯学院（Gonville & Caius College，初创于 1348 年）的故事：

1557 年，基斯博士（Dr. Caius）出资重新建设了该学院，他的名字也就理所当然地成了该学院名称的一部分。但有意思的是，基斯博士在重建该院时，巧妙地设计了三道大门：

第一道门叫谦卑门（The Gate of Humility ），其意义是：谦卑是一种姿态、一种睿智，更是一种品质。学生刚刚踏进大学的门槛，知识浅薄，应以谦卑的态度来求学。

第二道门叫功德门（The Gate of Virtue ），其内涵是：功德、功劳和恩德。功是指善行，德是指善心。学生在学院经过一段时间的学习和培养，学业上大有长进，但这还不够。学院是育人的场所，学生除了学业优良之外，还应注重操行品德的修养，只有品学兼优的人，才能为人类社会作出贡献。

第三道门叫荣誉门（The Gate of Honour），这也是最后一道门，是通往剑桥大学的议会大厦（Senate House，大学授予学位的场所）。其象征是：荣誉是一个人的名誉和尊荣，名誉和尊荣与责任感密切联系，忠实履行对社会、国家或他人的义务是获得荣誉的前提。学生经过自身的努力和学院的培养，在学业和品德上都达到了毕业的要求，就可以高高兴兴地通过这道门，去领取学位证书。达不到要求、不合格的学生，就没有资格通过这道门。

这则故事不仅巧妙地道出了学生在大学成长的历程，而且进一步引申出大学的理念与价值目标，真可谓匠心独运！

第一节　大学的历史与发展

世界上每一所大学都有自身的历史，每一所大学也都有自身的发展。大学发展的历程总是伴随着人类文明的变迁而变迁，一所大学的历史越长，其培养的学生越多，文化积淀也就越深厚。

——编者的话

一、大学的历史起源

世界上第一所大学诞生的确切之日是什么时候，这个问题可能历史家也无从考究。但大多数学者认为在近现代意义大学出现之前，人类的高等教育其实已存在了数千年。古代中国、埃及、印度等都是高等教育的发源地，古希腊、罗马、拜占庭及阿拉伯国家也都建立了较完善和发达的高等教育体制。

（一）中国大学的起源

据古籍记载，中国在公元前2700年前就有了“大学”之称。虞夏商时期的上庠、东序、右学等，从某种意义上来说都已经具备高等教育的一些属性。周代金文中关于周天子带领群臣及学生在“学宫”习射和作乐舞，这里的“学宫”即大学，已基本具有高等教育的性质。在中国的官学中，太学和国子监是封建社会的最高学府。汉代的太学，可以说是古代世界上规模最大的高等学府，太学的课程以通经致用为主，学生分经受业，经考试及格，任用为政府官吏。太学以《诗》、《书》、《礼》、《易》、《春秋》等儒家经典为教材。除此之外，私学在中国教育史上也占有重要的地位，私学按程度分有蒙养教学和经师讲学，后者相当于大学。伟大的教育家孔子是最早开办私学的人，弟子三千，贤人七十二。汉代以后的私家经馆，培养了大批不求功名的学术人才，对弘扬民族文化、促进高等教育的发展起到了很大的作用。唐宋时期，私家经馆发展为书院，书院是中国古代学者研究学问、聚徒讲学的教育场所。宋朝时期，又有了较大的发展，并出现了一些著名的书院，当时最著名的有四大书院：江西庐山的白鹿洞书院、湖南长沙的岳麓书院、河南商丘的应天府书院、河南登封的嵩阳书院。书院大多是自筹经费，建造校舍。教学采取自学、共同讲习和教师指导相结合的形式进行，以自学为主。它的特点就是为了教育、培养人的学问和德行，而不是为了应试获取功名。

书院，是东亚古代教育制度有别于官学的另一种教育系统，是实施藏书、教学与研究三结合的高等教育机构。书院制度萌芽于唐，完备于宋，废止于清，前后千余年的历史，曾对中国封建社会教育与文化的发展产生了重要的影响（来自百度图片）

明朝最著名的书院是江苏无锡的东林书院。当时明朝统治阶级曾先后4次禁毁书院，然而书院有着顽强的生命力，多次毁而不绝。东林书院有一副经典对联至今仍在传颂，让人不得不感叹它的大气与魄力："风声雨声读书声，声声入耳；家事国事天下事，事事关心。"其蕴含的哲理是：读书人既要认真读书，又要有关心国家大事的胸怀。一个人生活在世上不能"两耳不闻窗外事，一心只读圣贤书"，应该时时刻刻关注这个世界和这个世界所发生的一切，并用心去感受世间百态，而不要读死书。"天下兴亡，匹夫有责"，关心国家大事是每个公民应尽的义务。

（二）埃及大学的起源

埃及文化是世界最古老的文化之一。古王国和中王国是古代埃及的黄金时代，其政治和经济的发展促成了文化教育的发展。据古埃及文献的记载，在中王国时期（约公元前2040—公元前1786）已建立了良好的学校，包括宫廷学校、职官学校、寺庙学校、文士学校等。这些学校传授的课程不同，水平也不同，有的机构已具有高等学校性质，如法老邀请文人学者在宫中议论朝政和钻研治术，组成水平较高的"文人之家"，有教育史学家竟称之为当时的大学。新王国时期（约公元前1567—公元前1085），埃及出现了研究高深学术和培养高深专业人才的寺庙，如海立欧普立斯大寺（Helioplis），也称日神大寺，教育水平极高，被誉为“最普通和渊博的知识中心”。该寺聚集了一批卓越的学者，寺中的高级祭司是皇家天文学家，应用数学、天文学和物理学是这里研究的重要学科。该寺有藏书丰富的图书馆，经常举办一些学术讨论，吸引了各地慕名而来的游学者，犹太的摩西、希腊政治家梭伦、哲学家泰勒斯和柏拉图都曾游学此地。

（三）印度大学的起源

印度是一个多民族、多宗教、联邦制的古文明国家，古代印度就有行使高等教育职能的教育机构，其中巴瑞萨（Parishad）和隐士林（Hermitage）是古印度最早的高等学府，也是婆罗门学者讲学之地。公元前600年，印度一些文化中心出现了“大学”。最著名的塔克撒西拉（Takasasila）大学，历经数百年之久，马其顿王亚历山大曾在该校学习印度哲学，该校注重宗教、哲学、逻辑、文学、数学、天文、医学等多种学科。公元前6世纪，佛教兴起，寺院成为佛教最重要的教育场所，学习内容除佛教经典和宗教仪式外，还有其他各种科学。一些学术水平较高、规模较大的寺院，除了负责培养僧侣外，还要从事各种学术研究，经常举行学术讨论和演讲。在玄奘时期，纳兰陀寺规模宏大，有僧师1 500余人，僧徒达8 500人之多，几乎每天都有100项学术讨论或报告分别在殿堂或讲堂举行，讨论和报告的内容极为丰富，无所不包。

苏格拉底（公元前469—公元前399），他实施问答法教学，构建了一个坚实的传播知识的基础。他的教学没有固定场所，几乎在任何地方都可施教。他曾说过：最有效的教育方法不是告诉人们答案，而是向他们提问（来自百度图片）

（四）古希腊与古罗马

古希腊的高等教育源于古希腊诗人和自然哲学家对其门徒传授自己的诗歌和学说，但这只是个别教学的方式。直至公元前5世纪出现了智者的教育活动才开始了集体教学。如古希腊哲学家和教育家苏格拉底（公元前469—公元前399），他实施问答法教学，构建了一个坚实的传播知识的基础。他的教学没有固定场所，几乎在任何地方都可施教，如角力学校、体育馆、私人住所、大街上以及任何便利的地方。哲学家柏拉图是苏格拉底的学生，公元前393年他的朋友们在雅典为他买了一座靠近体育馆的花园和小屋，在这里他开办了学园。他在学园里生活和从事教学活动长达40年之久，学园是古代最早在教育目标上既体现社会功用性又体现人文性的教育机构，因此被世人看作是世界第一所大学。亚里士多德（Aristotle，公元前384—公元前322）是古希腊最博学的哲学家、科学家和教育家。公元前335年，亚里士多德仿效他的老师柏拉图所办的学园在雅典创办哲学学校吕克昂（Lykeion）。吕克昂是古代第一所具有大学性质的学校。

古代罗马是欧洲第二个典型的奴隶制国家。古罗马在其发展过程中，受到希腊影响很大，在欧洲史上，通常把希腊、罗马并提。在文化教育方面也是如此，所谓“古典”文化教育，就是指古代希腊、罗马的文化教育。最初罗马没有大学，有意深造的青年多到希腊的雅典大学、罗德大学、亚历山大里亚大学去学习。至费斯巴西大帝在位时，在罗马城的和平寺设立一个图书馆，后来演变为罗马大学。

以上对中外高等教育的历史起源进行了陈述，虽然许多教育史学家把上述的地方高等学府也称为大学，但严格来说，它们并不是近现代意义的大学。

二、近现代意义的大学

（一）近代意义的大学

近代意义的大学起源于中世纪的欧洲，是欧洲中世纪留给后世最可称赞的文化遗产。11世纪，西欧封建制度已经确立，农业生产缓步上升。随着剩余产品的增多，手工业得到发展并逐渐从农业生产中分离出来，商业活动也逐步展开。专职的工商业者聚居一处，从事生产和贸易，逐渐形成了中世纪的城市。城市的普遍兴起和发展，国际贸易和交往的日益频繁，加上十字军东征使拜占庭文化迅速传遍整个欧洲，客观上促进了欧洲文化的发展。这些社会条件的变化，使原有的僧侣学校和大主教学校再也不能满足社会发展的需要。在意大利、法国和英国的一些地方，师生们为了保障自己的权利，仿照手工艺人行会的方式，组成教师行会或学生行会。后来由于需要，教师行会和学生行会结合成学习和研究的“组合”（universitas），后又组成了系（faculty）和学院（college），开设了规定的课程，实施了正式的考试，雇用了稳定的教学人员，颁发了被认可的毕业文凭或学位等，这些“组合”就成了最早近代意义的大学。从这个意义上来说，大学的历史发展源于12世纪。由于这一时期的大学主要从事纯理论研究，与社会保持一定的距离，因而被称为“象牙之塔”，意为与世隔绝的梦幻境地、逃避现实生活的世外桃源、隐居之地。

值得一提的是，成立于12世纪初的巴黎大学是由巴黎圣母院大教堂学校发展而来，以研究神学著称，该校分文、法、医、神学四科，后来发展成为西欧各大学的“典范”，被誉为“世界大学之母”。总之，中世纪大学有其独有的特征：浓厚的宗教气氛；由专业人士担任教师；文、法、医和神学是大学的主要学科。

（二）现代意义的大学

尽管近代意义的大学起源可以追溯到12世纪前，但直到18世纪末以前，大学主要是培养神职人员与“绅士”的地方，并未成为知识创新与传承的主要机构，大学在社会中的地位远远无法与今天相提并论。

真正现代意义的大学起源于德国。德国大学的兴起是与德国民族意识的形成和民族国家的构建联系在一起的。拿破仑征服德国唤醒了德国人的民族意识。面对拿破仑军队的入侵，德国著名哲学家费希特于1807年末至1808年初以“告德国人民”为标题连续发表了14次演讲。他呼吁德国必须通过发展教育振兴民族精神，实现民族使命。只有教育能够使个人的道德、知识、体力、经济能力得到充分发挥。费希特提出的教育目标被德国另一个伟大的政治家、教育家洪堡所完善和具体化。可以毫不夸张地说，洪堡不仅是德国“现代高等教育之父”，而且也是对现代大学制度贡献最大的思想家。1809年，洪堡建立了柏林大学，柏林大学是德意志现代文明的摇篮，它颠覆了传统大学模式，倡导“学术自由”和“教学与研究相统一”。该大学树立了现代大学的完美典范，人们尊称它为“现代大学之母”。德国现代大学的兴起对德国科学技术的发展以及民族复兴的贡献是不可磨灭的。从19世纪20年代到20世纪初，世界科学研究的重心在德国。

（三）美国现代大学的兴起与发展

德国在很短时间内实现工业化的经验令其他国家刮目相看，人们很快将视角投向德国的教育制度，尤其是大学制度。从19世纪中后期开始，西方国家纷纷效法德国大学模式，并以这一模式改造本国的大学。在这方面最有成果、最有创造性的是美国。

美国在独立战争以前就办起了大学，这些大学是模仿牛津、剑桥的模式兴办的。不过在相当长时间内，许多美国人仍以在欧洲接受大学教育为荣。1850—1914年，成千上万的美国学生赴欧洲留学，愈来愈多的学生选择德国作为留学国家。这些留学生从德国学到了授课制度、实验室制度、讨论课制度、博士学位制度、学期制度等现代大学制度。从 19 世纪后半期起，这些从德国归国的留学生开始运用德国的模式改造美国大学。1860—1920 年是美国大学改造与发展的主要时期。通过这一时期的改造，美国完成了自己的大学构建。而且，美国在根据德国模式改造本国大学的过程中，成功地修正了德国模式中某些僵化的方面，将诸多不同的大学理念成功地结合在一起，创造了独具美国特色的大学制度。自 19 世纪后半期以来，美国大学的改革与蓬勃发展为其经济后来居上作出了巨大贡献。

三、中国大学介绍

（一）中国近代最早的大学（1840—1911）

在中国古代，是以“书院”或准书院的方式，实现着大学的功能。而中国近代意义的大学可以说是由外来因素所引发的。近代中国在与世界列强的斗争失败之后，兴国革新的举措在全国骤起：军事兴国、教育兴国、工业兴国、科学兴国等。高等教育方面，初期创办了翻译介绍西方科学技术和通晓洋务的外语学堂与直接学习西方军事技术以及其他各种专门技术的各类专科学堂。后来，有识之士逐步认识到，国家的兴起仰赖于国民素质，于是，师范学堂受到重视和发展。再后来，中国自己的现代大学就孕育发展起来了。

1840 年鸦片战争之后，洋务运动兴起，西学东渐，出现了许多新式学堂。这一时期创办的新式学堂以外语学堂和军事学堂为主，如京师同文馆、上海广方言馆、马尾福建船政学堂、天津水师学堂、武汉湖北武备学堂、南京江南水师学堂等。

1895 年中国在中日甲午海战中惨败后，变法之声顿起。当时，天津中西学堂改办为北洋大学堂，1903 年又改名为北洋大学，主要培养工程技术人才，为中国近代工程学科的鼻祖，也是中国近代第一所大学。后几经变革定名为天津大学。

1898 年京师大学堂在戊戌变法中应运而生，这是中国近代第一所国立大学、综合大学，是当时的最高学府，兼为大学堂和全国最高教育行政机关。1912 年京师大学堂改名为北京大学。

（二）中华民国时期的大学（1911—1949）

现代意义上的大学，主要的特征是“学术自由”和“教授治校”。始建于 1911 年，1925 年设立大学部的清华大学，在一批具有世界眼光和现代大学教育观念的有识之士的共同努力下，得以奠定“学术自由”和“教授治校”的制度架构，成为中国最具有现代意义的第一所大学。

民国时期的大学，虽然不同时期都有政治势力的渗透，但是总体来说，大学治校还是相当的独立，学术研究也有相当的自由。当时，国立北京大学、国立清华大学、国立浙江大学、国立武汉大学和台湾中央大学一起被称为“中国”五大名校。台湾中央大学、国立西南联合大学、国立浙江大学，这三所大学在中国国难当头的八年抗战时间里所培养的人才，可能比其他任何时期都要多，所做的研究工作也卓有成效。台湾中央大学、国立西南联合大学、国立浙江大学、国立武汉大学被誉为当时全国的四大名校。

至今令人难忘的是国立西南联合大学，它存在的时间不满 9 年，就读学生不过 8 000 人，而且条件简陋，生活艰苦，却培养出了一大批人才，今天的中国，当年联大师生担任的中国科学院、工程院院士共 171 人（学生 92 人），其中有杨振宁、李振道 2 人获得诺贝尔奖；赵九章、邓稼先等 8 人获得“两弹一星”功勋奖；黄昆、刘东生 2 人获得中国国家最高科学技术奖；宋平、彭云等人成为国家领导人。美国弗吉尼亚大学历史学教授 JohnIsrael（中文名“易社强”）就对为什么在那么艰苦简陋的条件下，西南联大能作出如此突出的贡献这个问题进行了多年的研究，并为此多次到我国大陆和台湾访问。他说：“西南联大是中国历史上最有意思的一所大学，在最艰苦的条件下，保存了最完好的教育方式，培养出了最优秀的人才，最值得人们研究。”

战时，中国大学的物质条件极差。那时我们的校舍非常的简陋。宿舍是茅草房子，没有楼房；教室屋顶是铁皮做的，下雨时，叮叮当当的声音响不停。教室和宿舍的地板是泥土压成的，满是坑坑洼洼。一个宿舍有 40 个人，就 20 张上下铺。饭厅里面，没有桌子，没有板凳。那个时候没有什么菜吃，而米饭里面却有许多沙子。除了这许多困难以外，还有不断的空袭，日本飞机常常来轰炸。所以有段时间，我们上课是从早晨七点到十点，因为差不多十点的时候，空袭警报就要来了。然后下午上课再从三点到晚上七点。在这样一种困难的情形之下，西南联大的师生员工却精神振奋，以极严谨的态度治学，弥补了物质条件的不足——学校图书馆存书不多，杂志往往过了一两年才收到。但就在那座图书馆里，我学到了许多知识。冬天，我们的教室窗户玻璃被空袭震破，又冷又透风，风吹时，必须用东西把纸张压住。上实验课时，我们只有少得可怜的一点设备，笔记本用的是没有漂白过的粗纸张，很容易撕破。今天它经常会使我想起那些岁月里艰苦的物质条件。

西南联大的教学风气是非常认真的。我们那时所念的课，一般老师准备得很好，学生习题做得很多，所以在大学四年和后来两年研究院期间，我学到了很多东西。那时候一般所用的教科书，是有名的老书。想起在中国的大学生活，对西南联大的良好学习风气的回忆总使我感动不已。联大的生活为我提供了学习和成长的机会。

——摘自《西南联大故事》

1949 年前中国最好的大学，除了“国立”大学，还有教会大学，一般教会大学由早期开办的书院演化而来。圣约翰大学是较早的一所教会学校，也是早期最优秀的一所教会大学。尽管教会大学被视为殖民渗透的现象，有副作用的一面，但也应当承认，当时的教会大学也为中国的教育科技事业作出了巨大贡献。

（三）新中国的大学（1949— ）

1949 年，中华人民共和国成立。所有的“国立”大学取消“国立”二字，所有的私立大学包括教会大学改造为公立大学。1952 年，摒弃欧美大学模式，采用“苏联模式”的教育管理体制，实行统一教学计划、教学大纲和教材等。

1966—1976 年“文革”时期，大学教学管理制度建设受到严重破坏，主要表现在：盲目缩短学制；取消大学入学考试，改变招生办法；实行“开门办学”；否定教师在教学中的主导作用，大批“师道尊严”；以阶级斗争为主课，废除原有教学计划，肆意改变课程和教材等。

1977 年恢复高考之后，大学逐步恢复正常教学。此后的 10 多年里，中国大学的教学和科研都迅速得到相当的发展。在借鉴发达国家特别是欧美国家高等教育经验的过程中，这一时期中国的大学也在突破过去三十年形成的苏联体制，重新回归到 1949 年以前的欧美大学模式。

1995 年开始重点建设 21 世纪里的 100 所大学的“211 工程”。“211 工程”是中国政府面向 21 世纪，重点建设 100 所左右高等学校和重点学科的建设工程。1999 年前后，又开始了创建若干所具有世界先进水平的一流大学和一批一流学科的“985 工程”，清华大学、北京大学、南京大学、复旦大学、上海交通大学、西安交通大学、浙江大学、中国科技大学、哈尔滨工业大学九所大学首批入选为国家首批建设的重点大学。

值得一提的是，素有“华侨最高学府”之称的暨南大学，是中国第一所招收外国留学生的大学，也是目前中国对外招生最多的国家“211 工程”重点综合性大学，其中前国务院副总理吴学谦、李岚清，知名人士江上青，著名侨领、新加坡大学首任校长李光前，前泰国议会主席、副总理许敦茂，新加坡中华总商会前会长陈共存，以及近年来内地和港澳地区的王学萍、徐乐义、钟阳胜、侣志广、马有恒等许多政府、工商及文教界著名人士均是暨南大学不同时期的杰出校友。

总之，现代大学与人类早期大学的区别有以下三点：一是科学的兴起，科学的历史性胜利，使科学融入大学体制，早期的大学是一个信仰的教育，而现代大学则是一个理性的教育，自然科学堂而皇之坐上了大学课堂的最高宝座；二是社会科学作为一种知识领域的出现，社会科学是在19世纪末20世纪中期开始正式进入大学课堂；三是专业学科的扩大，随着社会的不断进步，专业学科特别是技术性的学科的规模大大增长。今天的大学，办学的理念在变，知识的结构在变，这给我们留下了思考的空间。

第二节　大学的内涵与价值理想

"大学唯一的生存理由，即在不受功利或'结果'的压力牵制的情况下，为追求真理提供一个天堂。"

——［美］罗伯特·赫钦斯

一、大学的内涵与特征

（一）大学是什么

关于大学是什么，教育家与学者有着不同的论述：

儒家基本经典之一《大学》认为，大学是指聚集在特定地点传播和吸收高深领域知识的一群人的团体。

朱熹（1130—1200），南宋著名理学家、思想家、哲学家、诗人、教育家、文学家。他曾在《四书集注》中写道：大学之道，在明明德，在亲民，在止于至善。意为大学宗旨，在于点燃学生心中那盏真、善、美的明灯，使之能够革故鼎新治国新民，使之能够追求真理不断创新。这大概是中国最早关于"大学"的定义。

蔡元培的教育实践多在高等教育方面，他任北京大学校长时，提出大学的性质在于研究高深学问。他提倡学术自由，科学民主，主张学与术分校，文与理通科。蔡元培将“学年制”改为“学分制”，实行“选科制”，积极改进教学方法，精简课程，力主自学，校内实行学生自治，教授治校（来自百度图片）

蔡元培（1868—1940），中国近现代著名的民主革命家和教育家，为中华民族的进步和发展，为在中国建立现代的教育体制，尤其是为改革和发展中国的高等教育事业作出了重要的贡献。1917 年 1 月 9 日，他在就任北京大学校长的演说中，明确地向学生说明：“诸君来此求学，必有一宗旨，欲求宗旨之正大与否，必先知大学之性质。今人肄业专门学校，学成任事，此固势所必然。而在大学则不然，大学者，研究高深学问者也。”

梅贻琦（1889—1962），字月涵。自 1914 年由美国伍斯特理工学院学成归国，即到清华担任教学和教务长等多种职务。1931 年，梅贻琦出任清华校长，此后直到他在台湾去世，一直服务于清华，因此被誉为清华的“终身校长”。他的一生仅仅做成了一件事，就是成功地出掌清华并奠定了清华的校格。在清华大学任校长时，他作出了不可泯灭的贡献，一是师资人才的严格遴选和延聘，二是推行一种集体领导的制度。梅贻琦在清华百年的历史上，是四大哲人之一。他的名言：“所谓大学者，非谓有大楼之谓也，有大师之谓也。”

钱理群（1939—　），中国现代文学研究者、作家，是 20 世纪 80 年代以来最具有代表性的人文学者之一，老北大精神的传承者，在国内外学界享有崇高的声誉。钱理群多年来关注中国文化社会和教育的发展，1998 年北大百年校庆被学生评为“北大十佳教师”之首，学术著作不仅为学院派重视，而且流行于民间。他曾说过，所谓大学，就是在这样一个大的生存空间和精神空间里面，活跃着这样一批沉潜的生命、创造的生命、酣畅的生命和自由的生命。

洪堡（Karl Wilhelm von Humboldt，1767—1835）是德国近代著名的思想家、教育家、外交家、比较语言学家、语言哲学家和社会活动家。他认为大学是一个学者的社团，是高等学术机构，是“带有研究性质的学校”，是受国家保护但又享有完全自主地位的学术机构。其中科学探索是大学的根本价值所在。

英国红衣大主教纽曼（1801—1890）是英国 19 世纪维多利亚时期著名的神

学家、文学家、教育家和语言学家。其教育著作《大学的理想》（*The Idea of a University*, 1852）是大学思想史上第一部系统、完整而严谨地思考并论述大学理想的著作，也是英语世界里关于大学本原论（etiology）最伟大的著作之一。纽曼通过该著作构建了一个关于大学目的、性质的思想体系，成为这个领域开创时期的大师。他对大学下的定义是：一大批年轻人自由地相互融合，他们敏锐、心胸开阔、富有同情心、善于观察，每个人的谈话对其他人都是一系列的讲座——这就是大学。

卡尔·西奥多·雅斯贝尔斯（Karl Jaspers，1883—1969）是德国著名的存在主义哲学家、心理学家和高等教育思想家，在大学理念发展史上，是一位里程碑式的人物。他认为：大学是公开追求真理的场所，是研究和传授科学的殿堂，是教育新人成长的世界，是个体之间富有生命的交往，是学术勃发的世界

卡尔·西奥多·雅斯贝尔斯（Karl Jaspers，1883—1969）是德国著名的存在主义哲学家、心理学家和高等教育思想家，在大学理念发展史上是一位里程碑式的人物。他一生主要在大学从事教学和管理工作，著述甚丰。他的教育著作《大学的理念》和《什么是教育》，对德国乃至世界大学的发展都产生了重要的影响。他认为，大学是公开追求真理的场所，是研究和传授科学的殿堂，是教育新人成长的世界，是个体之间富有生命的交往，是学术勃发的世界。

此外，各著名大家都有着对大学的不同解读。写下了“冬天到了，春天还会远吗?”的英国诗人雪莱（P. B. Percy Bysshe Shelley，1792—1822）把大学直接定义为：爱智慧，这与西方对哲学的定义是一样的；历史学家哈罗德·珀金从历史的角度判断“大学是人类社会的动力站”；法国作家圣伯夫从人权的角度定义“大学是一个保护人们进行知识探索的自律场所”；牛津大学校长卢卡斯认为“具有创新思维能力的人是推动未来发展和繁荣的源泉，大学就是一个培育这种人才的场所”。

《中华人民共和国高等教育法》规定，大学或者独立设置的学院应当具有较强的教学、科学研究力量，较高的教学、科学研究水平和相应规模，能够实施本科及本科以上教育。

综上所述，我们认为可将大学定义为：大学是具有选择、批判、传承和创造人类文化职能的文化社会组织，它通过文化的手段创设教育环境来达到教育目的和影响教育效果。

大学是提供教学和研究条件以及授权颁发学位的高等教育机关，分为综合大学、专科大学或学院。它选拔具有高中以上学历者进行教育和培训，并以考试考核的方式检验其所学知识和技能。总之，自纽曼“大学是传授知识的场所”的断言与中世纪巴黎大学模式，经威廉·冯·洪堡“大学也是研究高深学问的机构”的创见与柏林大学模式，到范·海斯“大学还是提供社会服务的部门”的新识与威斯康星大学模式以来，大学在历史延展中承担了育人、科研、服务的职能。

（二）什么是大学

当我们追问“大学是什么”的时候，通常在逻辑上问的是大学的“定义”，而“什么是大学”问的则是究竟什么样的大学才能够被我们称为大学，亦即在“大学是什么”的基础上进一步追问大学所具有的普遍意义的精神实质。英语中，university（大学）的词根 universe 的含义是“普遍”、“整个”、“宇宙”，它具有一种不局限于某一科目、某一地域的“普遍主义”的精神气质。大学的“普遍主义”的精神气质就在于人的全面发展，因为人类自从出现教育以来，人的发展始终是教育的主旋律。

1. 中国古代“六艺”

中国古代儒家的“六艺”教育很好地诠释了大学所具有的普遍意义的精神实质：“礼”即礼节（即今德育）；“乐”即音乐；“射”即射箭技术（锻炼体格和品格修养）；“御”即驾驭马车的技术；“书”即书法（即今文学）；“数”即算法（即今数学）。儒家用“六艺”规定了一个儒者所要修习的主要方向，并提示人们要成为一个可堪大用的人才，必须先有一个全面的学习态度，既包括知识学问上的，也包括道德品格上的，甚至于待人接物的方式、言谈举止的风度。

2. 西方“七艺”与“博雅教育”

在西方，中世纪大学的神学虽然是当时大学教育的核心科目，但同时，大学里还讲授逻辑、语法、修辞、数学、几何、天文、音乐，即“七艺”。几乎包括了当时所有的知识领域，因而提供的实际上是一种博雅教育（Liberal Education）。

古希腊倡导的博雅教育（Liberal Education），旨在培养具有广博知识和优雅气质的人，让学生摆脱庸俗、唤醒卓越。培养的不是没有灵魂的专家，而是成为一个有文化的人。博雅教育的目的不是给学生一种职业训练或专业训练，而是通过几种基本知识和技能，培养一种身心全面发展的理想的人格，或者说发展一种丰富的健康的人性。博雅教育的三大目标，一是了解自然、社会和人生，二是掌握一定的清晰表达、科学方法的训练等基本技能，三是形成对学问的忠告、宽容的价值观以及作出明智判断的能力。

3. 洪堡的大学理念

德国的柏林大学创始人洪堡认为大学兼有双重任务，一是对科学的探求，一是个性与道德的修养。洪堡所说的科学是指纯科学，即哲学。而修养是人作为社会人应具有的素质，是个性全面发展的结果，它与专门的能力和技艺无关。柏林大学从形式上看，与其他大学一样包括哲学、神学、医学和法学四个学院，但从一开始办校的宗旨就是服务于国家利益，而服务于国家利益不等于放弃大学自主和学术自由。这里所说的“学术”，不仅包括自然科学和社会科学，而且也包括我们通常所说的人文科学或人文学科。大学必须真正是“大”学，不仅要学校规模大，而且要求学科范围广。

4. 纽曼的大学理念

1854 年约翰·纽曼（John Henry Neman，1801—1890）在一次关于大学精神的演讲中，对“什么是大学”这个问题作了这样的回答：如果要我对什么是一所大学作一个尽可能简短而通俗的描述，我的回答将来自大学的古义：“是一所 Studium Generale 或‘通学之校’（School of Universal Learning）；是一所万有知识的学府，包含来自各方各地的教师和求学者；是一个借助于全国各地的人与人之间的交往而进行思想的传播和流通的场所。”他认为大学不应该是传授实用技术知识的机构，而应是一个训练和培养人的智慧的机构，大学讲授的知识不应该是对具体事实的获得或实际操作技能的发展，而是一种状态或理性（心灵）的训练。

5. 弗莱克斯的大学理念

美国现代大学的先驱者，以创办普林斯顿高级研究院而闻名的弗莱克斯，在其出版的《美国的、英国的、德国的大学》一书中，系统性地阐述了他心目中的大学。他在书中开宗明义地指出：“大学的存在，不仅表明人类的历史值得保存，也表明人类可以按自己的意愿去创造文化。大学应与社会保持一定的距离，不应随波逐流。大学基于一定的价值体系，对社会风尚保持合适的批判性的抵制，有助于社会的清明与理性。大学不是一个温度计，对社会每一流行风尚都作出反应。大学必须经常给予社会一些东西，这些东西并不是社会所想要的，而是社会所需要的。

6. 蔡元培的大学教育思想

中国教育家蔡元培先生的教育思想是中国传统文化的精华与西方现代文明相结合的产物，中国传统文化对于理想人格的追求和西方现代文明对于自由、民主、平等、人权的追求，在蔡元培那里得到了完美的统一。或者说，蔡元培给中国传统文化对于理想人格的追求注入了新的、富有时代特征的内涵，这对古老的中华文明向现代形态的转化，有着积极的意义和贡献。蔡元培的大学教育思想在他的整个教育思想体系中占有非常突出的地位。其主要思想为：一是大学的性质是研究高深学问的学府，二是大学办学原则是思想自由、兼容并包，三是大学学科的设置应沟通文理、废科设系，四是实行教授治校。

7. 陶行知的大学教育思想

陶行知（1891—1946），教育家、思想家，曾提出“生活即教育”、“社会即学校”、“教学做合一”三大主张，生活教育理论是陶行知教育思想的理论核心。著作有：《中国教育改造》、《古庙敲钟录》、《斋夫自由谈》、《行知书信》、《行知诗歌集》。他的教育思想博采古今，兼容中西，理论简约，自成体系。在教育理想上，他主张“通过四通八达的教育，建立四通八达的民主社会”；在教育准则上，他坚持道德至上的教育原则，奉行“千教万教教人求真，千学万学学做真人”的教育箴言。陶行知的“真”与孔子的“仁”在教育理念和道德目标上一脉相承。在教育策略上，陶行知基于知行关系的深刻理解，提出“行是知之始，知是行之成”的重要论断，突出实践（“行”）在认识论中的先导地位，主张认识与实践相结合，并由此确立了“行—知—行”的行动策略，使得教育理想和目标能在实践中有效落实。

（三）大学的内涵与特征

大学的精神实质蕴含在大学的内涵中，这表明大学之大首先体现在内涵方面：

1. 大学是博大的思想库

思想，即理性认识，客观反映在人的意识中的思维与结果，是人对宇宙万物以及对自己、他人、社会的认识所产生的观点、观念系统，构成了人的世界观、人生观和价值观。思想是宇宙对人的检验，也是科学的精髓。人通过“思想”学习认识自然，并建立了知识体系；人又通过“思想”去探索自然，并进一步建立了人类科学；最后人通过文化活动的反复过程对科学去伪存真，使人类科学日趋完善，使人的思想得到了升华。可以这样理解，知识是人类文明，科学是人类文明的结晶，思想是人类文明结晶的再结晶。思想是人的灵魂，也是科学之魂，思想是人类智慧的精华。而大学则是当今世界最具创新、最为先进思想的集散地。

《中国教育报》2005 年 3 月 5 日第 3 版曾详尽地阐述了这一思想：大学所产生的思想将成为社会发展的灯塔，大学之所以能承担起在知识社会中独立思考的思想中心的任务，是由于大学具有追求知识、追求真理的本性，大学具有人文关怀的理想，具有超脱的社会批判精神。正因为大学是独立思想的中心，也理应是社会批判的中心。大学具有社会良知、追求真理的品格，它追求超越功利主义、实用主义等价值取向而服务于真理。因此，大学作为社会的思想库，是由大学的知识特征和组织特征决定的，是社会赋予大学的神圣使命。

2. 大学是文明的辐射源

文明——人类社会开化和进步的一种标志，是人类在改造世界的实践中所创造的物质财富与精神财富的总和。一般而言，对于文明，主要应从三个层面予以理解和把握。

第一个层面是人类社会发展的历史阶段。这种意义上的文明是与野蛮、未开化、原始、兽性相对的，往往与文化、教育、艺术等的发达相联系。即人类社会从低级向高级发展的历史划分为三个时期：蒙昧、野蛮、文明三个时期。第二个层面是人类改造自然和改造社会的积极成果。这种文明表示着人类社会物质、精神等的不断发展和进步状态，即物质文明和精神文明。物质文明，表现为人们物质生产的进步和物质生活的改善；精神文明，表现为教育、科学、文化知识的发展和人的思想、政治、道德水平的提高。第三个层面是指一个民族、一个国家、一个地域具有共同精神信仰的群体的文化遗产、精神财富和物质财富的总和。

在人类跨越几千年的历史中，这三个层面的不断变更，总是与大学或者具备大学教育本质的其他形式教育模式紧密相连的。纵览历史，我们可以说大学，或者可以称其为学园或书院，是一个社会文明建立、发展、变革的重要辐射源。连最严谨的德意志人也公认：“没有洪堡和他的大学就没有光辉灿烂的德意志文明。”事实上，大学对于人类文明，特别是精神文明的建立、保存、发展，起到了至关重要的作用。

3. 大学要有自己的特征

（1）大学要有“大家”，即思想解放、富有远见、敢为人先的大学校长。复旦大学校长杨玉良在回答理想中的大学校长应该是什么样的时候曾说过，大学校长，一是社会先进文化的代表，当社会出现失范的时候，大学校长和他的教授们要出来发警示之言；二是大学校长应该是社会道德的楷模；三是大学校长必须是大学使命和教育理念的坚守者；四是大学校长应该是一所大学学科宏观布局的总设计师。

（2）大学要有“大师”，即师德高尚、造诣精深、诲人不倦的大学教授。有一则广为流传的关于艾森豪威尔将军的故事。家喻户晓的“二战”英雄艾森豪威尔将军在1952年接受了哥伦比亚大学的聘请，担任其校长，上任伊始，将军在教授们为他举行的欢迎大会上表示，对会见哥伦比亚大学的“雇员”们感到万分荣幸。这时，一名教授站起来，自负却又不失风度地说：“先生，教授们不是哥伦比亚大学的‘雇员’，教授就是哥伦比亚大学。”这则故事说明了如果没有大学教授，也就没有了大学。大学教授们都应当有自由之精神、独立之思想，有超越个人生活经验的学术追求，自觉担负起传道授业解惑的责任，真正把自己看成“就是大学”。

（3）大学要有“大业”，即环境优雅、校舍充足、设施先进、资料丰富的大学物业。大学物业中最为重要的是资料丰富的图书馆。自从有了人类社会以来，便产生了文字，用来记录这些文字的载体——图书也就应运而生。书籍记载了从古至今人类历史的发展和演变，图书馆是人类文明成果的集散地，是文献信息资源的集散地、是传播文献信息资源的枢纽。尤其是大学的图书馆更是基本的教育设施，它被誉为“知识的宝库、知识的喷泉”，“学校的第二课堂”，“大学的心脏”，直接承担着培养人才的重任。

（4）大学要有“大度”，即囊括大典、网罗众家、学术自由的大学涵养。开放与包容是大学精神的根本。如果没有开放和包容精神，大学永远只能是一个清高孤傲、脱离实际的“象牙塔”。正因为开放和包容，不同的学术思想才会相互激荡，不同国家先进的大学理念最终才会成为世界性的教育理念，并成为大学不断获取和更新发展的动力。21世纪是一个开放的时代，大学更要以一种开放宽容的心态去迎接全球化时代。

（5）大学要有“大雅”，即尚德求真、校园文明、美化人生的大学氛围。大学作为文化、教育、科学中心，是不同学科的知识分子形成的共同体。大学精神的源泉是无形的思考、探索、对话、交流、合作、创新的学术氛围，在多元文化的背景下形成自由、宽容、大气、进取、严谨、朴实的文化风尚。大学的根本不在外在形式、指标、规模、等级、资历、设施，而在自身的文化积淀、内涵、胸怀、远见、底蕴和创造力。因此，大学的文化氛围才是灵魂。

二、大学的价值目标

（一）牛津大学的启示

1996年11月5日，牛津大学各学院的学监们以259票对214票的表决结果，否决了沙特阿拉伯亿万富翁瓦菲支·塞义德的提议。塞义德建议向牛津捐款340万美元，让牛津建立一所“世界级的工商管理学院”。牛津人认为，教育是让学生对公众服务，而不是对赚钱有所准备。他们担心，工商教育无非是讲授如何在六个月内赚取五十万美元。所以，校监们决定：“有着古老传统的牛津大学应该远离沾满铜臭味的工商教育。”他们认为“大学”的最终目的是人格，而不是人力。大学应该教育人在任何环境之下都有价值，使大学的青年过着一种求学求仁的生活。用牛津大学校长柯林·卢卡斯教授的话来说就是“大学是应该促进经济发展，但这并不是大学真正的价值所在，大学更要推广一种价值观念，来做一种知识的传播”。因此，从某种意义上来说，牛津拒绝的不仅仅是金钱，而是某种世俗化的思想和理念。牛津的学生可以由贵族向平民转化，但牛津精神绝不放弃“贵族化”的精髓。

现实的状况却是大学教育越来越工具化、功利化。在大学教育中，只重知识的灌输和技能的训练，而忽视心灵的教化和人格的培养，古典课程和人文课程受歧视、受排挤。人的创造性、想象力被压抑，人的同情心、道德感、审美感得不到启迪。今天的大学生一走进校门，就被灌输就业形势如何紧迫如何严峻，社会竞争如何残酷如何无情，然后在各门学科中接触的都是这门学科对以后赚钱、谋取一个好的职业有多大帮助，并能在竞争中打败与战胜对手。管理学讲的是企业的管理经验，经济学讲的是成本与代价的分析，地理学则改为旅游管理学，连道德修养课都成了传播社交公共关系技巧的地方。大家都想着从知识中直接获得赚钱的本事，结果知识的“技艺层面”得到了最大化的张扬，而“价值层面”越来越被遮蔽。学生被加工成为大工业生产所需要的标准型的专门人才。大学已被这个变化太快的社会牵着鼻子走了，到处都飘浮着经世致用的学问，在这种氛围中，还能谈得上大学的价值理想吗？这样的大学教育，它所秉承的基本理念是实证主义、唯科学主义、“工具理性”，大学教育完全沦为经济发展的工具，而不再注重引导青年去寻找人生的价值和意义。

儒家教育观集中在人格和才干的完善上，儒家理论的归宿就是教人如何做人。孔子说“君子不器”，正如《易经》所言：“形而上者谓之道，形而下者谓之器。”人不应该成为某种器具，成为达成某种功利目的的手段。作为一个君子，其真正的独立价值体现在致力于道，即对真理的追求。真正的君子往往不是实用的、功利的。

（二）大学教育的“五大目标”

关于什么是大学的真正价值目标，台湾社会学家杨国枢教授曾明确指出，大学教育必须同时达成五大目标：一是培养大学生对自己内在身心特质的了解；二是培养大学生求取新知的方法与能力；三是培养大学生适应个人生活所需要之较高品质的能力、情操及行为；四是培养大学生适应社会生活所需之较高品质的能力、情操及行为；五是培养大学生理解与关怀全世界、全人类所需之较高品质的能力、情操及行为。达到费孝通先生所说的“各美其美，美人之美，美美与共，天下大同”的境界。

美国的强大是仰赖于他们“五月花”号上开拓者们的信仰，它代表了美国精神的源头。“五月花”号船上的这些新教徒上岸后只用了16年，脚跟还没有完全站稳，就建立了北美最早的大学——哈佛大学。160年后他们才建立了美国和美国宪法。哈佛大学校训是“以柏拉图为友，以亚里士多德为友，更要以真理为友”。当时，拉丁美洲比北美要富裕得多，条件也比北美要好得多，但拉丁美洲的开拓者们大多是赌徒，是一些追求金钱、财富，怀着发财之梦的人。

现代著名的数学家、哲学家和教育理论家怀特海认为，大学知识的传授仅仅是大学教育的基本目标，而大学教育的主要目标是培养智慧。大学存在的理由是，它使青年和老年人融为一体，对学术进行充满想象力的探索，从而在知识和追求生命的热情之间架起桥梁。

日本的福泽谕吉是现代日本民族的灵魂人物。他说，一个民族要崛起，要改变三个方面：一是人心的改变，二是政治制度的改变，三是器物与经济的改变。这三个方面的顺序，应该先是心灵，然后是政治体制，最后才是经济。

（三）大学的办学理念与目标

各大学可以有不同的办学理念与目标，但其共性应有以下三方面：

（1）大学虽然要为社会服务，但不能只定位于为现实服务。大学担负着文化传承与文化积累的责任。大学的目标首先是人类与族类文明的传承，即在同情理解前现代文明的基础上，把人类各地域、各族群的，包括本土本民族的语言、文学、历史、宗教、伦理、道德、艺术、哲学、经济、社会、政治、科学、技术等文化资源，通过重新翻译、理解、诠释、交流、沟通、融合，批判地继承与创造性地转化，代代相传，促使人类、族类文明与文化的传承、扬弃与发展。

（2）大学担负着培植社会资本与文化资本的重任。大学的目标还在于培养出大批有个性、有创造精神、有判断力与道德人格，有不断学习、终身受教育与自我完善之能力的个体，他们同时是能自由发展并具有社会批判与文化批判能力的公众知识分子，他们中的一部分人应当成为社会的良知。大学培养出来的学生，不论将来从事何种职业，不论在日后的社会实践、专业实践上积累多少经验与本领，一定要有相当的人文素养，具备社会参与的热情与能力，有理性的批判态度，具有世界性、人类性的关怀。

（3）大学"产出"的不是器物，也不是工具，而是活生生的"人"，是具有全面发展潜能的健全的人。作为大学教育目标之一的社会服务，是通过对人类与民族文化的积累与传承，通过对具有自由人格，有理想有教养，具有自我完善、自我批判和社会批判能力，自尊且尊重别人，敬业乐群又尊重自然的人来实现的。对社会、民族、国家、人类的服务，需要从长时效的视角来观察，不能理解得太直接、太狭隘。

三、大学与大学的人文教育

大学的内涵与价值目标始终贯穿着人文精神，人文精神反映了人的内在价值和社会的普遍正义，是大学教育的灵魂。

（一）什么是人文

现在有很多媒体都在讨论，说大学生在人格或者精神方面出现了问题。到底出现了哪些问题呢？有人得出的结论主要有"几躁"：即浮躁、急躁、骄躁、烦躁、暴躁等，归结起来其实还是一种精神上的躁动和空虚。

当前，也有学者指出，我们的高等教育并没有赋予受教育者以法理意义上的公民素养、伦理意义上的道德底线、文化意义上的道德情怀和心灵意义上的爱的能力。

2004 年 9 月 5 日，西南政法大学的教学楼前张贴出布告，该校替他人代考国家大学英语四级的 8 名研究生和 3 名本科生，被学校开除或勒令退学。据了解，这些学生均是在 2004 年 6 月进行的国家大学英语四级考试中，替他人代考被监考老师当场抓获的。7 月 1 日，学校拟订并向他们个人宣布了处分决定。鉴于当时学校已经放假，等到新学期开学才将正式的布告张贴出来。一位老教授痛心地说："这些学生把法律知识学到了，却把法律精神丢失了。"

那么什么是人文呢？中国作家梁晓声在绍兴文理学院，为了解说"人文"，讲了一个故事：

一次在法国，他跟两个老作家一同坐车去郊区。那天，刮着风，不时飘着雨滴，前边有一辆旅行车，车上坐着两个漂亮的法国女孩，不断地从后窗看他们的车。前车车轮滚起的尘土扑向他们的车窗，加上雨滴，车窗被弄得很脏。他们的车想超过，但路很窄，他问司机："能超吗？"司机说："在这样的路上超车是不礼貌的。"正说着，前面的车停了下来，下来一位先生，对他们的司机嘀咕了几句，然后回到车上，把车靠边，让他们先过。梁晓声问司机："他刚才跟你说什么了？"司机回答，他说，"一路上，我们的车始终在前边，这不公平！""车上还有我的两个女儿，我不能让她们觉得这是理所当然的。"梁晓声说，就这句话，让他羞愧了好几天。

另一个故事：

在澳大利亚留学的一个中国学生，周末随一位土生土长的华人去悉尼周边海域捕捞鱼虾。每撒下一网，总有收获，可每次网拉上来后，那位华人总要一番挑拣，将剩下的大部分虾蟹扔回大海。留学生不解："好不容易打捞上来，为啥扔回去？"那华人平静地答道："在澳大利亚，每个去海里捕捞鱼虾的公民都知道，只有符合国家法规规定尺寸的鱼虾才可以捕捞。"留学生道："远在公海，谁也不管你啊？"那华人淡淡一笑："处久了你就知道，在澳大利亚，不是什么都非得要别人来提醒、来督促。"

以上两则故事，大体告诉了我们什么是"人文"。"人文"其实并不晦涩，它的实质就是一种植根于内心的习惯，一种无须他人提醒的自觉，一种以承认约束为前提的自由，一种能设身处地为别人着想的善良。

"人文"在哪里？如梁晓声所说，在高层面，它关乎这个国家的公平、正义；在朴素的层面，它就在我们的寻常生活里，就在我们人和人的关系中，就在我们人性的内涵中，就在我们心灵深处。又如台湾作家龙应台所言，它是一个人的举手投足，一颦一笑，一个人的整体气质。

因此，人文定义：人文就是生活的智慧；是与人交往的品位与策略；是对生老病死的看法和体会；是对古事人伦的态度；是对人生意义与价值的叩问乃至保证。它是人类文化中的先进部分和核心部分，即先进的价值观及其规范。其集中体现是：重视人、尊重人、关心人、爱护人。简而言之，人文，即重视人的文化。

我们说，有些知识，是人自一出生起就要学习的，慢慢地形成了人自身的东西，比如有关生活的知识，如何照料自己、如何学习表达等；有些知识是人所不具备的，需要通过学校教育来获得，比如数理化、历史地理等；也有些东西是与生俱来的，存在于人的本性之中，需要通过教育来唤起，这就是人文精神，也涉及人文学科的教育。

（二）什么是人文科学

要说明什么是人文科学，首先有一个区分人文科学与自然科学、社会科学的问题。这也是人文科学的学科定位问题。

1. 自然科学

自然科学是研究无机自然界和包括人的生物属性在内的有机自然界的各门科学的总称。认识的对象是整个自然界，即自然界物质的各种类型、状态、属性及运动形式。认识的任务在于揭示自然界发生的现象和过程的实质，进而把握这些现象和过程的规律性，以便控制它们，并预见新的现象和过程，为在社会实践中合理而有目的地利用自然界的规律开辟各种可能的途径。自然科学各领域包括天文学 、生物学 、自然地理学、地质学、化学、地球科学、生态学 、物理学、农学 、力学、控制论、数学等。

2. 社会科学

社会科学是以社会现象为研究对象的科学。它的任务是研究与阐述各种社会现象及其发展规律。社会科学所涵盖的学科有政治学、经济学、管理学、军事学、法学、教育学、民族学、社会学、新闻学等。在现代科学的发展进程中，新科技革命为社会科学的研究提供了新的方法手段，社会科学与自然科学相互渗透、相互联系的趋势日益加强。

3. 人文科学

《大英百科全书》曾对人文科学作了如下的界定："人文科学是那些既非自然科学也非社会科学的学科的总和。一般人认为人文科学构成一种独特的知识，即关于人类价值和精神表现的人文主义的学科。"按照这个界定，人文科学包括哲学、语言学、文学艺术、历史学、考古学、文化学、心理学、宗教学等学科。人文科学的主干就是我们常说的文（文学）、史（历史）、哲（哲学）或者再加上艺术。

与自然科学、社会科学比较，人文科学一般具有以下特征：

（1）根源性：人文科学可以说是今天许多其他学科，尤其社会科学诸学科的母体，社会科学的诸多学科大多是近代以来从人文科学中分化出来的。

（2）历史性：与社会科学相比，人文科学主要是纵向的，有一种历史的纵深、根基深厚、眼光长远，这不仅对深入认识现代社会及其未来发展是不可或缺的，而且对认识人类的历史本身亦是不可或缺的。

（3）差异性：自然科学、社会科学较注意探讨普遍规则，而人文科学则与各民族的特性紧密相关，它不仅有助于个人确立恰当的认同，也提醒人们注意文明和文化的差异性、多元性以及交流和互补。

（4）综合性、贯通性：人文科学相对来说眼界广阔，适用广泛，它们不太重视具体专业的界限，主要着眼于培养通才，或者说是为了使任何专业的人才都具有广博的眼光和胸襟，有专业以外的知识和对文学、艺术、道德的较高鉴别力。

（5）经典性：人类现在公认的经典绝大部分可以说是人文经典，而学习人文科学的主要方法也是亲近大师，了解经典。

（6）悟性：人文科学更重智慧而不是知识、定律，它注重一种智慧和能力的培养，更注重紧张和有创造性的探讨过程而非固定的结论。它对个人的独创性留有更广大的空间和更多样的表现形式。

（7）非实用性：人文科学一般不像自然科学、社会科学那样依赖实验条件、物质条件，它一般也不能给其学习者或从业者带来直接的物质利益，但可以带来一种心灵的丰富和满足。

因此，有学者指出，人文科学既然是以人的文化生命的存在和活动为研究对象，那么也就形成了与自然科学、社会科学不同的基本任务。这些基本任务概括起来有三：一是探讨人的本质，二是建立价值体系，三是塑造精神家园。正是在这些基本任务上，人文科学才进一步显示出自身的特质。

（三）人文精神与人文教育

一个人的精神世界有三大支柱：科学、艺术、人文。科学追求的是真，给人以理性，科学使人理智；艺术追求的是美，给人以感性，艺术让人富有激情；人文追求的是善，给人以悟性，人文中的信仰使人虔诚。

1. 人文精神

人文精神是指对人的生命存在与人的尊严、价值、意义的理解和把握，以及对价值理想或终极理想的执著追求。人文精神主要表现为世界观、价值观和人生观，其要旨在于尊重人的价值，肯定人的作用，关注人的生存和发展，它提供方法论和对人生的终极关怀。人文精神，简单地说，就是现在人们经常说的“以人为本”。人文精神一词，源自西方，也可称作“人文主义”。它是西方哲学在两千多年探索一些不可解问题的过程中，培育起来的一种精神，包含以下三个元素：一是人性，主要精神就是尊重人，尤其是尊重人作为一种精神存在的价值；

二是理性，从科学的意义来说，人是有思想有头脑的，能够思考真理，追求真理；三是超越性，从宗教的意义来说，人是有灵魂的，可以追问、追求生命的意义。从某方面而言，它叙述了人们在探索未知世界的过程中，不因前路迷茫而退却，具有追求真理、积极进取、坚韧不拔的精神。人生所追求的不仅仅是三餐温饱的外在条件，还应该追求崇高的人生意义。在追求生命意义的过程中，人文精神能为自己和自己的行为树立一个道德法则及目标，以此来约束并激励自己。

2. 人文教育

人文教育，是通过把人类积累的智慧精神、心性精粹与阅历经验传授给下一代，以期使人能洞察人生、完善心智、净化灵魂，理解人生的意义与目的，找到正确的生活方式（来自百度图片）

人文教育是指对受教育者所进行的旨在促进其人性境界提升、理想人格塑造以及个人与社会价值实现的教育，其实质是人性教育，其核心是涵养人文精神。这种精神的养成一般要通过多种途径，包括广博的文化知识滋养、高雅的文化氛围陶冶、优秀的文化传统熏染和深刻的人生实践体验等。它通过把人类积累的智慧精神、心性精粹与阅历经验传授给下一代，以期使人能洞察人生、完善心智、净化灵魂、理解人生的意义与目的，找到正确的生活方式。人文教育实质上是一种人性教育，它以个体的心性完善为最高目标，体现的主要是以个人发展需要为标准的教育价值观。人文教育不等于人文知识的教育，文学、历史、伦理、哲学等人文学科知识都有专门的课程设计，但人文知识如果不与真正的人文精神联系在一起，只是死背教条，脱离实际的感性生活，那只能有一种后果：把知识的因素都接受了，但人性的因素却越来越遮蔽了。这并不是人文教育的理想结果。

第三节 大学与大学生的精神成人

大学的灵魂就是超越：超越时代之局限，超越种族之狭隘，超越世俗之喧嚣，达到最深邃、最博大、最透彻、最浩瀚的境界，达到精神的平静、心灵的安宁和本性的自由。所以上大学的目的不是找到一个工作，而是找到自己的人生道路。

——摘自“大学精神变奏曲”

一、大学生心目中理想的大学

曾经有一位大学一年级的学生，在《我心目中理想的大学》中这样写道：

心目中的理想大学，一是地理环境，大学应该是依山傍水，空气清新，具有“天然氧吧”的美誉，有小桥流水、亭台楼阁、朱纱清梦、天堂福地、江山美人、可娇世人，当然这样的地方最好不要离开城市太远，否则不能接触到最现代的信息；二是学生食堂，“民以食为天”，学生的膳食结构应科学、营养、合理，品种丰富，质价相符，色香味美俱全，不亦乐乎；三是学生宿舍，最好是标准双人间，卫生间、彩电、空调、电话、洗衣机等设备要齐全，并在每一栋宿舍楼内配有台球、乒乓球、象棋等娱乐和健身设备；四是教学大楼，大学的教学大楼要气派，设施齐全，装备一流……

另一位学生写道：

我理想中的大学生活就是，想上课就上课，不想上课就在宿舍睡觉或上网；上课可以自由地出入，随便地接电话；大学里要有许多的活动，今天看联欢，明天参加舞会，后天练篮球；可以穿特别“个性”的衣服，说特别“个性”的口头禅；可以认识许多俊男靓女……

难怪现在有人把大学称为“养老院”，以上对大学的描述，印证了这一观点。

2006 年沈阳航空工业学院在一次性劝退 78 名大学生时称，大学并非养老院。

这 78 名学生被劝退缘于一个共同的理由：在规定的时间内没有修完规定的最低学分。该院的“学分制学籍管理规定”写明，如果某一学期中没有修满规定学分的 1/2，就会收到退学警告；如果接下来的一学期不能修满这两个学期累计学分的一半，就会被劝退。据了解，这次被劝退学的学生中有相当一部分“网虫”，一名被劝退学的同学每天都躲在寝室里上网玩游戏、聊天，基本不去上课。该教务处处长强调，这些被劝退学的学生，尽管他们现在看起来好像耽误了一两年时间，但从长远来说，如果让他们在大学“混”过四年，后果会更严重。

的确，大学并非养老院，但大学生另一个迷茫的问题又提出来了，这就是上大学为了什么？

一位大学女生曾在网上发出这样的感叹：“大学生活的郁闷和彷徨是因为我们只知道应该上大学而不知道为什么要上大学！”

“上大学为了什么？”这个问题在20世纪80年代后的大学生看来似乎显得多余而可笑，自从进入幼儿园、小学、中学，上大学的目标似乎就是天经地义、理所当然。不仅如此，从小学开始，“上不了好的小学就上不了好的中学，上不了好的中学就上不了好的大学，上不了好的大学就找不到好的工作，找不到好工作这个人一辈子就完了”。这是电视剧《中国式离婚》中林小枫面对儿子的教育问题时所持的观点，这也是现实社会生活中无数家长和学生真实心理的表达。因此，对于如今的大学生来说，“为什么上大学？”这个问题似乎有N个答案，又似乎根本就没有确切答案。

旅美数学家张寿武先生跟浙江大学、中国科技大学的许多研究生都有过接触，令他失望的是，这些学业十分突出、选择科学作为终生职业的年轻人，居然告诉他：我们把该念的书都念了，可我们不知道将来要干什么，学这么多东西为了什么。

重庆的西南大学曾主办过以“反思：我们为什么上大学”为主题的学风教育活动，在重庆市乃至全国高校范围内掀起了反思热潮。

“为了未来的理想、为了找个好工作、为了自身的发展、为了更好地生活、为了面包和牛奶、为了找个好老公、为了学好外语能出国、为了自己的一种信仰与追求……不管理由为何，在这场自我反思和讨论的热潮中，我们的心灵已经受到了震撼和触动。大学，是我人生中最有价值的岁月，但尽管如此，我仍然找不到自己人生的方向。四年中，我经历了快乐、放纵、悲伤、郁闷，甚至痛哭，但最深的感触却是莫名的遗憾，考试挂科的遗憾、错失真爱的遗憾、辜负朋友的遗憾……然而这些都不是最大的遗憾，最大的遗憾是我不知道自己未来的方向在哪里。”这是西南大学计算机信息与科学学院一名大四毕业生的真实表达。

据说，古希腊数学家欧几里得的一个学生，曾经一本正经地问：“我学这些东西能得到些什么呢？”欧几里得沉默片刻，吩咐仆人说：“给他6个铜板，让他走吧，这是他想要得到的东西。”当然我们不清楚这个学生当时的反应，也许他会面红耳赤，幡然悔悟，也许会理直气壮地接过铜板，扬长而去。但这并不重要，因为欧几里得还在，他的大部分不是为几个铜板而学习的学生留了下来，在那个时代，“欧几里得”占多数。他们研究算术是为了观察思考数的性质，唤起思考的能力，引导心灵超然于变幻的世界之上而把握本质和真理；学习几何学是为了引导灵魂接近真理和激发哲学情绪，以便了解关于永恒存在的知识，进而掌握“善”的本质和形式；学习辩证是为了找出事物的关系，探究事物的本质，使人的智慧和能力更趋完善……对他们来说，这与其说是一种理想，不如说是一种现实。读书与思考已经成为他们生存方式的一部分。

20 世纪 70 年代末，中国作家徐迟写了一篇报告文学《哥德巴赫猜想》，这篇报告文学一发表，就激起了成千上万的青年立志要像陈景润那样摘取数学皇冠上的明珠，尽管他们对数论的了解让他们甚至连这一猜想的真正含义是什么都不甚明了，但这群可爱的理想主义者，却明白献身科学是为了让这个世界变得更美好。

当然，综观不同时代上大学的人对于“上大学为了什么”所给出的答案有着很大的不同。在社会和时代的不断变迁中，上大学对于不同时代的年轻人而言有着不同的意义，上大学的原因也经历着从理想主义到现实功利主义的转变。

因此，我们应该有所警惕，应该有自己的志向。上大学意味着梦想，意味着创造，意味着提升。通过大学教育，我们每一个人都应该获得一种新的人生：它使我们能够从一粒沙中看到一片风景，从一朵云中看到一个传说，从海滩、景点、公园、酒店感受生活的丰富，从游客发自内心的感叹、导游充满深情的述说中体验世界的美好，并从氤氲的山水间捕捉灵秀，从迤逦的花草中感悟生命，从而形成一套完全属于自己的人生哲理及人生诗篇。

那么理想的大学又是怎样的呢?

“理想的大学是广博的知识中心，是神圣的精神殿堂，是充满激情的文化圣地，在那里，知识是自由的；在那里，话是从真理的深处说出；在那里，心是无畏的，头也抬得高昂；在那里，不懈的努力向着‘完美’伸臂；在那里，世界还没有被狭小家国的墙隔成片段；在那里，理智的清泉还没有沉没在积习的荒漠之中；在那里，心灵受到指引，并走向不断放宽的思想与行为——进入一个自由的王国。”

这也是一名大学新生的情怀，他道出了理想大学的真谛。

二、精神成人的近代设计

理想的大学是大学生精神成人的摇篮。

（一）精神成人

《大学人文读本》主编夏中义教授在书的序言中提出，“成人”不仅仅是指身体长高，也不仅仅是法律意义上拥有选举权与被选举权以及领取身份证，更重要的是在价值层面上，有意识地培养自己有独立精神、自由思想的人文潜质。“精神成人”的实质就是一个人心灵的成长健康完善并获得足够的空间和滋养。一句话，精神成人就是指一个人内心世界的健康。

大学生的“精神成人”与人文精神的培养是紧密联系的，关于这一点在前一节已进行了论述。但大学生精神成人的近代设计，必定牵涉到科学发展问题，牵涉到科学精神对大学生精神成人影响问题，因为当代大学教育深深打上了科学教育的烙印，当代大学生正在被“科学”设计成为社会这架大机器中的有用之才。因此，我们有必要对科学及其寓意进行伦理审视。

（二）什么是科学

《辞海》对科学一词所作的解释是：科学是运用范畴、定理、定律等思维形式反映现实世界各种现象的本质和规律的知识体系。从这一定义可以看出，科学代表了人类的智慧，是人类智慧的结晶。有了科学，人类面对的是一个充满了真的世界；有了科学，人类勇敢地承担起改变世界的重任；有了科学，人类几千年的梦想正在实现。尽管攀登科学顶峰的路途艰难而遥远，但却是一条光荣而充满挑战的荆棘路。科学这一光芒四射的智慧灯塔，始终照亮着人类社会进步的航程。近百年的历史是人类科学技术发展最辉煌灿烂的时代，科学技术已成为世界进步的第一推动力。

对于21世纪的大学生来说，我们理应感谢科学，感谢科学技术发展的历史，它不仅润泽着我们的生活，也赋予了我们思维方式、生产方式、组织方式等创新有了最真实的意义。因此，科学的本性是真。这里讲的真，是求真，通常有两种含义：一是指大千世界本身的存在方式及其内在规律性，即真相；二是指客观世界本身存在方式及其内在规律性在人们头脑中的正确反映，即真理。求真，这是科学文化的神圣使命，也是我们大学生为之追求的最基本的科学态度。科学的求真充满了智慧，是科学精神的真实体现。

（三）什么是科学精神

科学精神是一种求真、至善、臻美的理性精神和人文精神的整合，是自然科学和社会科学活动中价值标准和行为规范的总和，是人类科学发展过程中沉淀下来的独特的意识、气质、品质和情操，是科学本质所要求的真、善、美统一的精神境界。科学精神的六大支柱，即功利精神、实证精神、理性精神、创新精神、民主精神、开放精神，正成为整个社会进步的象征。

然而，我们也应该看到，科学的功利精神正与人们的急功近利结合在一起。

（四）科学的功利精神与科学主义有质的区别

科学的功利精神，是指让科学成为增加社会财富、提高社会生活质量的杠杆，而绝不是以科学为工具，满足个别人或少数人的私欲。“科学主义”的基本内涵是：科学技术是探索真理的唯一模式和途径，是推动社会发展的唯一力量。科学知识是通过实验、观察和一些量化的测量手段而得到的，其价值具有永恒性。而其他领域的知识如哲学、宗教和一些人文科学，往往是通过纯粹的思辨、主观推理而得出结论，这些知识是主观的。

我们对科学主义应持批判的态度。因为科学技术是一把双刃剑，科学技术的发展大大提高了劳动生产率，极大地改善了人类的物质生活条件。然而它在推动人类社会的物质文明快速向前发展的同时，也使人类社会面临着一系列新的挑战，例如生态失衡、人口剧增、环境污染、臭氧层空洞、能源危机等。此外，科学技术一旦被非正义的力量所掌握、控制，诸如核武器技术、细菌战技术、化学战技术以及制造计算机病毒的技术等，都将会给人类社会的生存和发展造成极大危害。而当今人们的急功近利又是以科学主义为理论基础的。

（五）人文教育融入科学教育已成为社会发展之必然

（1）科学技术越进步，人类社会就越迫切地需要那些高瞻远瞩的思想去指导科学技术的应用，并使之合乎人道、合乎理想的思想精神、道德规范和价值准则。

（2）大学生精神成人的近代设计迫切需要“科学精神”与“人文精神”的融合，而大学是这种融合的最好平台。

（3）客观地看待文科、理科问题。应该说科学发展到今天，几乎遍布与人类发展相关的所有领域，所以文理分类很难用学科的概念去简单区分。但从精神层面上来看，理科专业主要致力于求真，通过一代代科学家的不断努力去探索自然奥秘、认识自然规律。文科专业主要致力于求善、求美，缔造人类精神，弘扬人类文化，启迪人类思维。所以，任何一种学科都是人类社会生存和发展不可缺少的一部分。

（4）科学精神与人文精神要有机地统一。我们要提倡有人文精神的科学精神与有科学精神的人文精神，或者是有人文关怀的科学技术与有科学精神的人文科学。这两者相结合，发展着充满人文关怀的科学技术，同时发展着有科学精神的人类道德。这也将是精神成人近代设计的最好方案。

一个大学生如果选择了文科，他必须有成为现代社会精神财富的缔造者的渴望，有传承和弘扬民族文化精髓的情怀，有明德亲民做大师的梦想。当然，并不是文科大学生由于专业读的是文史哲就一定有人文情怀。大学人文课程的设置，本是着眼于专业角度，至于能否将该专业课程可能含有的人文底蕴讲清楚、讲透彻，这将取决于讲授者的专业造诣、精神高度乃至人格力度，也取决于大学生心灵的感受。

一个大学生如果选择理科，他必须要有对自然奥秘的探索怀有强烈的好奇心，必须有成为科学家的梦想，必须要有解开前人尚未解开的自然之谜的决心，必须有摈弃各种干扰、全身心地投入到科学发现中去的能力。当然，理科大学生在学好个人专业的基础上，也应有人文情怀。正如人们常说的那样，科学可以医治具体的疾患和创伤，却解决不了人心中的惆怅；科学能够告诉我们如何有效地解决问题，却不能说明为什么要解决这个问题。对于人生问题，如痛苦、焦虑、不幸以及欢乐、爱、幸福，这些都不可能以专业的方式来规定。

一个丧失了人文情怀的大学生，不可能担当起造福于人类的重任。

三、大学生精神成人的现实思考

进入大学，对每一个人来说都有一个适应的过程。有的同学能积极主动地调整心态、排除干扰，在新的环境里较快地找到自己的人生定位，步入大学学习生活的正轨。也有的同学在适应环境的过程中，听任消极情绪自由泛滥，不能以积极的态度有意识地去处理新生活中遇到的各种问题，从而使自己陷入盲目和被动的境地。环境是客观存在的，不能因为我们对它不适应而要求改变环境的现状，需要改变的是大学生本身。“适者生存”是生存竞争的普遍规律。从上大学的那一天起，大学生未来的路就注定与众不同，既能体验到其他人无法体验到的快乐，也不可避免地会体验到由探索知识带来的某些痛苦。因此，给自己设定目标是开始大学生活的第一要义。

联合国教科文组织国际21世纪教育委员会题为“教育：财富蕴藏其中”的报告中所确立的面向未来的终身教育宗旨是：“learning to know，learning to do，learning to live together，learning to be．”这说明大学生在大学里，实际上是要学会四种东西：一是学怎样读书，二是学怎样做事，三是学怎样与人相处，四是学怎样做人。

香港城市大学校长张信刚在2001年的迎新典礼上，向新生提出了“十大目标”：一是确定人生事业目标；二是精通两文三语（懂中文、英文，会讲粤语、英语和普通话）；三是每年至少选一门自己特别喜欢的课；四是每月至少读一本和本专业无关的书；五是培养读报和讨论时事的习惯；六是就学期间至少参加一次在香港以外的访问交流活动；七是找一位老校友或教师当自己的个人导师；八是每学期至少参与一次校级文体比赛；九是就学期间牵头为校、系或班组织一次活动；十是做义工。这给了我们有益的启示：大学应该读书、思考、学习、讨论，应该锻炼自身、丰富自我，应该拓展视野、陶冶情操。

为此，也许我们可以从以下方面做些努力：

（一）要利用一切有益的资源努力学习，学会学习

联合国教科文组织在《学会学习》一书中指出：“未来的文盲不再是不识字的人，而是没有学会学习的人。”

1. 学会学习，必须遵循学习的基本原理

人是在学习掌握相对独立、具有完整结构的规律性的知识、技能、方法的过程中，进而形成相应的思想、认识、情感、知识、注意、智慧、意志、智能、观念、道德、品格。人的认识心理的发展总是随着有效智力劳动的增加而按照感知—理解—识理—领悟—会通—灵慧的基本程序发展，并呈周期性发展变化。

2. 学会学习，要讲究学习方法

有了正确的方法，才会收到事半功倍的效果。荀子在《劝学篇》中说：“假舆马者，非利足也，而致千里；假舟楫者，非能水也，而绝江河；君子性非异也，善假于物也。”意指凡是有成就的人，如同善于乘坐轮船和马车一样，并非生来与众不同，而是采用了科学的方法。学习也是一样，必须从方法上入手。学习方法的选择多种多样，但科学的学习方法的掌握，不可能一蹴而就，需要在实践中不断地探索、总结、提炼，尤其要善于向古人学习。如鲁迅学习的“十字法”，即“多翻、跳读、设问、五到、立体”就非常有借鉴价值。多翻：就是多翻阅各种书籍，以开阔视野，启迪思路，增长知识；跳读：是指在那些读不懂的地方跳过去，继续向后看，于是往往连前面的都明白了；设问：就是带着问题去读书；五到：就是心到、口到、眼到、手到、脑到；立体：是指既有一般的泛读，又有重点的深掘，既有横断面，又有纵剖面，既有对原著的钻研，又有对有关资料的涉猎。

3. 学会学习，要“五要、五先、五会”

（1）“五要”。即一要围绕教师讲述展开思维联想；二要理清教材文字叙述思路；三要听出教师讲述的重点难点；四要跨越听课学习障碍，不受干扰；五要在理解的基础上扼要做笔记。

（2）“五先”。即一先预习后听课，二先尝试回忆后看书，三先看书后做作业，四先理解后记忆，五先知识整理后入眠。

（3）“五会”。即一会制订学习计划，二会利用时间充分学习，三会进行学习小结，四会提出问题讨论学习，五会阅读参考资料扩展学习。

这些学习方法，不一定适合我们每一个人，但他们成功的经验对于我们认真读书学习和探索适合自己的学习方法，是很有启发意义的。

4. 学会学习，要充分利用图书馆

图书馆在大学学习中占有极为重要的地位，图书馆里浩如烟海的知识将给人无穷的力量，大学生潜在力量的生长点会在图书馆的空间显示出来。图书馆也是课堂学习的延伸，在图书馆读书学习，不同于课堂学习，它不受固定学习内容及固定学习形式的束缚，可以为大学生创造完全宽松自由的学习环境。图书馆是培养大学生选择学习能力的最佳场所。由于电脑的普及，许多大学生认为所需的资料或书籍可以依赖网络，但网络信息由于广泛地交叉渗透，文献的内容大量重复与离散现象严重，使得许多高质量的知识信息淹没在大量的低质量甚至低级的信息之中。利用图书馆读书与学习，可以博采众长，自我组建、自我补充、自我探究，更能自我提升。科学技术的日新月异使我们懂得：人生可以告别学校，但不能告别图书馆。图书馆是大学生学习的永存的场所。高尔基曾经说过“书是人类进步的阶梯”。也有人说“读一本好书就如同和一个高尚的人谈话”。

（二）要主动参加各种社团活动，学会与人相处

大学的丰富性是通过课内、课外表现出来的。其中，社团是一个非常好的载体，积极参加社团活动，从中锻炼自己的组织能力、活动能力、交往能力、表达能力、合作能力等，这正是大学教育的目的。华南师范大学曾纯珍在《社团活动对大学生健康人格的影响》一文中指出，大学生社团有利于提高思想政治素质，培养科学的世界观和人生观；有利于培养学生的社会公德感；有利于培养创造力；有利于培养良好的情绪调控能力；有利于加快社会化的进程，培养适应社会的能力；有利于培养人际交往的能力；有利于大学生个性的发展。

大学生社团大致可分以下五种类型。

1. 思想理论型

以思想理论的研究和宣传为主要活动内容，包括西方哲学思潮研究会、中国传统文化研究会、邓小平理论研究会、毛泽东思想研究会、社会主义研究会等。

2. 学术科技型

以学术研究、科技发明与科技制作为主要内容，范围涉及高校的主干专业和学科，如各种学生专业学会、科技兴趣协会、研究会、科研俱乐部、发明小组等。

3. 文体娱乐型

以陶冶情操、锻炼体魄、发展爱好为主要目的，形式广泛，内容多样，也较受学生欢迎。涵盖了体育、艺术、文学、摄影、书法、集藏等多门学科。

4. 志愿服务型

是大学生组织起来服务社会、奉献爱心、锻炼自我的社团组织，包括爱心社、服务社、环境保护协会、动物保护俱乐部等。

5. 创业或综合型

是市场经济模式下涌现出来的新型社团组织，是科技类社团和服务类社团的深化和延伸，是大学生利用自身专业所长，开发科研成果，依托校园，以勤工助学和创业为主要目的自我开发的实体。

（三）要提升自我，做一个有教养的人

本来教育和教养是一体的，但在现实中，往往只有教育，没有教养。教育教给人的是科学文化知识，逻辑分析能力；而教养则教会人如何做一个人，如何尊重别人并且也得到别人的尊重。

上大学固然是要求学问，但是，学问与人生、“人”与“事”是密切相连的，学会做人与学会做事也是人生永恒的主题。因此，自觉接受道德的熏染，并积极在实践中践行，使自己成为一个高尚的人，这是值得我们用毕生的精力去追求的目标。

（1）一个有教养的人是追求生活的意义和理想的人，并且把自己生活的意义和价值的实现与基于美好生活的普遍价值联系起来，与自己生活在其中的社会群体联系起来，并且平等地尊重他人的生活理想。因此，他不仅对自己、对他人的生活具有一种价值的担当，而且对社会群体的公共生活有着伦理的责任。

（2）一个有教养的人具有一种追求卓越和优秀的精神动力，具有一种对善的渴望，一种在精神上强烈的不断超越的进取心。基于人性的不完美，有教养的

人深知个人的人格和社会的现实永远不可能实现完美，但他确信，通过道德追求，自己能够反省自我来反省生活中的过失。他会在个人生活和公共生活中更加明智，更加公正。

（3）一个有教养的人是具有自主性的人。他把个人的自由看作是法治社会中每个人的权利，更把公共生活的价值标准和伦理生活的准则看作是对自我的确定，而不是外在力量的强制和束缚。因此，自由对一个具有教养的人而言意味着承担责任和义务，因而自由是一种道德性的实践。

（4）一个有教养的人在生活实践中能够形成理性目的的期望，同时，在追求理性的目的中具有判断能力和慎思能力。他知道什么是正当的，什么是应该做的，知道怎样做更好，这就意味着理性的个人具有个人生活和社会公共生活的洞察力，并具有明智地处理社会事务和个人事务的能力。

（5）一个有教养的人不是以自我为中心的人，他公平地介入社会的公共活动，平等地对待他人，他愿意遵守公共生活中合理的原则和标准，理性地对不合理的制度因素进行改变，并把改变公共生活的品质看作是自己的责任。

（6）一个有教养的人是勇于承认自己错误的人，他勇于改正自己的观点，愿意听取批判性意见。他往往尊重和欣赏他人的观点，反思自己可能有的偏见，他认识到，知识只有在自由的交流中才能获得进步，所以他具有“三人行，必有我师”的谦逊品德。同时他也意识到，对思想自由的宽容是道德精神的表现，也是形成道德精神的社会基础。

（7）一个有教养的人反对任何形式的暴力。在面对分歧和冲突的时候，他会通过平等的辩论、商讨、协调、交流、讨论、倾听、辩护、谈判、仲裁、妥协、让步等理性的方式解决争端，而不是用权势、权威、威胁、恫吓、诱惑和暴力等强制他人服从。他之所以这样做，在于他认识到任何人都不可能掌握绝对的真理，任何人都不可能掌握终极的知识，任何人随时都有犯错误的可能，因此，任何人都必须在尊重他人的基础上以理性的态度实现公共生活中的合作与协调。

（8）一个有教养的人可能不是全面发展的人，也可能不是完美的人，但他是一个能够具有在社会现实中理智地进行判断、合理地进行选择、伦理地进行行为的人。他的教养是公共生活健康的必要条件和显著标志。

大学生作为时代进步的先驱者，必须具有道德能力和理性能力，以及基本的公共德行和个人德行。道德能力包括正义感和善观念的能力。正义感是理解、运用和践行公共生活的正义原则的能力，这是个人公共生活的基础；善观念的能力是个人理性地追求自己合理的利益或生活理想的能力，这是一个人在自由追求个人幸福的同时参与社会合作的关键。除此之外，大学生还必须具有理性能力，这就是实践理性所决定的判断能力、批判思维能力和推论能力，理性能力能保证个人在社会生活过程中作出正确的判断、选择和实践。最后，一个有教养的人还需要有基本的德行，如希望、勇敢、信任、诚实、民主、友善、公正等，这是他在公共生活和个人生活中追求美好生活的基本品质。

培养有教养的人，这就是大学的使命。

阅读链接

修养的作用

耶鲁大学有一批应届毕业生 22 个人，实习时被导师带到华盛顿的白宫某实验室里参观。全体学生坐在会议室里等待该实验室主任胡里奥的到来。这时有秘书给大家倒水，同学们表情木然地看着她忙活，其中一个学生还问了问："有黑咖啡吗？天气太热了。"秘书回答说："抱歉，咖啡用完了。"

有一个叫比尔的学生看着有点别扭，心里嘀咕："人家给你倒水还挑三拣四的。"轮到他时，他轻声说："谢谢，大热天的，辛苦了。"秘书抬头看了他一眼，眼里满含着惊奇，虽然这是句很普通的客气话，却是她今天唯一听到的一句。

门开了，胡里奥主任走进来和大家打招呼，不知怎么回事，静悄悄的，没有一个人回应。比尔左右看了看，犹犹豫豫地鼓了几下掌，同学们这才稀稀落落地跟着拍手，由于不齐，掌声越发显得凌乱起来。胡里奥主任挥了挥手："欢迎同学们到这里来参观。平时这些事一般都是由办公室负责接待，因为我和你们的导师是老同学，非常要好，所以，这次我亲自来给大家讲一些有关情况。我看同学们好像都没有带笔记本。这样吧，秘书，请你去拿一些我们实验室印的纪念手册，送给同学们作纪念。"

接下来，更尴尬的事情发生了，大家都坐在那里，很随意地用一只手接过胡里奥主任双手递过来的手册。

胡里奥主任的脸色越来越难看，走到比尔面前时，已经快没有耐心了。就在这个时候，比尔礼貌地站起来，双手握住手册恭敬地说了一声："谢谢您！"

胡里奥闻听此言，不觉眼前一亮，伸手拍了拍比尔的肩膀："你叫什么名字？"比尔照实回答，胡里奥微笑着点点头回到自己的座位上。早已汗颜的导师看到此情景，微微松了一口气。两个月后，毕业去向表上，比尔的去向栏里，赫然写着该军事实验室。有几位颇感不满的同学找到导师："比尔的学习成绩最多算是中等，凭什么选他而没选我们？"

导师看了看这几张尚属稚嫩的脸，笑道："是人家点名来要的。其实你们的机会是完全一样的，你们的成绩甚至比比尔还要好，但是除了学习之外，你们需要学的东西太多了，修养是第一课。"

思考

1. 什么是大学，大学的内涵与特征？

2. 大学理念与目标，其共性应有哪三个方面？

3. 什么是人文、人文学科、人文教育、人文精神？这些概念给予了我们怎样的思考？

4. 什么是科学精神，科学精神的六大支柱是什么？科学的功利精神与科学主义有什么区别？

5. 学会学习必须遵循的基本原理是什么？"三五"进取型的学习方法是什么？

6. 大学生社团大致可分为哪五种类型？

推荐阅读

1. 夏中义．大学人文读本——人与世界．桂林：广西师范大学出版社，2002；大学人文读本——人与国家．桂林：广西师范大学出版社，2002；大学人文读本——人与自我．桂林：广西师范大学出版社，2002.

人文就是审思人生，对生命进行终极意义的叩寻，对人类的生存状态与命运进行全方位的深层观照。人文精神实质上是一种自由、自觉、批判的精神。大学是人文精神的一面旗帜，是大学生"精神成人"的摇篮。

2. ［英］约翰·亨利·纽曼．大学的理念．高师宁等译．贵阳：贵州教育出版社，2003.

"大学是通过文学和科学，达到使他们的子民受到更多益处的目的，获得道德习惯和智力习惯……"

3. ［美］雅罗斯拉夫·帕利坎．大学理念重审：与纽曼对话．杨德友译．北京：北京大学出版社，2008.

这部雄辩而具有深刻个人特点的著作中，帕利坎这位"有信仰的杰出学者"，与维多利亚时代的"精神同道"纽曼就大学理念问题展开了对话。通过将纽曼的《大学的理念》与西方大学史，尤其是20世纪末复杂的大学处境相对接，帕利坎思考了大学的性质和目标，评价了大学的实际功能、指导原则以及社会作用。

4. 张维迎．大学的逻辑．北京：北京大学出版社，2004.

如果说大学的理念是为人类创造知识，传授知识，传承人类文明，推动社会进步，那么，大学的教师队伍必须是由真正对研究和教学有特殊偏好，最具有使命感、责任心和创造力，最能作出原创性研究成果的学者组成。

5. 刘琅，桂苓．大学的精神．北京：中国友谊出版公司，2004.

站在新世纪的曙光中、全球化的背景下，就大学理念和大学精神作深入的探讨和思考，重新审视大学的理念和精神，是我们这个时代的学人无法回避的事情。我们中国的现代大学应该秉持何种理念呢？本书选录了梁启超、蔡元培、胡适、金耀基等学者对于大学的本质及精神的精彩论述二十余篇，为读者开启了一扇智慧之门。

第二章

人生哲学与价值创造

人是一枝会思想的芦苇。

——［法］帕斯卡尔

亚里士多德（公元前384—公元前322年），古希腊斯吉塔拉人，世界古代史上最伟大的哲学家、科学家和教育家之一（来自百度图库）

有人问亚里士多德：“你和平庸人有什么不同？”这位古希腊大哲学家回答说：“平庸人活着是为了吃饭，而我吃饭是为了活着。”这似乎是咬文嚼字的解答，却揭示了人生重要意义的价值哲学命题。人生的内容丰富多彩，人生的学问博大精深。人的一生可以说是在交织着种种矛盾的漩涡中度过的。一个人应如何树立正确的人生价值观？如何认识人在自然界中的地位？如何认识和处理人在社会中的地位？在特定的历史阶段，个人如何尽可能地发挥其潜能进而优化人生？如何解决人生的课题，明确人生的目的，确立人生的理想，端正人生的态度，提高人生的境界，完善人生的历程？这些问题基本反映了人生的基本概况和面貌，描绘了人生发展的轨迹。

第一节　古今中外的人生思考

人生就像攀登一座山，而找山寻路，却是一种学习的过程，我们应当在这过程中，学习笃定、冷静，学习如何从慌乱中找到生机。

——席慕蓉

人生不外乎是生老病死的处境、穷达顺逆的际遇以及喜怒哀乐的感受，那么为什么有些人乐观奋斗，有些人悲观泄气？有些人珍惜每一分每一秒，有些人却像失舵之舟随波逐流、浪费生命？关键的差别就在于对人生的理解不同。

而古今中外哲人志士论及人生的著作卷帙浩繁，论及人生的锦言千古流传。中国是一个历史悠久的文明古国，具有丰富而深刻的人生哲学资源。正如张岱年所说："人生论是中国哲学之中心部分……中国哲学家所思所议，三分之二都是关于人生的问题。世界上关于人生哲学的思想，实以中国为最富，其所触及的问题既多，其所达到的境界亦深。"（张岱年．中国哲学大纲．北京：中国社会科学出版社，1982）中国传统人生哲学是中国精神的核心内容，以儒、道、释为主要流派，以儒家人生哲学为主体的传统人生哲学一直是中国社会的主体哲学形态，也构成了中国人生活中的主要精神支柱。随着历史的发展，中国近现代各种人生哲学流派更是精彩纷呈，进化论、无政府主义、社会主义、实验主义（实用主义）、生命哲学、自由主义等都有各自的市场，由于其思想理论的性质与旨趣的不同，对人生观照的重点和范式也存在很大的差异。有的是精神观照和信仰观照，如佛教信仰；有的是人生行为观照，如道家的"无"化的人生哲学；有的是人生价值与人生意义观照，如儒家思想；有的是对个体生存状态的具体关怀，如存在主义人生哲学。而要想对自己的人生有一个深刻、客观的解释，要想过好自己的人生，有必要进入先人的思想和灵魂深处，聆听他们对于人生的思考与叹息，利用他们的沉思来辨析与设计自我人生。

一、中国传统文化中的人生思考

1. 儒家的人生思考

儒家学说本身就是关于人的学说，或者说是关于人生的哲学。儒家人生哲学的根本目的在于教诲人们应该怎样生活，如何做人，道德教化是其显著的特征。总体上说，儒家人生哲学的基本取向有以下方面：

第一，强调人生应“入世”。儒家人生哲学认为，人是宇宙精华、万物之灵、人生主体，人具有自由意志、理性能力。因而认为人生是快乐幸福的，人生的目的和意义就在于对社会的进步与发展有所贡献，人的生命活动具有积极有效的意义。人的生命价值实现的途径在于积极地参与现世活动，在现世生活中发挥自己的能动性、自主性和创造性。而人具有主宰现世活动的能力，“人能弘道，非道弘人”，“为仁由己”，“我欲仁斯六至矣”（刘宝楠．论语正义．北京：中华书局，1990）。人应该发挥个体的能动性、主动性，通过“发明本心”，“改过迁善”，“剥落”心“蔽”，“收拾精神，自作主宰”（陆九渊），或通过“格物致知”，“诚意正心”（宋元人注．四书五经．北京：中国书店，1985）向内促进自我身心的发展以达到自我完善、自我发展、自我超越，向外达到“安人”、“安百姓”、“治国、平天下”的目的。儒家人生哲学对人生的观照是乐观入世的基调，这种对人生问题的积极、正面的理解，尤其是积极进取、自强不息的人生态度，对人们认识人生、指导人生实践活动起到了重要的作用。

第二，强调个体应该通过锤炼身心以使自己的内在价值转化为外在社会价值，就是“修身、齐家、治国、平天下”，就是“修己安人，内圣外王”。它强调要不断地修炼自身、修养自身，把自己修养成一个与社会实体、与人的本质或人的共同体同一的有道德、有德行的人。

第三，重视观照人的精神和道德需要，认为人的精神、道德的需要是最根本的需要。孔子曾指出，“君子食无求饱，居无求安”，“谋道不谋食……忧道不忧贫”（刘宝楠．论语正义．北京：中华书局，1990）。重义轻利，重精神轻物质，“杀身成仁”、“舍生取义”，追求道德精神的自我完善，成为儒家人生哲学的主题。值得一提的是，儒家思想提出了道德的黄金律，如己所不欲，勿施于人，这一思想至今还闪烁着光芒而成为普世的伦理原则。

必须指出的是，儒家人生哲学由于对人生的论述缺乏深刻的理论依据和严格的世界观、方法论的指导，所以不能对人生的本质和发展的规律作出必然的揭示，对人生的论说大都建立在“应然”的基础上，而对于人生的“实然”解说却是“空场”的。

2. 道家的人生思考

道家思想关注的核心问题是“个人安身立命的根据是什么”，根据就是“道”，包括“天道”和“人道”。这个问题包括个人与社会的处境关系以及个人面对处境所采取的态度。道家思想的人生观照大都集中在人对自然、社会环境所选取的行为模式方面。道家思想认为，个体应该自然无为、返璞归真，概括起来就是“无”化行为，即“无私”、“无欲”、“无为”、“无我”、“清心”、“寡欲”、“不争”、“顺应自然”的人生哲学模式。具体来讲，主要包括：

第一，面对世事的纷扰，人生应当致虚守静。“致虚极，守静笃，万物并作，吾以观复。夫物芸芸，各复归其根。归根曰静，静曰复命。”（《老子》第十六章）主张人们用虚寂沉静的心境，去面对宇宙万物的运动变化。

第二，“贵生自重，轻利寡欲。”老子说：“名与身孰亲？身与货孰多?”（《老子》第四十四章）道家思想认为，名利和外在的物与人自身的价值相比是比较轻的，所以人应该在名利面前自重与自爱，珍惜自身的价值与尊严。

第三，“无私不争。”道家认为，在待人方面，要无私无我，卑弱不争；在接物方面，要无为自然，不骄不矜。老子曰：“吾所以有大患，为吾有身，及吾无身，吾有何患。”（《老子》第十三章）道家认为，社会是人的结合体，社会的纷乱，起源于人群的不和睦，也就是起源于人群的争端。因此，要泯灭纷乱，必须消除争端，而消除争端，必先化解个人的私执。

第四，“无为。”道家思想认为，在矛盾对立的客观世界中人应该“无为”，要按照自然界的“无为”规律去办事，以“无为”的方式去化解矛盾，促进自然的改造和发展。

第五，“功成身退。”老子曰：“持而盈之，不如其已；揣而锐之，不可长保。金玉满堂，莫之能守；富贵而骄，自遗其咎。功成名遂身退，天之道也。”（《老子》第九章）也就是说，无论做什么事情都不可过度，而应该适可而止，锋芒毕露、富贵而骄、居功贪位，这些都是过度的表现，倘若如此，难免会招致灾祸。

道家的人生哲学超越国家和民族的界限，站在宇宙和人类的高度提倡人与自然的和谐相生以及对世俗和名利的超越态度，包括对儒家人生哲学的批判精神，具有积极的意义和价值。但是道家人生哲学更多的是一种行为哲学、智慧之学，对人的关怀缺乏深厚的人文精神，再加上其过多地强调人的“无为”，因而这种关怀是一种消极的、封闭的、片面性的关怀。

二、国外传统文化中的人生思考

1. 佛教的人生思考

佛教表面上是以神为中心，其实人才是它们探讨的主要对象，只不过它们对人生一系列基本问题的研究是在宗教形式下进行的。佛教的人生哲学思想主要集中体现在它的“四谛说”。“四谛”即苦、集、灭、道四种真理。佛教认为人生无论是生还是死，都是一个“苦”字。“苦谛”就是呈现世界之苦，这个世界“一切皆苦”。“集谛”就是寻找造成这些痛苦的原因或根据。它的理想“灭谛”，就是达到佛教的最高境界——涅槃境界。“道谛”就是达到这个涅槃境界、实现佛教理想的方法与途径。因此，佛教人生哲学的人生观照可以概括为四点：

第一，人生皆苦，所以要“常乐我静”。佛教认为，“苦”不是某一个人苦、某一些人苦或者是生活中某一段时间的苦，而是所有的人以及人生的整个过程都是苦，所以叫作“一切皆苦”。有生苦、死苦、老苦、痛苦、怨苦、爱别离苦、求不得苦、五盛蕴苦等。佛教认为，苦谛的真义是要人们改变人生，达到一个“常乐我静”的境界。“常”是一种永恒，不是一种短暂，它是要达到一种生命的永恒。“乐”是快乐。“我”是自由，要自由自在，我行我素。“静”是一种安静。

第二，四大皆空，所以要有超脱意识。佛教主张世界万物与人之身体皆由地、水、火、风之四大和合而成，皆为妄相，若能了悟此四大本质亦为空假，终将归于空寂，而非“恒常不变”者，则亦可体悟万物皆无实体之谛理。“空”的含义是“性空”。佛法认为，世界上一切事物都是“缘起性空”，它的存在必须依赖于众多的条件。缘生的事物不能离缘而存在，这叫作“无自性”，即“性空”。佛教讲“四大皆空”的用意是要人们认清宇宙人生的真相，以解除身心的束缚，获得解脱和自在。能积极进取、淡泊名利、乐于助人、不图回报，既利于社会，又体现自己的人生价值。有些人因不了解“有”的空性本质，过分执著“有”，把“有”当作一种永恒不变的存在，这是一种贪欲的人生，一个人对“有”看得太重，贪得无厌，欲壑难填，那么他就会烦恼痛苦。因此，对生活要有一种超脱意识、超越意识。

第三，生命无常，所以要加以珍惜。佛教认为人的生命是非常珍贵难得的，也是无常的，死亡随时都会降临到我们身上。所以，佛教特别提醒和告诫我们，一定要加倍珍惜这来之不易的人生，千万不要浪费、虚度这短暂而珍贵的一生，要为随时可能到来的死亡早做准备。佛教强调的是人生的内在精神生命，而忽略在物质上的追求。它非常重视生命的质量，佛教将生死看为一体，认为死是生命的一部分，是真实的存在；死并不是结果，而只是过程。它是一个要人们真诚地面对、冷静地思考生命的过程。这样可以让我们时常保持清醒的头脑，它提醒我们要认认真真地过好每一天，以免留下失去了才感到可贵的感慨与遗憾。

第四，注重修行。佛教在人生态度上是非常重视修行的。如果说佛教的清规戒律是对信徒人生态度的导向，那么，注重修行则是佛教对人生的基本态度。佛教认为修行要用“四念处”，即观身不净、观受是苦、观心无常、观法无我的方法面对人生。佛教从人生是痛苦的这一价值判断出发，主张个人出家修行，以便成佛，进入涅槃境界。“涅槃寂静”中“涅槃”意为“灭”、“灭度”、“寂灭”、“圆寂”、“不生”。“涅槃”是佛教思想中最高的理想，到了这个阶段也就真正地断除了欲望，超越了生死。为了达到涅槃境界，佛教先后提出“八正道”、“七科三十七道品”、“四摄”、“六度”等修持的途径和方法。佛教的修持方法概括起来主要是戒、定、慧三个方面，称为“三学”，是佛教信徒必须修持的三种基本学业。要努力实现这“三学”，以洗除本性上的无明烦恼，专心致志观悟佛理、专心探求佛理，以获得佛教的最高智慧，获得最终的解脱，达到涅槃的理想境界。

2. 基督教的人生思考

在基督教文化里，既有欢悦享受人生、崇尚理性与科学的希腊文化的因素，又有苦行禁欲、拓展精神世界与信仰上帝天国的希伯来文化的因素，可以说在一定的经济基础上“二希文化”的矛盾运动推动了基督教文化的产生、改革和发展。西方人的人生态度深受基督教教义的影响，他们的人生是宗教人生。基督教徒以虔诚的态度信仰上帝，以毕生的努力赎罚与生俱来的原罪，人生最大的希望是在死后进入天国。概括地说，基督教的人生观主要有以下几点：

第一，肯定人性的两重性。基督教神学家奥古斯丁的《上帝之城》中说，精神与肉体相结合的方式乃是人所不能理解的，然而这就是人生。基督教神学理论认为，人是神按自己的形象造出来的，但又与神不一样。人具有两重性：一方面具有神性，有趋于真善美的无限可能性；另一方面保持着人性，有着无穷的从自我出发的欲念。这两方面在人的内心不断斗争，使人在不断的自我斗争中向前发展。基督教在这里并未否定人的现实存在，人们生活在现实社会中，同时又要力求摆脱现实社会的“有限”去寻找理想中升入天堂的“无限”，实现自己的终极目标。即它主张在肯定现世的基础上努力超越现世、超越有限的人生。当它把人性与神性的奥秘摆在人面前时，就已作出了理论归结：这一奥秘就在于不断超越自我走向上帝。

第二，人的本性是恶。基督教认为罪恶的根源在人自身之中，人由于摆脱不了自我中心，因而有罪。其“罪”（英文为 sin）不是法律、社会意义上的违法犯罪，而是指人由于以自我为中心或沉溺于物欲当中不能自拔，在精神上陷于无限痛苦的一种内心状态。这就是所谓与生俱来的“原罪”。它是邪恶的根源，正是这种罪造成了世间深重的苦难。人类必须为此承受苦难和痛苦。

第三，正视人生的苦难。“人生是苦”的命题是基督教理论的基本内容，基督教承认并正视人间苦难的事实。从古老的《圣经》到当代的神学，都一直把苦难列为严肃探讨的重大主题。世间的苦难多由人类自身的罪与邪恶造成，苦难源于人类，苦难始终伴随着人类。正因此才有了耶稣基督甘愿被钉上十字架牺牲自己来为人类承担苦难的悲壮“圣”迹。如果换一个角度看问题，就会发现，苦难亦是铸造高尚灵魂的场所。我们无法设想，世上没有苦痛，竟会有同情和慈悲；没有苦难，竟会有坚毅和智慧；没有危险，竟会有谨慎和勇敢；没有不义，竟会有正义和仁爱。我们说，正是对苦难或恶的真正透彻的洞察，才使人悟出人生的价值所在。正是从这个层面上说，“人生是苦”的命题是基督教人生观的理论基石。

第四，重视人性的超越。基督教通过对人的本质兼具人性与神性的剖析，揭示了人的内在矛盾并以此向人们指出一个最高的精神境界——超越人性、彻底复归神性、通向上帝的路径，从而达到至善的理想境界。这种至善境界其实是隶属于宗教信仰的一种道德境界。它极其推崇善良、公正、同情和友爱，推崇信、望、爱。“信”即信仰，它意味着接受和献身。“望”是一种强大的道德动力。只有对未来满怀希望，认为世界的存在是美好的人才能够趋向道德上的善，向着至善发展。而“爱”更是为了协调人内心的道德意识。基督教规定人的道德行为的唯一原则就是爱人如己。这种至高的爱指明了道德努力的目标，由信、望、爱三德所构成的现实人生与自然存在物的联合体就达到了至善境界。

三、近现代西方思潮中的人生思考

1. 存在主义的人生思考

在20世纪西方哲学人本主义思潮中，存在主义既是主流，也是对人生给予最多观照的思想流派。存在主义建立的社会背景决定了它对人生观照的焦点集中在人生存在的矛盾与痛苦上，即对“现代人身陷自由与沉沦、个性与孤独、选择与‘自欺’和逃避与抗争的两难困境”的观照。

第一，人是自由的。存在主义的先驱海德格尔认为，人和其他所有一切存在者不同，人不是现成既定的存在者，而是处在未定之中，是其所尚不是而将是的存在，所以它总是不断策划、设计、选择和超越自己，从而获得自己的本质。也正是人的“此在”特性决定了人生是自由的。人生的自由所指的是人的自由选择性，由于人之为人的根据是先天规定的而不是某种先验的东西赋予的，因而人注定是自由的。

第二，人是自为的。萨特认为，人的存在不同于其他存在者，因为人本质不是先验和固定的，“人的实在本身除了其固有的虚无之外，什么都不是”，“人之初，是空无所有”，是“存在先于本质”。因而个人的一切成败都是个人选择的结果，“懦夫是自己造成懦夫，英雄是自己造成英雄，懦夫常有可能变成不再是懦弱，而英雄常有可能不再是英雄”（中科院哲学研究所．存在主义哲学．北京：商务印书馆，1963）。

第三，人生充满焦虑与孤独。萨特还认为，由于人的“自为”而“自由”，人在选择时常常带有一种责任感和使命感，从而带有焦虑和不安。焦虑则是自我反思的领悟，是自我面临各种选择的可能性时所具有的情绪体验，正是在焦虑中人意识到自己是自由的，人正是在焦虑中选择自己、领悟自己的。“正是在焦虑中人获得了对他者的自由的意识，如果人们愿意的话，还可以说焦虑是自由这存在着的意识的存在方式，正是在焦虑中自由在其存在里对自身提出问题。”（[法] 萨特．存在与虚无．陈宣良等译，杜小真校．北京：生活·读书·新知三联书店，1987）人除了有焦虑外，还会产生孤独。这是因为人在选择时没有可以依靠的力量，只能依靠自己。一切道德价值皆出于人的创造，同时也应由人来负责。

存在主义的人生哲学为我们勾画出了一幅现代西方社会中现代人生存的真实图景。因此，存在主义的人生观照是自由而又悲观的、希望而又绝望的。存在主义反对决定论和宿命论，把人的存在等同于人的选择，人的自由同一于人的存在，打破了外在于人的规定性和限制，凸显了人的主体性、人的尊严和高贵。同时，存在主义倡导积极地干预生活、塑造自己。这些都对人的主体性的张扬产生了重要的意义。

2. 生态主义的人生思考

当代人类生存的种种困境，遍及全球的生态运动及其与之相连的“红”（社会）“绿”（生态）革命，使原来只局限于自然界的生态学扩展到从根本上解决人与自然、人与社会、人与自身相互关系的生态世界观、人生观、价值观。他们认为当代人类面临着诸多问题，最深层、最根本、最迫切需要解决的问题在于人自身，因而需要确立一种生态人生观。

第一，尽心知性，与天地万物为一体。自然界是一个巨大而充满活力的生命体，人的生命及生命价值皆来自于自然。固然，人有创造能力，但绝非自然界的“立法者”，而是自然界“内在价值”的实现者。人是自然界的产物，是自然界的一部分，自然界是生养我们的“衣食父母”，是我们的“根”，它的损伤和毁坏必将引起我们自身的损伤和毁坏。固然，人的生命是可贵的，贵就贵在“与天地合德”。在环境恶化、人与自然对立加深的今天，十分需要“天人合一”的德行及其养成。发挥人的主观能动性，使人的认识和行为符合天道，即符合自然规律，将人融入整个自然之中，以达到“上下与天地同流”的崇高境地。

第二，爱惜物命，珍视天地间的一切生命。既然天人合一、人我一体，那么人就要珍视自己的生命，亦应推己及人，珍视他人、他物及天地间的一切生命。人文化成，陶冶情操，提升德行，“厚德载物”、“爱惜物命”，是古人更是今人的必备素质。现代法国著名思想家、诺贝尔和平奖获得者阿尔贝特·史怀哲提出，一个人只有当他把所有的生命都视为神圣的，并尽其所能去帮助所有需要帮助的生命的时候，他才是有道德的。“善是保持生命，促进生命，使可发展的生命实现其最高的价值；恶则是毁灭生命，伤害生命，压制生命的发展。”（［法］阿尔贝特·史怀哲．敬畏生命．陈泽环译．上海：上海社会科学院出版社，1992）

第三，合理消费，提升日常生活的质量。现代人陷于生存困境，一个重要原因是以物质享受为中心的消费观葬送了人的内在价值和意义世界，导致日常生活世界的全面异化。生态人生观反对禁欲主义，同时反对享乐主义，主张按照人的物质和精神需求合理消费，把自己提升到过去只为“伟人”预留的位置上，享受以提高生活质量为中心的更高层次的生活。

第四，实践创造，走自强不息、协调和谐的生态人生之路。“天行健，君子以自强不息。”工业社会极大地激发了人们的自强竞争意识，却导致人际关系疏远、冷漠、对立，许多人陷于“孤独”、“恐惧”、“烦恼”、“忧郁”之中（萨特语）。自20世纪中叶特别是21世纪以来，生态智慧关注人与自然的生态平衡，尤其重视人的内在精神生态、人格生态平衡。人只有在实践中，在积极的创造和奉献中，才能不断地扬弃“旧我”，塑造“新我”，开辟自强不息、协调和谐的生态人生之路。（顾智明．追寻现代人的澄明之境．福建论坛，2004）

第二节　当代人生的三大问题

人生的道路都是由心来描绘的。所以，无论自己处于多么严酷的境遇之中，心头都不应为悲观的思想所萦绕。此时，应当坚信，只要认真地努力向前，肯定会有好结果，应当保持心情舒畅，满怀信心，大步向前。

——［日］稻盛和夫

人为什么要活着？在消费主义盛行、人们的欲望被充分调动的今天，人应该以何种态度对待欲望？在这样一个充满不确定性和风险的社会中，我们应该用什么支撑人生？这是当代社会多数人都需要面对并给出答案的问题。本节从三部文艺作品谈起，一起思考这个问题。

一、人为什么要活着——从小说《活着》谈起

“活着，还是死去，这的确是一个问题。”这是莎士比亚面对人生的苦累进行苦苦思索之后所发出的无奈感叹。300 多年后中国著名作家余华通过其小说《活着》对人为何要活着给予了深刻阐释和理解。小说《活着》故事的主人公福贵是一个嗜赌如命的纨绔子弟，把家底儿全输光了，老爹也被气死了，怀孕的妻子家珍带着女儿凤霞离家出走，一年之后又带着新生的儿子有庆回来了。福贵从此洗心革面和同村的春生一起操起了皮影戏营生，却被国民党军队拉了壮丁，后来又糊里糊涂地当了共产党的俘虏。他们约定，一定要活着回去。历尽千辛万苦，福贵终于平安回到家中，老母亲却已去世，女儿凤霞也因生病而变得不会说话了。一家人继续过着清贫而又平凡的日子。在“大跃进”中当上区长的春生不慎开车撞死了有庆，福贵一家人伤痛欲绝，家珍更是不能原谅春生，她说：“你记着，你欠我们家一条命。”“文革”时，春生遭到迫害，妻子自杀，一天半夜他来到福贵家，把毕生积蓄交给福贵，说他也不想活了。这时家珍走出来对春生说：“外面凉，屋里坐吧。”春生临走时，家珍嘱咐他：“春生，你还欠我们家一条命哪，你可得好好活着！”后来凤霞认识了忠厚老实的二喜，两人喜结良缘。然而不幸总是不肯放过福贵一家。不久，凤霞虽然生下一子，却因难产而死。凤

电影《活着》剧照

电影《活着》根据余华的同名小说改编，片中讲述了一个叫“福贵”的中国人坎坷却又顽强的一生

霞的儿子取名叫馒头，聪明可爱。影片结尾，福贵对馒头说：“你是赶上好时候了，将来这日子就越来越好了。”

这部小说其实就是对人为什么活着的回答。结论是人是为了活着本身而活着，而不是为了活着之外的任何事物而活着。如果活着意味着苦难，如果苦难不是来自社会的不公，如果苦难并不能获得彼岸的救赎，那么，人是否还有必要活着？显然，《活着》的回答是肯定的：人应该活着，并且对这个人生存其间的世界心存善意。

“活着”在中国的语言里充满了力量，它的力量不是来自喊叫，也不是来自进攻，而是忍受，去忍受生命赋予我们的责任，去忍受现实给予我们的苦难、无聊和平庸。“挺住意味着一切。”里尔克这句著名的诗句就是类似的阐释。如果说古典主义的“活着”以神为最高目的，可以理解成为神活着；现实主义的“活着”以社会为最高目的，可以理解成为社会活着；现代主义的活着以“活着”为最高目的。

活着是美丽的，尽管活着的时候常有许多痛苦，但和死亡相比，却无疑是一种幸福。死亡犹如飘零的枯叶，没有了生机，没有了梦想，再也无法散发鲜活的清香，而活着还可以感受温馨的阳光，编织各种绚丽的梦幻。曾几何时，我们在煎熬中苦撑度日，在不经意间已是雨过天晴，当初那似乎致命的阴霾全都化作了虚无。此时，你就会暗自庆幸“我还活着”！

1. 活着就要历尽生活中的“苦难”

其实人的一生是无序的，充满了变数，甚至是苦难。而在命运的苦难与困境下坚持，再坚持，则展现出的就是一种人性永恒不屈的精神。其实，人就是在无处不在的死亡阴影下孤独地活着，但我们却要以超然与乐观的态度看待生命。这种超脱并不是历经苦难之后的麻木，它更是一种精神——活着的精神。笑对人生，勇敢地活着。人的一生中，苦难是无法预知的，就像悲剧里无法抗拒的命运，所有的一切都命中注定，或疾病，或死亡。苦难是一种无法拯救的永恒苦痛，但人需要在这样的一种苦痛中，思索活着的价值，理解活着的意义，求得心灵的净化与解放。

2. 在失败和苦难中人才能获得真正珍贵的东西

有一个寓言故事：一个圆圈缺了一个角，它便到处去寻找。它说自己有缺陷，感到不快乐。它唱着歌，忍受着烈日的暴晒、冰凉大雨的冲刷，冰雪把它冻僵，阳光又给了它温暖。它缺了一角，所以滚得不快，能与树木对话，闻闻花香，超越甲虫，蝴蝶停在它身上。它渡过海洋，穿过丛林，上山下山，走遍天涯海角，不怕路途遥远。它找到了一个角，问这是我的角吗？角说我不属于谁，我就是我。它发现这不是自己的角，又继续上路了。这里有一个角，结果太小；那里又有一个角，结果又太大。尖锐的角差点把它刺穿，太紧的角被它咬碎，方正的不行，圆滑的失落……它遇到过很多危险。最后，它终于找到了适合的一个角，圆和角感觉搭配得很好，便结合在一起。它成了一个完美的圆，没有了任何阻力便越滚越快，再也停不下来。从此，它不能和小虫说说话，也不能闻闻花香，蝴蝶无法停在它身上，歌也唱不出来……失去了许多生活的快乐。最后，它滚得实在太累了，认为完整的感觉一点也不好。于是，它把那个角轻轻放下，从容滚开。它又快乐地唱起了那首寻角之歌，蝴蝶又停在了它身上……我们在生活中总想寻找一种完美、幸福、快乐的人生，然而，我们却永远也找不到。一旦找到了，我们就意味着永远的失去，奋斗实际上是没有终点可言的。世界最高的峰是珠穆朗玛峰，而生活永远没有最高峰。当你想得到什么就可以得到什么的时候，就失去了追求与奋斗的空间，生命也仿佛失去了意义。人生最幸福的事情，是因为生活中有不完美的缺陷。正是因为人有失败和苦难，才留下了奋斗的余地；正是生活的贫困，才给了我们追求的力量。这是最浅显的道理，只有面对失败、困境和苦难的时候，才是获得最珍贵东西的开始。

3. 活着就要“忍耐”

在现实生活中，人的一生不可避免地会遭受许多意外的打击。有些人选择坚强地活下去；有些人精神崩溃，生活在麻木中；而有些人则无视自己的生命，选择不归路而“自杀”。人活着就应该分享生命的价值，在有限的生命里去实现自我、超越自我，只有这样才能更好地去生活，不负人生的这几十年。只要地球是运动的，人就不可能总是在一个位置上，也不可能一辈子总倒霉。“塞翁失马，焉知非福”，活着是生命的唯一要求。个体缓解苦难的有效途径就是忍耐，宽阔的忍耐会使人生变得坚定，人会无边无际地忍耐、包容一切，以至于再大的苦难来临，也能将之消解于自己的忍耐之中，同时个体也会获得宽广、坚韧、温婉的性格。“忍耐”其实是对生命的一种彻悟和对受伤心灵的温婉抚慰，是对生命本真状态的思索。

4. 活着的本质就是坚强地“活着”

每一次灾难、失败和打击对人来说都是对生命、对活着本身的一种进攻。活着最纯粹最本质的理解就是不管尊贵或卑微，不管舒适或痛苦，只要活着就是最大的幸福。人活在世上，虽然会面临各种各样的苦难，但是我们应该坚强地活下来，而且要活得有滋、有味、有信心，这是因为生活中还充满了各种各样的温暖、快乐、幸福和希望。正如索福克勒斯笔下的俄狄浦斯在悲剧之后能发出这样震憾人心的声音：“尽管历尽艰难困苦，但我年逾不惑，我的灵魂深邃而伟大，因而我认为我是幸福的。”也正如荷尔德林所说，“人生充满劳绩，但诗意地栖居在这块大地之上”。

二、如何看待人生的欲求——从电影《阿甘正传》谈起

电影《阿甘正传》中阿甘是个智商只有 75 的低能儿，在学校里为了躲避其他孩子的欺侮，他听从朋友珍妮的话开始“跑”。他跑着躲避别人的捉弄。在中学时，他为了躲避别人而跑进了一所学校的橄榄球场，就这样跑进了大学——被破格录取，成了一名橄榄球明星，得到了肯尼迪总统的接见。大学毕业后，阿甘又应征入伍去了越南。在那里他有了两个朋友：热衷捕虾的布巴和令人敬畏的长官邓·泰勒上尉。这时，珍妮已经堕落，过着放荡的生活。阿甘一直爱着珍妮，但珍妮却不爱他。在战争结束后，阿甘作为英雄得到了约翰逊总统的接见。在一次和平集会上，阿甘又遇见了珍妮，两人匆匆相遇又匆匆分手。在“说到就要做到”这一信条的指引下，阿甘最终闯出了一片属于自己的天空。在他的生活中，他结识了许多美国的名人。他告发了“水门事件”的窃听者，作为美国乒乓球队的一员来到了中国，为中美建交立下了功劳。猫王和约翰·列侬这两位音乐巨星也是通过与他的交往而创作了许多风靡一时的歌曲。最后，阿甘通过捕虾成了一名企业家。为了纪念死去的布巴，他成立了布巴·甘公司，并把公司的一半股份给了布巴的母亲，自己却成为一名园丁。阿甘经历了世界风云变幻的各个历史时期。但无论何时、何处，无论和谁在一起，他都依然如故，纯朴而善良。在隐居生活中，他时常思念珍妮。他跑步横越了美国，又一次成了名人。在奔跑了许久之后，阿甘停了下来，回到了自己的故乡。在途中，他收到了珍妮的信。最后，他终于赢得珍妮的爱，一起回到了家乡，共同度过了一段幸福的时光。

《阿甘正传》(Forrest Gump)，是根据同名小说改编的美国电影，荣获1995年奥斯卡最佳影片奖、奥斯卡最佳男主角奖、奥斯卡最佳导演奖等6项大奖。影片讲述了一名智商只有75的低能儿阿甘，通过自身的不懈努力，从要靠金属支架走路到飞奔如风，成为大学橄榄球明星，成为街知巷闻的越战英雄、乒乓球外交大使，成为拥有十几条渔船的公司股东的故事（来自百度图片）

对于阿甘来说，复杂的人生经过他那颗近乎原始、纯朴的头脑过滤后，就变得如此的简单和清澈，那些曾与阿甘同时代的大人物们虽然个个精明善算，神气十足，但最终或昙花一现，或灰飞烟灭，只有善良、单纯的阿甘却奇迹般地活了下来，成为历史的见证。影片以一种自然和纯朴的人生欲求来对照当代人类被现代文明所激起的五花八门的欲望和复杂的生存状态。我们一天比一天现实，一天比一天功利，我们每天追求比昨天更多的物质。我们以为我们一天比一天聪明，可结果和我们的预计总是差那么一些。阿甘则以一颗简单纯洁到几乎是白纸一张的心灵来反衬出现代人类的狡诈和精明中透出的愚蠢。也许每个人相差并不大，真正相差的就是那么一些心的容量。阿甘的生理、智力缺陷使其不被外在的物质世界所迷惑，保持自己纯真的天性。阿甘的“愚蠢”并不是真正的愚蠢，而是智慧。阿甘的愚蠢卸掉了他精神和肉体上的所有负担，只留下了我们最为渴望的美德：真诚、乐观、持之以恒和他的人生原则——永远爱人、坚守承诺。他总是以“笨人有笨人的方法”为自己的行动作阐释，并且勇敢而坚强地战胜困难，做自己该做的事。跟随阿甘用他不带任何偏见、杂质的眼睛来看这一切，以他的思维方式引领大家回顾历史，也许这样能更容易感悟到生命的真谛。

在后工业社会，伴随着物质文明的高度发展，人自身严重异化，人文精神严重失落，人身上原有的种种美德也大大丧失。与此同时，人类生存环境也被严重污染，现实社会中出现了道德沦丧、物欲横流、人文关怀淡漠、行为方式失范等现象，人们不断陷入现代文明的挤压之中，在纷繁复杂的现代生活中身心疲惫，开始对现代文明感到畏惧、恐慌甚至出现反抗。在这种状态下，我们更需要以一种自然和纯朴的人生欲求来对照当代人类被现代文明所激起的五花八门的欲望和复杂的生存状态，重新反省自己的本质，重新思考如何避免因经济或金钱至上而导致的现代人感情的枯竭和退化。

发展科技的目的在于改善物质条件，它的进步确实给我们的生活带来了诸多的便利，但同时也使人类的欲望随着经济的发展而不断升级，造成了很多新的社会问题，如环境保护问题、道德滑坡问题等。今天的人活得很累，已经在这个物欲横流的社会中迷失了方向。老子曾说过“五色令人目盲，五音令人耳聋，五味令人口爽”，讲的就是这个道理。在物质空前丰富的今天，当我们面对一桌丰盛菜肴的时候，我们的味觉已完全被它们所麻醉；当我们面对闪烁着霓虹灯的街道时，我们的视觉已完全被它们所占据……我们用了大量的时间和精力来挣钱，结果，只是享受了一些我们本可以不需要的东西，这样的交换到底值得么？

当然，不可否认的是，正是人类的欲望推动了社会的发展。人类为了追求物质生活的提高，改善和发展了生产力，从刀耕火种到第一次工业革命，再到当今的电子信息革命，可以说在近百年中，人类仿佛从桃花源般的自然王国一夜之间进入了高科技时代的自由王国。这都是以人的欲望为动力产生的，所以说社会发展尤其社会经济的飞速发展是人类的欲望膨胀所造成的。但人类也为此付出了惨痛的代价，人类赖以生存的环境正在社会经济发展的同时遭受到无休止的甚至是毁灭性的、无法挽回的破坏。人类一边享受着舒适的生活方式，一边遭受着日益严峻的环境威胁，直至生命的威胁。

人生路上，鲜花、名望、金钱等诱人的东西太多了，我们要学会甄别，学会辨别是非美丑，让灵魂洁净，让情操高尚，让高雅的生活情趣占据我们的心灵。善的欲望需要发扬，恶的欲望需要压抑。除此之外，还有非善非恶的欲望，如正常的生理需要等，虽然这些欲望本身没什么过错，但它们一旦和我们的贪、嗔、痴、烦相应，就会介入恶的成分而变质。

幸福和快乐是我们一致追求的目标。当然，这种感受取决于人们的心态，而不是存在于什么地方。只要我们每天在工作之余，抽出几分钟的时间坐下来对自己说：“这几分钟是属于我的，我要非常单纯地去享受这几分钟的美妙时光。”时时保持着单纯的心态、单纯的视野，运随心转，幸福和快乐也会如期而至。知足常乐、无欲自然、心如止水其实离我们并不遥远。希望我们能多一点热情投入到人生这场长跑中，简单一些、自然一点，少一些恐惧怀疑、多一份执著专一，生命便会返璞归真。

三、我们应该用什么支撑人生——从电影《肖申克的救赎》谈起

电影《肖申克的救赎》改编自惊悚大师斯蒂芬·金的同名小说，它讲述了

一位年轻有为的银行副总裁安迪，因被误判杀妻及其情夫而锒铛入狱。在狱中生活长达 19 年，他从年纪轻轻到两鬓斑白，从无辜入狱受尽折磨和毒打到运用自己的理财能力改变了狱中孤立无援的处境，结交了朋友，最后凭借着一张偌大的海报以及一把仅仅可以雕琢小石子的小锤子逃出了牢笼获得自由之身，还帮助狱中老友瑞德实现了愿望。该片深刻地探讨了希望、自由、救赎和友谊，充满了对人生和社会的反思。

电影《肖申克的救赎》剧照

电影《肖申克的救赎》由弗兰克·达拉邦特执导，摩根·弗里曼、蒂姆·罗宾斯等主演。影片的主题是“希望”，片中透过监狱这一强制剥夺自由、高度强调纪律的特殊背景来展现作为个体的人对“时间流逝、环境改造”的恐惧。影片的结局有《基督山伯爵》式的复仇宣泄（来自百度图片）

被送进黑暗残暴的肖申克监狱，无疑是落入了人间地狱，安迪的救赎之旅是充满绝望和无比沉重的，在这个过程中，究竟是什么使他面对冤枉时没有感到委屈，面对压制时没有变得狂暴，面对困境时没有感到绝望，而始终保持一种冷静的心态、顽强的斗志，也就是说他依靠什么来支撑人生，答案是很清楚的，那就是安迪身上所表现出来的异于常人的理性和坚定的信念。

1. 人生需要理性支撑

银行家的理性使安迪镇定地接受了现实和恶劣的环境，虽然被监禁，但他的灵魂是自由的。他始终保持清醒，冷静地应对着残酷的现实带给他的一切。理性使他不畏残暴的狱棍，抓住时机，冒着被推下屋顶的危险向警卫队长提出如何避免缴税而继承遗产的建议。安迪不但让同伴们喝上了肖申克这个最凶恶的狱卒所请的啤酒，而且改变了自己的命运，赢得了典狱长的信任，为其做账洗黑钱，成为受其庇护的金融咨询师。从此，他免于从事繁重的体力劳动，成为行动自由的图书馆管理员，为逃亡打开了便利之门。作品几乎没有着墨于安迪如何艰难、顽强、智慧地掘洞，而是表现了作为大写的人的代表。安迪在那个残酷吞噬肉体和灵魂的魔域里始终没有丧失善良的人性，顽强地完成了对人性的坚守，即对作为一个人的情感、权利、价值的顽强自我意识的肯定。安迪自始至终都没有放弃对知识和理性的坚守，他让身体沉默，用理性的力量支撑人性，怀着对生命的渴望和对自由的憧憬，借助"知性的绝对势力"，为实现自我的拯救而不懈努力。理性使安迪永不认命，使他深信人性不会泯灭，使他对自由始终怀着希望和憧憬，使他为实现自我救赎和人身的真正自由而不懈努力。理性使他能够自如地在得失之间求取平衡，使自己脱离了仇恨，超越了自我，并最终到达自由的彼岸。

人的一生始终都需要一个清醒的头脑，具有独立思考的能力，能够在理性的支配下，自如地在灵魂与肉体、善良与邪恶、冲动与克制之间找到平衡，用一种智慧的生存方式，达到自由的境地。因为"人是理性的动物"。其中，思想与知识是人性价值设定的基础和标准，知性是一切势力中最惊人和最伟大的，甚至可以说是绝对的势力。

理性是人类存在的精神前提，是人类为之人类的一个重要维度。从族类产生的角度来说，没有理性的形成，就没有人类的形成；从一个个体成为人的角度来说，理性的形成是他真正成为人的一个根本标志；从人的现实存在的角度来说，失去了理性，人就失去了人之为人的一个根本条件。

而理性的养成基础在于知识的获取。著名哲学家培根提出"知识就是力量"，"人的知识和人的力量结合为一"，"达到人的力量的道路和达到人的知识的道路是紧挨着的，而且几乎是一样的"。（培根．新工具．北京：北京出版社，2008）培根的话明确地告诉人们，知识和力量是同一的，有知识就有力量，没有知识就没有力量，实现人的力量的道路和实现人的知识的道路是一致的。因而，人生需要知识来支撑和发展，尽可能做到探求知识——向它求爱，认识知识——与它同在，信仰知识——为它而乐。在对知识和理性的追求中，人们不仅能达到主观认识同客观事物及其规律的符合，而且自身也能受到理性品格的陶冶，达到思想境界的升华。但必须强调，对知识的追求必须是全面的、无功利的，因此要追寻自然知识与人文知识的融合获取，自觉加强自然知识和人文知识修养，不断提升自己的生存境界。自然知识能够给人带来生存和发展的技能，而人文知识蕴含着人们对生活美好目的的追求和渴望，在自己的灵肉和人格显现中，也能看到自己改造世界的本质力量。

2. 人生需要坚定的信念

在那个残酷的生存环境中，安迪的理性和坚定的信念使他不断改变自己的处境，并一步步靠近自由之门。正如导演弗兰克·达拉邦特所说，《肖申克的救赎》是一部似乎可以把勇气借给需要勇气的人的电影。在当今这样一个信念严重缺失的时代，该片对于大学生树立坚定的信念、培养坚强的意志有很大的帮助。

影片中主人公安迪正是一个具有坚定信念和顽强意志的人。在 19 年的监狱生活中，他创造了一个又一个奇迹，许多常人看来几乎是不可能的事在他的身上都变成了现实。影片中这样的事例很多，比如当安迪做监狱图书馆管理员时，为了扩建图书馆让更多的犯人获得文化知识，他决定向参议院申请拨款资助。此举在当时遭到包括典狱长和安迪身边好友在内的几乎所有人的反对，在他们看来这样做简直是白费气力，但安迪依然坚持自己的决定。为了达到目的，他每周都给联邦参议院写信申请资金，坚持了整整 6 年，终于参议院不堪其扰，给了他 200 美元和一些旧图书打发他，可安迪并没有满足，为了得到更多的拨款，他开始每周给参议院写两封申请信，终于他的赤诚感动了参议院，参议院决定每年给安迪的图书馆拨款 500 美元。又如，图书馆建成后，安迪在狱中办起了文化补习班，帮助许多文化水平很低的犯人获得了高中文凭，其中竟然包括一个原本几乎一字不识的嬉皮士，这在当时美国的监狱中不得不说又是一个奇迹。片中最大的也最能表现安迪顽强意志的奇迹是他花了整整 19 年时间用一把仅 6 英寸长的小石锤在监狱的墙壁上挖出了一个洞，并从这个洞中成功越狱，重获自由。这在一般人眼中，简直是天方夜谭，可是坚强的安迪居然将它变成了现实！由此可见，不论任何人，只要坚持信念，顽强拼搏，最终一定能获得成功。现实生活中没有一个人可以获取绝对的自由，但只要心存希望，我们便有了生活下去的勇气。这部电影提到："监狱的第一夜是最难熬的……当他们把你放进那个小房间，那些铁栅栏'砰'地关上时，你就真切地感受到身在监狱了。"原来的生活转眼间消逝，什么也没有留下，只有过往的人生供你去回想。"很多新人在第一夜就几近崩溃了。总是有人会禁不住号啕大哭。"但安迪一直没有出声。他是怎么熬过来的？那是因为他相信自己不属于这里。"他有一种平静的气质。他的行动、言谈都不属于这里正常的生活。他就像世界上最无忧无虑的人在公园里散步一样。"《肖申克的救赎》为信仰缺失、精神生活匮乏和人文生态失衡语境下的观者们提供了精神盛宴。

第三节　人生价值的创造与实现

我从来不把安逸和享乐看作是生活目的的本身——这种伦理基础，我叫它猪栏的理想。

——［美］爱因斯坦

阿尔伯特·爱因斯坦（1879.3.14—1955.6.12），德国物理学家。同时爱因斯坦也是教育家，他对教育有着非凡的洞察力。爱因斯坦认为，学校的目标应当是培养有独立行动和独立思考的个人，但他们要把为社会服务看作自己人生的最高目的（来自百度图片）

传说古希腊犬儒学派哲学家狄奥根尼（约公元前404—公元前323）常常在大白天点着灯走路。每当人们诧异地问他时，他便回答说："我正在找人。"亚历山大国王问他需要什么，他说："希望你不要遮住我的阳光。"哲学家以"点灯找人"的行动告诉人们：人是很难真正配得上"人"这一称呼的，并寓意一个真正的人是具有追求阳光和真理、崇尚自由和幸福、人生追求和价值创造的人。人生的价值创造是人生观的重要问题，其核心问题是人生的意义何在，人生追求的最终价值是什么。这一问题关系到自身命运，是每个人都无法回避的现实问题。数千年来人们一直苦苦思索、不懈探索人的价值创造问题，为的是使自己活得更幸福。

一、哲学意义上的人生价值创造

1．"人生价值创造"是人生哲学的一个范畴概念

在哲学语境里，人生价值创造是指人们在社会生活实践中关于活动或行为的对象性的自觉认识，并表现为活动或行为的自觉的对象性，也就是人的一切行为

的共同目的，是人们生活的实际追求。人生价值创造是人所特有的自觉目的性而区别于动物的精神现象。马克思指出："最蹩脚的建筑师从一开始就比最灵巧的蜜蜂高明的地方，是他在用蜂蜡建筑蜂房以前，已经在自己的头脑中把它建成了。劳动过程结束时得到的结果，在这个过程开始时就已经在劳动者的表象中存在着，即已经观念地存在着。他不仅使自然物发生形式变化，同时他还在自然物中实现自己的目的。"［马克思恩格斯全集（第 23 卷）. 北京：人民出版社，1975］人生价值创造是在人的社会实践活动过程中产生的，它的产生并不是由自我所决定的，而是取决于自我所处的具体经济状况和社会存在。因此，一个人的价值创造的形成，是主观愿望与客观现实相互作用的过程，是人的社会化的重要体现。人的社会化是一个无止境的过程，人生价值创造观念的强化是一个与社会文明的推动同步、不断深化、不断完善的过程。

"人生价值创造"的哲学问题讨论由来已久。由于人们所处的阶段地位不同、政治经济地位不同、生活经历和境遇不同、人们的需要不同、认识能力不同，就会形成各种不同的观点。

2. 对几种不同的人生价值创造观点的探讨

（1）禁欲主义。在欧洲的中世纪，基督教的"原罪说"和"赎罪说"极力贬低人对物质幸福的追求，认为只有来世的天国生活才是真实、永恒和幸福的。禁欲主义主张人们应该放弃对现实生活的追求，摆脱尘世欲望的束缚，进修道院或过禁欲生活。以朱熹为代表的中国宋明理学宣扬"存天理，灭人欲"，也属于这种人生目的观，也是对现实人生的一种虚幻、歪曲的反映。

（2）享乐主义。享乐主义把人生看成是人的生理本能需要，把追求感官快乐，满足个人物质欲望、享受作为人生的目的。中国古代的杨朱宣扬人生在世应该及时行乐，尽情享受。英国功利主义者边沁则把"不能为了别人而牺牲自己的享乐"作为人生的原则。快乐固然是人生的需要，痛苦是人生应当避免的。但为了实现自己人生目的的人，可能会成为一个"痛苦的苏格拉底"而不会做"快乐的一头猪"。钱钟书先生的一篇文章《论快乐——写在人生边上》中说："穆勒曾经把'痛苦的苏格拉底和快乐的一头猪'相比较。"而人生更应当成为一个"快乐的苏格拉底"。

（3）实用主义。实用主义把追求"有用"、"方便"作为最基本的人生准则。实用主义的主要代表詹姆斯认为有用的就是真理。实用主义者认为生命的意义完全凭个人的主观创造，其目的和价值只在于"实用"。实用主义的人生目的在现实中的一个主要表现是离开国家和人民的利益，置道德与文明于不顾，片面地追求个人的实用。

（4）存在主义。存在主义以追求个人意志的绝对自由为人生目的。存在主义的主要代表人物萨特认为，人对自己行为的自由选择可能性是它最重要的本质。他认为存在的就是合理的，既无客观根据，也无道德准则，完全是随心所欲地“自由选择”。这实际上是一种空想的“自由观”。存在主义还提出“他人即地狱”的命题，认为人和人的关系是冷漠的、讨厌的、互相监视的，人的一生只能是“自我实现”，一旦不能实现“自我”就“自我毁灭”。存在主义对人生采取了目空一切的态度，否定了社会客观规律的作用，否认了人们之间的信任与合作，否认了个人能和社会达到统一。

（5）虚无主义。虚无主义认为人生就是苦难，整个世界就是一片苦海，人生充满了苦恼、毫无乐趣，生活既无目的又无意义，死亡才是摆脱痛苦的捷径。这种人生目的从对现实的不满出发走上对社会和人生持完全否定态度，因而消极、悲观，甚至逃避现实、轻生厌世。当代一些青年人也受此影响，当在生活中遭受一些挫折后，就认为人生是痛苦、渺茫的，由此产生一种虚无主义的人生目的。有的人“看破红尘，涉世无缘”；有的人“浮生若梦，得过且过”；还有的人“混世轻生”，在现实面前忘却了自己的存在，推卸了自己对他人和社会发展进步的责任。

（6）权力意志主义。权力意志主义的特征是“官本位”，追逐政治权力，认为有权力就有一切，拜官崇权，趋炎附势。19世纪德国唯心主义哲学家尼采就是主张权力意志主义人生目的的典型代表。他认为，人人都有统治别人、奴役他人的意志，人不仅有求生的欲望和意志，而且有谋取权力的意志。在尼采看来，人生的价值和目的就在于获取统治别人、管理别人的权力，实现“权力意志”。

（7）拜金主义。拜金主义是从金钱的作用出发，不择手段地牟取暴利。在有些人的眼里，金钱是万能的，“有钱能使鬼推磨”，金钱不仅能买到山珍海味、高楼大厦，而且可以买到官职、美女和慈善家的名声。他们只认识“钱”，为钱活着，为钱奋斗，金钱成了他们人生最高的生活目的。在当今社会，有的人也存在着拜金主义思想，认为“前途、前途，有‘钱’就图”。有的人甚至说：“为人民币活着。”钱是人谋生必不可少的东西，通过诚实劳动和正当手段掌握一定数量的资金是必要的，是达到人生目的的一种手段。但是，赚钱不是人生的根本目的，一个人如果被金钱迷住了心窍，忘记了自己做人的品质，就把自己降到了商品的地位，失去了人生的真正意义。

二、人生幸福的追求

一般来说，人幸福快乐的情感是人生目的的直接反映。幸福快乐是人生价值创造的现实追求，它离不开功利和效用，离不开现实的、多方面的需要和满足，脱离了这一点，人生价值创造就是空洞无内容的东西。但人生不是纯粹的精神快乐，人生的目的是通过改造社会来完善自我。自我实现又不是一个纯粹追求功利的过程。因为人有高尚的理性和自由的意志，有丰富的精神生活。结合哲学意义上的人生目的论，人生目的和追求分为“物质”、“精神”和“自由全面发展”三个层面。因此，幸福快乐是建立在人生价值实现之上的人的情感，人生现实生活的意义必须以崇高的精神形态的人生价值和自由全面发展的最高目标来引导功利的幸福感受，否则将会脱离人的社会本质，陷入欲望的满足之中。

幸福是同人生目的、意义以及现实生活和理想联系最为密切的道德价值现象。古人曾说过，“福喜之事，皆称为幸”，“幸福，盈也”。幸福有广泛的含义，如理想、抱负、爱情、家庭、劳动成果、艺术享受以及文化修养、经历、境遇、性情、习惯、心情、爱好等都能给人带来幸福。人的需要被满足或其目的实现后，就会产生一种被称为幸福感的愉快心情。美国著名经济学家萨缪尔森有一个反映人的需要目的的最有名的公式：幸福 = 效用/欲望。效用是指个人所得到和享受的客体的有用性。由此可以看出，效用越大越幸福，就是要创造更多更大的价值，幸福存在于人类为满足需要而进行的创造活动中，人们享受自己的劳动成果本身就是一种幸福。欲望越小越幸福，有欲望不是坏事，但欲望是幸福的分母，与幸福成反比。因而要处理好幸福与欲望的关系，就是欲望要合理，有节制，即知足者常乐。需要的满足还与需要主体在社会中的地位有关，即人的欲望和需要是社会关系的反映。

幸福的一般意义是指个人的自我奋斗。但作为一种更高更深刻的幸福，则表现为个人自我目标的实现和对社会的创造与贡献，即自我实现与无私奉献相统一。人生实践的主体应具有建立在为人为己价值观之上的人生幸福观。“为人为己”是现实社会生产关系要求人们所遵从的道德准则；“为人为己，利人利己”是人们自觉地顺应市场经济规律的客观要求所作出的价值选择。

值得说明的是，“人人为我，我为人人”命题中众多的主体“人人”与个体的主体“我”并存，“人人为我”这是社会视角的特征，不是特定的个体“我”能够达到的价值取向，因而不是个体“我”的价值观和人生观。社会或群体的价值观念是从社会群体的众多人的角度思考问题的。马克思、恩格斯早在《德意志意识形态》中就指出，对于个人来说，出发点总是他们自己，这是个体的规定性。若失去这一个体性，任何个体都可以相同，社会则失去存在的意义。“人人为我，我为人人”就是社会所倡导的一种社会道德价值理想，个体的人可以实践这种“我为人人”的社会价值思想，而其中的“人人为我”不是由个体的人所左右的，这其中充满了变数，因而"人人为我，我为人人"不是个体的价值观。"人人为我，我为人人"是西方历史上很早就有的一个思想，是从苏联的"大家为一人，一人为大家"翻译过来的，也是从基督教教义"一人为大家幸福，大家为一人幸福"的价值理念中提炼出来的。就其渊源来说，古希腊就出现了这样的思想。

作家柳青曾经说过："人的一生很漫长，但关键的只有几步。"青年时期确定一个人的人生目标和发展方向，对于人生是否成功至关重要。青年大学生只有努力树立为人为己的思想，才能体会幸福的真正含义。正如恩格斯曾说的那样，一个人专为自己打算的时候，他追求幸福的欲望只有在非常罕见的情况下才能得到满足。历史承认那些为着共同目标而劳动因而使自己变得高尚的人是伟大人物，经常赞美那些为大多数人带来幸福的人是幸福的人。可见，在人我关系层面上，幸福的最高境界就是既能为自己创造幸福，也能为他人和人类谋幸福。

三、人生价值创造的实现

一个人终其一生，不管是成功还是失败，只要他不断致力于创造和实现人生价值，他的人生就是有意义的。相反，如果终日碌碌无为，毫无目标地活着，成功和失败也没意义可言。年轻的大学生们，应该努力追寻自己的人生目标，积极创造有价值的人生。

创造人生是人生的最高境界。"人生靠自己书写，创造人生是人生最高的境界。""一个人的生命应该是这样度过的，当他回首往事的时候，他不因虚度年华而悔恨，也不因碌碌无为而羞耻。"这些至理名言，旨在呼唤我们创造有价值的人生。创造人生未必是追求一种模式、一种境界、一种目标。五彩缤纷的世界，需要七彩人生。只要爱岗敬业、持之以恒、淡泊明志、宁静致远、奉献爱心、回报社会，即使生活十分平凡，也会突显出伟大人生。创造人生又是情感、意志、智慧的结晶，没有激情，人就会颓废；没有意志，人就会凋零；没有智慧，人就会平庸。人生需要培育、需要磨炼、需要积淀、需要厚积薄发，这样才能创造辉煌的人生。

正确地理解和处理人的自我价值与社会价值的关系，使两者有机统一和协调发展，是人生价值创造中的重要课题。首先，我们应该承认，自我价值与社会价值是同时并存，不可偏废的，不能以否定或贬低其中的一方来肯定和抬高另一方。譬如，在改革开放的年代，为自我发展和个人进步提供了良好的条件，但并不能因此忽视和贬低人生社会价值的意义。其次，我们还要认识到，人在追求自我需要满足的时候，如果同时也满足了社会的需要，便是将自我价值与社会价值统一起来了。也就是说，当一个人把社会需要内化为自我需要，使自我需要与社会需要相统一，当自我价值实现时也就实现了社会价值，而社会价值实现同样也就是自我价值实现，如我国的科技精英、奥运健儿以及其他各行各业的创业者，他们事业的成功既满足了社会需要，同时也使自我价值得到实现，这是人生价值的最高体现。

事实上，人的价值实现总是离不开社会的实践和社会的评价，即使是人的自我价值，也必须在得到社会肯定的前提下才能真正实现，从这个意义上说，人生的自我价值必须与社会价值相结合，并通过社会价值表现出来。个人只有把自己同社会和他人联系起来，积极地为社会和他人作贡献，才能实现自我价值，否则，囿于“自我”的封闭圈里，必然处处受阻，陷入无法摆脱的孤独和空虚。最后，决定人生价值大小的另一个重要因素是人生活动所追求的目标以及所满足的需要的高低大小。人发展和追求高层次的需要，不仅本身能创造较大的人生价值，而且高层次的需要往往能使自我价值与社会价值相一致。人生价值的外在尺度与根本标志之间有时是不相符的，但社会主义社会的发展趋势是求得两者的一致性。人生价值的评价原则与价值评价的五个统一原则相同。

人生价值意识、人生价值评价和人生价值取向构成了人生价值观的内容。人生价值观指导着人生价值实践。人生价值观在指导人生价值实践的过程上表现在两个方面：一是人生价值目标的确立，二是人生价值实现途径和手段的选择。当有人问当代中国知识分子的杰出代表、大学生成长的楷模王选成功的感受时，王选教授总结自己的人生之路时说：“人的一生会碰到很多机会，但机遇只偏爱有准备的头脑。多方面的知识和实践经验，对社会需求（包括未来需求）的敏感，对技术发展方向的正确判断，一丝不苟和锲而不舍的精神，都有助于把握机遇，取得成功。风风雨雨几十年来，我经历了多次人生抉择，每一次都给我带来非凡的意义，甚至命运的转折。一个人必须把自己的事业和前途同国家的前途命运联系在一起，才有可能创造出更大的价值奉献于社会。就这样，我下决心选择了计算数学专业，这是我一生中第一次大的抉择。实践证明，这一选择是完全正确的，它为我今后的科研工作奠定了第一块基石。”王选的成功在于一个人的人生价值目标的选择，不可人云亦云，随波逐流，而应结合社会的发展，把自己的事业和前途同国家的前途命运联系在一起，确定自己的努力方向，并为之艰苦奋斗，百折不挠，在为社会服务中实现自己的人生价值。

人生价值目标的实现还要考虑到受主观条件和客观条件的制约性。主观条件主要表现在人生价值目标实现过程中人的理想信念、意志品质等所起的作用。为了自己的理想和目标不断地努力、创造，脚踏实地、一步一个脚印地接近理想目标。人生价值目标的实现过程不会总是平坦、顺畅的，真正有价值的人生都是在战胜种种困难和挫折、在坚持不懈地奋斗的过程中实现的。一个人的人生价值是与自己的努力、奋斗和创造分不开的，但实现人生价值还受很多客观的社会的和自然物质条件的不可控因素的影响。

恩格斯早就对此作过精辟的论述："最终的结果总是从许多单个意志的相互冲突中产生出来的，而其中每一个意志，又是由于许多特殊的生活条件，才成为它所成为的那样。这样就有无数互相交错的力量，有无数个力的平行四边形，由此就产生出一个合力，即历史结果，而这个结果又可以看作一个作为整体的、不自觉地和不自主地起着作用的力量的产物。因为任何一个人的愿望都会受到他人的妨碍，而最后出现的结果就是谁都没有希望过的事物。所以到目前为止的历史总是像一种自然过程一样地进行，而且实质上也是服从于同一运动规律的。但是，各个人的意志——其中的每一个都希望得到他的体质和外部的、归根到底是经济的情况（或是他个人的，或是一般社会性的）使他向往的东西——都达不到自己的愿望，而是融合为一个总的平均数，一个总的合力，然而从这一事实中决不应作出结论说，这些意志等于零。相反地，每个意志都对合力有所贡献，因而是包括在这个合力里面的。"［马克思恩格斯选集(第4卷). 北京：人民出版社，1995］

人生价值目标是产生人的积极性行为的原动力，人生目标的设立是大学生学习成才的原动力。大学生须以恪守奉献社会的价值理念，形成为发展社会主义市场经济生产力作贡献的普遍、持久、强烈的道德动因，内化为大学生个性心理素质和道德精神，外化为努力学习、奋发成才的实践行动。

阅读链接

我为何而生

［英］罗素

对爱情的渴望，对知识的追求，对人类苦难不可遏制的同情，是支配我一生的单纯而强烈的三种感情。这些感情如阵阵飓风，吹拂在我动荡不定的生涯中，有时甚至吹过深沉痛苦的海洋，直抵绝望的边缘。

我之所以追求爱情，有三方面的原因。首先，爱情有时给我带来狂喜，这种狂喜竟如此有力，以至于我常常会为了体验几小时爱的喜悦，而宁愿牺牲生命中其他一切。其次，爱情可以摆脱孤寂——经历那种可怕孤寂的人的战栗意识，有时会由世界的边缘，观察到冷酷无生命的无底深渊。最后，在爱的结合中，我看到了古今圣贤以及诗人们所梦想的天堂的缩影，这正是我所追寻的人生境界。虽然它对一般的人类生活也许太美好了，但这正是我透过爱情所得到的最终发现。

我曾以同样的感情追求知识。我渴望去了解人类，也渴望知道星星为什么会发光，同时我还想理解毕达哥拉斯的力量。

爱情与知识的可能领域，总是引领我到天堂的境界，可对人类苦难的同情经常把我带回现实世界。那些痛苦的呼唤经常在我内心深处引起回响。饥饿中的孩子，被压迫被折磨者，给子女造成重担的孤苦无依的老人以及全球性的孤独、贫穷和痛苦的存在，是对人类生活理想的无视和讽刺。我常常希望能尽自己的微薄之力去减轻这不必要的痛苦，但我发现我完全失败了，因此我自己也感到很痛苦。

这就是我的一生，我发现人是值得活的。如果有谁再给我一次生活的机会，我将欣然接受这难得的赐予。

如何解释人生

葛佩荣

我们应该如何解释人生呢？以下四个步骤可以作为参考：①认清自己的现状，②欣赏古人的典型，③评估今人的作为，④选择自己的方向。

首先，认清自己的现状，必须兼顾外在与内在自我。外在自我是一个人在各种团体（如家庭、学校、机关、社会、国家）里面所扮演的角色之总和。由于这些角色具有多样性、异质性而不易充分协调，因此内在自我显得更加重要。要想认清内在自我，首先可以看看自己所交的朋友。朋友“同声相应、同气相求”，在不知不觉中反映了自己的性向。其次不妨回忆自己生平最苦之事和最乐之事，在这两极之间为自己定位，找出趋吉避凶之道。当然，最好的办法是经常反省，给自己时间，与自己交谈，跟自己做朋友。如果你不能接受自己、肯定自己，又怎能正视命运的挑战？

接着，我们要欣赏古人的典型。古人之可贵在于他们通过历史的检验，在有限的文字记录中，留下各种生动的画面，我们可以“择其善者而从之，择其不善者而改之”。他们在不同的时间、空间里，展现完整的生命风格，为人类的潜力定下坐标。我们在阅读英雄豪杰的传记时，油然而生“有为者亦若是”的向往之情，从而激发蹈厉飞扬的志节，不愿虚度此生。存在主义哲学家雅斯帕斯纵观历史上的伟人，推举“苏格拉底、佛陀、孔子、耶稣”为四大圣哲，值得所有的人奉为典范，原因之一就是他们证明了人类在精神上、智慧上、道德上可以达到无限完美的地步。

然后，为什么要评估今人的作为呢？因为今人与我们生活在相同的时空里，承受着相似的命运，好像风雨同舟的旅客，必须携手合作才能渡过难关。耶稣的门徒不仅要彼此相爱，还须以慈爱对待一切之人。佛陀的悲悯普及众生，人人都应互相担待。孔子的弟子也说：“四海之内皆兄弟也。”我们并不因此抹杀人与人之间的差异，却反而由于珍惜共同的前景，要深刻思索现代人的作为所隐含的价值系统，看看它是否偏离了人性的常轨，正在走向弥天大祸。我们不能撇开现实来谈理想，却反而要以清醒的心志投入到现实的搏斗，让世界因我们的存在而更为美好。

最后也最重要的就是选择自己的方向。所谓“自己的方向”，并不是指标新立异或冲破习俗，而是指内心的态度：在清楚知道自己的意愿之后，能以坚定的步伐向着目标前进。人生不是直线赛跑，大多数时候都是在迂回往返的过程中。但是只要不迷失、不倦怠、不放弃，则过程本身的每一阶段都足以使我们的心灵充实欣慰。凡走过的，必留下足迹；凡奋斗的，必经历成长。希腊悲剧里“伊迪帕斯王”的遭遇至为凄惨，但是他在被放逐异乡、目盲体衰的老年，仍然秉承内心的信念：“一切都很好！”

我们有理性，可以明白事理，因此经由好学与深思，能够彻悟人生真相。然而，解释人生，不能光靠理性，还需付诸行动，担起责任。真正的解释就是创造。

思考

1. 如何看待中西方关于人性假设的不同？
2. 人生为什么需要信仰支撑？信仰对人生的价值有哪些？
3. 阅读小说《追踪卡西亚托》，思考人为什么要活着。
4. 你认为科学、理性、有价值的人生目的是什么？

推荐阅读

1. ［奥］维克多·弗兰克尔．追寻生命的意义．何忠强，杨凤池译．北京：新华出版社，2003.

这本书将会成为你阅读过的最重要的一本书。

2. ［美］米哈里·契克森米哈赖．生命的心流．陈秀娟译．北京：中信出版社，2009.

当你沉迷于一项活动，完全忘记了时间的存在和身在何处时，“心流”便是意义感的重要组成部分。这本书将为你指明人生的方向。

3. ［美］波·布朗森．这辈子，你该做什么．黄孝如，徐昀晴译．北京：华夏出版社，2010.

我们都曾经问过自己这个问题——布朗森曾引导数百名美国人反省自己。这本书收录了许多令人感动、鼓舞人心和含意深刻的故事。

4. ［美］埃伦·兰格．专注力．徐佳译．北京：中国人民大学出版社，2007.

我们很多人总是会稍不留神就被生活绊倒。我们经常被日常工作所困扰，而忽视了周围的事物。只有摆脱这种状况，才能释放我们的创造性和找到生活的意义。

第三章

道德品质与道德修养

有两种东西，我们时常反复地思索，它们就给人心灌注了时时在翻新、有加无已的赞叹和敬畏：头上的星空和心中的道德律。

——［德］康德

道德是人类社会特有的现象。人类总是在一定的社会关系中生存和发展，为了维护这种关系的和谐与稳定，必须对人与人相互间的关系进行调节，对个人的行为进行必要的约束。道德就是调节和约束的重要手段之一。从此意义上讲，道德是为人处世的行为准则。而道德在个体思想和行为中的稳定体现就是一个人的品质或者德行。品质栖身于人的精神世界，外显于人的行为之中。每一个人都通过行为展示着自己的品质，并向世人告知什么是邪恶或善良。

第一节　道德的起源与内涵

道德是一种在行为中造成正确选择的习惯，并且这种选择乃是一种合理的欲望。

——［希］亚里士多德

在古阿拉伯广为流传着这样一段格言：“有道德的人，即使没有金钱，还是有人敬重他；一只雄狮，虽然静坐不动，依然有人畏惧它；没有道德的富翁，虽然家资百万，依然免不了受人轻视；一只狗，虽然带着金银首饰，绝没有人敬重它。”可见道德对人的生命有多么重要的意义。当代有位哲人这样说道：“想要把我们当动物般地奴役，可以使用暴力；想要诱惑性地支配我们，最有效的手段可能是金钱和美女；而如果要用理性的、提高人的价值的方法支配我们，唯有道德的力量，道德能告诉我们错误的根本所在，能使我们日渐变为纯粹的人。”（[日]武者小路实笃．人生论．杭州：浙江人民出版社，1986）这就是道德的力量。为什么道德会有如此大的影响与力量呢？我们先从理论上考察道德概念的来源与本质。

一、道德的起源

谈到道德，我们很自然地就会想到道德的起源问题。道德的起源问题是一个非常复杂的问题，也是伦理学史上争议颇多的问题。在伦理思想史上，许多思想家都曾对道德的起源问题进行过研究和探讨，并提出了各自不同的观点和学说。概括起来，主要有以下几种：

一是神启论。这种观点把道德的起源看作是上帝的启示或“天”的意旨，认为道德是上帝或“天”的意志的创造。基督教、天主教讲上帝创造万物，人的美德也是上帝给予的。古希腊哲学家柏拉图认为，是神把“善的理念”放到人的灵魂中并形成了不同等级的不同道德，如智慧是最高的德行，只有统治者才具有；勇敢是保卫国家所必需的德行，为武士所具有；节制是对欲望的控制，为平民所具有。中世纪经院哲学家托马斯·阿奎那认为，人们所具有的美德都来自上帝的启示。

在中国，一些人把道德看作是天命或神的意志，是上天通过“启示”或“征兆”指示皇帝制定出来的行为规范。孔子说：“天生德于予。”他提出道德来源于上天的思想，董仲舒对这一思想作了进一步发挥，提出“天人感应”说，认为人们行为的好坏，是和天相通并交互起着感应作用。

二是天赋论。这种观点把道德看作是人与生俱来的一种本性，先天存在，是人的内心活动或主观意识的产物，即道德起源于人性本身。孟子认为，人一生下来就有一种善性，即“仁义礼智”四种道德萌芽，这就是通常所说的“四心”或“四端”。他认为：“仁义礼智，非外铄我也；我固有之也。”也就是说，“仁义礼智”这些道德意识不是外界对人的影响所形成的，而是人与生俱来的本性，人不用任何社会生活实践的体验便会产生道德意识。

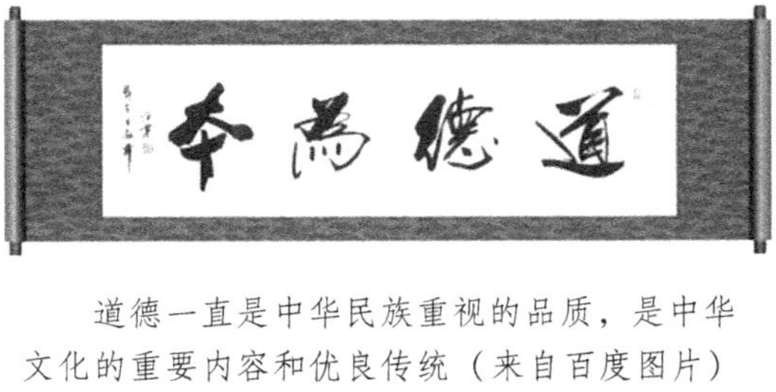

道德一直是中华民族重视的品质，是中华文化的重要内容和优良传统（来自百度图片）

三是本能论。这种观点以达尔文的进化论来说明人类的道德观念、道德情感和道德意识，认为道德起源于动物的社会本能。他们主张感觉欲望或人性是道德的起点，道德是人的生理本能、感觉需要的产物。人的本性就是趋利避害，趋乐避苦，道德是由人的苦乐感觉决定的。在这种观点看来，动物之间或在一起生活的异种群和同种群都具有一种互助精神，这种互相帮助和互相扶持比互相竞争要重要得多，它对种群的生存和发展来说都是必须和必要的。道德乃是动物的互助精神、合群感等社会本能的延续和复杂化。

以上关于道德起源的观点，都在不同程度上反映了人们在探寻这一问题过程中所获得的认识成果，但是从总体上看，这些观点又都是片面的或者是非科学的。之所以如此，最重要的原因在于以上观点都没有看到，人所具有的人类的一切东西，都是在社会关系的影响下对人的“动物”本性进行改造而发展起来的，任何从动物界、从社会关系之外寻求道德起源的做法都不可能得出科学的答案。

（一）社会关系的发展为道德的起源提供了直接的基础

道德是社会关系的产物，只有形成了人与人、人与社会之间的相互关系，才会产生道德。“动物不对什么东西发生‘关系’，而且根本没有‘关系’；对于动物来说，它对他物的关系不是作为关系存在的。”（马克思恩格斯选集第 1 卷，第 35 页）不仅如此，如果人只是作为孤立的个体而存在，不与社会、他人发生关系，那么，他的行为也不具有任何道德意义。18 世纪法国著名的思想家爱尔维修曾说过：“如果我生在一个孤岛上，孑然一身，我的生活就没有什么罪恶和道德，我在那里既不能表现道德，也不能表现罪恶。”（[苏]普列汉诺夫．唯物主义史论丛．北京：三联出版社，1961）原始的人类由于受客观条件和自身能力的限制，不得不以群体活动的方式来从事生产活动，以维持群体的生存。在集体活动中，人们之间客观上便存在着一些最简单的交往和关系。为了协调行动，维持群体内的秩序，事实上就有了萌芽状态的道德。然而，当时人们还不能自觉地认识到自己的行为与他人和群体的关系，所以这时存在的道德萌芽，只是作为行为惯例或是一种风俗，直接体现在共同的生产活动和相互交往中。但随着社会分工的发展，人与人之间的社会关系变得逐渐明确，个人与氏族部落、个人利益与氏族部落利益之间的矛盾也日益突出。这样，在原始氏族内部，就产生了调整个人与整体关系以维持氏族部落内部秩序的自觉要求，利用某些传统的风俗习惯作为个人行为规范，来调节一定的社会关系，便为社会发展和人们生活所必需。在这种情况下，道德作为一种特殊的社会现象就最终形成了。

（二）人类自我意识的形成与发展为道德的产生提供了主观条件

当人们意识到自己作为社会成员与其他动物的根本区别，意识到自己与他人或集体的不同利益关系以及产生了调解利益矛盾的迫切要求时，道德才得以产生。

原始社会初期，人们只是具有一种浑然一体的原始意识。但随着劳动分工的日益复杂化，在集体劳动过程中由于需要分工协作，彼此要相互了解，个人的活动必须服从集体的目的。这就要求个体必须清楚地认识到自己同他人、集体的关系，并反思自己的行动及其结果是否有利于群体的协作。人们开始把个人需要视为原始集体的共同需要或者把原始集体的需要视为自己的需要，从而把个人同社会（集体）不可分割地联系起来，这样就必然地产生了原始集体主义性质的道德。

（三）劳动是人类道德起源的第一个历史前提

首先，劳动活动创造了道德主体。劳动和分工促进了人类意识的产生，人类不仅开始意识到自己的存在和利益，而且也意识到他人和群体的存在和利益。于是，比较明确地调整个人与群体关系的要求便开始形成了，即个人面对群体利益应当怎样、不应当怎样的行为准则，并通过群体的舆论使之趋于稳定。人们也逐渐意识到如果不按这些共同生活的行为准则办事，群体就不能维持，个人也无法生存，因而在内心产生了维护群体利益的义务感和荣辱观念，从而使自己成为道德的主体。

其次，劳动活动创造了对道德的需要。随着劳动分工的产生和剩余产品的出现，个人在劳动中的地位和作用逐渐地被凸现出来，个人的利益观念和追求也逐渐产生了。利益的追求造成了人与人的差别，也随之产生了个人同与之相互交往的他人和群体之间的利益矛盾。当矛盾关系上升为社会的主导关系时，社会就需要调整这种矛盾关系，道德也就应运而生。

最后，劳动创造了道德产生与发展的动力。劳动在促进交往，带来利益矛盾和冲突的同时，也带来了对人全面发展的要求。这种要求一旦形成，就会孕育出强大的生命力，成为道德发生的积极动因，推动道德的产生和发展。劳动不仅能满足生存需要，也会使人体验到人的本质和力量，萌发出对前景的想象和展望，从而将处理好个人与他人、个人与社会的关系作为全面发展自己、完善自己的手段。可见，道德不仅是社会和谐、发展的保证，而且是社会成员自我发展、自我完善的追求。

二、道德的内涵

在我国的古籍中，“道”与“德”两个词最早是分开使用的。“道”表示道路，如“周道如砥，其直如矢”，后来引申为原则、规范、规律、道理或学说等方面的含义。在汉语界考证，“道”和“德”这两个字是先有“德”，然后才有

"道"。3000多年前，商代甲骨文中已经有"德"的记载，但其含义很笼统，直到西周大盂鼎铭文的"德"，才开始有"按规范行事有所德"的意思。这里，"德"本义为"得"。"道"、"德"两个字连用，始现于春秋战国诸子的著述中。荀子在《劝学》中说："故学至乎礼而止矣，夫是之谓道德之极。"至此，汉语"道德"一词的演绎才完成。孔子在《论语》中说："志于道，据于德，依于仁，游于艺。"又说："朝闻道，夕死可矣。"这里讲的"道"是指做人治国的根本原则。"德"，即得，人们认识"道"，遵循"道"，内得于己，外施于人，便称为"德"。这里的"道德"主要是指调整人们相互关系的行为准则和规范，有时也指个人的思想品质、修养境界、善恶评价，乃至泛指风俗习惯和道德教育活动等。

在西方古代文化中，"道德"一词起源于拉丁语的"摩里斯"（mores），意为风俗和习惯，引申其义，也有规则、规范、行为品质和善恶评价等含义。古希腊的哲学家苏格拉底提出，罪恶即是对于道德所应知的许多事物的无知，道德即知识。近代法国唯物主义者霍尔巴赫把道德规定为善的行为，他说，做善事，为他人的幸福尽力，扶助他人，就是道德。道德只能是为社会的利益、幸福、安全而尽力的行动。德国思想家黑格尔认为道德是"主观意志的法"。中外思想家关于道德的种种见解表明，道德概念是随着社会实践的发展和人们认识能力的逐步提高而逐步完善的。他们对"道德"一词的理解，大体都包含了社会道德和个人道德品质的内容，都是指用来调节处理人们之间关系的行为准则或规范，是人类社会普遍存在的特有现象。

一般说来，道德既指普遍的法则以及存在的根据，又被赋予了社会理想、道德理想等意义，反映了人的品质、原则、规范与境界。因此，概括地说，道德是社会规则与个人品性的统一体，它是人类在满足其自身生存和发展需要的实践理性的指导和驱动下创造的一种特殊的精神世界、精神生活方式。具体分析，道德具有以下三层含义：

（一）道德是一种具有特殊的规范调解方式的社会意识

这一层次的含义既表明了道德是一种社会意识，又表明了它与其他社会意识形态的不同。道德作为一种社会意识，反映了道德是在一定的社会经济关系之上产生的一种社会意识形态，它反映着人类社会发展的要求，反映着特定的阶级利益，道德的内容、特征、发展和演变都受着社会经济关系的制约。因此，社会经济结构的性质直接决定各种道德体系的性质，经济利益决定道德体系的基本原则和主要规范，社会经济关系的变化将会引起道德的变化。

道德作为一种具体的社会意识形态，它有着自己的特殊性。通过比较各种社会意识形态的异同，不难发现，道德是一种由原则、规范、意识、信念和行为习惯构成的特殊的调解规范体系。道德不同于其他社会意识形态的根本特征就在于它特殊的规范性，表现为：其一，道德规范是一种非制度化的规范。即道德规范并不是被颁布、制定或规定出来的，而是处于同一社会或同一生活环境中的人们在长期的共同生活过程中逐渐积累形成的要求、秩序和理想，它表现在人们的视听和言行上，深藏于品格、习性、意向之中。其二，道德规范手段是非强制性的。道德规范的实施主要是借助于传统习惯、社会舆论和内心信念来实现的。传统习惯是一种行为准则，社会舆论的力量是“精神法庭”，内心信念是无形的“法官”，任何不道德的行为都难逃道德的“审判”。同时，教育、宣传、大众传媒也常是道德规范实施的重要手段。其三，道德是一种内化的规范。道德规范只有在为人们真心诚意地接受，并转化为人的情感、意志和信念时，才能真正得到实施。也就是说，道德必须有内在的善良愿望才得以遵守，迫于外界压力而循规蹈矩的人在法律意义上是好公民，但不一定是道德意义上的好人。

（二）道德是一种道德品质

长期以来，一些权威性的伦理学论著习惯于在特殊的社会意识形态和“社会规范总和”的意义上界定道德，并据此阐述道德的本质、特征等，这种方法其实没有在整体上把握道德的本义。在我国，道德是由“道”与“德”这两个不同的概念演变而来的。“道”的基本含义是独立于个体而存在的社会规范和行动准则，“德”是个体得社会之“道”而形成的“心得”，即个人的道德品质。所以古人云：“德者，得也。”（《礼记·乐记》）“道”与“德”的逻辑关系自荀子加以贯通连用为道德后，就含有社会道德原则规范与个人道德品质两层基本意思，后者实则为“德（得）道”。西方人从古希腊开始便主要将道德归结为个人的道德品质或素质，认为“道德是一种在行动中造成正确选择的习惯，并且，这种选择乃是一种合理的欲望”，是“行为、举止的正直（正当）和诚实”（周辅成．西方伦理学名著选辑上卷．北京：商务印书馆，1964）。

可见，不论是在传统还是现实的平台上，人们总是习惯于把道德作为一种与自己休戚相关的精神世界和精神生活来看待，感到“道”是“身外之物”，但道德却实实在在地存在于自己的日常生活中，不仅人与人之间、个人与群体之间相处、交往与合作需要那些既成的道德，而且自己的心理感受也离不开那些既成的道德，处在有道德的环境中就会心情舒畅。也就是说，生活在现实道德世界中的人们所关注的往往不是现行的“道”，而是传统的“德”及其营造的道德环境。从这个意义上讲，“道”的建设和繁荣对于社会的道德发展和进步是必不可少的，但同时也必须“德（得）道”，以养成与经济发展和整个社会文明进步相适应的个人道德品质。

（三）道德是一种实践精神

道德作为一种精神现象，它还具有指向实践的意义。其实道德具有双重属性，一方面所谓道德是一种精神，即属于意识形态，是属于观念和思想性的东西；另一方面它又指向实践，是以规范、落实人们的行动和实践为目的，是必须见之于行动。也就是说，道德具有双重的属性，它不仅是思想和观念的东西，同时还具有规范性、指向实践的品格，而规范性的东西最重要的特点或本性是根源于实践又见之于行动，而不只是停留于思想和观念上。

因此，道德还是一种实践精神，是人类掌握世界的特殊方式和完善发展自身的活动。道德作为一种实践精神，是通过价值方式掌握现实世界的，即以评价对象、调节社会关系、预测社会发展、形成行为准则的方式来认识、反映、改造和完善世界；同时道德通过特殊的意识信念、行为准则、评价选择和理想等价值体系发展个人品质，提高个人精神境界。具体说来，道德对于世界的改造主要以精神的手段来调节人与人的关系，通过形成特殊的社会秩序和行为准则来实现社会的稳定、和谐和发展。道德改造世界的手段主要是评价，道德评价不仅是按特定的道德准则进行，同时还会创造出新的行为规范，制约和指导人们的行为，形成新的道德环境。道德对于人类自身的完善主要是指增强人的主体意识和选择能力，动员全部身心力量克服恶行，培养善行，提高自身的精神境界。由于社会中善与恶、高尚与卑劣总是相伴存在，因此道德必然要求人们在道德冲突困境中自觉地选择高尚而弃绝卑劣，自觉地选择较大的价值而牺牲较小的价值，从而完善人格，提升品性。

第二节　道德品质的内涵、价值与构成

> 君子之行，静以修身，俭以养德，非淡泊无以明志，非宁静无以致远。
>
> ——诸葛亮

对于大学生而言，每个人都有相对独立的个人道德品质。但一个人道德品质的修炼是一个终身学习的过程，从理性高度把握道德品质的时代要求并内化于自身，是现代人生存的基本需要。

一、道德品质的解析

道德品质也被称作德行，它是一定的社会道德在个人思想和行为中的体现，是一个人在一系列道德行为中所表现出来的比较稳定的特征和倾向。道德品质或德行一般分为伦理德行和理智德行。前者来自社会风气，后者出于思考，靠教导而生成，由培养而增长。

道德品质实际上是一个人履行社会生活客观要求所赋予的义务的素质和能力，这种素质和能力是由个人道德认识、道德情感、道德意志、道德信念以及个人的行为习惯等诸因素构成的。

道德品质是一种具有统驭、推动、导航作用的巨大生命力量，是人创造自己美好生活、实现自我价值的内在动力资源。道德品质可以使人的心灵超越外在的物质世界，提升灵魂，也可以引发人的道德情感，使人具有坚定的人生信念和行为。道德品质与道德一样，都是一种规范，但道德更多地是指未转化为个人内在心理和人格的规范，而道德品质是已经转化为个人内在心理和人格的规范。从二者的关系对比中我们可以发现，道德品质是道德意识和道德行为的统一，是更为重要的规范要求。有的时候我们会误认为社会只是要求我们遵行某一套规则，其实社会更高的要求是要具有一定的道德品质。

我们在认识道德品质的时候，应看到它的四个基本特征：

（1）稳定性。亚里士多德强调，一个人做一件好事算不得是一个善人，就像一只燕子或一个暖日并不是春天一样，一个人必须终身行善，才是一个有道德的人。道德品质是一种习惯，是个人凭借意志力审慎选择之后逐步形成的。人们在每一个时期、每一个场合的行为选择都具有自觉性，只有凭借顽强的意志力，在拔除了种种妨碍道德行为的阻隔之后，道德上的恒久习惯才能养成，优秀的道德品质才有可能成就。

（2）自觉性。叔本华曾说过："具有真正道德价值的行为还有另一个特点，它完全是内在的，因此不太明显。"道德品质的着眼点只是一种个人品性的培养或一个人的精神提升活动。现代人所谈论的道德往往是要求人共同地遵行一些现行的准则，现代的道德规则常常是客观的，带有外在强制性的特征，而道德品质所讲求的却是个人对幸福人生的自觉体验，所以用我们中国古老的哲学术语来说，道德品质是"为己之学"，即成就人之所以为人的一种学问。成熟的道德品质以主体的自觉自愿、自主抉择为基础，而非主体对社会生活的本能适应。社会道德不仅已经内化成了个体的内在法则，而且已经转化成了自己的价值追求。

（3）开放性。成熟的道德品质主体会不断接受新的道德观念，拔除旧的道德干扰，并在道德品质发展的过程中表现出自己的创造个性，在实践过程中不断体会、理解和深化道德。

（4）终极性。一个人的生命总是表现为实现某种目标，这种目标也就构成了人生的终极价值。亚里士多德把个人的最终目标看作是对幸福的求取。“幸福”一词如同一个盒子，里面可以装各种不同的内容，而这些内容却需要理性的人在自己的生活实践中不断地加以选择。一个人之所以幸福，其实质内容必然离不开道德品质，道德品质是那些能使我们获得幸福的内在品质。

一般情况下，道德品质通常是指善德或美德。其实道德品质是一个中性的价值概念，它是主体在长期的、一系列的道德行为中表现出的综合稳定状态。而稳定的德行状态具体指向什么方向，还需要善与恶来具体规定。通常情况下，我们将有利于维护他人和社会利益的道德品质称为善德或美德，将有损于他人或社会利益的道德品质称为恶德。善德与恶德的评判主要以主体行为利害后果为依据。

善德是一种自我牺牲精神。一位西方伦理学家说：“每一种善德都压抑了欲望、侵犯了自由。”因为善待他人的美德，如“大公无私”、“公正”、“报恩”、“同情”、“爱人”、“诚实”、“慷慨”等，压抑的是利己的欲望而实现的是利他的欲望，侵犯的是利己的自由而实现的是利他的自由（王海明．新伦理学．北京：商务印书馆，2001）。也正因为善德是一种利益付出，把他人的欲望与自由摆在优先位置，善德才显出其高贵，应该说明的是，善德倡导的自我牺牲是相对的，并不意味着个人利益牺牲得越多越好，也不意味着个人在任何条件下都要自我牺牲，它只是要求在别人比自己有着更迫切的需要时，赋予他人利益优先权。如果一种牺牲纯粹只是牺牲而已，它的确是一种浪费。

集体主义名义下的自我牺牲不是利益的白白流失，而是利益的转移，是个人利益向他人或社会的让渡。从总量上看，社会利益不仅没有减少，相反，它还可能带来利益总量的增加，因为自我牺牲可以使利益向最需要的人发生转移，从而产生更大的效用价值。即便在特殊境遇下出现利益让渡受阻，如一个人舍身抢救落水者却不幸与落水者一起遇难，这种自我牺牲的行为也不是白费，它虽然在物质意义上蒙受了利益损失，在精神意义上却获得了利益丰收，社会的道德精神会因为自我牺牲行为更显高贵。但这时的集体主义必须是“真实的集体”，即集体利益与个人利益要根本一致，集体利益的实现可以更好地实现个人利益。

即便不从总体效益的角度分析自我牺牲，也还存在这样一种情况。曾有一位大学生为救助一位老农民而牺牲了生命，事后有人提出怀疑，认为用一个年轻的、具有大学文化的生命去换取一个暮年老农的生命是不值得的，这样的事迹不值得提倡。这种思想和说法是错误的，如果说一个老人和一个小孩同时受了伤，需要输血救命，现在血液只够一个人用，此时的确不能说先救老人而让小孩死去更合乎道德。实际的情况是，青年人发现有人处于危急之中，他考虑的并不是用自己的生命去替换别人的生命，而是如果他要去救险将可能付出极高的代价，但他毅然决定支付高代价去实践自己的道德义务。人的道德水准正是在这一点上被度量出来——你准备用多高的代价去实践道德的呼唤。

善德是一种美好的自律境界。以善德为追求的自律者因拥有善德而快乐和幸福。因此，善德的人遵守道德是无条件的，不论善德能否带来利益，他都会一如既往地赋予善德那份神圣。反之，如果只是处于善德他律的境界，遵守道德是被迫的，而不遵守道德则是自愿的，只要有可能，他便会背弃道德。这样，他便不可能长期、稳定地遵循道德，也许有一天他会成为恶德之人（王海明．新伦理学．北京：商务印书馆，2001）。

当前，社会上流行着所谓的合理的利己主义，提倡“主观为自己，客观为别人”。英国功利主义思想家孟德维尔用著名的“蜂巢理论”来证明这一观点的合理性。在他看来，人类社会就像蜂巢，人就像蜜蜂。蜜蜂为了自己卑贱的冲动和虚荣心去投机钻营，身上充满了“败行与恶习”，蜜蜂的私利也得到了满足。假定每只蜜蜂都投机钻营，每只蜜蜂的私利都得到满足，最后就实现了所有蜜蜂的公共福利。人类社会亦是如此，每个人的自私行为充满了丑陋，但合起来则成了每个人的极乐世界。孟德维尔的观点仅从文字上看似乎很有道理，但在现实中并不合理。因为当所有社会成员以“败行和恶习”谋求个人利益时，必然会引起剧烈的利益冲突，膨胀的私欲会促使人以损害他人利益的方式来成全自身利益，“公利”当然无从谈起。即便所有的人都利己不损人，“公利”也无法实现。在社会利益总量有限的情况下，一部分人的利益满足总是要以另一部分人的利益缺失为代价。如果每个人都抱有利己的动机而行为，结果只能是利己能力超强的人才能得到利益，势必导致有限利益的分配不公，恶德只能带来恶果。

二、道德品质的价值内涵

有些人认为道德排斥人性，道德约束使人性中许多自然、正常的东西得不到应有的释放和满足，道德压抑人性，摧残人们的身心健康，主张将人们从道德的束缚下解放出来。其实，作为内在精神，道德品质具有不可怀疑的存在价值，我们每一个人其实都是善良品德的受益者。古罗马伟大的演说家西塞罗认为，道德上的善之所以值得追求，完全或主要是因为其本身的价值。正是由于道德品质存在着一定的价值，人们才要培养德行，提高个人品质。

（一）道德品质的精神价值

道德品质的精神价值也可以称之为其德行价值、内在价值。道德品质最根本的精神价值表现为它是人的生命价值之源。它表现为以下几个方面：

首先，道德品质使人成为人。道德品质作为人类理智的标志存在，可以最直接地实现对人的动物性的否定，从而使人显示出超越动物的高贵。正如帕斯卡尔所声称的“真正的人性是一种品行和习性”。没有德行就没有真正的人性，没有道德品质的根基，人性就会沦为兽性。正因德行的渗入，使其性欲转化为爱情，本能转化为理性，人性才会提升，也才称其为真正意义上的人。因此，也可以说道德品质是安身立命之本。

其次，道德品质使人与人相区别。一个人具备了优良的品德，就会在自己的群体中获得归属感、安全感甚至荣誉感，感受到做人的价值和尊严。反之，品德低下的人则不能获得社会的价值认同，不能有尊严地参与社会生活，他会因此被遗忘、被忽视甚至被遗弃，继而产生失落感和孤立感。方东美认为，中国人酷爱生命，所以中国人极端尊重生命的价值，对于生命，总是力求其流衍创造，以止于至善，中国人深知，如果生命离开德行的润泽，宇宙将蹈于空虚和诞妄，而空虚和诞妄就是一个人缺乏德行润泽的表现。

再次，道德品质提升人生的价值目标。亚里士多德曾说过：“德行确定一个正确的目标，明智则提出达到目标的手段。”（［希］亚里士多德．亚里士多德全集第八卷．北京：中国人民大学出版社，1964）。生活已经表明，德行有助于确立人生正确的价值目标，提升生活中的品格。作为生理的人，人是一个有限的、以物质利益为满足形式的存在物，人的生理需求只能在有限的意义上得到实现，人既没有必然也没有能力在无限的意义上寻求生理满足，超越生理能力之外的物质对人也不再是享受而是负担。所以，理性之人绝对不会将价值的追求局限于物质本身，因为纯物质的追求必然会使人变得没有追求，人会由于没有追求而失去生活的意义。所以，理性的人会将物质的追求上升为精神的追求，从而克服物质的有限性而让追求趋于无限。金钱对于比尔·盖茨已经失去意义，但他仍然在追求利润，用他自己的话说，是为了实现一个小小的愿望，即让全世界每个家庭的桌子上都摆上一台电脑。可见，推动他追求的显然不是物质本身，而是品德赋予的精神力量。人到了青年时期，思考着希望自己成为什么人，成为怎样的人；思考怎样的生活是最好的生活，也是最有价值的生活。在这里，道德品质的价值判断起着重要作用。所以，我们所追寻的好生活不仅不能与道德品质相违背，恰恰需要探寻的是具有什么样的道德品质才会使我们获得好生活，才会确立生活的正确原则，才会提升我们人生的价值目标，从而也就提升了生命的价值。

最后，道德品质可以将快乐转化为幸福。快乐不等于幸福，快乐的人不一定幸福，但幸福的人却一定快乐。古代西方思想家伊壁鸠鲁说，身上长满疥疮的人也可以体验到挠痒的快乐，但没有一个人愿意享受这种快乐，因为它要以更大的痛苦为前提。一般来说，快乐是感性的，幸福是理性的；快乐是短暂的，幸福是稳定的；快乐是个人的，幸福是社会的。所以，明智之人追求的是快乐的幸福，并且知道将快乐转化为幸福。现实生活中，人的快乐可以由不同的诱因导引出来。物质利益虽然可以带来身体享受，给人以短暂的快乐，但难以让人进入幸福境界，因为身体器官的感觉局限可能降低人对快乐的体验。当一个人处于物质上的无节制状态时，感觉器官的刺激感应性会自然降低，对物质的快乐体验也会相应减少。幸福意义上的快乐务必在精神意义上去寻找，所以亚里士多德指出，既要重视快乐的价值又要避免纯粹感官的快乐，获得幸福的途径应符合一定的道德标准。因为"对一切沉溺于口腹之乐，并在吃、喝、情爱方面过度的人，快乐的时间是很短的，就只是当他们在吃着、喝着的时候是快乐的，而随之而来的坏处却很大"（周辅成．西方伦理学名著选辑．北京：商务印书馆，1964）。生活中应避免物质欲望的需求过高，否则会使人的心灵躁动不安，难以体验生活的幸福。道德品质的功能在于，它将个人的快乐与他人的快乐相关联，从而使人在为他人服务的过程中产生心灵上的愉悦体验，实则是地道的人间幸福。

（二）道德品质可以促进社会经济利益的最大化

道德本身是人类经济活动的产物，人们之所以接受道德的规范，绝不是为了用道德来约束自己的利益追求或仅仅是为了追求一个经济利益以外的目标。相反，正是因为道德能够为主体求得最大化的利益实现，主体才给道德在市场领域留下一片天地。诺贝尔经济学奖获得者道格拉斯·C·诺斯认为："即使在最发达的经济中，正式规则也只是决定行为选择的总体约束的小部分，大部分行为空间是由习惯、伦理等非正式规则来约束的。"（［美］道格拉斯·C·诺斯．制度、制度变迁与经济绩效．刘守英译．上海：三联书店，1994）。诺斯的观点充分表明了道德对经济运行的质态意义，也认同了道德对经济的功利价值。

1. 道德品质对经济的功利价值

作为内在的道德，道德品质的功利价值主要表现在以下几方面：

（1）为功利化的经济活动提供了最具效率的理念支持。资本主义经济在19世纪和20世纪得到高速发展，正是斯密为资本主义经济制度找到了迄今为止最具效率的道德定位，资本主义经济才有今天的发展格局。道德发展到今天，已经有了相对完备的准则体系，它通过规范主体行为降低了市场交易的执行成本和监督成本，对经济效益的提高给予了积极的促进。

（2）通过激励，为主体的风险性经济行为提供精神动力。经济学中有句格言说“风险与收益成正比”，这意味着最大的收益往往可能伴随着最大的风险。如果经济主体都因可能的不可预测的后果而畏缩不前，这无疑会导致社会经济资源的巨大浪费，经济利益的最大化也将成为泡影。正是为了避免这种情况的发生，当今的道德用“开拓”、“进取”、“智慧”等伦理精神对经济主体给予激励，这势必引导更多的人进行理性的风险投入，从而为个人和社会利益的最大实现创造条件。

（3）通过协调，为良性竞争环境的营造奠定基础。经济主体的最大利益只能存在于良性的竞争环境之中，而道德把良性竞争环境的营造看成自己当然的职责。它以确认经济主体的人格平等为前提，充分肯定每个人追求自身利益的合理性。道德在倡导竞争的同时，也提倡经济主体之间相互合作。道德致力于协调竞争关系的结果是使经济压力转化成了经济动力，经济利益最大化的目标亦更趋现实。

2. 道德品质可以增加单个利益的效用价值

当人们在善德的导引下进行利益让渡时，利益会朝着最需要的人发生转移，利益本身的效用价值可以得到超水平实现。比如，一个面包对一个吃饱饭的人来说只是一个面包而已，但当它转移到一个濒临饿死的人时，则意味着一个生命被拯救。假定整个社会在道德品质上进入了高水平，则意味着社会利益效用价值的扩张，它将惠及社会的全体成员，特别是社会的弱势群体。

3. 道德品质还可以减少社会利益的无意义损耗

在道德无序状态下，由于社会成员之间利益冲突频繁，导致社会主体人心涣散，社会整合力降低，社会管理成本增加，必然在客观上降低社会利益的生产效率与分配效率。同时，社会为了应对包括违法行为在内的各种不道德行为，还要从有限的社会财富中拿出相应利益进行社会防范，这在客观上造成了社会利益的无形损耗，降低了单位利益的效用价值。但是，当人们有了普遍化的善德之后，情况就会发生根本性的改变，社会利益矛盾会大大减少，由利益矛盾引发的利益损耗将会有效终止，社会的防范成本会降低，社会的每一个人都将因此受益。

三、道德品质的基本构成

在人类文明的长期发展过程中，形成了源远流长的优良道德传统，这些优良道德传统内涵丰富、博大精深，是人类文明发展的重要精神财富。在此我们对以下几个重要美德加以阐释。

（一）仁爱

崇尚仁爱是中华民族最具代表性的传统美德之一。孔子对“仁”作了理论的升华和概括，使之成为其博大精深的思想学说的核心。孔子的仁爱就是一种爱护人、重视人的“人本主义”精神。“樊迟问仁，子曰：‘爱人’。”孔子认为仁的基本内容就是爱人，人和人之间要有同情心，相互关心、相互爱护、相互尊重。孟子也很重视仁，孟子说的仁就是“仁也者，人也”，即仁就是要把人当成人看待，要爱人。孟子不仅把“仁”推为首德，而且把“仁”与人性紧紧地联系在一起。在他看来，人性本善，其第一位的善端就是“恻隐之心”，由此发扬光大就为“仁德”。因而，仁爱主义精神是人之为人的根本精神。比孔子稍后的春秋战国时期的思想家、政治家墨子提出“兼爱”说，也是我国仁爱思想的一个重要方面。墨子认为，人人都是欲富贵而恶贫贱的，所以道德应该以兴天下之利、除天下之害为最高目的，因此，要“兼相爱，交相利”。墨子的“兼爱”广博，要求对一切人都同样爱，没有区别，没有等级。要把别人的国看成自己的国，把别人的家看成自己的家，把别人的身体看成自己的身体。一句话，就是要爱他人如同爱自己一样。此后，历代中国伦理思想家都基本沿着孔孟创立的仁爱思想发展下去，使仁爱主义精神在中国源远流长，对整个中国社会的历史发展产生了巨大的影响。当然，孔子和孟子所讲的仁爱是按照血缘关系分等级的，就是说爱要从侍奉双亲开始，由近及远。在西方，“仁爱”也有着悠久的传统，它曾经是基督教伦理的主要德目。与孔子倡导的有差别的爱不同，西方的仁爱思想强调平等之爱，它要求人们“爱人如己”，不仅要爱自己的亲友，而且要爱一切人，包括自己的敌人。

“仁爱”的内涵非常丰富，对我们而言，从个人层面践行仁爱道德品质显得尤为重要。

首先，要有人道主义精神。人道主义就是要求尊重人的价值、发展人的个性、强调人的尊严、追求人的自由，从而形成一种以“人”为中心的思想体系。仁爱思想提倡尊重人、关心人、爱护人，闪耀着人道主义的光辉。在今天的社会生活中，我们应当大力发扬人道主义精神，尊重人、关心人，特别是要注意保护儿童、尊重妇女、尊重老人、关心帮助鳏寡孤独和残疾人。人与人之间要互相关怀、互相同情、互相体谅、互相帮助，一方有难，八方支援，把他人的困难当成自己的困难，让仁爱把人与人紧密地联系起来。

其次，要视人若己，克己为人。孔子认为，实现“仁爱”的基本方法就是忠恕之道。忠恕之道，从消极方面来说就是“己所不欲，勿施于人”，从积极方面来说就是“己欲立而立人，己欲达而达人”。总之，就是将心比心，推己及人的方法。这两句话也成为全球伦理道德的黄金规则。要爱人，首先必须视人若己，把别人当成自己来看待。能像爱自己一样去爱别人，去爱天下人，不仅说明这种爱是真诚的，而且说明这种爱是深厚的、博大的，而不是局限于一定范围的亲属、朋友之间的爱，更不是为了一己私利的爱。凡是自己认为是好的事情，都应该推及他人身上，自己所希望建立的事业，也应该希望他人能建立，自己如意、幸福，也要帮助他人如意、幸福。推己及人还有另一方面，就是自己不喜欢和厌恶的，自己不愿干的，不要要求，也不要希望别人去干，更不能勉强别人去干。这不仅是对别人的尊重，而且也是对别人有一种深厚的爱的表现。要爱人，就要克己，克己才能爱人。要真正做到爱人，必须严格要求自己，从自身的修养做起。要控制自己的欲望和感情，甚至牺牲个人的利益，按照一定的道德要求去行动，去践行自己应尽的义务。

最后，要依良心行事。法国著名思想家卢梭曾经唱出一曲良心的颂歌：“良心呀，良心！你是圣洁的本能，永不消逝的天国的声音。是你在不差不错地判断善恶，使人形同上帝！是你使人天性善良，让行为合乎道德。”（[法] 卢梭. 爱弥尔下卷. 北京：商务印书馆，1978）依良心行事，就是在自己的行为过程中充分考虑他人的需求与感受，即把自己当作目的，同时又把别人当作目的。有良心之人时刻会想起自己对他人的责任，不会损人利己，而会力求利己利人，必要时甚至会舍己利人。在良心引领下的行为过程，实质上是一个向他人表达仁爱之心的过程。一个有良心的商人不会唯利是图，一个有良心的政府公务员不会亵渎人民赋予他的权力……可以说，良心所在之处，也是仁爱彰显之处。

（二）公正

公正是一种古老的道德美德，是人类社会具有永恒价值的基本理念和基本行为准则，与正义相通，古希腊哲学家柏拉图把公正看作是四大美德之首。公正作为人类的永恒追求，具有普遍性、绝对性和至善性。公正是人类社会的必需，因为一方面人类需要社会合作，人与人之间具有利益的一致性；另一方面，个体的私己性，使社会成员之间又会产生一定的利益冲突。所以，维护社会的公共性，协调社会成员之间的利益，就需要一个大家共同都遵守的规则，这就是社会的公正原则。古希腊的公正女神手里拿着丈量土地的二角规，代表着不偏不倚。公正虽然是根源于个人公正品质的个体德行，但它又通过公正行为表现于外而关系到其他人的幸福，因而公正又是“非个体的个体德行”。也就是说，公正既是个体德行又是社会德行。公正的人以德行对待自己，也以德行对待他人，公正与个体德行具有本质的区别，这也正是把慷慨和仁慈等德行称为“个体德行”，而把公正称为“非个体的个体德行”的原因。

因此，公正一般分为“个人的公正”和“社会的公正”两种，我们指的作为道德品质的公正主要是针对个人的公正而言的。所谓个人公正既指个人行为的一种根本原则，又指个人的一种优良道德品质，主要表现在个人为人处世中，能以当时社会的法律、规章、惯例等为准绳，严格规范自己的行为，正直做人，公正办事，从而保持自己行为的合法性、合理性和正当性。在个人公正概念中，还可以进一步细分为“立约者的公正”和“公断者的公正”。其中，立约者的公正主要是指立约人在买卖、雇佣、借贷、交易以及其他契约行为中，能忠实履行契约，从而成为一个诚实、守信、正直的人。公断者的公正主要是指社会公共事务管理者的公正，也就是指他们在处理社会公务、判断人间是非、决定功过赏罚、分配权利义务等活动中，能忠实履行公务、严格按照有关规章制度办事，不偏不倚、不徇私。

在市场经济条件下，公正道德品质包含两方面的基本内容。一是公正体现着权利与义务的平等。权利与义务就是基于利益分配关系基础上而产生的社会关系范畴，它是社会主体在特定的社会条件下，按照当时“公正”的道德和法律规范，采取某种行为或不发生行为的社会意识和社会制度。所谓权利，就是社会主体在特定的社会条件下向他人、向社会要求某种行为或不发生行为。所谓义务，就是社会主体在特定的社会条件下应该向他人、向社会提供某种行为或不发生行为。根据道德标准和法律标准，它分为道德权利、义务和法律权利、义务。权利与义务无论是作为道德法律观念，还是作为道德法律制度，两者在产生的时间上是同步的，在价值取向上是相对立的，在价值量上是相等的。公正体现在个人的利益关系上，就是要使享有的权利与应尽的义务或应负的责任对等。如果一个人只有权利，没有义务、责任，或反过来，只有义务、责任，没有权利，显然都是不公正的。拥有公正美德的人一定是一个既享受权利又知道履行义务的人。权利与义务相伴随，是一个民主社会的公正法则，也是一种公民美德。二是公正意味着自己权利与他人权利的平等。在制度设计中，处理具有平等对称地位的社会成员之间的权利关系时，公正是唯一合理可行的法理原则。在个人行为中，谋求个人权利的同时尊重他人权利则是最基本的伦理要求。任何藐视或损害他人权利的行为都是对公正原则的践踏，它不仅可能对他人利益构成现实侵害，而且可能造成对他人的人格贬损。一个拥有公正善德之人一定会是一个充分尊重他人权利的人，他不仅对他人权利给予尊重，而且会通过对自己义务的履行去促成他人权利的实现。

公正的真正实现，最终要依赖公正的道德品质的养成。麦金太尔说，只有具备正义德行的人，才可能知道怎样施行规则。非公正的人即使有法律的规定，也未必能做出公正的事情，更不可能积极地行使公正的权利。公正的人恰恰相反，他公正的品质先于公正的行为，因此他在适当的时机具有履行公正行为的趋向，具有自己典型的德性行为。他拥有的德行告诉他应该如何做，并且促使他做出德行，而他的德性行为正是公正行为。

（三）诚信

据2001年11月28日新加坡《海峡时报》报道，有家公司被几个新聘来的中国学生弄得很被动，原因是这些学生不讲信用，他们被录取后又决定放弃这份工作，既不去上班，也不打个电话提前告知，结果让这家公司白等了多日而蒙受损失。这些学生虽然学习成绩优秀，但显然缺乏诚信。

诚实守信是中华民族的传统美德，哲人言："人而无信，不知其可也。"诗人云："三杯吐然诺，五岳倒为轻。"民间语："一言既出，驷马难追。"这些都极言诚信的重要性。几千年来，"一诺千金"的佳话不绝于史，广为流传，难道说中华民族传统美德会在21世纪终结吗？青年大学生会成为失信的新一代公民吗？

中国儒家思想首倡诚信为道德哲学，孔、孟、荀对于"诚"、"信"都赋予了极高的道德意义。在儒家经典《礼记·大学》中，"诚意"作为"八条目"之一，成为连接"格物"、"致知"与"正心"、"修身"、"齐家"、"治国"、"平天下"的重要环节，成为道德内养与外成的关键点，具有促进道德完善、家庭和睦、国家兴旺与天下安宁的多种社会功能。"信"也成为为人与为政不可移易的基本准则。孔子十分强调"信"在治理国家中的重要作用，他认为治理国家时即使"去兵"、"去食"，也不能"去信"，因为"民无信不立"。孟子把"诚"、"信"与道德修养联系起来，"诚"成为体验道德本体、规范人们道德行为的一个重要

诚信是中华民族最为重视的道德品质之一，在古代被认为是人的立身之本（来自百度图片）

概念。所谓“诚者，天之道也。思诚者，人之道也。至诚而不动者，未之有也；不成未有能动者也”。孟子在这里不但把诚信看成是“天”的本性和自然界的规律，而且看成是最高的道德范畴和做人之道，孟子还进一步把“朋友有信”与“父子有亲、君臣有义、夫妻有别、长幼有序”并列为“五伦”，成为中国封建社会道德评价的基本标准和伦理规范。荀子则认为“诚”乃“政事之本”，把“诚”从做人之道扩展为治世之道。同时把是否有“信”作为区分君子与小人的重要道德标准。

什么是诚信?《增韵·清韵》:“诚，无伪也，真也，实也。”《广韵·清韵》:“诚，审也。”“诚”与“实”的规范含义仍存在细微差别。“实”是实在，以实在表现真，指事物的本真状态，是说事物的真、存在的真。“诚”是人的态度，指人以一种求真的态度去对待事物，以一种忠实于事物的真的态度去反映事物，所以诚又有忠诚的意思。“信”的含义主要有：一是言行相符、严守信用的道德品质，二是信实的态度和执著追求的精神，三是慎言守诺的负责精神和态度。在中国古代，诚与信往往具有同等的意义，因而人们常常把诚与信联系在一起使用，或者认为诚与信是互训的。程颐说：“诚则信矣，信则诚矣。”一般而言，诚信的基本含义是守诺、践约、无欺。通俗地表达，就是说老实话、办老实事、做老实人。人生活在社会中，总要与他人和社会发生关系。处理这种关系必须遵从一定的规则，有章必循，有诺必践；否则，个人就会失去立身之本，社会就会失去运行之规。

诚信是现代社会个人安身立命的必然要求。由于社会分工的细化，社会流通的加剧，人在现代社会的交往范围已经大大超过了传统社会的五伦关系范围。从某种意义上说，现代社会已经成为交往社会。在这个人们每天都可能面对着大量陌生人的社会中，个人的发展不仅需要能力、智力作基础，还要以良好的道德品质和完善的人格作条件，二者都不能缺少。在现代社会，诚信是促进个人发展的道德条件的核心，它对人的立身、生活、工作、交友、为政都有着重要的作用。

首先，诚信道德是人的立身之本。诚信道德经过几千年的道德实践，已成为中华民族的传统美德，成为人与人之间相互共处、互爱互助的基础，成为处理人际关系的精神纽带，深深地积淀在人们的生活和意识里。在现实生活中，真诚老实、言而有信的人往往深受别人的尊重和爱戴，而那些虚伪狡猾、言而无信者则受到世人的鄙视。因此，在现代社会越来越需要说老实话、办老实事、做老实人，越来越提倡以信待人、以信取人、以信立人。没有诚信，人无以立身。其次，诚信是人的成事之宝。在现代条件下，一个人要想在事业上取得成功，不仅仅是能力和智慧的事情，从长远来看，更重要的是诚信道德在起作用。因为市场经济是一种法制经济，也是一种道德经济，它需要诚实守信。诚信是个人事业中的一张“金质名片”，是事业取得成功的法宝，是人的事业的生命线。最后，诚信是人的交际之道。在现代社会，人不可能孤立地生活，要发展就必须建立良好的人际关系，取得更多的社会资源。而要建立良好的社会关系，诚实守信是要遵守的第一原则。同时只有在交往中对别人以诚相待、言而有信，才能得到别人的尊重和信任，才能建立长久的良好关系。

诚信作为个体重要的道德品质，主要有以下几项基本要求：

一是诚实信仰、忠诚信奉。诚实信仰是诚信道德的最高境界和要求。《礼记·祭统》中有云：“身致其诚信，诚信之谓尽，尽之谓敬，敬尽然后可以事神明，此祭之道也。”这里说的诚信是一种深厚的宗教感情。孔子说过“祭思敬，丧思哀”、“祭如在，祭神如神在”，它既要求人们有一种恭敬、审慎的心理，又表达出诚信道德内蕴的诚实信仰、忠诚信奉、恭敬尊重等道德要求。

二是诚实信用、诚实守诺。守信用、重承诺是诚信道德的基本要求。在古人看来，作为伦理学概念的诚信既是一种道德品质，又是一种成德成圣的道德修养方法、境界和能力。《中庸》有云“君子诚之为贵”，“诚之者，择善而固执之”。由此可见，诚信道德内蕴含着诚实守诺、真实不欺、不妄不伪、言行相符等德行要求。

三是忠诚信义、真诚负责。在遵守承诺的基础上自觉地取信于义、真诚负责，是诚信道德的最终归结。诚信道德内蕴含着公正、正义、诚直、负责、守时、赏罚分明等道德要求。诚信必须与信义、道义相结合，才能体现社会的公正、公平和正义，体现忠于职守的责任感和义务心。

（四）宽容

宽容一词来源于拉丁文“tolerare”，在《大不列颠百科全书》中“宽容”被定义为：“容许别人有行动和判断的自由，对不同于自己或传统的观点的见解的耐心公正的容忍。”《布莱克维尔政治学百科全书》对“宽容”的解释为：“宽容是指一个人虽然具有必要的权利和知识，但是对自己不赞成的行为也不进行阻止、妨碍或干涉的审慎选择。”（[英]米勒·波格丹诺．布莱克维尔政治学百科全书．北京：中国政法大学出版社，2002）青年学者贺来认为：“宽容是一种建立在对人与世界的多样性、真理的相对性与人性的多面性自觉意识基础上的理性和明知的思维方式、行为方式与人生态度，是人处理人际关系所存在的差异、矛盾和冲突时所表现的一种成熟通达的美德和境界。”（贺来．宽容意识．长春：吉林教育出版社，2001）对个体而言，宽容是面对他人的过失或伤害表现出来的一种心理的大度，是仁爱之心的深层次表达。宽容让我们不要非将自己的观点强加在别人身上或不公正地限制他们的自由，让我们欣赏人类丰富的差异，欣赏来自于各种背景、人种、宗教、国家和文化的人们的许多正面的品质和贡献。唯宽可以容人，唯厚可以载物。海纳百川，有容乃大。日月称其明者，以无不照江海称其大者，以无不容。

宽容是一种美德，是一种境界，是对人对事的包容与接纳。雨果说："世界上最宽阔的是海洋，比海洋更宽阔的是天空，比天空更宽阔的是人的胸怀。"宽容并不是懦弱，宽容的人之所以宽容不是因为害怕而是因为仁慈；相反，宽容甚至是一种勇敢，它需要当事人付出比常人更多的勇气。有人认为，宽容是对邪恶的放纵，其实，宽容是一种强大的精神力量。我们如果能以宽容之心待人，我们也会得到别人的宽容，这样可以让别人和自己都获得一份愉快的心情。

从更深层上讲，宽容精神实际上是对客观规律的遵循，对他人、社会甚至人类利益的尊重。这是因为世界的本质是多样性的存在，世界的本质是"多"而不是"一"，差异性是一种客观的普遍存在。现代民主社会实际上是一个合理的、价值多元的社会，人的思想认识都是相对的，且经常是互不相同的，总是存在差异、分歧甚至冲突，谁也没有理由压制他人的思想认识，而是应该让有差异、分歧甚至是相互矛盾的思想观念自由平等地存在。人之所以选择某种价值观，是因为他信仰这种价值观。真正的信仰不是因为外力的原因，而是内在心灵的确信，谁也不会把信仰盲目地交由他人来决定取舍，因而外力是不能改变人们已经形成的关于对事物的内在判断。当代大学生的思想与行为呈现多种多样的态势，不同的个体有不同的个性和长处。既然物各有性，物各有宜，那么就应该有宽容不苛、兼收不同的思想。大学生思维还具有动态开放性，这使得他们在对各种信息的评判和吸纳上会不断地实行动态调节，表现出反复易变的特点。对于动态发展中还未成形的思想和行为，需要以宽容的精神吸纳。

在日常生活中，宽容主要是指什么呢?

一是要容人之言。要容得善语好言，更要容得独见愚言，甚至逆耳之言。容言的背后其实质是尊重他人的自主权，容许他人对待事情有自己的意志、主张和选择。这需要具有宽阔的胸怀：他人在其自主权范围内所做的事情，尽管和自身的意愿相对立，但他有那样做的权利，个人决不应干涉和包办，决不因此而侵犯他人的自主权。

二是要容过。人非圣贤，孰能无过？对别人不能求全责备，而是应该辨证地对待他们的过错，以发展的眼光看待他们，勿一锤定音，一棍子把人打死。

三是容人之个性特点。宽容地对待他人所具有的和自己不一样的气质、情感、思维等，互相理解、互相尊重、平等相处，对差异性容忍和认同而不是对抗，充分发挥每个人的自主精神，允许他们有独立思考、自由判断并自己选择自己的生活方式和道德理想的权利。

当然，宽容是有限度和边界的，法律是界定宽容程度的基本准绳。也就是说，凡是危害社会和他人利益的事物都不属于宽容之列。但这一标准也不是绝对的，特别是对青年人，由于他们是受社会政策、社会文化、社会成年人的综合影响的产物，他们的问题常常反映出社会的责任状况，而且他们的思想、行为还处于发展期，因此在界定宽容的范围时，还应综合考虑他们的行为动机及将来发展的可能性前景，即使有些是违法行为，有时也要给予一定的宽容。

那么，如何才能做到宽容呢?

一是要有开放精神。开放的本质是学习的、批判的、多元综合的、竞争的。而只有具备开放精神，才能允许多元存在，多种文化共存，才能更加理性地对待一切人类文明的先进成果。眼光短浅、心胸窄小、市商心机、小农意识的人，则无法达到宽容境界。从某种意义上说，开放就是要在信任中放宽心态吸纳一些合理化程度较高的新观念、新准则和新规范，虚心借鉴或学习别人先进的东西，共享信息与资源，容纳更多的情感、理念、价值、内容形式、模式、机制，在更加丰富的资源配置中构成新的活力。

二是要有民主和自由竞争精神。宽容和尊重他人的教育是民主的必要条件，反过来，民主是社会宽容和个人宽容的基础。民主的意义主要不在于尊重与自己意志相一致的他人的自主选择，而在于当别人的自主选择与自己的意愿不一致时，仍然要予以尊重。因此，具备民主的道德品质和作风就必然会具有宽容的精神。宽容既不是恩赐，也不是无原则地隐忍退让，而是一种个人和社会发展的机会空间得以最大化的规则和制度。如果没有自由竞争精神，就不可能创造出最大化的机会空间，也就没有宽容的生根之处。从这个意义上说，自由竞争精神创造了现代人的宽容精神，使他们自觉自愿地遵守宽容法则。自由竞争精神可以将宽容引向更高境界，融化和消解一个个不宽容的森严壁垒。

第三节　道德修养的现代价值与基本方式

没有教养、没有学识、没有实践的人的心灵好比一块田地，这块田地即使天生肥沃，但倘若不经耕耘和播种，也是结不出果实来的。

——［德］格里美尔斯豪森

道德修养是一个含义广泛的概念。“修”指切磋琢磨，“养”指涵养熏陶。其原意包括修身养性、反省自新、陶冶品行、涵养道德，今天指人们在道德品质和道德人格方面的自我锻炼和自我改造以及所达到的境界。作为人类对自身生活的自觉省思，道德修养是道德的题中应有之义，是人类主体精神的自律和一种高级的精神活动及其行为实践，体现了人类要求完善自我和社会的道德愿望与思考。

一、道德修养的现代价值

在现代社会中，利益、科学技术、市场规则、法制等成为日常生活的主题词，谈道德修养问题似乎不合时宜，这就带来了这样的问题：道德修养在现代社会中还有没有存在的价值？道德修养在人们行为中的位置还能不能确立？

（一）道德修养与物质利益追求

由于经济的强大推动力，现代社会功利价值观念影响深刻，人们物欲高涨，对物质利益的追求达到了前所未有的程度。一些人认为人生最重要的事就是努力实现个人利益最大化，人的一切行为归根到底是经济行为，人生的意义在于占有尽可能多的金钱和物质财富。但经济繁荣发展的同时，也造成了一些人的精神贫困，在行为方式和生活态度上追求低级趣味。有的人深切感受到社会生活中的人情淡漠、关系疏远、孤独寂寞和个人精神中的浮躁、空虚、失落、颓废。人们的精神世界、价值信仰和美德追求被物欲主义的泛滥、功利主义的狂热所淹没。当我们面对强烈的物欲骚动、巨大的金钱诱惑、尖锐的善恶冲突时，必须清醒地看到，在现代社会，物质利益的追求不是现代人和现代社会的唯一价值坐标，更不能因此而将之看作是现代人人格理想的全部内涵。

人的生存根本上还是意义和价值的生存，物质天堂的诺言根本无法消灭生命的痛苦。其实，焦虑并非只是来自直接的贫困，当“幸福”越来越和名牌、流行、档次相联系，并以货币的拥有量为标志时，“幸福”便开始远离平凡、远离信仰世界的平衡，成为一种物化的生活标准，一种不断上升的欲求满足。这时，我们不仅要关注功利，而且要关注灵魂。因为没有德行的看护，一些人将会利欲熏心，面对不义之财铤而走险。更为重要的是，功利、富足是人幸福和社会安宁的物质前提条件，而美德与文明则能直接、深刻地给人和社会带来幸福与祥和。美国当代著名伦理学家麦金太尔之所以重新呼唤人们重视德行的价值，就是因为在功利化的过程中，德行在生活中没有位置。这种丢失，扭曲了社会生活，扭曲了人性。道德给予个人欲望和行为的限制非常重要，没有这些传统信仰中的美德的作用，仅有物质生活的提高并不一定能带来幸福生活。

（二）道德修养与科学技术发展

科学技术在现代社会已经形成了对人的生活世界的全面入侵，许多人为了寻求发展，越来越相信科技理性的力量，相信依靠科学技术就可以得到所需要的一切。而与此相适应的是教育中和人们观念中的重自然科学知识、轻社会人文知识的思想，即使是对社会科学知识的学习也追求的是它的实用性，其结果是形成了日益严重的唯科学主义倾向，“痴迷”于科学技术知识和技能的掌握。问题是，对于现代社会和个体来说，仅有科学技术的发展就能促进社会和个体的发展吗？这个问题又不由得让人想起“卢刚事件”。卢刚，一位从事天体物理研究的中国留美博士，智商极高、科技能力很强，但疏于道德品质的养成，不能正确地处理与竞争对手的关系，最终酿成悲剧。“卢刚事件”绝对不是一个偶然性事例，单纯的凭借知识技术论人才的观念是有局限的，它造成了现代社会唯科学主义的知识霸权，只注重人生活动的某一具体目标而忽略人对自身存在和发展的深刻关切和根本思考，只注重行动可计算的实际效益而忽视行动本身的价值意义，只注重人的知识技术训练而忽视人的全面素质特别是思想道德素质的培养，这些导致了现代社会和现代人道德的严重缺失。人是一个有机整体，只强调科学技术的单方面获取所形成的发展必定是失衡的，不但会使发展缺乏动力，而且也会失去生存意义。

人的道德修养虽然不直接关乎效用，不是属于生产的实际知识，但是它的地位和作用却不容低估。道德修养强调统一性、整体性、和谐性和思辨性，它必将影响到人的宇宙观、人生观和价值观，可以培养人明辨是非的眼光、惩恶扬善的气魄、坚持原则的勇气，将人文关怀和博爱精神纳入科学理性的轨道。一个德、智、体、美、劳全面发展，具有高品位的创新人才，一定是一个既具有科学精神又具有道德修养的人。另外，道德修养具有智育功能，对文化知识的学习、良好心性的形成、价值追求的导向都具有重要意义。

强调道德修养还有更为重要的原因，那就是它是培养人全面发展的根本保证。我们培养的人不仅要能够成为科学家，同时也应该是具有良好人文道德素养的思想家、哲学家，能够自觉地把科学研究活动同整个人类的命运、前途和未来结合起来，能把个人所从事的科学研究深深地置于一种哲学探索之中。道德修养更是人文精神的修养，我国著名学者杨叔子曾对此强调说："一个国家，一个民族，没有现代科学，没有先进技术，一打就垮；而一个国家，一个民族，没有优秀历史传统，没有民族人文精神，就不打自垮。"

（三）道德修养与行为规范

有人认为在现代社会只要遵守学校或单位的规章制度、遵守法律和道德规范就足够了，只要外在的规则、规范完善和成熟了，就能保证个体的行为规范，根本无须个体自身内在的道德修养。规章制度、法律甚至包括道德规范的积极作用是显而易见的，但仅有这些是不够的。因为规章制度、法律甚至包括道德的各种规范毕竟总是以外在于人的形式存在的，只要人还没有形成内在的德行，还没有成为真正的自由的道德主体，就有可能出现在规范、制度的压力、强制下产生某些合于道德却又并非出于道德的行为。在现代社会中，随着市场经济的发展，人们偏重于外在行为的整合，具有外在性的诸种规范（尤其是法律规范）的地位上升了，而具有内在性的德行的地位则相应降低，人们自我的道德直觉能力因日益强化的社会伦理约束而慢慢退化，日渐迟钝。对于个体来讲，不仅要遵守道德规范，更需要既"得于心"又"形于外"的德行，使得人的行为不仅合乎道德，而且出于道德，不为外在的道德所拘役。无论伦理规范系统多么周全和完备，如果缺乏个人自主美德的内在心理基础，都不可能内化为人们实际行动的、健全有效的伦理规范。道德的首要任务是告诉人们如何认识自己的生活目的，并为实现一种善的生活的内在目的而培植自我的内在品格和美德，使人知荣辱、辨善恶、重人格、讲国格、身心和谐、宁静幸福，体现人的尊严与价值，并在潜移默化中造就社会的和谐与秩序。

美德的培养是要靠自我道德修养的。如果说行为规范侧重于规范的善恶及其对人的约束，那么，道德修养则更重视那些具有动机的、遵循原则的行动者自身素质的养成。如果说道德规范是道德善恶一般标准的具体化，道德品质是道德价值标准和义务规范在行为个体身上的内化和凝结，那么，道德修养则是实现这种内化和凝结的根本途径，是联结规范与美德的桥梁和纽带。通过修养将客观的义务变成主体“我想”、“我要”的爱好与愿望，将社会的道德规范转化为个人的内在信念、情感、意志和良心，从而促进个人和社会的健康发展，这是道德修养的现代价值所在。

现代人不能远离道德领域，而要必须更加自觉地提高道德修养，承担更多的道德责任，在更高的层次上发展和完善自身。

二、道德修养的基本方式

从古至今，人们根据不同的社会形势总结了一些宝贵的加强道德修养的方式，包括道德修养的途径与方法两个方面。

（一）道德修养的途径

与社会实践相联系，是进行道德修养的根本途径。道德修养并不是脱离实际的闭门思过，而是与社会实践相联系的个体道德的自我反省与自我升华。因此，道德修养要与道德主体改造客观世界和主观世界的实践活动相联系，与道德主体具体的道德行为相联系，与道德主体的全部道德实践过程相联系。不参加社会实践，就不可能培养出优良的道德品质和高尚的道德人格。

除了根本途径之外，加强道德修养还有以下基本途径：

一是学思并重。学习是获得知识的最主要的途径，也是使自己提高修养层次的最主要的方法之一。学习的程度越高，修养的质量就越好，对自我修养的实践就越有益。学习的过程是克服愚昧、求得知识的行为过程；是安贫乐道，笃志好学，学而不厌，虚怀若谷，随地从师，躬行实践，迁善改过的过程；也是自强不息、学道相融、浑然而一的境界。因此，我们应该博学之、审问之、慎思之、明辨之、笃行之，奠定自己学识和修养的基础。同时，也要善于思索，辨别善恶，学善戒恶，以涵养良好的德行。

二是省察克治。即通过反省检查以发现和找出自己思想与行为中的不良倾向、坏的念头，并加以及时抑制和克服。人们经常说，人贵有自知之明，心理学上把它称为人的自我知觉。这种自我认识的途径，就是“内省”。应该说这是大学生进行自我修养的最佳途径，从本质上说，内省是一种发自内心的自觉活动，是一种理性的自我反思，理性反思有助于大学生养成“吾日三省吾身”的习惯，使自我修养达到理想的境界。陈毅之所以能成为一位伟大的无产阶级革命家，与他严求诸已、谦恭律已、“中夜尝自省，悔愧难自文”、“灵魂之深处，自掘才可能”的内省精神分不开；恽代英有《每日反思表》；雷锋每天入睡前要“过电影”对自己的行为进行反省等。这些都值得青年大学生在自我修养中借鉴和学习。

曾国藩（1811. 11. 26—1872. 3. 12），初名子城，字伯涵，号涤生，谥文正，汉族，出生于湖南长沙府湘乡市杨树坪（现属湖南省娄底市双峰县荷叶镇）。晚清重臣，湘军的创立者和统帅者。清朝战略家、政治家，晚清散文“湘乡派”创立人。他每天记日记，对自己的言行进行检查、反思，这个习惯贯穿他的后半生，并不断给自己提出要求：要勤俭、要谦对、要仁恕、要诚信，知命、惜福等，努力将自己打造成当时的圣贤。许多人都认为人格修炼是空虚的东西，认为修身是虚无缥缈的东西，甚至还是迂腐的，但曾国藩一生的事业，修身才是他事业成功最重要的原因（来自百度图片）

三是慎独自律。即在无人知晓、没有外在监督的情况下，坚守自己的道德信念，自觉按道德要求行事，不因无人监督而恣意妄为。慎独自律是进行自我修养的又一重要途径。刘少奇在《论共产党员的培养》中强调有修养就是“没有个人的得失和忧患，即使在他个人独立工作、无人监督、有做各种坏事的可能的时候，他也能够‘慎独’，不做任何坏事”。青年大学生应该学会慎独，自觉在“隐”和“微”上下功夫，不因善小而不为，不因恶小而为之。唐太宗曾说，凡是大事都是由小事引起，如果小事不追究，大事就不可挽救。“千里之堤，溃于蚁穴”就是这个道理。

四是知行统一。即把提高道德认识与躬行道德实践统一起来，以促进道德要求内化为自己的道德品质，外化为实际的道德行为。知行统一能克服大学生自我修养认知的不足，通过与社会交流、互动，使大学生的自我修养认知更具有全面性、深刻性和准确性；能使大学生在实践中坚定进行自我修养的意志，因为自我修养是一个不断反复、不断提升、循序渐进的过程，意志力是自我修养的基础，实践性是意志力的特性，实践越充分，意志力就越会得到磨炼，意志品质就越会得到巩固。知行统一，还能检查到哪些是错的，哪些是对的，以便及时矫正与肯定。

（二）道德修养的方法

根据道德修养的根本途径和基本途径，我们可以寻找到如下加强道德修养的方法：

一是理论与实践相结合的方法。理论与实践相结合，是进行自我修养的桥梁和纽带。通过实践，提高认知能力，磨炼意志，培养丰富的情感，完善自我。实践可以促进个人对思想道德行为进行自我反省，在比较选择中检验是否真正做到知行统一，从而提高自己的道德品质。实践证明，大学生进行自我修养，只有将所学理论和实践结合起来，用科学的理论和广博的知识指导自己的行动，用不断的人生修养实践来丰富自己的知识，才能保证人生奋斗和努力的正确方向。

二是社会教育与自我教育相结合的方法。社会教育是一种外在教育；自我教育是一种内在教育，并以自律或自育的形式表现出来。苏联著名教育家苏霍姆林斯基曾说过，能促使人进行自我教育的教育，才是真正的教育。大学生要积极内化，变社会指向为自我指向，变学习客体为学习主体，变只重单向外界灌输为重自我内导，坚持社会教育与自我教育的紧密结合和有机统一。只要坚持不懈，就能使自我修养获得新质，跃升到一个新台阶。

三是批评与自我批评相结合的方法。大学生作为一个尚未步入社会的青年群体，社会阅历和人生经历都明显不足。因此，开展批评和自我批评对提高大学生的自我修养来说尤为重要。在批评与自我批评中，自我批评尤为重要，因为对一个人来说，敢于批评是敢于斗硬的表现，它与勇气相关联；善于自我批评是诚信的表现，它与慎独相联系。大学生应努力学会掌握批评与自我批评的武器，在自我修养实践中不断提升自己、完善自己。

四是学习先进与陶冶情操的方法。历史上许多政治家、科学家、思想家、艺术家、仁人志士以及时代英雄，在个人道德品质、为人处世、理想情操、学习求知、勤奋成才以及良好的心理品质等修养方面为世人留下了宝贵的财富。他们身上闪现的高尚人格魅力给人们以启迪、激励和感召，催人奋进。他们在思想、品德、知识、技能、行为等方面的修养方法，对于大学生提高自我修养有重要的借鉴意义。

人生有限，宇宙无穷，人的自我修养是没有止境的。只要我们坚定正确的修养目标，躬行践履，持之以恒，不断进取，就一定会成为一个有修养的人，一个受社会欢迎的人。

阅读链接

让美德占据心灵

一位哲学家带着他的弟子坐在郊外的一片旷野里，哲学家问身边的弟子该如何除去周围长满的杂草。弟子们十分惊愕，没有想到一直探讨人生奥妙的哲学家，最后一课竟会问这么简单的问题。于是，他们给出了各种答案，有的说用铲子就够了，有的说用火烧，有的建议在草上撒上石灰，还有的说要斩草除根，只要把根挖出来就行了。哲学家听完后，站起身说："课就上到这里，你们回去后，用各自的方法除去一片杂草，没除掉的，一年后，再来除草。"一年后，他们都来了，不过原来相聚的地方已不再是杂草丛生，而是变成了一片长满谷子的庄稼地。弟子们围着庄稼地坐下，等着哲学家的到来，可是哲学家始终没有来。几十年后，哲学家去世了，弟子们在整理他的言论时，私自在书的最后补了一章：要想除掉旷野里的杂草，方法只有一种，那就是在上面种庄稼。同样，要想让灵魂无纷扰，唯一的方法就是用美德去占据心灵。

小节的象征

一位普通的大学生到一家著名的国外大公司去求职，很快就被录用了。公司的员工对此很惊诧，有人问公司的总裁为什么。总裁说："你们没有注意到吗？他在门口蹭掉脚上的土，进门后随手关上了门，说明他做事小心仔细。当他看到那位残疾人时，他立即起身让座，表明他心地善良、体贴别人。进了办公室后他先脱去帽子，回答我所有的问题干脆果断，证明他既有礼貌又有素养。""其他所有人都从我故意放在地上的那本书上迈过去，而他却俯身捡起那本书，并放在桌上。当我和他交谈时，我发现他衣冠整齐，指甲修得干干净净。有这样注意小节的人难道不该录用吗？"

思考

1. 道德的内涵是什么？道德品质有哪些基本特征？
2. 道德品质有哪些精神价值？
3. 如何理解道德品质在个人成长中的意义和作用？
4. 谈谈对"仁爱"品质的理解。
5. 谈谈当代大学生该怎样树立诚信品质。
6. 在当代社会，如何认识道德修养与物质利益追求之间的关系？

7. 当代大学生应该怎样提高自己的道德修养？

推荐阅读

1. 茅于轼．中国人的道德前景．广州：暨南大学出版社，2008.

21 世纪的中国人应有什么样的道德价值观？如何建立具有独立思维品格的新经济人的道德价值体系？世纪之交的中国人如何在新旧道德观的冲撞中求得调适与超越，以填补因体制转型和观念震荡而产生的道德隙缝？这是经济学家茅于轼在书中试图回答的问题。

2. 李萍．公民日常行为的道德分析．北京：人民出版社，2004.

本书在对公民日常行为进行实证调查的基础上，分析了公民日常行为的道德现状，阐释了与公民道德相关的若干论题，提出了提升公民道德的途径和方式，探赜索隐，开拓创新，可谓是目前公民道德研究方面的扛鼎之作。

3. ［智利］达里奥·萨拉斯·松梅尔．21 世纪道德观．王再励译．北京：知识出版社，2006.

此书是在社会遇到道德观缺失的麻烦之后，在人们长期反思之后，以重新构建道德观为出发点，意在追求真正道德的路上，找到使人们感受幸福和快乐的力量。作为哲学家的松梅尔先生长期苦苦寻求针对当下社会道德状况的“救心丸”，在这种力量的指引下，“作者对新世纪的道德哲学提出了自己独到的见解，阐释了深刻的道德理念，激励读者行动起来，不断探索和改造自己的生活，找到真正的自我价值”。

4. 胡振平．心中的律令．上海：上海大学出版社，2004.

本书针对当前的重大问题，总结实践经验，进行理论阐发，力图能够为我们的道德建设，包括基础性的道德——社会公德、职业道德、家庭美德，提供一些看法。正如康德墓碑上刻着的一句名言“天上灿烂的星空，道德律令在我心中”，表达了他对于自然规律和道德律令的敬畏。

5. 何怀宏．伦理学是什么．北京：北京大学出版社，2008.

这本书是为所有关注“伦理学是什么”、愿意反省道德问题的读者写的，它注意了两个方面的内容，一是介绍知识，即介绍了伦理学学科的基本概念和主要原理以及中外哲学史上一些重要的伦理学流派和哲学家的观点；二是分析实例，其中包括对一些现实生活中发生的材料和例证进行分析。

第四章

爱情、婚姻与家庭伦理

人类最崇高的行为是“奉献”，人世间最温暖的力量叫“关爱”。

——无名

第一节　人类永恒的论题——爱情

毫无经验的初恋是迷人的，但经得起考验的爱情是无价的。

——［俄］马尔林斯基

爱情是人生既古老又新鲜的永恒话题。爱情能给人带来精神上的激励、感情上的愉快、生活上的充实。古今中外的诗人、作家等用最美的语言来描绘爱情的忠贞和不朽。爱情缺位的人生是缺乏激情的，甚至是令人遗憾的。在现实生活中，只有正确地认识爱情，处理好恋爱关系，爱情才会给人生带来幸福与圆满。

一、传统中国人的爱情观

1. 中国传统的情爱观

男女情爱是人类延续的基础，也是社会发展的前提。自古至今的中国人长期以来从事农业生产，他们必须付出艰辛的劳动才能有所收获。在精神状态上，既保持积极乐观、勤劳勇敢、自强不息的人生追求，同时还表现出服从规训、节制自律、耻于享乐的价值取向。在中国古代的神话、故事、诗歌中，多为歌颂以奉献为主的英勇行为和牺牲精神，从内在倾向上提倡不断奋斗的生命力。情爱作为生命力的来源，是人性的自然流露，而表现情爱的思想表达形式在中国始终不占据社会意识的主流位置，尤其是儒家伦理倡导“修身”、“齐家”、“治国”、“平天下”等入世追求，视其为人生道德准则，提倡节欲，以不欲为成人纲常的重要条件。

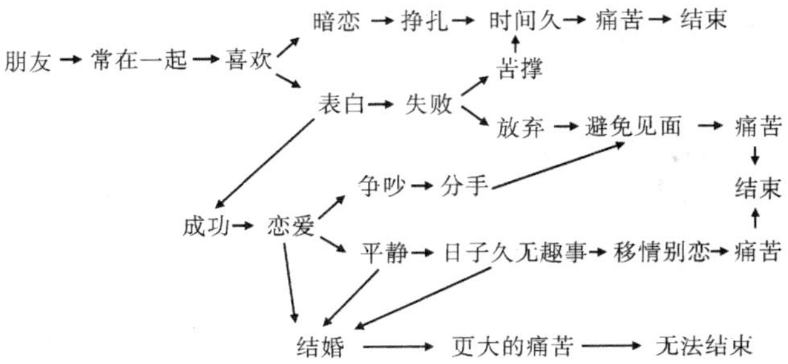

对于男女情爱的发生规律，中国古代典籍中虽肯定其与自然规律有相符相通之处，却一直把社会规制的约束作为情爱的必备条件。在中国人的世界观中，乾坤常被理解为宇宙根本，乾为阳，坤为阴。《周易》中曾以“云雨之合”来比喻男女情爱的和谐境界，说明世间男女之情犹如天地阴阳存在，相辅相成，缺一不可。中国的思想家们从不同视角对男女情爱进行解读。北宋周敦颐吸收道家思想学说，认为“乾道成男，坤道成女”。朱熹认为，“阳而健者成男，则父之道也；阴而顺者成女，则母之道也”。朱熹的思想实质上概括性地奠定了封建社会的基本哲理：天道为乾，地道为坤，乾为阳，坤为阴，阳成男，阴成女，故男性应刚，女性应柔；男子是健者，是主动的，女子是顺者，是被动的。王夫之对《周易》中的卦辞解释是，无论是情爱还是其他一切事物，都要遵循其自然发生的规律，既不要放纵自身，也不要节制过度，导致苦不堪言，只有合情合理才是最好。

从中国伦理文化的基本要求出发，逐渐形成了“男尊女卑”的价值观念，进一步支配了社会构成和生活方式。直到近代以前，中国女性长期处于被压迫的状态之中，必须服从男权主义的社会等级秩序，甚至失去自己的独立人格，不能进行正常的人际交往。男尊女卑经过封建制度的强化和伦理思想的灌输，逐渐形成约定俗成的社会基本信仰、风俗习惯等，任何个体的自由反抗最终都会被社会所压制和消灭，最终成为文化传统的基因代代相传。中国女性因为生理上的差异，进而被改造为社会上的不平等身份，女性成为男性的附庸，甚至享乐的工具。社会身份的不平等抑制了女性创造力的自由发挥，阻碍了其作为独立的人格解放自己，追求人生价值实现的路径，甚至对情爱的向往也不得不自我压抑，避免被视为淫荡放纵的代表性人物而受到惩罚。

在男女的情爱中，欲望是必不可少的基本构成部分。中国的伦理文化中对待欲望的认知，总体上是持压抑或排斥的观念。欲望的存在不可否认，但人欲必须在礼制的规范中得到释放。儒家提出“食色，性也”，同时认为“养心莫善于寡欲”。也就是说，个体要想提升自己的心性和修养，前提是尽可能对自己的人欲进行压制。中国的封建社会长达数千年，主流意识始终把人的肉体享乐需要视为人欲，从文化观念上轻视不加节制的放纵言行，把为人处世的锤炼和完善放在至高无上的位置。情欲向来是秘不示人的“房中术”，中国古代虽然也有类似《金瓶梅》的书籍对男女情欲进行描写，但是一直被列为“禁书”之类。男女更多时候遵循“门当户对”的礼数结合，基于爱情的非婚情欲追求，往往被指控为私通。清朝王永彬《围炉夜话》中“百善孝为先，万恶淫为源”的思想，集中体现了中国古人把“性欲”与羞耻和不洁联系在一起。[①]

2. 中国爱情观及其文化表现

人是文化的存在，中国古代的诗词歌赋、戏曲小说等文学作品中关于爱情的描写传颂久远。中国的文化底蕴中对待爱情的整体风格是含蓄和内敛的。这既取决于中国人的民族性格，也与其爱情认知和思维模式相关。

中国四大经典爱情戏曲——《西厢记》、《牡丹亭》、《长生殿》、《桃花扇》，自问世数百年来，被改编成各种剧种活跃在戏曲舞台，对中华民族的文化产生了广泛的影响。其中，《西厢记》更是放大了女主人公崔莺莺内心对爱情与自由的渴求，优美的唱腔、精彩的表演、生动的场景，使之成为令人百看不厌的爱情佳篇。明朝《牡丹亭》是中国戏曲的浪漫主义杰作，其通过杜丽娘和柳梦梅的感人爱情故事，反映出礼教对人性的摧残和压迫，歌颂了勇于追求个人幸福，呼唤爱情自主、婚姻自由的美好愿望。《牡丹亭》中突出了“情”与“礼”的冲突，对禁欲主义的反抗起到推动作用。清初《长生殿》描述的是唐玄宗和贵妃杨玉环的爱情故事，其中对唐朝皇帝昏庸无能给国家带来的巨大灾难进行了谴责，既表达了美好爱情的理想，也反映了当时的社会矛盾。《桃花扇》是描写明末南明灭亡的现实主义历史戏剧，剧中通过定情之物——桃花扇，记录了男女主人翁跌宕起伏的沉浮命运。

结发为夫妻，恩爱两不疑（汉代苏武《诗四首》），糟糠之妻不下堂（《后汉书·宋弘传》）。这些表达皆源自中国独特的文化传统。“结发”来自于中国古人的婚俗：人们在婚礼上将新婚夫妇的头发绑在一起，祝福他们的婚姻能够长久。“糟糠”源于宋弘的故事：汉湖阳公主相中有妇之夫宋弘为驸马，但他宁可杀头也不愿抛弃与自己共患难的结发妻子。

宋代秦观《鹊桥仙》：柔情似水，佳期如梦，忍顾鹊桥归路！两情若是久长时，又岂在朝朝暮暮。相思子的红豆，一向被视作夫妇、情侣相思的象征。相传有位妇女思念死于边疆的丈夫，哭死于红豆树下。李商隐“春蚕到死丝方尽，蜡炬成灰泪始干”的佳句，就是借以表达思念的深沉和情意的缠绵。按中国旧时的

---

① 余风高．中国和西言爱情观之比较．海南师范学院学报．1989（4）．

婚庆习俗，在婚礼上的核心是要点燃饰有龙凤图案的花烛。于是，花烛便用来指结婚，而洞房花烛夜则指的是新婚之夜。男女幽会称为“桑中之约”，语出《诗经·桑中》。两姓联姻雅称为结成“秦晋之好”，出自秦、晋两国国君几代都互相通婚的史实。妇女遭丈夫遗弃称为“下山”，源自古诗《上山采蘼芜》“上山采蘼芜，下山逢故夫”。妇女再嫁，则曰“琵琶别抱”，语出白居易《琵琶行》。

上述例子的共同点在于，它们都植根于中华民族独特的历史文化，离开了对相应背景知识的了解，就无法解读其背后所暗含的深刻寓意。也就是说，爱情的表达形式既受制于语言、思维，又根植于文化。不同文化传统的民族对爱情可能有不同的表达方式。①

中国经典名著《红楼梦》中爱情描写在很大程度上道尽爱情内蕴、参透爱情真谛，从而迸射人性光辉。宝玉与黛玉的爱情没有丝毫情欲意味的占有色彩，所表达的情恋观念是“真心相印”、“纯情相许”。

第五十七回“慧紫鹃情辞试莽玉”。紫鹃是黛玉最忠诚的仆人，“名为主仆，实同姐妹”，紫鹃最为关心的是希望老太太健在能主事的时候定下宝玉与黛玉之间的亲事。因此，紫鹃首先要知道的是宝玉对黛玉是否真心。于是，用“黛玉明年回老家苏州去”这一虚构事实去试探宝玉。结果宝玉听了，便如同头顶上响了个焦雷一般……等了半天，只见他不做声……一头热汗，满脸紫涨。……口角边津液流出，皆不知觉；给他个枕头，他便睡下；扶他起来，他便坐着；倒了茶来，他便吃茶。……一时李嬷嬷来了，看了半天，问他几句话，也无回答；用手向他脉上摸了摸，嘴唇人中上着力掐了两下，掐得指印如许来深，竟也不觉得疼！李嬷嬷只说了一声：“可了不得了！”……“这可不中用了！我白操了一世的心了！”也就是说，宝玉在虚构事实的打击下，真正到了濒临死亡的边缘！这是感情最真实的流露，没有做作，没有讳饰。好不容易经过抢救，宝玉才苏醒过来，贾府的长辈们连忙让那个闯下大祸的紫鹃赔不是。“谁知宝玉一把拉住紫鹃，死也不放，说：‘要去，连我带了去！’”——不要父母姐妹，不要高官厚禄，不要万贯家私；只要所爱之人，哪怕是到父母俱亡，无所依傍的陌生而苦寒之地。这就是此时此刻宝玉的真实心态。

黛玉也是如此！当袭人哭着赶来潇湘馆对紫鹃兴师问罪，说及宝玉此时的濒死情状，黛玉的反应是：黛玉听此言，李嬷嬷乃久经老妪，说不中用了，可知必

---

① 张希永，姚小东．中西爱情观及其文化根源．美中外语（US-China Foreign Language），2004（11）．

不中用，“哇”的一声，将所服之药，一口呕出，抖肠搜肺、炙胃扇肝的，哑声大嗽了几阵：一时面红发乱，面肿筋浮，喘的抬不起头来。紫鹃忙上来捶背，黛玉伏枕喘息了半晌，推紫鹃道：“你不用捶！你竟拿绳子来勒死我，是正经！”这段文字分前后两段，前半段是黛玉听了这一“噩耗”以后生命体征的剧烈反应——宿病突发，几至病危！后半段是拒绝紫鹃“抢救”的语言，则纯是黛玉的潜意识。这正是黛玉内心深处的真实反应！也是爱情发展的必然结果！这才是二玉之间不同于其他姻缘的本质之处。这是“不知为何物”的“情”之所致——“生死相许”![①]

另外，中国古代庄子的爱情观值得思考。最典型的事情是庄子妻死，鼓盆而歌？庄子解释说：“不然。是其始死也，我独何能无慨然！察其始而本无生。非徒无生也，而本无形。非徒无形也，而本无气。杂乎芒芴之间，变而有气，气变而有形，形变而有生。今又变而之死。是相与为春秋冬夏四时行也。人且偃然寝于巨室，而我噭噭然随而哭之，自以为不通乎命，故止也。”[②] 也就是说，庄子鼓盆既是对妻子的悼念，也是对妻子回归自然的乐观态度，体现了道家超凡脱俗的爱情境界。

二、西方人的爱情观

1. 西方的情爱观

在西方宗教经典著作《圣经》中记载，夏娃是上帝从亚当身上取出的一根肋骨塑造而成，因此以托马斯·阿奎那为代表的神学家提出，女人实质上是“构造不完全的男人”。但是，这种观念受到不断的挑战与冲击。在古巴比伦法律汇编《汉谟拉比法典》中，曾明确规定给已婚妇女以充分的财产、人身和离婚的自由。中世纪时期妇女地位低下。启蒙运动以后，随着城市贸易的发展，妇女的社会经济地位大大提高。

叙述诸神的活动和爱恨的希腊罗马神话中，有关神与神之间和神与人之间的情爱神话故事，尤其优美动人。卡利斯托经不住朱庇特的调情，生了阿耳卡斯，遭到他妻子约诺报复的故事，朱庇特化作天鹅诱惑欧罗巴的故事，阿波罗、琉利武亚、克吕提厄之间三角恋爱的故事，狄安娜热吻沉睡中的恩底弥翁的故事……

① 徐乃为．对爱情真谛的本质诠释——论《红楼梦》宝玉黛玉的爱情观．南通大学学报（社会科学版），2008（1）．

② 李真瑜，田南池等．儒家道家经典全译·庄子．大连：大连出版社，1998. 185.

丘比特与美丽的人间公主普绪喀的故事是希腊罗马神话中最优美的故事。丘比特不顾他的母亲、生性嫉妒的维纳斯的旨意，不去挑逗普绪喀而爱世上最可鄙的男人，遂将她安置在遥远的宫中，经常去同她幽会。后来，普绪喀因好奇心违背了对丘比特的信义，使丘比特离开了她。普绪喀为挽回他的情爱，受尽了维纳斯的作难。这感动了丘比特，将她救出来，并请求朱庇特让他们成婚。于是，极富人性的朱庇特召来诸神，向他们宣布说："诸神，你们都认识这个少年丘比特，他应该结婚了。他选中了一位所爱的女郎，且已和她同居了，现在让他遂他的心愿娶了她。"然后，他又回头对维纳斯说道："你，我的女儿，不要再生气，也不要怕这场婚姻辱没了你的门庭，我觉得这婚事是再合法不过了。"在这位神界的最高者看来，只要是自己"所爱"的，即使事先没有履行婚姻仪礼就"同居"，也没有什么了不起；门庭关系并不是最重要的，只要两人真诚相爱，这婚事就是"再合法不过了"。这正代表了古希腊罗马人的道德准则。

西方情爱的情感表达相对来说并没有中国的严肃和含蓄。两千年来西方对于"欲"的认识和态度，从总体来说，都是根据生物学的原理，认为性欲是人类保存和延续种族生命的本能，由性欲激发的性交也是一种正常的行为。基于这样的认识，当人文主义以"人性"来对抗"神性"时，就能从科学的态度出发，提倡个性解放，赞美男女情爱，颂扬尘世欢乐。在文艺复兴时代，情爱被认为是一种最高贵的深挚纯洁感情和肉欲的享受，两种感情都是真实的并且能够并存在一个人身上。柏拉图在《会饮篇》中借斐德若之口说的"我就看不出一个人从青年时期起，比有一个情人之外，还能有什么更高的幸福"，把男女情爱视为"人类最高幸福的来源"，可以看作传统西方人的人生观和生活情趣。

2. 西方的爱情观及其文化解读

有一天，柏拉图问他的老师什么是爱情。他的老师就叫他先到麦田里，摘一棵全麦田里最大最金黄的的麦穗，其间只能摘一次，并且只可以向前走，不能回头。柏拉图于是照着老师的话做。结果，他两手空空地走出麦田。老师问他为什么空手而归，他说："因为只能摘一次，又不能走回头路，其间见到一棵又大又金黄的，因为不知前面是否有更好的，所以就没有摘；走到前面时，又发觉总不及之前见到的好。原来麦田里最大最金黄的麦穗，早就错过了。于是，我便什么也摘不到。"老师说："这就是爱情。"

爱情是受社会因素影响的生理、心理和主观情感结合的复杂现象。爱情是人性中基本的需要。西方思想家解释爱情更多是从人的本性来加以理解，从不同的人性观得出不同的爱情观。柏拉图说："除了求善，爱绝不会期盼任何事物的另一半或全部。"[①] 柏拉图的爱情观中主要基于理性的观点，更多强调了人的精神需要，突出了爱情中的精神成分，人们追求爱情实质上是对"善"的向往。也就是说，柏拉图认为人的灵魂在对爱情的眷恋中，会激发出对"善"和"美"的回忆，从而产生愉悦的感觉，只有超凡脱俗的爱情才能持久。随后，西方的不同学派对爱情的精神和肉体的价值理念发生变化。斯多葛学派基本继承了爱情的精神一致性，认为爱情的取向主要是友谊，对肉体上的需要则持否认和排斥态度。相对应的是，也有部分西方思想家更强调爱情中的肉体需要，提出爱情是基于性欲的满足而产生了情感，爱情实质上是动物本能的追求。罗马共和国末期的哲学家卢克莱修认同爱情是产生于人的自然欲望的观念和主张，并进一步将其加以发展。卢克莱修对爱情中的理性完全忽视，把爱情与情欲的关系等同起来，从而对罗马时期情欲的放纵和混乱奠定了思想基础。但是，随着社会的发展，人们对爱情的认识也会从感性的崇拜走向理性的纯粹。到中世纪神学统治时期，对神的信仰开始成为人的主宰，对爱情的理解开始脱离世俗之爱，走向神圣之爱。柏拉图的理性爱情观进一步发展为对上帝的虔诚之爱。人本身的感性肉体欲望已经被否认，只有在对上帝的排他性信仰中才能得到爱的救赎。由此，人与人之间的爱情现实价值和意义被彻底抛弃。文艺复兴时期，启蒙带来的思想解放也影响着爱情观的转变，人的情感需要得到社会的尊重，爱情在婚姻中的作用越来越重要，集中反映了对人性的回归。

西方思想家虽然对爱情的本质理解各不相同，但是对爱情本身存在的价值仍然有共同的思考和体会。应该说，爱情观在西方社会进步和发展的观念变化中一直占据着重要地位，并且大多数时候思想家们对爱情是持积极肯定态度的。无论是强调爱情的精神理性价值，还是重视爱情的肉体吸引力，总体上爱情让人成为人本身是毋庸置疑的。以精神为追求的爱情升华了人的品格，以欲望为目的的爱情满足了人的自然需要，无论是理性和感性，都是人的天性使然。[②]

以浪漫爱情为基础的婚姻是美国人所相信的个人幸福的主要信念。在反映当代美国人价值观的重要渠道——大众文化里，包括电影、电视、通俗小说，浪漫爱情是最常见、最深入人心的主题。

20世纪60年代最叫座的影片之一《毕业生》是浪漫爱情与婚姻的代表作。影片中刚刚从大学本科毕业的本杰明对父亲期望自己继续深造感到厌倦，但对自

① 柏拉图全集（第2卷）. 王晓朝译. 北京：人民出版社，2003. 248.

② 张卫东，杨学传. 爱情的哲学思考——西方哲学家爱情观述评. 道德与文明，2003（3）.

己的前途又心中无数。处于浮躁迷茫之中的他经不起和他父母同辈的罗宾逊夫人的诱惑，跌入她的情网。性爱只能在他无聊的生活中添加刺激，使他得到暂时的满足，但并没有使他恢复青春活力，更没有给他带来幸福。这时，罗宾逊夫人的女儿伊莱恩从大学放假回家，本杰明与这位多年不见的儿时朋友迸发出爱情的火花。罗宾逊夫妇极力阻挠和破坏他们的爱情。不明真相的罗宾逊先生帮助夫人说服女儿同意嫁给一个她不爱的人。本杰明深深爱上了美丽纯洁的伊莱恩，他奋不顾身地把自己心爱的人从正在举行婚礼的教堂里抢走，两人双双奔向浪漫相爱的自由天地。浪漫爱情故事一般到此结束，至于以后他们是否真正幸福，是否相爱到老，没有人感兴趣。

维纳斯是美和爱的化身，是欢笑和婚姻的女神（来自百度图片）

电影《爱情的故事》与美国人的实际婚姻生活相差甚远，然而广大美国观众却百看不厌，因为这反映了他们所熟悉的、被主流文化肯定和颂扬的爱情婚姻观。在美国人看来，爱情是个人追求幸福的最高境界，追求真正的浪漫爱情和社会、他人、父母都无关，个人幸福高于一切。美国人认为，真正的浪漫爱情是不讲理性的，不是你选择爱情，而是爱情选择你，这是人性的反映。这种非理性的浪漫爱情使许多人失去冷静和自我控制，致使他们把浪漫爱情放在高于一切的位置，把家庭放在次要地位，导致许多家庭破裂。几乎所有的当代美国电影都在反映性爱的吸引力是浪漫爱情的支柱，是建立爱情的基础，而个人快乐首先是享受性爱。当他们实现浪漫爱情时，很少顾及责任和后果。

《美国新闻与世界报道》曾刊登了一篇题为“美国电视黄金时间性内容的增加”的文章指出，该杂志调查后发现：58 个电视节目中一般带有明显或隐晦的性行为镜头，电视节目中表现婚前性行为的镜头是婚内性行为镜头的 8 倍，随意性行为总是被宽恕，节目中的性行为镜头中只有 1/85 谈到控制生育、人工流产和性传播疾病等有关问题。当然电影电视是比较夸张的文艺形式，不等于现实生活。可是，对性爱的过分渲染影响了现实生活。尽管不少美国人对此现象很反感，但一般人对 20 世纪 60 年代以来的性自由似乎已习以为常、见怪不怪，这种性自由在青少年中尤其泛滥。美国单亲家庭的增加、少女怀孕、高离婚率等社会问题无不与社会中对性爱的宣传有密切的关系。①

西方人的爱情至上主义，把男女两性之间的情爱看成是“人类的第二天性”，甚至发展到掩盖了其他方面的人际关系，掩盖了应有的道德责任和人生使命。

三、当代人对爱情的重新解读

1. 什么是爱情

爱情具有“改塑人生”的感性力量。所谓爱情是一对男女基于一定的社会基础和共同的生活理想，在各自内心形成的相互倾慕、并渴望对方成为自己终身伴侣的强烈、纯真、专一的感情。性爱、理想和责任是构成爱情的三个基本要素。

性爱把爱情与人世间的其他情感，如亲人之爱、朋友之情或同志之谊明显区别开来，使爱情成为特殊的“情爱”。理想赋予爱情深刻的社会内涵，是爱情生长的内在依据。爱情是两个人感情的交融，是爱她（他）和自爱的统一。一方对人品的期望会影响另一方对人品的追求，一方对行为的认同会影响另一方行为的标准，一方的言谈会影响另一方心声的表露。这种人格上的相互映衬，志趣上的相互认同，就形成了双方对生活的共同理想，从而使爱情具有巨大的鼓舞力量，能够振奋人的精神，激发人的智慧，升华人的品德。责任是对性爱和理想的升华，责任也因此成为爱情得以长久的重要保障，是坚贞爱情的“试金石”。古今中外，人们所赞美的爱情无不体现着恋人间为对方“忘我”的付出。这种自愿担当的责任，丰富了爱情的内涵，提升了爱情的境界。②

2012 年 10 月 30 日晚 10 时，当代中国十大爱情故事——“爱情天梯”的女主人公徐朝清老人去世，享年 87 岁。自此，“爱情天梯”主人公双双离世，给后人留下一个感人肺腑的爱情故事。50 多年前，江津区中山古镇高滩村村民刘国江和比他大 10 岁的“俏寡妇”徐朝清相爱，引来村民闲言碎语，他们携手私奔进海拔 1 500 米的深山老林，从此远离一切现代文明。他们互称“小伙子”和“老妈子”，虽然“老妈子”一辈子也没下过几次山，但为了让她能安全出行，“小伙子”一辈子都忙着在悬崖峭壁上凿石梯通向外界。这一凿就是半个世纪，铁锹凿烂了 20 多个，凿出了 6 000 多级台阶，被称为“爱情天梯”。

---

① 王成．美国人的爱情婚姻价值观．世界文化，2005（8）．

② 思想道德修养与法律基础（修订版）．北京：高等教育出版社，2008. 164.

“爱情是人性的同一语，爱情的秘密就是人的一般秘密。”爱情是人类特有的现象，兼有生物性与社会性特质。爱情的产生与人的个性形成有着紧密的联系。美好的爱情是美好人性的体现，对于爱情的执著追求，事实上是人类对于自身美好本性的追求。首先，从爱情产生的自然基础来看，爱情根源于人类自然需求，爱情的发展有赖于人类自身的发展。人在改造世界的同时，也改造着自身。这一改造的结果，不仅使自然“人化”，而且使人的本能社会化了。随着社会化进程的推进，人本能的作用越来越弱化，社会属性却越来越丰富。其次，从爱情产生的社会条件来看，爱情是人类文明的产物。人类文明的发展，一方面通过社会化的途径，将文明融入人格体系，积淀为社会心理，转化为人的自觉意识，从而从主体的角度推动着爱情的发展；另一方面，人类文明的发展推动着社会的发展，而人类社会发展的进程，都对爱情的发展产生推动力，并在客观上为爱情发展提供条件。

“因为爱情第一次真正教人相信自己身外的实物世界。它不仅把人当作对象，甚至把对象变成人。”① 真正的爱情是生活的有机组成部分，体现了人的自然和社会的双重需要，并通过现实生活而获得充实的价值意义。爱情是人生亮丽的风景线。人生在具体的社会和文化环境中展开，理解和把握爱情的真谛或本质，要考虑到具体社会历史条件的制约，考虑到一定的文化传统、社会心理和风俗习惯的影响。

2. 恋爱道德

“饮食男女”是人的基本诉求。男女双方培养爱情的过程或在爱情基础上进行的相互交往活动，就是人们日常所说的恋爱。恋爱作为一种人际交往，必然也要受道德的约束。恋爱道德是将人与动物本能区别开来的本质特性，体现了恋人对于爱情的基本态度。恋爱中的道德要求主要体现在如下几个方面：

（1）尊重人格平等。恋人间彼此尊重人格的表现，主要是尊重对方的独立性和重视双方的平等。恋爱的双方在人格上都是独立的，如果把对方当作自己的附庸，或依附对方而失去“自我”，都是对爱情实质的曲解。恋爱双方都有给予爱、接受爱和拒绝爱的自由，放纵自己的情感或者对对方予以束缚或强迫，都不符合恋爱的道德要求。

《简·爱》是英国作家夏洛蒂·勃朗特的女性题材小说，其小说塑造的主人公简敢于突破世俗的偏见，用掌握自己命运的精神勇敢地向男权社会发起了挑

① 马克思恩格斯全集（第2卷）. 北京：人民出版社，1957. 24.

战，在追求属于自己的爱情、不做男权的附属品等方面，为女性竖起了张扬着个性独立、思想解放、寻求平等的旗帜。

（2）自觉承担责任。自愿地为对方承担责任，是爱情本质的体现。无论对方处在顺境还是逆境，是富裕还是贫穷，是健康还是伤病，爱一个人或接受一个人的爱，就要自觉地为对方承担责任。责任的担当，不是单纯的“我的心中只有你”的真情告白，而是需要见诸行动的自觉。责任不是遥远的承诺，而是体现在生活的点滴之中。

（3）文明相亲相爱。文明的恋爱往往是恋爱双方既相互爱慕、亲近，又举止得体，相互尊重，而绝不是在态度、举止、语言等方面的粗俗和放纵。恋人在公共场所出入，要遵守社会公德，不要对他人和公共生活造成不良影响。遵从恋爱道德，就是在现实生活中去维护真正的爱情，这是保持爱情长久的秘密所在。

“我爱你并不是因为你是谁，而是因为我喜欢与你在一起的那个我。”大学校园中总是不乏动人的爱情故事。当代大学生对于爱情，从总体上看能够正确地处理学习和恋爱的关系，以及恋爱中所出现的问题。大学生对爱情应该持慎重的态度，要避免在恋爱问题上把握和处置失当。

第一，不能误把友谊当爱情。大学生处于情感冲动期，对异性有渴望和神秘感，容易在日常人际交往中把对方正常的友好行为当作爱情示意，结果给自己和对方造成不必要的烦恼。

第二，不能错置爱情的地位。大学生经过异性排斥期后，一旦陷入爱情漩涡，往往不能自拔，奉行爱情至上主义，容易沉迷在感情世界之中，失去事业追求和人生目标。甚至有人在恋爱受挫以后，对人生产生悲观失望情绪，做出伤害自己、他人和社会的行为，造成严重后果。

第三，不能功利化地对待爱情。恋爱是心灵的结合、精神的慰藉。外在的经济条件虽然是保证恋爱发展的条件之一，但并不是决定性条件。只有金钱的爱情，不是真正的爱情。摆正经济在恋爱过程中的位置，有助于自己正确处理好双方的对等关系。

第四，不能游戏化地对待爱情。“不在乎天长地久，只在乎曾经拥有”的人生哲学就是把爱情当成游戏，既会伤害对方，也会伤及自身。不负责任地玩弄别人感情的人，虽然暂时获得了片刻的欢乐，但终究会被社会所唾弃。①

3. 大学生恋爱的常见问题

（1）谈恋爱要做好心理准备。

① 思想道德修养与法律基础（修订版），北京：高等教育出版社，2008. 164 ~ 167.

J. A. Lee 的“爱情颜色理论”认为爱情观分为六个维度：激情型（Eros），即恋爱是基于双方的身体吸引；游戏型（Ludus），类似于花花公子，游戏于多个恋人之间；朋友型（Storge），认为爱情是基于长时间做朋友的基础，并且一直能以朋友的方式相处；占有型（ 或称依恋型，Mania），以占有、嫉妒或者依恋对方为标志的爱情观；奉献型（Agape），愿意牺牲自己的一切来让对方过得更好的爱情方式；理智型（Pragma），关注于恋爱对方的背景好坏，在爱情对象的选择上采取实用主义精神。

美国学者弗罗姆认为，爱不是“一个人偶然幸运地体验并‘陶醉’的一种纯粹的快感，而是一门艺术，一门需要知识和努力才能学会的艺术”。[①] 由于现代社会生活的复杂性，现代人的心理成熟与生理成熟是不同步的。如果我们承认传统的伦理道德价值观，承认“爱情—婚姻—家庭”之间的因果关系，那么，我们应该看到，婚姻和家庭所要附载的东西，比浪漫的爱情要复杂、沉重得多。大学期间的爱情单纯而美丽，同时也可能经不起风雨。情感体验与实践是让恋爱心智尽快成熟的必要路径。恋爱中的酸甜苦辣，只能靠自己去理解和体会，既可能带来幸福的感受，也可能带来伤痛的回忆。如何趋利避害，取决于个人理性和情感分寸的把握。所以，恋爱时机因人而异，因时而异。大学生要有恋爱的心理准备，可以从爱情的对象化交往关系中体味人生的意义，把爱情作为激励自己更好学习、掌握知识、培养能力的精神动力，为将要进入“创造世界”的社会活动积累交往经验，奠定牢固的基础。

在年轻的时候，如果你爱上了一个人，
请你，请你一定要温柔地对待他。
不管你们相爱的时间有多长或多短，
若你们能始终温柔地相待，那么，
所有的时刻都将是一种无瑕的美丽。
若不得不分离，也要好好地说声再见，
也要在心里存着感谢，感谢他给了你一份记忆。
长大了以后，你才会知道，在蓦然回首的刹那，
没有怨恨的青春才会了无遗憾，
如山冈上那轮静静的满月。

——席慕蓉《无怨的青春》

① ［美］埃·弗罗姆．爱的艺术．康革尔译．北京：华夏出版社，1987.

（2）恋爱的渴望强烈，却又矛盾苦恼，怎么办？

恋爱是青年人的人生经历之一，但是每个人的恋爱背景、年龄、时机和对象却各不相同，带来的人生道路也是千差万别。实际上，每个人的恋爱都没有标准固定的答案，只能由自己决定具体的实施。但是，当遇到相同的恋爱问题时，可以采取办法加以改善。

咨询参考法。大学生周围总是有很多经历丰富的人，父母、老师、长辈、亲友等，他们对年轻人的思想有感同身受的阅历，一般能够理解你的心理活动动态，不要害羞内向，要积极主动去交流咨询，过来人的人生经验虽然不能代替自己决定，但其参考价值多多益善。

异性脱敏法。大学生对异性有天然的好奇心和吸引力，这是由人的本性和年龄特点决定的。很多时候大学生并不是想过早的恋爱，只是希望能够与异性加强交往，但不知如何表达。鉴于此种情况，你不需要单独交往异性，应该通过社会互动扩大自己的人际圈，更加深入全面了解异性心理以后，才能避免自己轻易陷入恋爱误区和陷阱，把握住自己的情感选择方向。

自我发展法。成熟的人总是能够从客观理性角度看待问题，不会轻易做出草率的决定，他们能够分清生活中的轻重缓急，明白自己内心的真正需要，知道如何寻找适合自己的异性伴侣。大学生缺少丰富的生活阅历，往往分不清自我需要和现实条件之间的关系，此时最好的方法是通过学习和实践锻炼来发展自己。

（3）恋爱表白被拒绝，怎么办？

“哪个少年不钟情，哪个少女不怀春。”大学生的情感活跃丰富，对未来生活充满憧憬。大学的校园环境优雅宁静，社团活动丰富多样，这为大学生恋爱创造了得天独厚的条件。但是，很多时候事与愿违，大学生恋爱并不顺利，往往是“落花有意，流水无情”，许多人陷入爱情的单相思之中，即使鼓起勇气向对方表白，也可能因为各种原因被对方拒绝。这时，如何对待情感挫折，也是对大学生的考验和锻炼。

首先，要冷静对待，找到缘由。恋爱被拒绝的原因多种多样，大学生要理清思绪，理性思考。是外在环境，还是内在因素；是性格差异，还是表达不当；是含蓄矜持，还是真情实感；是条件不足，还是时机不对等。只有明确了失败缘由，才能有的放矢，避免无谓的伤害。

其次，要学会自我安慰。自己内心的感受只有自己最清楚，任何人都无法体会和替代。在恋爱受挫时，一定要学会自我调节情绪心理，可以从恋爱的负面效应来考虑问题。如果成功了，有哪些不好的影响呢？把负面效应想清楚了，心理的平衡就能够在一定程度上得到缓解。

再次，展现自己的长处。恋爱受挫，容易导致人意志消沉，不能自拔。此时，最需要的是重塑信心，鼓舞士气，而不是怨天尤人，自暴自弃。坚定意志，在自己擅长的领域中更上一层楼，将会使自己的魅力得到充分的展现。说不定，还有可能柳暗花明又一村。

最后，广交天下朋友。爱情是情感的部分，不是全部。真挚的友情往往能够帮助人走出低谷。当爱情有遗憾时，友情虽然不能替代，但是能够在一定程度上弥补情感的空缺，给人以安慰和开导，鼓励支持感情失意者重新出发。

（4）如果失恋了，怎么办？

“月有阴晴圆缺。”人们在走入婚姻殿堂以前，恋爱过程是有长有短的，大多数人的恋爱经历都不会一帆风顺，而是有风风雨雨。失恋可以说是恋爱过程中常见的现象，如何对待失恋，将会是人们情感成熟与否的重要标志。大学生失恋的影响因人而异，有人能够理性对待，很快从失恋的悲伤情绪中走出来，寻找新的人生航标。有人却可能从此一蹶不振，失去生活的信心和希望，甚至走上违法犯罪道路。值得引起注意的几种常见的失恋情绪有：

首先，是自卑心理。恋爱是男女双方互相肯定和欣赏的结果，一旦失恋最容易导致自己信心的丧失，对自我价值的认知急速下降，陷入自怨自艾，恶性循环之中。

其次，是报复心理。恋爱中男女相互之间的占有欲是无法避免的，正是这种占有欲的存在，导致双方之间摩擦不断。人一旦失恋，就容易出现情感失衡，产生“我得不到的，别人也别想得到”的心理。情绪过激时，会伤害他人也伤害自己。

最后，是迷茫心理。热恋能够使人对生活充满激情，无论是工作，还是学习，总有无穷的动力驱使自己向前奔跑。但是，一旦失恋，动力支柱轰然倒塌，人最容易陷入迷茫空虚，所有的追求和目标价值都统统消失，只有沉迷放纵，才能麻醉自己的心灵。

每个人都会有失恋的痛苦和悲伤，能够从失恋中走出来，将是自我超越的体现，也是个体心灵成长的历练。人生之路，美好的事物很多，需要尽快远离心灵杀手，摆脱痛苦，回复平衡的心态。首先要学会自我反省。恋爱分手既可能是客观原因，也可能是主观原因。客观原因不是自己能够控制的因素，主观原因则需要认真对待，避免重蹈覆辙。其次及时排解情绪。失恋造成自身不良情绪累积，将会严重影响自己的工作、学习，甚至心理健康。要及时寻找多种途径宣泄消极情绪，可以寻找亲朋好友倾诉烦恼；可以积极参加体育运动；可以远足旅游，在山水湖色中忘却伤痛……最后，要及时树立生活目标，转移注意力。人生价值的实现不仅体现在男女私情上，更体现在自我价值和社会价值之上。目标能够给你带来方向，目标能够燃起你心中的火焰，目标能够成为你扬帆起航的指针，目标能够使你达到人生的新境界。

【案例】女大学生李某，长得挺漂亮。她有许多网友，大家都聊得很好。渐渐地，她发现和其中一个男生特别投机。一次不太在意的见面，却让女孩更加心仪，因为她发现男孩比想象中好很多，从此网恋就变成了现实中的恋爱。长时间的相处，让女孩发现男孩一直在欺骗她，这就如晴天霹雳，李某心里接受不了这样的事实，没有心思做任何事，甚至要割腕自杀。

【专家分析】女大学生的这种网络心理障碍属于情景性忧郁，她把自己的真实感情给了一个并不真实的人，真正相处了以后，发现他根本没有网上那么优秀，感觉也不像在网上那么好，只是虚有外表而已。更没想到男孩是一个专在网上欺骗女孩感情的人。因此造成女生李某心理障碍甚至想要自杀。而从男孩的角度来看，这也是一种网络心理障碍。他经常欺骗网上的女孩，表现了他在平时生活中都存在着自卑心理，这样的人特别希望得到关注。他们好像“绣花枕头烂稻草”。他在网上把自己说的天花乱坠，其实是一无所有。网络是虚拟的，它可以让人们随意幻想，有些男孩把自己想成白马王子，有些女孩把自己想象成白雪公主，过度的幻想就产生了病态心理。[1]

第二节　爱情与婚姻的辩证关系

如何让你遇见我，在我最美丽的时刻，为这，我已在佛前求了五百年，求他让我们结一段尘缘。

——席慕蓉《一棵开花的树》

一、爱情是婚姻的基础

1. 婚姻的解读

婚姻是人类生活的重要组成部分。婚姻是指男女两性互为配偶的结合，并为现实社会制度所确认的夫妻关系。婚姻是人们为满足两性生理、物质和精神多元

① 资料来源于山东轻工业学院大学生心理健康教育中心网站。

需求的追求和选择。婚姻定义包含了三个要素：第一，婚姻必须得到社会的承认；第二，夫妻之间有一定的权利和义务；第三，夫妻和子女之间有一定的权利和义务。

婚姻是权利，更是责任

婚姻的神圣性在东西方价值观中都有体现。中国传统文化提倡的“五伦”、“十义”，其内容仅家庭关系即占半数以上。印度婆罗门虽一生修行，但仍以居家期最长强调家庭责任：强调家庭祭礼从出生到老死。犹太教的“摩西十诫”教导人们“要孝顺父母”、“不邪淫人妻，偷恋人夫”等。佛教也很重视家庭关系，在《善生经》、《大宝积经》等佛教经典中，均有佛陀教导信众如何实践家庭伦理的记载。男女的情欲有四个层次，这四个层次本质上是一样的，但是程度有差别：第一，色，主要是指贪恋对方外在的美貌；第二，情，主要是指双方心灵有共同的沟通和交流；第三，爱，主要是指对对方的执著和爱慕，其在很大程度上表现出单向性；第四，欲，主要是指人与生俱来的生理本能需要。要准确把握婚姻本质，就要学会处理好色、情、爱、欲之间的关系。

2. 婚姻的产生历史

人类社会早期延续动物本能的性欲，满足生育后代的需要，众多部落种族出现了生殖崇拜。随着生物的不断进化，生物机体的组织结构和生物本能日趋复杂化，其发育和成长需要越来越苛刻的机体内环境和外环境，需要越来越长的孕育和培育时间，这就要求不断延长胎儿在母体内的停留时间，并且不断增加母亲与父亲对婴儿的喂养和看护时间，需要两性之间形成持久、稳定、合理的劳动分工来共同承担繁衍和培育后代的重担，男女因此结为夫妻并组成稳定的家庭。其中，丈夫主要负责从外界获取生活资料和担负安全保护的责任，妻子则主要负责繁衍和培育后代，并进行辅助性的家务劳动，婚姻关系逐渐从“多夫多妻”制转化为“一夫一妻”制。随着社会生产力的发展，家庭手工业开始出现，家庭内部夫妻之间的劳动分工继续扩大和深化，男女之间的利益相关性继续增长，家庭的稳定性进一步加强，“一夫一妻”制越来越走向稳定状态。婚姻的产生发展历程如下：

（1）原始杂婚：人与动物没有区别，性交不受限制，没有辈分和血缘之分，只有男女本能需要，希腊神话中对此有所反映，如俄狄浦斯杀父娶母。

（2）血缘群婚：性行为局限在同辈之间，直系或旁系兄弟姐妹之间，排除不同辈分之间的性交。中国古代神话对此有所反映，如女娲与其兄伏羲结为夫妻。希腊神话中也有宙斯与姐姐赫拉结为夫妻。

（3）氏族群婚：即伙伴群婚，又称普那路亚婚。普那路亚（夏威夷语 PUNALUD 的音译），意思是亲密的伙伴，普那路亚婚就是指两个氏族间的群婚行为。

（4）对偶婚：某种或短或长时期内的成对配偶的性关系，这是群婚的最后形式，至今在我国云南永宁纳西族、摩梭族人中依然盛行。

（5）一夫一妻：随着私有财产的出现，男子占据财富优势地位，其可以拥有多个妻子，但是女子被道德约束为从一而终，随后慢慢发展到男女对等的一夫一妻制。

3. 爱情与婚姻

恩格斯说："如果说只有以爱情为基础的婚姻才是合乎道德的，那么也只有继续保持爱情的婚姻才合乎道德。"[①] 没有爱情的婚姻是不道德的婚姻。爱情是以人们彼此之间相互倾慕为基础的两性关系。它是以发自内心的爱为基础，性爱达到如此强烈和持久的程度，如果双方彼此分离，将是其人生重大的挫折和打击。爱情不仅仅是性本能的需要，而且是建立在性欲基础上的社会化感情，爱情必须经过社会文化传承才能习得，爱情受制于一定的社会历史条件。

爱情观念的初步产生。古希腊思想家认为，天神宙斯将本来合二为一体的男女分开，每个人一生都在寻找自己的另一半。古代人们的爱情观念在神话中有所反映，如希腊神话中有小爱神厄洛斯，即罗马神话中的丘比特；有爱与美之神阿芙洛狄特，即罗马神话中的维纳斯，希腊人已经开始区分肉体之爱与精神之爱。

古希腊罗马时代思想家阿里斯托芬曾讲过一个故事：人本来是一个圆球状的物体。有四条腿，两只手，一颗脑袋上长着相反的两张脸，有着巨大的威力和智慧。这个怪物人的胆大妄为让奥林匹司山上的众神惊恐不安。万物之神宙斯便使用一根头发，将那个"人"从中间剖为两半，分成了男人和女人。但是，被分开的两半都极为痛苦，每一半都急切地扑向另一半，拼命地缠在一起，希望能够重新融为一体，由此产生了人世间那不可遏止的男女爱情。

教会倡导禁欲主义，要求人们虔诚地服从上帝，而新生的爱情之光在骑士之

① 马克思恩格斯选集（第 4 卷）. 北京：人民出版社，1972. 78 ~ 79.

爱（精神恋爱）中产生，[①] 这是作为封建贵族的骑士对贵妇人的崇拜，它注重的是心灵的沟通和感情的交流，使男女关系中出现了温情和优雅举止，爱情提升为男女双方相互爱慕的自愿感情。

文艺复兴时代，人们抛弃了骑士之爱中纯粹精神的因素，不断给爱加入性欲的成分，发展了浪漫主义的爱情观，注重恋爱双方的平等与灵魂的结合，标志着现代爱情观念的确立，但这是私有制社会的产物，割裂了婚姻与爱情的关系，使人们无法以科学的态度对待爱情。

钱钟书先生说："婚姻就像一座围城，城外的人拼命想进来，城里的人拼命想出去。"婚姻比爱情稳定，并不是因为婚姻能够让夫妻之间的爱保持得更永久，而是在爱之外，用责任来维系着关系。爱情逐渐褪色，有助于产生亲情的替代性情感，甚至是生活习惯。婚姻发展过程中，原来两性之间的吸引已经逐渐消退，神秘感消失，而代之以琐碎的现实生活，甚至相互之间的缺点完全暴露出来，激情无法长久，只有理解和包容才能保证婚姻持续下去。由此可见，爱情是婚姻的基础，婚姻是爱情的结果。

二、物质条件是婚姻的必备条件

（一）爱情理论

美国耶鲁大学著名的社会心理学家罗伯特·斯腾伯格（Sternberg）自 1980 年初就开始用心理计量学的观点去探讨爱的本质，他提出所谓的爱情三元理论（triangular theory of love），即完美的爱情包括激发人的生理唤起的激情之爱；以互相欣赏的性格、情趣、认知和判断力为基础的、亲密持久的友谊；经由承诺和责任支撑的相互关系。激情、亲密（亲情）和承诺（责任）三要素构成了爱情的有机统一体。三要素的不同组合形成 8 种不同类型的爱情，即喜欢式爱情（只有亲密）、迷恋式爱情（只有激情）、空洞式爱情（只有承诺）、浪漫式爱情（亲密与激情）、友谊式爱情（亲密和承诺）、愚蠢式爱情（激情加上承诺，如一见钟情）、完

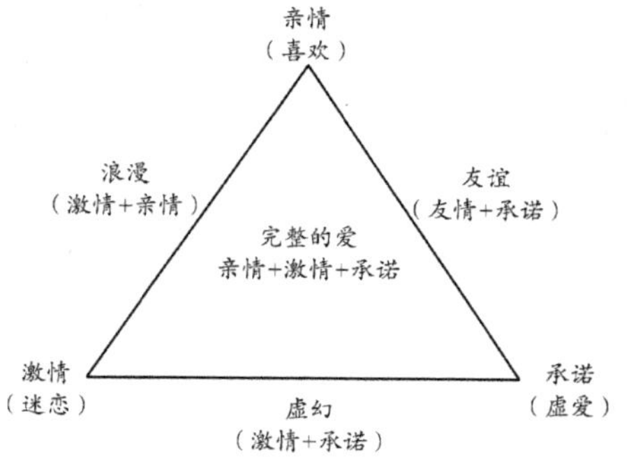

爱情三元理论示意图

① ［美］莫尔顿·亨特．情爱自然史．赵跃，李建光译．北京：作家出版社，1988.

美式爱情（三种要素集于一种关系中）、无爱式爱情（三种要素俱无）。爱情三要素对于维持两性间爱情关系的作用是不同的；以三种要素为主导的爱情关系，随时间的持续期变化的趋势也不同；只有兼具三种要素的爱情，才是理想的爱情。

美国作家杰克·伦敦出了名以后，许多姑娘向他求爱，信像雪片一样飞来。其中一位贵族小姐在信中列了一个绝妙的公式："你有一个美丽的名誉，我有一个高尚的地位，二者加起来，再乘以万能的黄金，足以使我们建立起一个天堂都不能比拟的美满家庭。"杰克看了信以后，幽默地回信说："根据你列出的那道爱情公式，我看还要开平方根才有意义，我们两个人的心就是爱情的平方，可是很遗憾，开方的结果是负数。"杰克明确地告诉这位贵族小姐：爱情不是名誉加金钱！

（二）大学生爱情婚姻观

1. 大学生恋爱现状

丁旻玥、王星雨在《大学生出于何种目的恋爱》中指出，当代大学生恋爱现状可以通过以下几个方面表现出来：

（1）恋爱目的追求：通过来自中国内地某大学的"恋爱调查"显示了大学生恋爱快餐多元化的特征。调查中，当被问及"大学生应该出于何种目的谈恋爱?"时，45%同学选择"丰富业余生活"，30%的同学选择"摆脱孤独和寂寞"，15%的同学表示谈恋爱应"以结婚为目的"。对于"你支持快餐式恋爱吗?"这个问题，30%的同学持中立态度，55%的同学表示反对，15%同学持支持态度。

关于大学生恋爱的感受，计算机专业的王同学比较有发言权，他的恋爱体验从高中就开始起步了。王同学和女友就读于高中的同一个班级，毕业后小王考上了南理工，而女友则考上了南大。两人相恋两年来，虽相隔两地，但平日里不间断的联系以及平均一个星期见一次面的频率，足够维系两人长期以来积淀的感情。"我们彼此都认为比较合适，双方父母也较为支持，因此我们对于未来的发展也有一定的规划。"王同学在接受采访时这样表示。但更多的大学生只是谈了一场"无结果的恋爱"。

大学生心理健康咨询中心的专家分析，社会现实的影响，导致大学恋情与以前相比，纵向来看越来越不单纯，这也是导致大学恋爱快餐化的重要原因。专家认为，大学恋爱是大学阶段必须学会的课题，甚至可以说是这个成长阶段的重要任务，大学阶段学生情感塑造与其学习知识的重要性是一样的，在这个阶段的历练中，大学生的社会情感才能不断走向成熟。但是，对快餐式的大学生恋情，还是应该持谨慎对待的态度，否则可能给自己和他人带来不必要的身心伤害。专家建议大学生们不要对感情太轻率、太过随意，但也无须强求，客观地面对一切，抱着乐观、坦然的心态去积极面对爱情。

（2）学习和恋爱之间的关系：调查中，当被问及“恋爱和学习，孰轻孰重？”的问题时，将近40%的同学认为学习比恋爱更加重要，大部分同学认为学习和恋爱同样重要，只有极少数同学选择了恋爱比学习更加重要。

接受调查的理学院小李同学就觉得恋爱与学习并不一定矛盾。小李的大学爱情开花于大一，女友恰巧就是自己的同班同学。当时身边的同学都不赞成小李过早地谈恋爱，劝说他不要冒险，以防将来万一两人分手了，整天都在一个班里抬头不见低头见，不仅彼此尴尬，还会影响学习。但事实恰恰相反，两人每天的相伴相依对小李来说是学习间隙最开心的事情。“谁说恋爱一定要出去游山玩水逛街泡吧，两人一起泡在图书馆、自习室，静静地看书也未尝不算浪漫，这样两人既能够在一起，又不会影响学习。”

（3）恋爱消费支出：调查中，当被问及“大学生恋爱消费来源于哪里？”时，近75%的学生承认，恋爱经费出自父母给的生活费，只有约25%的学生表示自己能够通过兼职等方式满足恋爱花费。而被问及“你觉得大学生恋爱一个月恋爱消费多少合适？”时，近50%的学生选择“500～1 000元”这一项，近15%的学生选择“500元以内”，只有5%的学生选择“1 000～1 500元”。恋爱消费显然成为情侣们不得不面对的问题，经济尚未独立的大学生，在日常生活支出中，又该如何额外地分配他们的恋爱金额呢？

某学院的叶同学大二这一年顺利结束了他的单身生活，在谈到恋爱消费时，叶同学颇感自豪：“我们都不希望因为自己谈恋爱而增加各自家庭的经济支出，因此我们商定每逢双休日，便去学校附近小餐馆打工，我平日里一有空闲也会出去打打工。一小时8元的工资虽然并不算多，但是两人积少成多，外出约会游玩因为花的是自己的钱，是自己的劳动成果，丝毫没有给家里带来任何负担，因此谈恋爱也心安理得。”①

2. 大学生恋爱特点

余鲲在《“90”后大学生恋爱婚姻观问题探析》中概括了当代大学生恋爱特

① 丁旻玥，王星雨．大学生出于何种目的谈恋爱？恋爱学习孰轻孰重．扬子晚报，2011－10－19.

点有以下几个方面：

（1）动机多样性：随着社会变迁和多元化价值观盛行，大学生对待恋爱的态度观念也在发生着巨大变化。很多大学生谈恋爱不再仅仅以结婚为目的，与传统的恋爱观不同之处在于，相当多的大学生仅仅是为了弥补情感的空虚寂寞，寻找精神寄托，或者是为了生活上的帮助和支持。还有部分大学生是因为学校中身边的同龄同学都在谈恋爱，自己不谈会没有面子，会被他人笑话。另外，尚有部分大学生是因为受到当前大量“剩男剩女”难以解决婚姻问题这一社会现象的影响，希望能够早日在大学中找到真爱。甚至有学生是在父母的大力鼓励和支持下，而不得已去寻找对象恋爱的。

（2）方式公开性：当代大学生是在信息时代环境下成长的一代，每个大学生都可以通过手机、互联网等传播接受各种婚恋信息。由于网络传媒对性问题、性知识的传播以及网络色情的过分渲染，使得大学生受到西方不同婚姻观和性观念的极大影响，他们大都不愿被传统观念束缚，恋爱婚姻观日益开放，恋爱的方式也越来越公开化。在当代大学生的思想观念中，谈恋爱是自己的事情，是个人的权利和自由，不受任何人的约束和干涉。他们追求个性的解放，选择自己喜欢的方式向自己心仪的异性表达爱意，恋爱的方式也逐渐开放。

（3）感情第一性：调查表明，大多数大学生都很清楚，在大学阶段仍然应当以学业为主，全面发展自己。但是，当他们处在恋爱中时却抛弃了理性，转而将恋爱放在了第一位。当代的大学生们将恋爱和婚姻区分对待，他们认为恋爱就是情感至上，不用考虑后果。甚至有的大学生为了满足自己的想法，竟然要求对方与自己早早过上了校园夫妻的生活，影响到双方的正常人际交往和学业进步。另外，部分大学生对待恋爱分手持无所谓的态度，因为在他们看来，没有了爱情，就没必要强求，就是对待离婚也没有相应的家庭责任和道德约束感。①

3. 大学生婚姻观

婚姻观是价值观在婚姻问题上的重要体现，是人们对男女两性姻缘关系的基本观点和看法。从生物学来看，生理和心理的逐渐成熟使大学生产生了恋爱的需要和对婚姻问题的关注。大学生对待婚姻的价值标准和思想观念，会对其婚姻构成和家庭责任产生重要影响。通过透析当代大学生的婚姻观，可以发现他们婚姻价值取向的基本特点及未来中国知识阶层婚姻家庭趋势。

有学者对大学生的婚恋观进行了实证调查研究，结果发现，大学生在婚姻对象选择条件上，更注重个人良好的素质与发展潜力；贞操观在大学生的婚恋意识

① 余鲲．“90后”大学生恋爱婚姻观问题探析．铜陵学院学报，2012（3）．

中逐渐淡化，但仍持有双重标准；对婚前性行为的宽容和认同度上升，婚恋中的道德意识和责任感有明显下降的趋势等。通过唐慧琳、柳方婷《在校大学生婚姻观调查》发现，在校大学生婚姻观存在多元性，既有对传统观念的继承，也有新时期孕育的新观念。他们的婚姻观在性别、年级、专业等维度上存在显著差异。具体如下：

（1）传统观念与开放意识并存。绝大多数学生认可一夫一妻制。而对于在校结婚，大多数学生持支持或无所谓态度，说明政府解除大学生婚禁被人所接受，体现了对人性需要的尊重和满足。但是，这并没有完全解决大学生未婚同居问题。调查显示，43%的学生表示身边存在未婚同居的现象，大部分学生对此持反对态度，只有少部分表示支持。这说明多数大学生能够理性对待未婚同居问题，大学生对性的看法总体上持比较开放的态度。

某大学性健康教育中心对中国在校大学生性行为观念的调查表明，赞成婚前性行为的男生为57%，女生为26.7%。大部分的学生会主动告诉对方自己有过性行为。但若发现对方曾发生过婚前性行为，三分之一的学生表示很介意，还有三分之一的学生表示虽然不介意，可心里会不舒服，这说明大学生在性观念上持双重标准。既体现了传统道德观念与性别角色观念的影响，又反映了开放的性观念与传统道德束缚之间的冲突。关于爱情与婚姻的关系，56%的学生持积极的看法，认为婚姻可以使爱情得到进一步的升华，其余学生则持中性或消极的看法。其中，男生、理科生的看法较之女生、文科生更为积极。而在事业与家庭之间关系的看法中，大部分的学生选择两者并重，但男生中认为事业更重的人数显著多于女生，而女生认为两者并重的人数显著多于男生。

（2）以真心相爱或寻求归属感为主要结婚动机。随着年级的上升，选择因真心相爱而结婚的人数不断下降，而以寻求归属感、完成父母心愿为结婚动机的人数不断上升。维系婚姻因素中，大多数学生认为感情和责任最重要。学者提出，这可能是由于低年级的学生想法还非常单纯。到了高年级，随着阅历的增加，心理更加成熟，对归属感有了更深切的体会与追求。而且随着年级的增长，他们更可能开始考虑婚姻与性问题，想法会更切合实际，考虑到更多的责任，故而在观念上更为现实和传统。

（3）择偶条件看重人品和志趣。在选择配偶时，最看重的因素方面有人品、志趣相投、健康状况、发展前途和个性品质等，最不看重的因素方面有家境、外表、年龄。学者认为，在当今市场经济的社会大背景下，大学生能有这种轻物质重精神的表现难能可贵，体现出大学生具有理想的浪漫主义色彩。调查结果还发现，女生比男生更看重对方的发展前途和健康状况，而男生比女生更看重外表和志趣相投。这体现了男女双方在选择配偶时不同的性别角色期待，也反映了“郎才女貌”、“窈窕淑女，君子好逑”等传统性别角色观念对大学生择偶仍然有一定的影响。

（4）对未来婚姻的构想仍然受传统观念影响。在对未来婚姻的构想中，83%的学生认为最佳结婚年龄为25～30岁。这个年龄段大多数人已参加工作数年，有了一定的经济基础，且身心更加成熟。女生认为配偶年龄应该比自己大，而男生认为配偶年龄应比自己小，这和传统观念是一致的。关于婚姻形式，选择旅行结婚的人数方面女生显著多于男生，反映了女生更追求浪漫。至于婚外恋，无论是本人还是配偶出现了这种情况，女生为了挽留婚姻所作出的努力都显著多于男生。这仍然体现了我国传统道德观念的影响。在我国传统道德观念中，婚姻对女性的束缚多于男性，如果女方背叛会受到更多的道德压力与舆论谴责，而如果家庭破裂，女性面临的生存困境会更多。

（5）对大学生婚姻观影响最大的是父母。中国社会很多父母更关注子女的学习成绩，很少在婚姻观或者性爱观方面对子女进行系统的教育。但是他们自身的婚姻质量以及如何应对婚姻中出现的问题，会对孩子的婚姻观产生潜移默化的影响。“种瓜得瓜，种豆得豆。”学者认为，要想使子女树立正确的婚恋观，首先，父母要严格要求自己，严肃对待婚姻。其次，父母还必须转变家教观念，提高家教水平，配合学校和社会把子女培养成适应社会需要的建设者和接班人。调查发现，教师对学生形成婚姻观的影响最低，但大多数学生认为高校有必要开展婚姻观方面的教育。这反映出了学校在婚姻观方面发挥的教育引导作用，与学生的期待之间还存在一定差距。高校教育应同社会教育、家庭教育结合起来，通过主题报告、讲座交流、实践活动等多样化形式帮助大学生树立正确的婚姻观。①

三、价值认同婚姻的建立

据《旧约·创世记》记载，上帝在创造了人类始祖亚当之后，觉得“那人独居不好，我要为他造一个配偶帮助他”，于是从亚当身上取出一根肋骨，造了第一个女人夏娃。上帝将他们配成佳偶，并把他们安置在美丽的家园——伊甸园里，说“人要离开父母与妻子连合，二人成为一体”，并要他们“生养众多，遍满地面”。由于上帝亲自创造了第一对男女，从而创立了婚姻制度。因而，圣经认为婚姻是上帝对人类的恩赐，是神圣不可侵犯的，人人都应该尊重婚姻。建立婚姻关系后，夫

① 唐慧琳，柳方婷．在校大学生婚姻观调查．南京晓庄学院学报，2010（5）．

妻不再是两个人，而是一体了。上帝使他们同负一轭，“神配合的，人不可分开”，所以夫妻应该互相关爱、互相依靠、遵守上帝的盟约，永不分离。①

中国传统婚姻的目的不是为了谋求婚姻当事人的个人幸福，而是为了实现家庭的整体利益。《礼记》曰：“婚礼者，将合两姓之好，上以事宗庙，而下以继后世也，故君子重之。”“合两姓之好”是为了祭祀祖先，传宗接代，增进利益，无关婚姻当事人自身的情感意志和个体幸福。

新的婚姻道德观念开始在新的历史条件下出现。在婚姻目的方面，被长久忽略的个体幸福开始被视为道德生活所追求的目标，尤其是五四运动之后，许多知识分子倡导为爱情、为个体幸福的婚姻。男女之间的爱情成为婚姻缔结的基本前提。同时，有无爱情也成为评判婚姻道德与否的标准。胡适指出，“人格的爱”才是婚姻的基础，只有“以异性的恋爱为主要元素”的夫妻关系才是正当的，“没有爱情的夫妇关系，都不是正当的夫妇关系，只能说是异性的强迫同居”。随着民主平等先进理念的传入，有识之士逐渐摆脱封建礼教的束缚，开始正视妇女的不平等，并呼吁解除捆绑在女性身上的封建枷索，兴起女权运动。加上工商业的发展、女子教育兴起等原因，最终促使妇女在家庭中的地位上升。综观整个近代中国婚姻道德生活的新变化，不难看出打破家族主义和男权专制，换取代际平等及两性平等，争取个性解放、人格独立，获取自由，践行新型的婚姻道德，是“新变化”的集中体现。②

随着社会的发展，影响青年人婚姻家庭与价值取向的因素日益多元，日益复杂。青年人正处于青春发育期，他们的价值观和人生观对以后的事业以及婚姻生活产生重要的影响。因此，必须充分发挥家庭、学校和社会的作用，帮助其树立正确的婚恋观不仅有利于他们未来的发展，也有利于整个社会的和谐与进步。

（一）个人方面

从大学生自身素养来说，能够进入大学接受高等教育，其本身已经具备了相当的知识基础和思维分辨能力。从年龄阶段来说，大学生已经开始逐步进入成年人阶段，应该有相当的自律性和社会责任感。在对待恋爱婚姻问题上，需要理性思考，认真对待，不断提高自己的道德修养，逐步树立正确的婚恋价值观。只有从自身做起，强化自己的内在素质，才能在婚恋问题上正确抉择，收获美满的婚

---

① 周忠新．圣经中的婚姻观．中国宗教，2013（3）．

② 潘攀．近代婚姻道德生活的新动向．伦理学研究，2011（6）．

姻家庭生活。第一，在恋爱婚姻标准上，将双方的爱情道德因素放在首位，不能将外貌、金钱、权势等外在条件作为择偶的主要标准。“真情愈久弥香。”只有良好的人品道德才能长久地维持恋爱婚姻质量。第二，在处理恋爱婚姻问题上，需要有意识地提高自己的情感沟通能力。爱与归属的需要是人类与生俱来的本性。每个人都有爱与被爱的权利，但是要想获得美好的爱情，需要懂得付出爱，才有相等的回报。第三，在恋爱婚姻作用上，需要明白生活内容是多样化的，恋爱婚姻不是人生的全部，双方要保持独立自主，通过加强学习工作能力，才能不断完善自我，提升恋爱婚姻品质。

（二）家庭方面

父母是子女最早的老师，家庭是最好的人格教育场所。研究表明，父母的恋爱婚姻观能够从很大程度上影响子女婚恋观的形成和发展。当代中国家庭教育中，往往将子女的知识学习教育放在首位，而忽视其婚恋价值观的教育与引导，导致很多中国子女虽然成年，但在恋爱婚姻问题处理能力上，大大落后于国外的同龄人。尤其是在性教育上，最普遍的做法是回避和斥责，将性视为洪水猛兽，唯恐避之不及，结果造成子女性心理发育迟缓，甚至受不良媒体误导，走上违法犯罪的道路而追悔莫及。家庭的婚恋观教育，首要的方面是父母自身的榜样作用，言行一致，恩爱友善，从家庭环境上为子女创造良好的家庭氛围。另外，家庭教育中，家庭成员之间的理解和沟通非常重要，父母要及时关注时代发展，关心社会潮流，了解社会信息，减少“代沟”现象，从子女时代环境考虑正确的教育路径，促进其身心健康成长。

（三）学校方面

学校是学生成长过程中的主要场所，其以培养人才为自身存在的使命。学校教育对于学生来说，是其人生走向社会各阶段的关键性因素。学校的教育理念正确与否，关系到学生群体的成长成才。只有将学生人格塑造作为培养根本，才能为学生提供负责任的未来。

第一，学校在加强知识教育的同时，需要提高人格教育的地位。人格教育的重要方面是婚恋教育。大学生从生理发展来说，已经开始进入到恋爱时期，如果缺乏正确的学校婚恋观教育，学生的人格教育就可能出现欠缺。当前大学生婚恋观教育的形式单调乏味，缺乏针对性和有效性，没有从根本上满足学生的成长需要，还存在着诸多问题。只有从实际出发，面对现实，抓住学生最真实的心理需求，积极改进教育模式和教育手段，疏导学生婚恋情绪，帮助他们提高自己的婚恋素养，才能为其人格完善作出积极贡献。

第二，改变婚恋教育观念，加强婚恋知识心理教育。大学生的婚恋观念问题不解决，其不仅不会消失，还会以其他形式表现出来，影响大学生学习、工作、人际交往等方面的全面发展。所以，婚恋问题绝不是单方面的问题，其对于大学生来说，可以说是牵一发而动全身的问题。只有从大学生身心全面发展的视角考虑其婚恋教育问题，才不会等闲视之，才不会等到极端个案频发，才予以重视和干预。婚恋教育观念既要引导学生处理异性关系，也要切实加强心理咨询服务工作。长期过度的偏重知识教育，容易导致学生情感能力的削弱退化，所以对待大学生婚恋教育，不能仅停留在认知水平的提高上，关键是给他们提供情感实践的机会和平台。在具体的情感交往中，让其体会异性相处的分寸和尺度，解决自己的烦恼和困惑。

第三，丰富校园文化内涵，提升校园文化境界。大学生的世界观、人生观、价值观尚处于变化发展时期，其受环境作用的影响巨大。大学的校园文化建设不仅影响学生的婚恋观，而且会给学生终身的职业生涯发展产生深远影响。大学校园文化应该以学术为主导，充分发挥“学术共同体”的内在影响力量，引导学生锻炼思想，锤炼品质，起到陶冶情操、规范行为的作用。只有让大学生充沛的精力和活跃的思想有发展的空间和渠道，才能够使其产生内在的自发动力，自觉地处理好恋爱、婚姻与事业之间的关系。

（四）社会方面

大学生迟早会走出校园，走向社会。即使其身处校园，社会环境的潜移默化也必然会影响其身心成长。社会环境是由政府、社会、公民自身共同创建的。

第一，作为政府来说，应该把社会道德建设放在与经济建设同等重要的位置。因为这不仅是关系大学生成长的问题，更是关系到国家和民族能够长期发展的根本性问题。中华文明是世界文明古国中唯一没有中断的文明，这与中华文化从古至今重视道德伦理的关系密不可分。

第二，作为社会来说，无论是何种类型的社会组织，都不能忽视组织的道德建设。伦理道德说到底就是人与人、人与社会的关系，只要有人存在，道德伦理就不可缺少。这既是社会组织获得良性发展的关键，也是其社会责任的内在要求。当今网络时代，网络媒体对大学生婚恋观的影响最为迫切，如果网络传媒缺乏社会公德，仅以经济利益为导向，就会给青年人带来诸多不良信息。

第三，作为公民自身来说，每个公民都是社会的组成部分。其既受社会环境熏陶，也给社会带去自身的价值影响。这种价值可能是正能量，也可能是负能量，关键取决于公民的思想和行为。公民应该为大学生健康婚姻观的形成创造积极的正面效应。①

第三节 婚姻与家庭的伦理论证

婚姻是一本书，第一章写的是诗篇，而其余则是平淡的散文。

——巴法利·尼克斯

2012年，《小康》杂志社联合清华大学媒介调查实验室，在全国范围内开展“中国幸福小康指数”调查。结果显示，婚姻对于公众幸福感的影响力由第10位上升至第3位。② 恋爱是缔结婚姻、组成家庭的前提和基础，婚姻和家庭则是恋爱的结果。婚姻和家庭是爱情在内容和形式上的升华。

一、婚姻家庭中的伦理规范

2013年1月28日，国家民政部发布了第四季度的全国民政事业统计数据显示，2012年，我国结婚登记1 297.1万对，离婚登记238.8万对，离婚对数同比增加27.7万对，离婚率再创新高。环顾四周，电视上，各种婆媳剧热播，家庭调解类访谈节目走红；网络上，有人在打响婚姻保卫战，有人在吐槽“我的前任是极品”，还有人坚定且忧伤地说“爱过”；书市里，各种爱情成功学、婚姻经营学的书琳琅满目，火热销售。在媒体化的信息时代，这些无不折射出在家庭婚恋问题上，人们困惑烦恼、受挫求解的心态。③

婚姻和家庭是两个既密切相关又明显区别的概念。婚姻是指由法律所确认的男女两性的结合以及由此而产生的夫妻关系。家庭是指在婚姻关系、血缘关系或收养关系基础上产生的、由亲属之间所构成的社会生活单位。婚姻是家庭产生的重要前提，家庭又是缔结婚姻的必然结果，婚姻的成功体现为家庭的幸福，家庭的美满又彰显出婚姻的意义。婚姻关系是家庭关系的核心，婚姻关系的健康稳定

① 龚晓洁．当代青年的婚姻家庭与价值取向．重庆社会科学，2012（8）．

② 鄂璠．影响幸福感的三大因素：收入、健康、婚姻．小康，2012（11）．

③ 晓爱．关注中国的婚姻现状．天风，2013（3）．

发展关系到婚姻双方当事人和整个家庭的幸福生活指数。

婚姻家庭关系是特定的人与人之间的组织关系，具有自然和社会两重属性。婚姻家庭的自然属性，是婚姻家庭赖以形成的自然因素，具体表现为男女两性的差别和人类与生俱来的本能需要，构成男女结合的生理基础和家庭成员关系在生物学上的特征，也体现了生物进化规律对婚姻家庭所起的制约和影响作用。婚姻家庭的社会属性，是婚姻家庭的本质属性，具体表现为婚姻家庭的产生、形成和发展变化，都取决于社会生产和社会生活的客观需要，并受到上层建筑诸因素的制约和影响，从而使其依存于一定的社会结构，具有特定的社会性质。由此可见，自然属性仅是婚姻家庭得以形成和发展的前提条件，社会属性才是婚姻家庭的本质所在。社会属性作为婚姻和家庭的本质，给人们理解和把握婚姻家庭的内涵与价值提供了重要的研究视角。①

（一）婚姻家庭的社会职能

1. 经济职能

家庭的经济职能主要包括生产和消费两个方面，传统社会中家庭职能以生产为主，当代社会家庭消费水平提高，家庭成为消费的主力军。

2. 生育职能

传统家庭生育职能大于生产职能。随着中国社会现代化的推进，计划生育政策的实施，妇女素质的提高，家庭生育功能趋于弱化，但仍是维持人口发展的必要条件。

3. 教育职能

传统社会中家庭承担了子女的绝大部分教育职能，当代社会全民教育体系逐步建立，义务教育的强制实施，家庭的教育功能被学习功能所取代。

4. 保障职能

中国古代社会家庭的保障功能主要通过子女的赡养来完成，当代社会通过不断完善社会保障体系，健全社会保障制度，使得家庭的保障作用逐渐被社会组织所承担。

5. 情感职能

家庭是人们享受亲情、放松心情的基本场所，是人们情感的港湾和精神的归宿。当代社会中人际交往范围的扩大，家庭的情感功能在某种程度上被其他社会关系所代替，但是其对于个体的滋养和社会情绪的疏导有着不可替代的作用。

---

① 思想道德修养与法律基础（修订版），北京：高等教育出版社，2008. 167.

影响家庭功能的因素有三：第一，社会环境因素。包括社会政治、经济、道德风尚、人文环境以及所在的地理因素等，都会影响家庭的功能。第二，家庭成员的素质。包括政治、法律、科学、文化、道德、环境、生理与心理素质等。第三，人际关系的沟通。家庭成员既要有适当频率的接触，又要保持一定的人际距离，使家庭成员之间的关系处于最佳状态，从而更好地发挥家庭功能。

《伤逝》是鲁迅先生的一部以爱情为主题的短篇小说，讲述的是两个觉醒的知识分子的爱情故事。其中爱情名言是：爱情必须时时更新、生长、创造。生活才是主导，爱情仅仅是生活的一部分，是生活当中最绚烂的一页，而爱情本身也需要来自生活的灵感，那么当生活当中的养分切断了跟过去的联系，切断了跟现在的联系，那么爱情必然也会枯黄，把两个人封闭在自己的小圈子里，爱情会迷失其原本的魅力。爱是有生命的，需要两个人不断的互相浇灌灵魂，才能更新、生长、创造，爱情才能长成一棵大树。

（二）婚姻家庭的道德要求

1. 婚姻模式

要适应社会发展需要，改变传统的婚姻家庭定型关系，使得封闭的婚姻模式改进为开放的婚姻模式，建立平等、尊重、坦诚、信任的和谐婚姻关系。

2. 情感表达

婚姻家庭中的情感不仅需要表达，更需要行动，需要不断地培养与更新情感要素。其中包括学习科学、正确的性知识，有效地促进性和谐。

3. 养育子女

家庭道德中养育子女是婚姻双方应该承担的基本责任，不仅需要提供子女学习生活的基本保障，还要给子女提供人格成长的指导与培养。

4. 赡养老人

孝敬老人是中华民族数千年的传统美德。在中国的养老保障制度尚待完善的过程中，婚姻双方都需要尽心完成人伦回报的义务，善待老人，传承孝道。

婚姻不是爱情的坟墓，而是人生的新起点。家庭美德在维系和谐美满的婚姻家庭关系中，具有重要而独特的功能。家庭美德是公民在家庭生活中遵循的行为准则。其基本规范主要是：

（1）男女平等。男女平等是我国重要的法律原则和道德规范。婚姻家庭生活中的男女平等既表现为权利和义务上的平等、人格地位上的平等，也表现为平等地对待自己的子女。在夫妻关系上的男尊女卑，在子女问题上的重男轻女，都是在传统封建宗法社会中形成的落后道德观念。在当代社会中，人与人之间的平等不仅体现在社会关系中，也体现在家庭关系中。家庭关系中的平等并不是要否定自然的伦常秩序，也不是否定男女的生理差异和区别。

（2）尊老爱幼。中国传统道德对于伦理秩序的要求是各安其分，各尽其责。"老吾老以及人之老，幼吾幼以及人之幼"的道德观念影响深远，反映了中国人对需要给予特别关爱的老人和儿童的深厚情感，因而成为世代相传的道德格言。老人年轻时对社会作出了自己的贡献，为抚养和教育子女付出了心血，当他们年老体弱时，理应得到社会、子女及家庭成员的尊重与回报。儿童是国家和民族的未来，是社会和家庭的希望，在他们还不能自食其力的成长过程中，需要得到成年人在物质和精神上的照顾与培育。在我国社会中，强调尊老爱幼具有很强的针对性，它对于解决日趋凸显的老龄化问题和独生子女的培育问题，具有重要的意义。

（3）夫妻和睦。"百年修得同船渡，千年修得共枕眠"。夫妻是家庭的主要成员，夫妻关系是家庭关系的核心，夫妻之道是人伦之本。互敬互爱是夫妻和睦和婚姻美满的基础。中国古代常用"相敬如宾"、"琴瑟和鸣"等来比喻和形容夫妻之间的和睦关系。在封建社会中，夫妻和睦往往体现为妻子对丈夫的绝对依从。"三从四德"的封建道德信条，严重伤害了妇女的身心。现代社会强调的夫妻和睦，是在男女平等基础上的相互尊重、互谅互让。

（4）勤俭持家。勤俭努力是家庭兴旺、社会富足、民族兴旺的保证。"一茶一饭，当思来之不易；一丝一缕，恒念物力维艰。"勤俭持家既要做到努力工作，勤劳致富，也要量入而出，节约花费。作为子女，经济条件差的同学应当勤俭以励志，经济条件好的同学也应当勤俭以养德。同学之间应当以德行、学问和人格作为相互竞争的标准，不能超前消费、攀比消费和负债消费，更不能向父母提出超越正常需要或超越家庭经济负担能力的不合理要求。

（5）邻里团结。"远亲不如近邻"，意指良好的邻里关系能够有助于促进家庭的和谐发展。邻里之间既无血缘关系又无法定关系，而是地缘关系。在日常生活的人际关系中，邻里关系处理得当，可以互相帮助，互相依靠；邻里关系处理不好，就会矛盾丛生，纠纷不断。邻里之间应该以礼相待，做到相互理解，团结友爱，互帮互助。①

圣经指出，丈夫要爱他们的妻子，不可苦待她们。"你们作为丈夫，要继续

① 思想道德修养与法律基础（修订版），北京：高等教育出版社，2008. 167.

爱自己的妻子，正如基督爱教会，为教会舍己……同样，丈夫应该爱妻子，如同爱自己的身体。爱妻子便是爱自己了。”耶稣深爱教会会众，为做丈夫的树立完美的典范。丈夫应该体贴妻子，就像耶稣总是体贴和顾及门徒一样。圣经吩咐丈夫要敬重妻子，因为妻子是与丈夫“一同承受生命之恩的”。妻子应该尊重丈夫，要尽自己的本分，勤劳治家。《新约·提多书》上讲，已婚的妇女“要爱丈夫，爱儿女，谨守贞洁，料理家务，待人有恩”，妻子听从以上劝告，做个贤妻良母，同时也表明自己真正地重视婚姻的恩赐，就能够赢得家人深挚的爱和尊重。好妻子在赢得丈夫的爱的同时，也对家庭作出贡献，使家人生活快乐，因为“智慧妇人建立家室，愚妄妇人亲手拆毁”。圣经提倡夫妻相亲相爱，反对不忠和各种婚外情。婚姻是神圣不可侵犯的，“婚姻，人人都当尊重，床也不可污秽，因为苟合行淫的人，神必要审判”，可见圣经对婚姻之外的不正当男女关系是深恶痛绝的。①

二、婚姻家庭的现代变革

“家和万事兴。”家庭关系从婚姻开始，家庭和谐是社会和谐的基础，对社会和谐起着保障和促进作用。在经济全球化的时代大潮中，社会价值观出现多元化发展趋向，给婚姻家庭带来了深刻长远的影响。当代大学生生活在当代社会，既要认识到时代的发展，也要认识到维持幸福美满家庭的关键所在。如何正确处理好爱情、婚姻、家庭的关系，是我们必须面对的问题。通过构建自己的和谐家庭关系，为社会的稳定繁荣作出应有的贡献。

改革开放以来，中国市场经济步伐的迈进越来越快，市场在各种资源配置中的决定性作用成为共识。社会结构发生剧烈转型，社会变革在全面展开，传统与现代、东方与西方的价值冲突对婚姻家庭关系产生深刻的影响。中国传统的婚姻家庭存在模式和运行方式发生嬗变，伦理道德的纽带也处于旧秩序打破和新秩序建立的历史性转型阶段。改革开放前，中国婚姻家庭仍然以传统的经济合作体和生育单位为主要表现，保持着经济水平的低层次稳定状态。经过改革开放浪潮的冲击和洗礼，大家庭的伦理状态已经基本消失，当代家庭模式是以简单的小型模式为主要走向。1982 年，我国平均每户 4. 43 人，到 2010 年，每户人数已下降至 3. 15 人。家庭的多层次关系被核心关系代替，只有夫妻两人及未婚子女的“核心家庭”已经成为中国家庭的主要形式，目前核心家庭占中国全部家庭的比重超

① 周忠新. 圣经中的婚姻观. 中国宗教，2013（3）.

过70%。家庭结构中多样化家庭形态日益增多，非传统类型家庭大量出现，特别是丁克家庭、单亲家庭及单人家庭数量增长尤为显著。其中，老龄化及预期寿命延长使得高龄独居户增加。另外，伴随着中国人口的大规模流动，还出现了大量的留守家庭和流动人口家庭。家庭观念和家庭功能发生转移，家庭情感维系出现诸多问题。家庭规模的减少使家庭关系变得简单，家庭成员间相互支持力度减弱。在家庭代际伦理观中，传统家庭伦理中以等级差序为基本结构、以父子关系为轴心的伦理系统、以孝为本的家庭代际伦理观逐渐被打破，转向以子女为中心。

在社会转型时期，人们的思想价值观念从一元走向多元，从而使得中国婚姻家庭结构产生巨大而深刻的变革。阿尔温·托夫勒说，“在第三次浪潮文明时期，家庭将长期没有一个单一的形式。相反，我们将看到高度多样化的家庭结构”，未来的家庭“各人在选择他们的生活的道路上获得解放，他们可以根据个人的愿望和需要，选择或创造自己的家庭形式”。[①] 付翠莲在《社会转型期我国婚姻家庭价值观的嬗变透视》中将转型期我国婚姻家庭价值观的变化概括为以下几点：

1. 多元价值取向

社会转型期中，传统伦理价值观日益面临挑战，新型核心价值观没有成为人们生活的精神主宰，开放的社会潮流对人们价值观思想的冲击不可避免，体现社会发展必经的历程。这种影响可以从正反两方面得到解释。从积极方面来说，符合时代发展的进步文明观念深入人心，传统伦理对人的束缚和压抑的力量在不断削弱，恋爱自由、婚姻自主、男女平等、社会公平的启蒙观念不断增长；从消极方面来说，西方社会中不良的性观念在中国开始快速增长，提倡性自由、性开放、婚姻观念多元化倾向明显。而且，需要指出的是，中国封建社会中落后愚昧的婚姻家庭观仍有存在空间，既有重男轻女、买卖婚姻、重婚纳妾的丑恶行径，也有卖淫、嫖娼、援交、“包二奶”等不齿现象。性观念的多元化推动社会对性行为的宽容和理解，性价值观从生育观念转变为情感与肉体的享受和满足。家庭的婚姻价值观开始出现分化，代沟现象日益明显，由此发生的家庭婚姻冲突不可避免。多元化的婚姻家庭观推动着家庭模式变革，改变着人们的生活轨迹，进一步促使传统社会向现代社会转型。

2. 个体价值主导

经济全球化带来世界一体化，也带来文化的多元化。受西方价值观中推崇个人主义思想的影响，公民个体权利本位思想在相当大的程度上得到大众认同，并

---

① 阿尔温·托夫勒．第三次浪潮．朱志焱译．上海：生活·读书·新知三联书店，1984. 281～291.

成为很多人的思想和行为的价值准则和评判标准。婚姻家庭观中的个人独立意识增强，强调个人利益的追求，凸显权利意识，家族责任本位让位于个人发展本位。随之而来的是，以个体体验和感受为主要目的的婚姻家庭观念成为新风尚，新的婚姻家庭价值观肯定家庭成员之间的异质性和多元性，充分尊重不同个体在家庭中的自主性和独立性，逐渐倾向于把婚姻家庭生活定位在私人领域，要求家庭成员为每个个体的自由活动和自由发展提供伸展空间。由于职业变动和新技术的应用，当代青年的人际交往网络不断扩大，家庭结构模式向松散化方向发展，家庭伦理约束性在逐渐淡化，尤其是青年的活动空间已经远远超越以前，其受地域伦理观的限制和制约越来越少。另外，随着人类生产能力的不断提高，生产效率大大提升，社会化生产模式不断深入到家庭生活之中，个人对家庭生产生活的依赖性大大减低，其不同物质和精神需要的满足可以直接从社会交往中得到。因此，当代婚姻家庭价值观在国家和时代发展的基础上，对传统婚姻家庭观念进行改造和创新，注入新的时代精神，以“个体本位”为主，同时兼顾家庭和社会的责任感和义务感。

3. 功利价值增长

启蒙运动以来，资本主义的功利主义价值观就展现出广泛的社会影响力。中国传统婚姻家庭的目的和功能侧重于满足传宗接代和维持经济生活的需要，个人的情感和意愿一般不是处于第一位考量的主要因素。随着人们物质生活水平的普遍提升，男女的爱情意识开始觉醒，双方的婚姻情感需求增强，婚姻家庭第一位的存在目的不再是延续家族血统，而主要是满足双方生理和心理多方面的需求，特别是情感与精神方面的满足。但另一方面，婚姻家庭中的物质需求也在不断增长，对物质的无尽渴望成为社会的发展弊病，社会上物质主义倾向没有减弱，反而以多种形式侵入到爱情、婚姻、家庭领域之中，人们的经济状况、社会地位、文化水平等各种现实性因素仍然在制约着爱情萌发和婚姻的结合，尤其在当今市场经济体制下，经济领域的思想观念渗透到情感价值判断领域，从而改变人们的婚姻价值观念，冲击人们的情感追求，在住房、教育、医疗等多种现实需求面前，经济因素仍然是当前很多男女婚姻的重要参考指标，家族观念中的攀比心理仍然存在，为物质牺牲情感的婚姻观无法消除。

4. 性权利的觉醒

在中国人的传统主流观念中，性是隐秘的私人话题，甚至在价值倾向上被认为是丑恶的话题，不能公开讨论。改革开放以后，受西方的性欲望观念和性解放思潮的影响，中国人的性观念发生了千年未有的大变化，从“谈性色变”到性解放和性自由，性观念逐渐从封闭走向开放，婚姻中的性意识开始觉醒和强化。

性不再仅仅是为了生儿育女、传宗接代，性成为男女之间表达爱情和寻求身心快乐的合法又合理的方式。性生活在婚姻生活中的作用更加突出，在增进感情、稳定家庭方面起着极其重要的作用。但与此同时，纯粹追求性满足的行为在当代部分群体中有相当程度的存在和蔓延。性不仅存在于婚姻关系之中，与单纯的生殖繁衍行为相对分离，而且与爱情婚姻家庭相分离，更加强调追求性快乐和性满足，人们对婚姻家庭伦理中的贞操观念日渐淡薄，对婚前与婚外性关系渐趋宽容。此外，对于同性婚姻的公开讨论，也反映了性权利的主张日益强烈。

5. 离婚现象增多

离婚在中国古代是男权主义的主宰，女子基本没有离婚的选择自由。当代社会婚恋观念不断变化，妇女对男子依附因素下降，社会舆论压力的宽松，离婚手续的相对简化，对婚姻生活质量的强调等因素导致社会转型期离婚率持续高位运行。婚姻危机时，个人本位取向突出，婚姻自由度的提高是离婚的重要因素。另外，大城市中社会发展压力增加，人们对婚姻经济要求随之提高，也是导致婚姻破裂的现实缘由。在诸多的离婚事例中，“情感离婚”、“无过错离婚”、“假性离婚”等多变的离婚形式也反映出现实社会中婚姻的不稳定性特征存在。值得注意的是，随着女性社会地位的提高，经济自主性能力的增强以及女性婚姻观念的改变，女性主动离婚的比例逐年上升。离婚自由使稳固的家庭基础受到冲击，影响到社会稳定和个人发展，但总体来说是社会的进步发展，使名存实亡的婚姻解体，男女双方从不良的婚姻关系束缚中解脱出来，使被压抑的个性得以解放，向人的自由全面发展目标迈进。①

三、家庭——中国人永远的心灵寄托

托尔斯泰说：“幸福的家庭都是相似的，不幸的家庭各有各的不幸。”家庭是事业的避风港，是心灵的驿站。婚姻是家庭形成的前提条件，家庭是社会的组成部分。社会在不断发展，婚姻家庭不会一成不变，其价值观念、内容形式、构成模式等也在发生相应的变化。婚姻家庭的进步和社会的进步从历史的长期发展视野来看是相互协调，相互促进的。

（一）家庭作用

家庭成员之间要想达到心心相印、亲密无间的状态，需要相互了解心理和情

① 付翠莲．社会转型期我国婚姻家庭价值观的嬗变透视．中共宁波市委党校学报，2010（2）．

感需求，并及时加以满足。美国著名心理学家默里对人类的心理需要进行了归纳，得出家庭和谐应该满足以下五种心理需要。

1. 尊重的需要

“敬人者，人恒敬之。”人生来有受人尊重的需要。在人际交往中，学会尊重他人的心理需要，是成功构建人际关系的第一步，否则就无法持续发展相互交往关系。家庭成员之间得到肯定和鼓励，则会不断增强对生活的信心和力量，这种信心和力量是保证家庭成员事业成功的精神动力。反过来说，任何对成员的忽视、蔑视和轻视，都会给对方留下心灵创伤。

2. 自主表现的需要

每个人生活在社会关系中，都希望能够按照自己的意志构建交往模式和交往关系，并且人人都希望自己的才能得到充分的展现，显示自己存在的价值和意义，从而满足自己的自尊心和表现欲。家庭成员之间的相互欣赏和赞美，将会为人们带来自主表现的机会和能力。

3. 交往的需要

人是社会性动物，只有在社会交往中才能满足人们对生活的希望和乐趣。如果脱离社会交往，人的心理发展将会出现扭曲现象。家庭生活中，家庭成员应该各自保持与社会的正常交往，否则就不可能保证爱情的忠诚，导致破坏双方关系，使其厌倦家庭生活，反感单调乏味的家庭关系。

4. 爱好和感情的需要

家庭中每个人都会有自己的兴趣爱好，保持独特的兴趣爱好会增强自己的吸引力和个性魅力。家庭成员应该尊重对方的兴趣需求，创造条件满足其正当需要，获得其情感上的支持。家庭关系中爱的力量是持久的，只有以爱为中心的家庭才能使得家庭成员获得最大化的心理满足。

5. 宣泄的需要

家庭生活中总是会出现不同的问题，每个人的心理情感周期都会有区别。当家庭成员有不良的情绪需要发泄时，最好的倾诉对象就是家人，这也是家庭信任关系的突出表现。家庭成员之间不应求全责备，应主动询问对方感受，表示同情和理解，并加以劝慰和疏导，使对方从心理问题中得以解脱，重新建立新的心理平衡。

家庭不仅是经济生活的共同体，更是精神生活的共同体。中国传统家庭伦理是以血缘关系为基础建构起来的，血缘关系构成了中国传统家庭伦理的逻辑起点。“中国传统家庭伦理作为中国传统文化的一个重要组成部分，是以自然经济与宗法制度为主要特征的农业文明的产物，总体上说，它是一个以血缘关系为依据、以家或家族为本位、以等级差序为基本结构、以父子关系为轴心、以孝为主要运作手段的超稳定的伦理系统。”① 中国传统社会讲究“家庭本位”，重视尊长爱幼、父慈子孝、兄友弟悌，强调家庭关系的和谐，从而保证少有所长、壮有所成、老有所养。

家庭是社会的基本细胞，是社会和谐的基础。中国人在这方面有着优良的传统，十分讲究家庭的和睦。“家齐然后天下治。”在构建和谐社会的今天，家庭发挥着举足轻重的作用，是稳定、延续和发展的根源。只有家庭“细胞”和谐，才能保证社会“肌体”和谐，社会整体才能健康发展，充满活力，幸福、美满的理想社会才能最终实现。和谐使家庭成员得到了最大的精神满足和享受，即使家庭经济拮据、生活清贫，也会让人感到舒适温暖。和谐的关系能调动家庭成员的潜力，唤醒奋发向上的动力，从而能使家庭具有强大的创造力和凝聚力。

在南非西北部的公园出现过这样一种奇怪的现象：本来很温顺的小公象突然变得异常凶暴，经常残忍地踩死临近的白犀牛。原来，政府为了维护公园的生态平衡，开始猎杀公象，导致很多小象失去了爸爸。小公象的行为是不是与这件事有关系呢？对此生物专家指出，成年公象对小象的成长起着很重要的作用。

（二）家庭责任

苏联教育家苏霍姆林斯基认为，只有人们拥有高度的责任感才能产生爱情的幸福，这正是人类的爱情与动物的本能最重要的区别。他指出，牢固的爱情基础是高尚的道德情操和文化修养，因而进行爱的教育的同时就不能忽视美的教育。家庭是恋爱的归宿，以爱和责任为核心。②

1. 开创事业赢得信赖

爱情与事业是人生的两翼，缺一不可。学会处理好两者之间的关系，追求两者之间的统一，把爱情作为事业的动力，用事业来滋润爱情，才能相辅相成。如果家庭成员本身工作消极，缺乏职业忠诚，爱情就难以持久。只有在自己的本职工作中，坚韧不拔，不断拼搏进步，爱人才会有持续长久的安全感和自豪感。反过来说，如果夫妻之间都浑浑噩噩，不思进取，得过且过，恋爱双方终究会相互感到失望甚至是厌倦，那时，爱情也难以重新燃烧火焰。只有把自己的热情和精

① 高乐田．传统、现代、后现代：当代中国家庭伦理的三重视野．哲学研究，2005（9）：88.

② ［苏］瓦·阿·苏霍姆林斯基．关于爱的思考．张金长，李天民，李业勋译．桂林：广西师范大学出版社，2005. 21、124.

力投入到本职学习和工作中去，在事业中寻找成功之道，才不会感到空虚无聊，才能够享受家庭的和谐幸福。婚姻如同生命有机体，需要不断新陈代谢、吐故纳新，为其注入新的活力。事业能为自己带来人生的成就，也能为家庭带来幸福和安康。

2. 履行义务维护和睦

“在等级结构内为家庭成员各种身份设定各种本分，是中国传统家庭伦理设计的关键环节。本分是父之为父、子之为子、夫之为夫以及妇之为妇等的规定性，是家庭有序的保障，是人不能须臾丢弃的言行规范。”[①] 新时代的道德要求与传统伦理要求虽然有很大的变化，但是家庭成员的责任和义务担当仍然是支撑家庭的关键和根本。只有家庭成员都自觉找到自己的定位，并尽心尽力的履行责任，才能维系家庭的持续和发展，创造家庭幸福的未来。亲人之间的爱是看得见的爱，具体的爱需要通过自己的实际行动来体现出来。中国传统家庭伦理的现代转换，就是将传统家庭伦理置于平等的原则下，坚持双向义务的伦理要求。要孝敬老人，对待双方父母一视同仁，不偏不倚，尽量照顾老人的饮食起居，通过自己的美德来换得老人晚年的幸福，延续人类代际传承的本分。

3. 身体力行教育子女

子女是家庭的未来，生命的延续。作为父母，对待子女既要尽己所能，提供基本的经济生活保障，使其健康成长，也要从教育培养孩子的人格入手，担负起精神成长的重任。当今市场经济社会中，功利主义价值观盛行，很多父母只会从生活上满足孩子的各种需要，不关心其人格素质心理的发展，结果可能无形之中为孩子的未来埋下隐患。在社会变迁过程中，家庭的境遇都是在不断变化之中，当社会发展形势良好的时候，要学会抓住机遇，为国家和家庭多做有益的事情，给自己的子女提供榜样。当社会形势不好或者家庭遭遇天灾人祸之时，家庭成员要勇敢面对，团结向前，克服困难，锻炼孩子的坚强意志，使其获得难得的精神财富。

现代国画大师傅抱石，不仅在艺术上成就突出，而且在教育子女上也堪称楷模。他的儿子傅小石从小聪颖过人，在中央美术学院学习时是高才生，然而校门未出，却横遭厄运：1957 年被打成“右派”，蒙冤 20 多年，其间又遇车祸，造成跛足。1979 年平反昭雪，却又乐极生悲，中风倒地，致使右半身偏瘫。面对厄运，傅抱石倾注全部的父爱，使傅小石能够面对命运的打击，不气馁，不屈

① 黄义英．中国传统家庭伦理设计的原则与精义略论．华夏文化，2009（4）：13.

服，坚持在艺术道路上摸爬滚打，终于成为艺术上的一个巨人。当傅小石的“左笔画”在首都和香港展出时，人们很难相信这一幅幅纵横不羁、俊丽飘逸的画作，竟出自一个残疾人之手。

4. 互相尊重建立和谐

《孟子·滕文公上》解释“人伦”为：“父子有亲，君臣有义，夫妇有别，长幼有序，朋友有信。”家庭和谐是事业成功的基石，建立和谐家庭关系是人生发展的重要环节。家庭成员关系的重点是相互尊重。尊重是多方面长期的思想和行为习惯。第一，要尊重对方的家庭。婚姻的结合不仅关系个人，也关系家族关系的构建。不能用有色眼镜看待对方的家庭成员，多付出，少索取，才能获得家人的尊重和理解。第二，要尊重对方的个性。每个人都会形成自己的个性特征。不要用自己的性格来要求对方事事顺应自身，不要用自己的生活模式约束对方。第三，要尊重家人的自由。家庭中每个人都不是对方的附属品，即使需要履行家庭责任，也不等于完全不能拥有自己的朋友圈。第四，要尊重家人的需要。即使不能满足家人所有的需要，但是只要在适度范围内也应该考虑照顾家人的需求。家庭关系的和谐虽然与经济密不可分，但绝不仅仅只有金钱因素起作用，最重要的是相互之间的尊重和理解，而这些来自生活细节的体贴和关怀。

5. 谅解矛盾巩固感情

世间任何一个家庭的建立，都与恋爱有着较大的区别。在家庭生活中，每个人都需要找到自己的位置，共同为家庭的幸福而努力。现实问题的层出不穷总会给家庭带来矛盾。矛盾的出现无法避免，关键是如何对待矛盾、解决矛盾。概括来说，日常家庭生活中矛盾处理的首要原则是要尽力克制，保持头脑冷静，不要烦躁易怒而造成夫妻双方互相伤害、感情难以维持。其次是要学会宽容大度，不纠缠，不翻旧账，多谅解，多交心，尤其不要在情急之下采取暴力手段解决问题，否则可能覆水难收，感情无法挽回。夫妻双方坚持心平气和的真诚沟通，冷静思考，寻找问题根源，找到化解矛盾方法。特别需要慎重的是，不要随意提离婚。虽然当代社会婚姻自由是妇女解放的重要标志，但是离婚已不仅是夫妻双方的私事，它将会涉及财产分割和未成年子女抚养等重要问题，对双方未来生活也会产生深远影响。在家庭矛盾处理中，只要不是无法容忍的原则性问题，感情破裂无法挽回，最好先进行“冷处理”，理性思考前因后果再协商解决。即使感情确实破裂，失去维系和存在的必要价值，也要按照法律规定来处理，不要互相伤害、反目成仇。

6. 自律自控抵御诱惑

“从传统农业社会向现代工业社会迈进的转型期，以父子关系为轴心的传统家庭也逐渐被以夫妻关系为轴心的现代家庭所代替。社会转型、经济转轨、文化冲突，导致传统家庭伦理本身的伦理秩序与人伦原理、伦理原则与道德规范、价值结构与价值取向等被动摇甚至被打破。”[①] 在日益全球化的新时代，各种价值观冲突越来越明显。要想在社会利益、情欲、荣誉等诱惑面前坚持原则，不改初衷，需要对自己有坚定的自律自控要求，同时要不断提高自控能力。只有从社会需要出发，提升自己的人生追求，培养自己的美德观念，增强自己的廉耻意识，才能使得自己净化心灵，塑造高尚的人格境界。每个人都应该坚守婚姻道德，恪守家庭责任，维护婚姻家庭稳定，因为这不仅关系家庭、工作和生活，而且与社会利益和发展息息相关。只要坚持成熟理性原则，就能在自己思想中筑起牢固的道德防线，控制内心冲动的邪念。要不断强化自身的敬畏之心，做到身有所正、言有所规、行有所止，才能保证家庭幸福不受侵害、感情基础越发巩固。

生命是习惯的积累，和谐家庭中积极进取是基础，夫妻恩爱是核心，责任担当是关键，互谅互让是保障。每个人都希望构建和谐的家庭氛围，家庭的存在能够给人遮风避雨，能够让人重新起航，能够使我们在奋斗中感受关怀和愉悦，能够给我们提供坚强的生活保障和支撑。[②]

阅读链接

《当幸福来敲门》改编自美国著名黑人投资专家克里斯·加德纳出版的同名自传。克里斯·加德纳，28 岁的他初见自己的父亲，当时就下定决心在自己有了孩子之后，要做一个好爸爸。但他事业不顺，生活潦倒，只能每天奔波于各大医院，靠卖骨密度扫描仪为生。在他偶然间知道做证券经纪人并不一定需要大学文凭，只需要懂数字和人际关系就可以后，就主动去找维特证券的经理 Jay twistle。凭借自己的执著和非凡的妙语，以及小小的魔方帮助，克里斯·加德纳得到了一个实习的机会。但是实习生有20 人，他们必须无薪工作六个月，最后只能有一个人被录用，这对

电影《当幸福来敲门》海报

① 张彬．中国传统家庭伦理的现代转换．南京政治学院学报，2000（2）：98.

② 贾随刚．如何营造温馨幸福的家庭港湾．政工导刊，2011（9）.

克里斯·加德纳来说实在是难上加难。这时，妻子因为不能忍受穷苦的生活，独自去了纽约，克里斯·加德纳和儿子也因为极度的贫穷而失去了自己的住所，过着东奔西跑的生活。他一边卖骨密度扫描仪，一边做实习生，后来还必须去教堂排队，争取得到教堂救济的住房。但是，克里斯·加德纳一直很乐观，并且教育儿子不要灰心。极度贫穷时期，克里斯·加德纳甚至去卖血。功夫不负有心人，凭借自己的努力，克里斯·加德纳最终脱颖而出，获得了股票经纪人的工作，后来还创办了自己的公司。

思考

1. 爱情的真谛是什么？比较东西方爱情观的主要区别。

2. 婚姻的本质是什么？大学生应该持有什么样的婚姻观？

3. 家庭伦理规范有哪些？中国社会变迁过程中家庭的伦理变化表现在哪些方面？

推荐阅读

1. ［德］恩格斯. 家庭、私有制和国家的起源. 中共中央马克思恩格斯列宁斯大林著作编译局译. 北京：人民出版社，2003.

恩格斯研究了史前各文化阶段与家庭的起源、演变和发展，着重论述了人类史前各阶段文化的特征、早期的婚姻和从原始状态中发展出来的家庭形式，指出一夫一妻制家庭的产生和最后胜利乃是文明时代开始的标志之一。

2. 曹学芹. 红楼梦. 北京：人民文学出版社，2010.

中国古代四大名著之一。它以荣国府的日常生活为中心，以宝玉、黛玉、宝钗的爱情婚姻悲剧及大观园中点滴琐事为主线，以金陵贵族名门贾、史、王、薛四大家族由鼎盛走向衰亡的历史为暗线，展现了中国封建社会内在的人际紧张矛盾。

3. ［英］夏洛特·勃朗特. 简爱. 吴钧燮译. 北京：人民文学出版社，1990.

本书讲述的是一位从小变成孤儿的英国女子在各种磨难中不断追求自由与尊严，坚持自我，最终获得幸福的故事。小说引人入胜地展示了男女主人公曲折起伏的爱情经历，歌颂了摆脱一切旧习俗和偏见，成功塑造了一个敢于反抗、敢于争取自由和平等地位的妇女形象。

4. ［法］卢梭. 爱弥儿. 彭正梅译. 上海：上海人民出版社，2011.

卢梭的教育思想是要服从自然的永恒法则，听任人的身心自由发展，其手段就是生活和实践。他主张让孩子从生活和实践的切身体验中，通过感官的感受去获得他们所需要的知识。对儿童进行劳动教育和自由、平等、博爱的教育，使之学会谋生的手段，及早地养成支配自己的自由和体力的能力。

5. ［苏］苏霍姆林斯基. 怎样培养真正的人. 蔡汀译. 北京：教育科学出版社，1992.

教育工作者的主要任务是培养正在成长的一代具有良心、忠实和忠诚、谦虚、无私、不向邪恶妥协、有坚定的信念以及摒弃假仁假义、伪善、背叛、冷酷无情、卑鄙行为等道德标准的习惯。

第五章
人格完善与人生幸福

人是什么，他本身所具有的一些特质是什么，用一个词来说，就是人格。人格所具有的一切特质，是人的幸福与快乐最根本和最直接的影响因素。

——［德］叔本华

叔本华

亚瑟·叔本华（Arthur Schopenhauer，1788—1860）德国著名哲学家。意志主义的创始人和主要代表之一。在人生观上，叔本华持悲观主义的观点，主张禁欲忘我。

德国著名哲学家叔本华是位悲观主义哲学家，在他眼里世界充满了悲哀和痛苦，人的命运是残酷无情的，人类孱弱可怜，没有人能摆脱悲哀和痛苦。但是，如何能愉快幸福地度过一生却是他一生探讨的问题。他认为人的幸福来自于三个方面：一是身体健康带来的幸福，二是名利带来的幸福，三是人格带来的幸福。而在他看来只有来自于人格的幸福，才能战胜痛苦，才能获得真正的幸福。人格决定了一个人能够感受到幸福的范围和深度，人格越高尚，个人所能感觉到的幸福就越深，最高的幸福来源于最高贵的人格。的确，在人的一生中，超越自己生命的界限、力求自己人生的完满、追求自己一生的幸福，这正是我们每个人的终极目的。但完满、幸福的人生，其基础标志应该是完善我们的人格，也就是致力于人的外在表现与内在素养高度完美的统一。从这个意义上说，人格的挺立与完善，是人生追求的第一要义，也是超越人生的有限性而获得幸福的根本。

第一节 人格与幸福的界定

我将世界当成这样一个世界看待，也就是每个人都必须自演出一个角色的大舞台。

——［英］莎士比亚

人，是宇宙中思维着的花朵。从古到今，有多少思想家为了人的问题而苦苦思索，孜孜探求；又有多少先行者，为人类的健康和人类的幸福而呕心沥血，奋斗毕生。人的问题，永远是个刚一解开，却又重生的谜；而人格与幸福问题又总是关于人的一个重要课题。

一、“我是谁”所引起的话题

（一）“who am I”——“我是谁”

这是某大学的化装舞会，舞会的主题是“who am I”。那晚，整个大学生活动中心，弥漫着五光十色的烟雾，营造出了一个炫目陆离的神秘世界……伴着欢快的音乐声响起，每个同学都情不自禁地迈开舞步，随着音乐的节拍舞动起来！伦巴、桑巴、布鲁斯、恰恰……这是个充满迷人气息的夜晚，大学生们穿着各种造型的服饰，戴着自己心中喜爱的面具——有一袭黑衣、笑容阴森的“女巫”；有穿着白色纱裙漂亮的“白雪公主”；有披着大斗篷的“佐罗”；有顶着两个小角的、让人联想起那回望猎人的多情的“小麋鹿”；有穿着粉红色和服、一脸温婉谦和微笑的“日本女子”；有全副武装的头戴盔甲、身穿防弹背心、手持冲锋枪的“士兵”；也有长衣翩翩、手执纸扇的“温良公子”……然而，这些都不是重要的，真正重要的是每个人面具背后的相互竞猜：“who am I?”

“who am I?”，“我是谁”的问题，如果只是舞会娱乐中的竞猜，这是个可以使人快乐的游戏；如果只是获得的名称符号，也可使人通过对面具背后选择的评价来增强自信心。然而，“我是谁”的问题却是一个纠结着每个人的哲学问题，真正意义上的“我是谁”的问题隐含着深厚的“人”的问题，这才是我们真正要捕捉的东西。

因为不同的面具，蕴含的个性也不同，这是人的自我意识的展现，又是自我意识的觉醒，而自我意识则隐含在一个人的人格之中，人格体现的是一个人特有的个性特质。

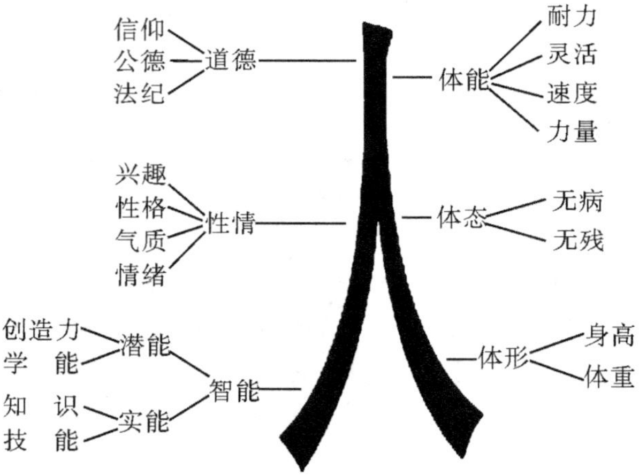

有人问：人的魅力核心要素是什么？答案是人格。人格就是人的内在质量

“人格”一词来源于拉丁文“persona”，即面具（mask）的意思。它原指古希腊时期的演员为扮演角色而戴上的面具。这种面具类似中国的京剧脸谱，每一个都对应一个特殊的性格角色。京剧中红脸含有褒义，代表忠勇耿直；黑脸为中性，代表智者；蓝脸与绿脸也为中性，代表草莽英雄；黄脸和白脸含有贬义，代表凶诈。因此，用面具或脸谱代称人格，表明人格具有把此人与他人区别开来的性质。

“面具”一词在人生哲学里并不带有贬义，它并不暗示欺骗或伪装，而仅仅意味着个人参与社会的角色和身份意识，是人格的展现。在人生舞台上，我们需要不同的面具，扮演不同的角色，以承担不同的责任。如果一个人因其特定的种族、民族、宗教、文化、传统、地域、性别、年龄、阶级、职业、受教育程度、家庭等因素，自觉或不自觉地扮演了某种角色，那么，他感受到的就不是他参与社会的角色感，而是他为了置身社会必须拥有的人格面具，这也反映了社会对个人精神品格的塑造。

瑞士心理学家荣格（1875—1961）也曾将“面具”一词运用于自己的学说中，他认为“面具”是指自我的外延，也就是一个人向外界公开了的那一面，这是社会习俗和惯例向他提出要求时作出反应所具备的外壳。

挪威世界级作家乔斯坦·贾德写了本享誉全球的小说《苏菲的世界》，这本书虽然是通过一名哲学导师向一个叫苏菲的女孩传授哲学知识的过程来揭示西方哲学发展的历程，但小说中苏菲和神秘导师的书信来往不但为我们揭开了哲学的神秘面纱，也为我们完善人格、追求人生幸福挂起了一盏明亮的桅灯。“我是谁”、“我从哪里来”、“到哪里去”——跟随着苏菲的思考、疑惑、困扰，其实也是我们每个人的思考、疑惑、困扰，而由困惑进入觉悟与幸福之境，使我们的生命从混沌走向智慧，这就需要我们每个人勇敢地面对人生的逆境，挺立我们的人格。古语云：“蕴蓄于中，形诸于外。”“蕴蓄于中”就是内含的自我，也就是没有向外呈现的那一面，正是这没有向外呈现的那一面支撑着人的一切。许多思想家都承认，外在的自我与内含的自我相结合，才是一个人人格的真正体现，才是真正幸福的人。

因此，我们应该认识到，人格面具只是人们交往中的一种身份证明，而不一定就是人们潜在、完整、真实的人格。如果有人不幸将两者相混淆，那他无疑就会迷失自我的本质，就会蒙受面具的压力，其正常的人格就会因此而遭到扭曲。人格把那种过分偏重人格面具的现象调侃地称作“面具的通货膨胀”。

（二）人格的定义

给“人格”下确切的定义并非易事。正如德国古典哲学大师黑格尔所说：“一般人平时所自认为很熟悉的东西，其实恰好就是他所不真知的。”据学者统计，现有的有关人格的定义已有一百多种。

生物学家说：“人格是社会刺激的价值。”研究的是人的外延的自我。

心理学家说：“人格是指人的性格、气质、能力等心理特征的总和。”证明的是统一的结构性的自我。

法学家说：“人格是一个活的人类生物，包括他的全部一切的权利与义务。”强调的是有存在价值的自我。

社会学家说：“人格是决定人在社会中角色和地位的一切特性的综合。”论证的是持久的自我。

神学家说：“人格是真实的有理性的个人的本质。”宣扬的是“本体性”的自我。

哲学家说：“人格的本质是自我、自我意识、自我超越和自我升华。”关注的是有自由价值的自我。

伦理学家说：“人格是每一个人的品质，这种品质使他有价值，不管别人怎样使用他。”寓意的是崇高的自我。

……

因此，“人格”一词在生活中有多种含义。有道德意义上的人格，指一个人的品德和操守；有法律意义上的人格，指享有法律地位的人；有文学意义上的人格，指人物心理的独特性和典型性。在心理学上，由于心理学家各自的研究取向不同，对人格的看法也有很大差异。

所谓人格，是构成一个人的思想、情感及行为的特有统合模式，这个独特模式包含了一个人区别于他人的、稳定而统一的心理品质。人格包括两部分，一个是性格，另一个是气质。性格是一个人稳定的个性心理特征，表现在人对现实的态度和相应的行为方式上。气质是指一个人的心理活动和行为方式上的特点。

然而，人格就是人格。在东方民族，尤其在中国人看来，人格实际上也就是一个人的“为人”，也就是一个人的心理特征、思想意识和行为实践的总的品格，是以人的道德水准与道德境界作为人之为人的规定。所以“人格”被赋予了中国人独特的含义，即成了“人品”的代名词，人格之美也是一个人幸福的根本。

（三）幸福是什么

哲学家亚里士多德曾说：“幸福是人的一切行为的终极目的，正是为了它，人们才做所有其他的事情。”也就是说，世人不分男女，都是以追求幸福为人生最高目标。虽然并不是每个人都能体验到真正的幸福，也并不是每个人都能回答“幸福是什么”的问题，但幸福总是能给人带来内心的平和、满足、愉悦和安详。而一个人不幸福则总是伴随着焦虑、怀疑、嫉妒、憎恨等个性品质。为此，关于幸福是什么，我们摘录一篇散文：

幸福是什么

……

老子说，幸福是“无为而治”，顺其自然，不可强求，幸福就是取决于个人的心态。

罗素说，幸福是永远相对的，因为宝贵而珍惜，因为珍惜而幸福，这永远是获得幸福的真理。

孩子们说，幸福是甜甜的巧克力，幸福是悠闲的假期，有好吃的糖果与伙伴分享，有漂亮的新衣可以炫耀，有心怡的玩具让小朋友羡慕，有可爱的玩伴可以

忘情地嬉戏，有爸爸妈妈陪伴在身边，这些就是幸福。

病人说，幸福是远离疾病和痛苦；幸福是早日康复，永远健康；幸福是舒展身心地自由呼吸新鲜空气；幸福是宁静、安康、温馨。

农夫说，幸福是久旱后的大雨，年年风调雨顺，五谷丰登，家畜兴旺，麦田粮仓满得溢出，国泰民安。

恋人们说，幸福是十年修得同船渡，百年修得共枕眠。天冷时有双温暖的大手捂热冰冷的小手，有人与你共赏明月，能喝上用爱煲成的粥，能过上平淡的日子，能两个人一直慢慢变老，就是幸福。

父母说，幸福是有子女陪伴在身旁，子女比他们过得好。幸福是听到子女回家看着热乎乎的饭菜说的那一句“爸妈，我回来了！好香啊！”幸福是一家几口围着一张桌子有说有笑吃饭，洋溢着温馨的笑容和话语。

朋友们说，幸福是在你难过的时候，有人在你身边安慰你；在你孤单的时候，有人在你身边陪伴你；在你哭泣的时候，有人为你擦掉泪水。离别时的一份祝福，一封来信；见面时一声问候，一个微笑，一次拥抱，一回团聚，一张合照……这些都是幸福的。

……

有人说过：“真正的幸福是不能描写的，它只能体会，体会越深就越难以描写，因为真正的幸福不是一些事实的汇集，而是一种状态的持续。”

什么是幸福，一切华美文字和刻意渲染都显得那么苍白多余……因为幸福是我们生活中点点滴滴的感动串起来的……如果你不那么匆匆，如果你用爱的目光，如果你有足够的宽容。

那么，幸福，真的随处都在！

关于幸福的本质有学者给予了很好的总汇：

（1）幸福是一种源自自我认同、自我肯定的积极的情绪体验。幸福是一种积极的情绪，是一种快乐的心境，是人们心灵的一种惬意状态。

（2）幸福是一种获得物质与精神享受后的满足和成就体验。一是满足感，理想和目标得到实现，欲望和需要得到满足，产生心满意足的感受；二是成就感，事业有成，实现了自我价值，满怀豪情，无愧人生

（3）幸福是一种至善至德给予后的愉悦体验。“送人玫瑰，手留余香”，幸福的本源并不一定要来自自身的享受，当我们能给别人带来幸福时，我们也就是幸福的一员了。

（4）幸福是拥有一颗平淡和感恩之心的人的内在体验。幸福的真谛在于知足，一个人最重要的是找准自己生活的坐标，找准了就能在精神上平衡生活中的“不公平”。

（5）幸福是一种从理想到现实的最美的道德情感的体验。高境界的幸福是一种超越金钱、地位、名利的道德境界，是人格升华最好的体验。

二、人格类型与人生幸福

（一）从“卢刚事件”看人的“特质”

“卢刚事件”尽管过去20多年，但事件的本身却给人们留下了诸多的思考。下面我们从人格养成的角度来分析这一事件。

这是一个震惊全美国的事件：

1991年11月1日下午3点30分左右，美国爱荷华大学凡艾·伦物理大楼三楼的301室正在进行专题研讨会，在一片大声争议与喁喁低语交织的天文物理讨论会上，卢刚出现了。这个28岁的青年博士、曾是北大物理系的高材生，静静地旁听了约五分钟后，突然从口袋里拔出手枪，他首先开枪击中的是他的博士研究生导师戈尔教授，继而又朝另一位教授身上射了两枪，在人们还没有完全意识到杀人事件发生时，卢刚已经冷静地将枪口对准了他嫉恨已久的“竞争对手”——原中国科技大学高材生山林华博士，他朝山林华的脑门和胸膛连开了几枪……接着又枪杀了他的系主任、一名女副校长和一名教授，最后他举枪自杀。整个凶杀过程只有十几分钟，造成六死一重伤。

事发之后，人们总是在问：卢刚究竟是个什么样的人？死在他的枪口下的那个让他嫉恨已久的山林华又是一个什么样的人？下面是熟悉他们的人对他们的评价：

卢刚：聪明、个性很强、孤僻、不合群、刚愎自用、目中无人、冷漠、凡事总想到阴暗面、喜欢走极端、自恋。

山林华：聪明、刻苦耐劳、自强上进、热情、质朴、诚恳、宽厚、经常微笑。

这是两个社会背景几乎一样的人：卢刚的父亲是工人，山林华的父亲是农民，家境都十分贫寒；以学业相比，两人的水平也不相上下，一个是北大物理系的高材生，另一个是中国科技大学的高材生，并先后进入美国爱荷华大学天文物理系攻读物理博士学位，他们的博士资格考试同时并列第一，各门科目也全都是"A"。如果非要给他们分个高低的话，那么山林华的博士论文更受学术界的首肯与赞扬，因此被所在系推荐获得学术荣誉奖，并留下继续做博士后，并且按照调研员的职位领取薪水，而卢刚却落空了。

毫无疑问，从以上事例看出山林华具备了幸福的品质，他是笑着面对世界的，而卢刚则相反。有人认为世界上的人从其表面观察，都具有人本身相同的"本原性"。因此，有些人的行为模式是相似的，但这仅仅只是相似而已，完全相似的两个人是很难找到的，或根本没有，更多的人的行为模式是不一致的，甚至反其道而行之！这其中的原因就是人的"特质"作用的结果。

什么是人的"特质"？人格心理学家解释说，人的特质是对人最有效的"分析单元"，是人格的基石，用以探求我们心理与行为上相似于他人又不同于他人的原因。我们每个人都是以特质来迎接外部世界，以特质来组成一个人的完整人格，以特质来组织经验并指导我们的行为。比如，我们说山林华是和气、可靠、乐于助人的，说卢刚是冷漠、无情、自私自利的。这些描述就代表着他们在某种情境中的行为特点，同样也预示着在任何一种情境中，山华林、卢刚都将会以各自的特质来对待周围一切的人和事，这也是他们的生活态度。

因此，我们要了解人，了解人的人格，就必须了解人的行为特质。对于认识一个人的人格来说，我们只要把对人格结构起决定作用的特质划分出来，也就能判断出一个人幸福不幸福了。

（二）人格类型

1. 中国传统文化对人格类型的划分

春秋战国时期的医书《内经》，就依据阴阳五行说，把人的某些心理上的个别差异与生理解剖特点联系起来，归纳总结出以下不同的人格类型：

（1）太阳型。虽能力有限，却很自信。得意自得，志大才疏，眼高手低，处事刚愎自用，失败了也不知悔改。

（2）少阳型。貌似审慎而实则自命不凡，略有一点成绩就要自吹一通，喜欢做表面工作，不能对本职工作恪尽职守。

（3）太阴型。贪婪而冷酷，表面上谦和又慈善，实则心怀叵测，只愿得而不愿失；心情不明朗，不合时务，多追随人后观其成败。

（4）少阴型。贪小便宜，喜欢伤害别人，见到别人获得成绩就会感到愤怒、嫉妒，而见到别人招致损失则幸灾乐祸。

（5）阴阳平和型。举止行为悠然稳重，遇喜不狂，能适应各种情境而安然处之，识时务识大体，能位尊而谦恭，以理服人，从不仗势欺人。

《内经》是一部医学典籍，它虽不像众多的论著那样，把人的行为差异归结为某种道德实践或天生禀赋，但它认真地探讨了人们行为模式中根源于自然的、在后天仍起作用的生理因素，从中我们可以看出“阴阳平和”是人格完善乃至人生幸福的源泉，因此具有现实借鉴性。

2. 西方心理学家对人格类型的划分

在当代，以基本人格特质为主导倾向、以中心特质为主要内容的人格结构可以分成许多类型，但心理学家、人格特质理论的鼻祖阿尔波特（1897—1967）以人的价值观为标准来对人格类型进行的六种分类，则具有代表意义。

（1）理论型。这种类型的人的主要乐趣在于发现真理。他们通过观察、分析和推理，致力于探索事物的联系与区别。这种人好钻研，求知欲强，能自制。他们的行为和生活的主要目的是将自己的知识系统化、条理化。但他们往往忽视生活中的其他东西。因此，这样的人就比较单调、刻板。

（2）艺术型。此类型的人是唯美主义者，他们重视形象美与心灵美的和谐，善于审视美好的情景，并有多种情趣。他们把美的价值看得高于一切，以优美、对称、整齐、合宜等标准来衡量一切事物，对任何事物都从艺术的观点加以评价。因此，这样的人最易在现实与理想的冲突中受到情感伤害。

（3）经济型。此类型人的人生态度趋向于现实和对自己有用的事物，是务实的人，凡是各行各业中的实际事务和行之有效的方法都给以关注。他们认为一切工作都要从实际需要出发，否则就应当抛弃。他们重视财力、物力、人力和效能。因此，这样的人缺少情趣，比较现实。

（4）社会型。此类型的人以爱护他人、关怀他人为自己的职责。他们多投身于社会，热心于人际交往，以给人帮助为最大的乐趣。他们多表现为随和、善良、不自私、宽宏大量，甚至愿意为他人献身。因此，这样的人是丰满、充实与幸福的。

（5）政治型。此类型的人对权力抱有浓厚的兴趣，获得实权成为其行为的基本动机。他们有领导他人和支配他人的欲望和能力。其特点是自我肯定、有活力、有信心，对人对己要求严格，讲原则、守秩序。因此，这样的人是自负、冷酷和具有野心的。

（6）宗教型。此类型的人重视命运和超自然的力量，其心灵结构在于创造最高满足的价值经验。他们大多有坚定的信仰（宗教或其他类似的经验），因而宁愿从现实生活中退却。他们的显著特点是自愿克服一切低级的需求和冲动，乐于自我否定并沉思于自以为最高尚的各种经验中。因此，这样的人是无畏与崇高的。

这六种类型是纯粹的理想状态的人格类型划分，在实际生活中，每一个具体的人身上都可能包括几种不同类型的特征或因素。但无论如何，我们之所以探讨人格，并引入心理学家人格类型的研究成果，目的就是为了更好地成就人生幸福。

三、人格的哲学寓意

（一）“做人的资格”

有这样一则故事：一位老教授昔日培养的三个得意门生都事业有成。一个在官场上春风得意；一个在商场上捷报频传；一个埋头做学问如今也苦尽甘来，成了学术明星。于是有人问老教授：你认为三人中哪个会更有出息？老教授说：现在还看不出来。因为人生的较量有三个层次，最低层次是技巧的较量，其次是智慧的较量，他们现在正处于这一层次，而最高层次的较量则是人格的较量。他们想成为一个真正的人，还要看清自己。

这个故事生动地向我们说明，成就事业并不意味着成人，而成人即“人之为人”。若从人的生命意义的角度来谈，更多的是强调“做人的资格”，而做人的资格也就是人格，即人之为人所应该具有的尊严及品质。

古往今来，无数智慧的头脑都在追问人的本质，探索人的本性，寻找人生的意义与价值。每个正常的普通人也总是以“像不像人”、“够不够做人的资格”乃至“是不是人”来反躬自问或评价他人。“不是人！”这大概是最刻薄的骂人语言了。然而，究竟什么是“人”呢？“人格”的寓意又是什么呢？

《辞海》给“人”下的定义是：“能够制造工具并使用工具进行劳动的高等动物。”学过形式逻辑的人都知道，这是一个所谓“属加种差”的标准定义，即人属动物类，与其他动物区别的“种差”在于“能够制造工具并使用工具进行劳动”，因而是“高等动物”。显然，这个定义表述的是把“人类”与其他“动物”区别开来的“类特性”。在“类”的意义上，这个定义或许是无可非议的，据悉迄今为止，似乎还没有更为恰当的关于“人类”的定义。然而，人们扪心自问或指斥他人“是不是人”的问题，似乎与关于“人”的定义并无关系，“人”的问题另有深意！

（二）千古之谜——“斯芬克斯之谜”

古希腊曾记载着这样一个广为流传的神话故事：底比斯城的人得罪了天神，天神震怒。天后赫拉为了惩罚底比斯城人，在底比斯城外的峭崖上降下一名叫斯芬克斯的人面狮身的女妖。她向每一个路过峭崖的底比斯城的人提出这样一个谜语：“在早上用四只脚走路，中午用两只脚走路，晚上用三只脚走路，在一切生物中这是唯一的用不同数目的脚走路的生物。脚最多的时候，正是速度和力量最小的时候。”

对于这个奥妙费解的谜语，凡猜中者即可活命，凡猜不中者一律被吃掉。当过路的底比斯城人全被斯芬克斯吃掉后，科仁托斯国王波里玻斯的养子、聪明勇敢的俄狄浦斯路过此地，并道破了谜底：“这是人啊！在生命的早晨，人是软弱而无助的孩子，他用两手两脚爬行；在生命的当午，他成为壮年，用两脚走路；到了老年，临到生命的迟暮，他需要扶持，因此拄着拐杖，作为第三只脚。”

斯芬克斯之谜从其故事本身来解释的话，只是对人的生命历程的必经阶段的概括，指出的是人的生命过程的发展、变化性。这也正如德国伟大诗人、思想家歌德所说：“人生每一阶段都有某种与之相应的哲学。儿童是现实主义，他对梨和苹果的存在深信不疑，正像他对自己的存在深信不疑一样；青年人处于内在激情的风暴之中，不得不把目光转向内心，于是预感到他会成为什么样的人，他变成了一个理想主义者；但是成年人有一切理由成为一个怀疑主义者，他完全应当怀疑他所选择的用来达到目的的手段是否正确。他在行动之前和行动当中，有一切理由使他的理智总是不停地活动，免得后来为一项错误的选择而懊丧不已。可是当他老了，他就会承认自己是一个神秘主义者，他看到许多东西似乎都是由偶然的机遇决定的……”

如果从更深的层面来破解斯芬克斯之谜的话，这个人生之“谜”，是人为自己创造出来的一个寓言，它却蕴含着深刻的人生哲理：人为什么面对自己而提出人的谜语，这个看似如此简单之谜，却是人在付出极大的现实生命的代价之后，也就是说，我们必须遭受极大的生命磨难之后，才可能有一个清楚明了的认识和正确的答案。如此看来，人如果不能认识自己，他的生命就会毁灭；而人一旦能够认识自己，他就会成为自己命运的主宰，就能获得幸福，这无疑是人最大的智慧。

对于今天的人类来说，古希腊德尔菲神庙前石碑上镌刻着的“认识你自己”几个大字仍然是一个“谜”。迄今，它仍是横亘在当代人类面前的一个严峻课题。而古希腊神话中的斯芬克斯之谜之所以迷人，就在于它第一次以谜的形式，表达了古代人对自身存在本质的思辨以及由此引起的迷惑。

（三）“人格”的寓意

人的生命历程的阶段不同，必然导致对人的生命的认知不同，但我们同时也看到，每一个生命的阶段都有其自身的意义，而人之为人的根本就寓含在每个生命阶段之中：

人格本身是一个很抽象的概念，不但会受到一个人所处的社会环境影响，也会与受教育程度有关，而且就算两人的外部环境完全相同，两个人的人格也会有所差异，就如同世界上没有两片完全相同的树叶一样，这个世界上也没有两个人的性格是完全相同的。因此，人格岂能一“证”了之？（来自辽沈晚报）

1. 婴儿期

婴儿期是一个朦朦胧胧的阶段。人的生命中更多的是生物生命的成分，这时的人更多的是一个受动体，但这一时期是人的生命延伸的基点，人格的天性还湮没在寻求母乳之中。

2. 儿童期

儿童期是天真无邪的生命生长阶段。自我意识开始萌芽，知道了“我”的含义，开始用试探的眼光看这个世界，没有痛苦，世界充满温情和仁爱，人格的智慧在生命的本能中闪现。

3. 少年期

少年期是一个求知与危险并存的阶段。人的任性与理智相撞，人性中的善与恶开始明朗，面对世界，人格的面具在快乐与痛苦的边缘挣扎。

4. 青年期

青年期是一生中最强盛、最美好，有幻想与革新的阶段。藐视既往，目空一切，好激情冲动，充满活力而较少保守。初尝人世间自我创造的甘甜与辛酸，人生虽是艰难的，但这是一个充满希望的黄金时代，人格的确立在感知人世间的灾与难、痛与苦中挺拔。

5. 中年期

中年期是大起大落后开始沉思，思想感情走向成熟的阶段。真正的、更深层的人生刚刚开始，失去了青年人的狂热，更富于理智。这是一个收获的金秋季节，人格的智慧在高度的沉静与深刻的反思中显现。

6. 老年期

这是一个更经验化、更冷静、更祥和的时期。成功与失败都有所定论，长于回顾，留恋过去，深思怀旧。眉宇间透着的是平淡、开朗，心胸同宇宙一样的广阔，人格的热情在冷却中永葆着对生命的执著。

人生作为一个过程总是有限的，我们将这一有限的生命过程给予阶段性的界定，并揭示出人格显现的自然意义，是希望我们根据自己不同的生命阶段和人格特征采取相应的行为表现，以确证人的生命定向。

雨果有一句话非常值得我们思考，他说："动物生存，而人则生活。"作为一个文学家而不是哲学家，雨果没有全面而深刻地给我们答案，但他对生活的含义作了说明，他说："生活就是知道自己的价值，自己所能做到的与自己所应该做到的。"

人之为人，仅仅获得生物意义上的生命，还不能称之为人。一个真正意义上的人，就是要认识自己，而认识自己就必须了解自己生命的价值，了解了自己生命的价值，生命才获得意义，有意义的生命才能挺立我们的人格，展示出真正的人的风范。

第二节　人格的风范——气质

只有伟大的人格，才有伟大的风格。

——［德］歌德

生活中，我们每一个人内心都有追求美好与优越的心理倾向，这种内在倾向成了我们某种生活的目的，也成了人格中的能动要素。当我们把各自对美好与优越的追求在生活中展示时，我们获得的就是一种幸福体验。

一、气质与气质类型

（一）我们属于哪一种气质

真正的人的风范，也就是人格的完善，人格的完善并不是抽象的、一般性的完善，从根本上说，人格带有典型的个体的生理和心理的特征，人格的载体是一个分别独立而且不能与社会相分离的活生生的具体的人。因此，完善人格最核心、最本质的就是完善每一个人的自身。所以，人格不能理解为人的一般性的类本质，也就是人格不能被概括为一种民族性、历史性、政治性或称阶级性的外显行为。人格作为人的规格和定式，应该是个体化的，也只有在此基础之上，我们才能再去论证人的崇高与幸福。

气质并无好坏之分，每一种气质都有积极的方面和消极的方面，它们参与各项活动，但一般不决定智商高低，成就大小，每一种气质类型都可以成就事业（来自百度图片）

这是个在当今也许很常见的例子：周末，繁华的大街上人来人往。人们在欣赏橱窗里琳琅满目的商品的同时，也会为这份难得的悠闲而心旷神怡。忽然，在人潮中，一个不满四岁的孩子在人群中哭喊着："妈妈——"很显然，孩子那惊恐的眼神让你知道孩子与妈妈走失了，也就在此时，小孩拉住你，让你帮他找妈妈。如果是你，你会采取什么行动？有四个答案供你选择：A. 拉着他的手，把他交给警察。B. 劝他别哭，并告知站在原地等妈妈，然后走人。C. 只看一眼，不理他。D. 抚慰他，并与他一同在拥挤的人群中找妈妈。

当然，不同的人会有不同的选择，我们不能说他们分别代表着四种不同的人格品质，因为人的人格品质具有道德意义，我们只是作一般性的分析：选 A 的人，是个头脑清醒理智，办事果断并具备一定同情心的人；选 B 的人，有一定同情心，但更多注重的是自我，自我保护能力较强；选 C 的人，性格内向冷漠，排斥社会上的一切事物，也避开一切冲突；选 D 的人，是个纯洁善良，富有正义感的人。

不同学科的思想家们虽然都承认具体情况和情绪对人的行为有很大的影响，但是他们更倾向的是：这种行为背后有更加稳定的东西在起作用。若从心理学意义上说，这就是气质。

气质是人格的基础之一，是人格结构中比较稳定的并与遗传因素联系密切的成分。比如，上述例子中选择 A 的人，他性格中的理智与果断，同样也会在工作、学习和人际交往中呈现出来。可以这样说，我们每个人怎样说话、怎样与人交往、怎样痛苦、怎样快乐、怎样工作、怎样休息、对事情作出怎样的反应，都体现出气质的特点。

气质与人格之间还存在着某种对应关系。德国心理学家艾森克在分析人格结构时，作了细致的研究，他认为可以从情绪的稳定还是不稳定以及内倾还是外倾两个方向来划分人的人格特质，而这些不同的人格特征都与气质有关系。比如，一个人具有健谈的气质，这与他的情绪稳定和人格外倾有关，其根源在于他是多血质的人；如果一个人是冲动的，这就与他的情绪不稳定和人格外倾有关，其根源在于他属于胆汁质。

（二）气质的类型

下面我们以四种传统的气质类型为例，来分析一下大学生的各种气质类型的特点：

1. 胆汁质

这种气质类型的人个性中带有强烈的情绪色彩，喜欢积极参加各项课外活动，并喜欢每一项新的活动，尤其喜欢运动量大和场面热烈的活动；学习的理解能力和接受能力很快，但不求甚解；说话喜欢与同学争辩，总想抢先发表自己的意见；喜欢在公开场合表现自己，坚信自己的见解；姿态举动强而有力，眼光锐利而富有生气，表情丰富而敏捷；喜欢情节起伏、激动人心的小说和电影等。

2. 多血质

这种气质类型的人性格外露，情绪起伏大；喜欢参加活动，但表现散漫，有始无终；理解问题快，但学习常会见异思迁，注意力不容易集中；喜欢做难度大、内容复杂的作业，但不耐心细致；情绪容易激动，但表现不强烈；易骄傲，觉得自己比别人要机智和灵敏；善于交际，待人亲切，容易交上朋友，但友谊常不巩固，缺少知心好友。

3. 黏液质

这种气质类型的人性情安静沉稳，很少发脾气，情感很少外露，面部表情单一；生活有规律，课堂守纪律，很少违反作息制度；理解问题比较慢，但一旦理解就非常深刻；学习认真刻苦，喜欢复习过去学过的知识，但对新知识接受能力差；沉默寡言，不善表达；交际适度，通常会有几个要好的朋友；自制力较强，善于忍耐；兴趣爱好稳定专一，有毅力。

4. 抑郁质

这种气质类型的人喜欢安静独处，性格孤僻，但在友爱的集体中，又可能是一个很容易相处的人；办事犹豫不决，优柔寡断，做事情总比别人花费的时间多，细心谨慎，稳妥可靠；不善表现自己，不喜欢抛头露面；在陌生人面前易害羞，当众讲话常表现出惊惶失措；感情比较脆弱，因为一点小事就会引起情绪波动，容易神经过敏，患得患失；当学习或工作失利时，会感到很大的痛苦；喜欢感情细腻的小说和电影。

从以上分析，可以看出气质并无好坏之分，每一种气质都有积极的方面和消极的方面，它们参与各项活动，但一般不决定智商高低、成就大小，每一种气质类型的人都可以成就事业。例如，有人研究，俄国著名文学家普希金、赫尔牟、克雷洛夫、果戈理分别属于胆汁质、多血质、黏液质和抑郁质，而他们在文学领域都取得了杰出的成就。

（三）气质特征对大学生的影响

1. 气质特征对学习活动产生影响

胆汁质者思维敏捷，学习热情高，刚强但粗心、急躁；多血质者机智灵敏，适应性好，兴趣广泛，但烦躁、不踏实；黏液质者刻苦认真，但迟缓、不灵活；抑郁质者思想深刻，谨慎细心，但迟缓、精力不足。了解自己的气质，可以进行有的放矢地调整，使学习更上一层楼。

2. 气质特征对职业产生影响

某些气质特征往往能为个人从事某种职业活动提供有利条件。胆汁质者可以成为出色的导游、推销员、节目主持人、演讲者、外事接待人员、演员、监督员等，他们适应于喧闹、嘈杂的工作环境，而对于需要长期安坐、细心检查的工作则难以胜任。多血质者适宜的工作有外交工作、管理工作、公关人员、驾驶员、医生、律师、运动员、新闻记者、演员、军人、警察等，但他们不适宜做过细的工作，单调机械的工作也难以胜任。外科医生、法官、管理人员、会计、保育员、话务员、播音员等是黏液质者比较能适应的工作，而变化快、需要灵活的工作则会使他们感到压力。对于抑郁质者来说，胆汁质无法胜任的工作由他们处理倒恰到好处，如校对、打字、检查员、化验员、保管员、机要秘书、艺术工作等都是他们理想的工作。

可见，了解自己和他人的气质，在现实生活中具有重要意义。

二、气质与人的性格

（一）从气质看人格

某大学学生会正在竞选，一个竞选主席职位的学生正演讲得豪情满怀，激情万丈……突然，台下有一个学生大声喊起来："垃圾！垃圾！都是垃圾！"很显然，这个学生对竞选人非常不满意，他的意思是让他别再讲废话，赶快下台。演讲的学生当然知道他的意思，他迅速地掩饰了自己的尴尬，只是朝那个高喊的学生微微一笑，并大声说："同学！你别急！我很快就要讲到你说的我们校园的脏乱问题了！"一时间台下非常安静，紧接着大家哄笑起来，并报以非常热烈的掌声，反倒是那位高喊的学生一时语塞脸红了。

同学们都被演讲同学的"大家"风范和应变能力所折服，竞选结果是可想而知的。但我们要讨论的是，他的这种风度和能力是从何而来？如果竞选人是一个情绪冲动、暴躁而又不能自制的人，会发生什么呢？和那位高喊的同学对骂或是扭打起来？有的人也许会说：为什么不呢？这是一个人的尊严问题，而人格中最核心的东西不就是尊严吗？但是我们也都知道，尊严并不是靠面子就能够维持的。

不管怎么说，我们佩服演讲者的镇定和自我控制能力，同时也对他的宽容与谅解的品性给予高度的评价。我们说这就是他的气质折射出了他的人格，而他的人格魅力也就在这里充分地展示出来。因此，气质可以直接影响到一个人的人格的确立和表现，同时气质也能够使每一个人都具有显著、独特、浓厚的个体色彩。

由于气质的表现形态往往是通过人的性格展现的，它与我们日常生活中所说的人品、秉性等含义相近。对人格的塑造和完善，在很大程度上，就是对良好性格的培养。所以对气质表现形态的评判，其实也是对一个人性格的评判。

（二）性格与性格特征

1. 人的性格

性格是人格结构中表现最明显，也是最重要的心理特征。性格是个体对现实比较稳固的态度以及与之相应的习惯化了的行为方式。恩格斯说："人物的性格不仅表现在他做什么，而且表现在他怎样做。""做什么"指的是对现实的态度，"怎么做"指的是行为方式。性格的个别差异是很大的，有人深沉、内在和多思；有人热情、开朗和活泼，它们体现了人的人格的个别特质的差异。

2. 性格的特征

性格有多种多样的特征，它们的组合形成了复杂的结构特征，性格主要由以下四方面组成：

（1）性格的态度特征。如同情或冷漠，正直或虚伪，勤奋或懒惰，认真或马虎，自信或自卑，开拓创新或墨守成规等。

（2）性格的意志特征。如目的性或盲目性，纪律性或散漫性，独立性或易受暗示性，自制或任性，果断或犹豫，持之以恒或虎头蛇尾等。

（3）性格的情绪特征。如热情或低沉，乐观或悲观等。

（4）性格的理智特征。如主动观察或被动观察，偏好分析或偏好综合，富有想象或想象被阻抑，富于创造性或好钻牛角尖等。

3. 大学生的性格特点

（1）性格的态度特征方面。在对社会、他人的态度方面，大学生主要表现出爱国热情、关心集体、守纪律、乐观、富于同情心、助人为乐、正直诚实、有礼貌等良好的性格特征，也有人对社会和他人缺乏感情，具有个人第一、自由散漫、冷漠、虚伪、粗暴等不良的性格特征；在对学习、工作、劳动的态度方面，有些大学生表现出勤奋、认真、细致和节俭等良好的性格特征，有些人则表现出懒惰、粗心、保守、浮华、浪费等不良的性格特征；在对自己的态度方面，多数大学生具有严于律己、谦虚、自信、自尊、大方等良好的性格特征，有些人则具有自负、自傲、自卑、羞怯等不良的性格特征。

（2）性格的意志特征方面。多数大学生表现出自觉、独立、主动、自制、果断、坚强、沉着、勇敢、持之以恒等良好的性格特征；有些人则表现出一定的盲目、依赖、被动、经常冲动或优柔寡断、软弱、慌张、敷衍等不良的性格特征。

（3）性格的情绪特征方面。有的大学生情绪一触即发，有的不易激动；有的喜怒无常，有的情绪很少起伏；有的情绪体验持久、深厚，有的稍纵即逝；有的非常欢乐愉快，有的终日愁眉不展；有的冷静沉着，有的任性自流。

（4）性格的理智特征方面。大学生在认知的态度和活动方式上，经常表现出的特征是性格的理智特征。在感知、记忆、想象、思维等活动中，多数大学生是主动而不是被动，大胆而不妄为，深思熟虑、细心谨慎而不是怕动脑筋、粗心轻率。

在教育心理学领域有一句经典名言：播下一种思想，收获一种行为；播下一种行为，收获一种习惯；播下一种习惯，收获一种性格；播下一种性格，收获一种命运。我们常听人说性格决定命运，真正的命运或人生幸福其实是在自己的掌控之中。

（三）性格的培养与气质的完善

我们常讲要完善我们的人格，那么注重性格的培养与气质的完善是我们向人格完善所迈出的第一步。当然，要培养好的性格与完善气质是相当困难的，这也就意味着要改变我们的先天属性。前面讲过，气质主要是先天的，是高级神经活动类型的自然表现。因此，气质的可塑性较小，变化也较慢。也就是说人的气质与性格一般来说一旦形成，是难以改变的。这也就是人们常说的"江山易改，本性难移"。但是，气质与性格并不是不受后天的影响，我们每一个人，后天所生存的环境、所受的教育、所具有的学识、所进行的修养都是可以影响气质或性格的表现形态的，因为人毕竟是社会的人。

因为气质或性格决定了人对环境的选择或逃避，所以，比如说抑郁质的人总是沉默的，在集体活动中，他们表现不积极，甚至冷眼对待，时间一长，便养成了一种习惯或行为模式：不善交际，喜欢独处，情绪低落，缺乏主动性。这些人格特质联系起来就会形成内向型的人格。这样的选择会使我们对生活或生活的环境产生一定的偏爱，这种偏爱就会影响人格的形成与发展。

因此，我们强调后天因素对人的气质的影响力，就是要力求克服我们气质中先天的不足，尽可能地将气质或性格中先天性的优势与后天的补差结合起来，使我们的人格日渐完善，始终保持一种积极向上、生动活泼的人格形象，这也是人生幸福的基础。

当然，我们还应该强调的是，人格完善的终极表现，应该体现在人的风范上。我们前面讨论过的"特质"、"气质"、"性格"乃至"人格"都不是抽象的。它们作为一种具体的展现形态，必然有一种特定的表现形式或风格，也就是说，它们必须通过一个人的人格风范表现出来。

风范，也可称风格或风度，它是一个人在长期人生实践中所形成的人格风采和气魄，并具有典型人格特征，是气质的直接外化形式，也是气质的直接表现形态。由于风范是一种直接外观的带有浓烈气质特征的人物形象，它必然会表现出各种各样的状态。所以，追求风范的实质，一方面可以促进人格尽可能完善地表现出来，因为没有人格就谈不上风范，没有完善的人格，更不能谈得上一个人是幸福的。一个人如果呈现出的是美的风范，我们就可以推导出他的人格是完善的，气质是完美的，人生也是幸福的；另一方面又可以丰富社会生命的内涵，使社会多姿多彩，为我们每一个人的个体生命增添迷人的风采，提升人格魅力。

因此，一个人的人格完善总会表现出一种沁人的风范，并给人以美的审视，甚至是道德的崇高。

三、人格健康是一种人生态度

（一）我们的人格需要改变吗

1. 投射现象

如果没有光，世界将陷入黑暗，万物将不复存在。诚然，人的生活，世界的存在，也依赖于一种特殊的光——人格之光。人格之光，照亮了我们的世界，使得我们的世界五彩缤纷、辉煌灿烂；人格之光，点燃了我们的个体生活，使得我们的个体生活充满温暖、关爱。

然而，我们每个人并不都是以这样充满阳光的人格态度来对待生活的。

有这样一个游戏：拿一张白纸，滴上一大滴红墨水，对折后，让它散开，等到墨迹干了就有了一个墨水渍。可当它展现在人们眼前时，每个人的想象就千差万别了——

A 说：呵！太美了，真像花！像春天里的杜鹃，漫山红遍。

B 说：像火，像晚上露营时的营火。

C 说：这是血吗？太可怕了！前几天电视报道一辆大巴从山岩上掉到深谷里，很多人受了伤，脸上和衣服上全染了血。

同一块墨水渍，竟会引起如此不同的反应，这是因为看的人将自己内在的情绪，投放到画面上，然后再连同那墨水渍一道看入眼里，给它看成某一样事物。事实上我们在观察生活中的任何事物时也都是如此。我们并不是完全被动地接受外界的刺激，而是会依照我们当时的心境和经验，将它们加上某种意义和情感色彩，再把它们看成某种形态，心理学上称之为投射现象。

2. 乐观的人

我们仍以上例为证。这个世界对那些乐观的人来说，是充满了光明与希望的，大多数的人与事物对乐观者来说都是相当可爱和美好的，他对前途抱有信心，时常会怀着轻松的心情，努力前进。一路上采摘着成功的果实，随时又添加他的喜乐与勇气，他并非完全没有遇到过困难或挫折，而是他总觉得黑暗之后，太阳会再升起来，并坚信明天的太阳会比今天的更圆、更大、更加光芒万丈，因而他能耐心地对待困难，追求更大的成功。我们说，这种人的人格必定会感染、感动他周围的一切，他显现给人们的人格是光明的，那么他是适应环境的，他的人际关系也是和谐的，他也是幸福的。

3. 悲观的人

悲观的人却正好相反，他只看到生活中黑暗的一面，他对于前途及人际关系不存半点希望或信心，这样的人经常是怀着沉重的心情，像是背负着千斤重担，如果偶尔遇到失败或阻碍，更是会增加他的忧伤和恐惧，甚至憎恨这个世界，并把他那充满仇恨的目光射向他的周围。当然，这样的人并非没有成功的经验，但是他并不会感到满足，也不会感激这个世界，他得到的是他应该得到的，他没得到的就是他不应该得到的，他永远以为自己就是这个世界的中心。他需要光，但不会把光与他人同享；他也需要爱，但他不会去爱别人。他常常觉得喜乐只是忧愁的前奏，团聚时的欢欣不过徒然增加分离时的痛苦而已。因此，他对任何人或事都不会感兴趣，让岁月在长吁短叹中消逝，生活对他来说只是一杯苦酒，这样的人生毫无疑问是不幸福的。

人格心理学家们称这样的人是人格异常的人，并认为这是人格发展过程中的不成熟和畸变。这种人格在发展的结构上明显偏离正常，并导致个人以适应不良的方式持久地对待周围事物和作出极度的情感反应，从而产生明显的心理社会功能变异。瑞士著名心理学家荣格认为："影响人格发展的首先是人的个性化程度，其次是环境。"在人格的形成、发展过程中，内外不良因素的作用，会不同程度地影响人格的健康发展，从而导致人格发展缺陷，严重的还会引起人格障碍。人格障碍又叫作病态人格或变态人格，是指人格特征显著偏离正常人而使患者形成了特有的行为模式，不能适应正常的社会生活。人格障碍在我们大学生中比较少见，但人格发展缺陷在大学生中却较为常见。

这里所说的人格发展缺陷是介于健康人格与病态人格（即人格障碍）之间的一种人格状态，表现为人格发展呈现不良倾向。

4. 我们的人格需要改变吗

答案是明显的：在悲哀的人的心里，世界是凄凉的；在乐观的人的心里，贫困中也有快乐。世界上本来没有那么多的坏事情，很多坏事情是人们给它带上的主观帽子。因此，把世界的一切看成是灰色的人的人格需要改变。人格虽然是个人的心理特征，是一个人独特的心理属性，但是人格是通过人的行为表现出来的，所以，人格问题又涉及人与周围环境的问题，包括人际关系问题。如果一个人的人格使他不能很好地适应周围的环境，那么他的人格就有待改进。

（二）大学生人格发展的缺陷

1. 自卑

自卑感是对自己不满、鄙视、否定的情感。自卑往往是自尊心受挫的结果，没有自尊心也就不会有自卑感，过强的自卑感往往又以过强的自尊心表现出来。如何才能走出自卑的阴影？对于大学生来说，首先要正确认识自己、悦纳自己；其次要进行自信心磨炼，多切合实际一些，多积累成功的愉悦体验；最后要确立合理的评价参照系和立足点。

2. 害羞

害羞是一个人自我防御心理过强的结果，过于关注自己，自信心不足。害羞如果形成一种习惯，它会导致人处于压抑、孤独、焦虑等不良心理状态，还会阻碍人际交往，影响一个人才能的正常发挥。因此可通过有意识的调节来改变：一是要增强自信心，要相信自己在知识才能和仪表方面并不比别人差；二是不要过于在意别人的议论，这世上没有完美的人和事，“走自己的路，让别人去说吧”！这会使自己变得更洒脱；三是要有意识地锻炼自己，人的胆量和能力都是锻炼的结果。

3. 怯懦

怯懦主要表现为缺乏勇气和信心，害怕可能面临的困难和挫折，“只能成功，不能失败”的非理性意念是造成一些人怯懦的认知因素。我们要提醒的是，在挑战与机遇并存的现代社会，怯懦者会失去很多成功的机会，并可能成为落伍者。积极迎接挑战，争做生活的强者，才是明智的选择。改变怯懦的最好办法是要敢于抓住机遇，积极锻炼，不怕失败，不怕丢面子，不怕担子重，多给自己鼓励和加压，在生活的词典中去掉“不敢”二字。

4. 懒惰

懒惰是意志活动无力的表现。懒惰是影响我们积极进取、张扬青春活力的天敌，随时有被时代淘汰的危险。要克服懒惰，就要对自己的人生负责，振作精神，树立一个坚定而有价值的理想。

5. 狭隘

受功利主义影响，凡事斤斤计较、耿耿于怀、好嫉妒、好挑剔、容不得人等，都是心胸狭隘的表现，即日常说的“气量小”。要克服狭隘，一要胸怀宽广坦荡，一切向前看，正如雨果所言，“比海洋更广阔的是天空，比天空更广阔的是心灵”；二要丰富自己，一个人的视野越开阔，就越不会陷入狭隘之中，这就是所谓的“站得高，看得远”；三要学会宽容，宽以待人。

6. 拖延

拖延是指可以完成的事而不及时完成，今天推明天，明天推后天，正是“春天不是读书天，夏日炎炎正好眠，秋多蚊虫冬又冷，一心收拾待明年”。改变拖延，要敢于做不合心意或者需要花大力气的工作，完成工作会有一种如释重负的感觉，会有一种欣喜感、满足感、成就感。

7. 抑郁

抑郁是一种感到无力应付外界压力而产生的消极情绪，常伴有厌恶、痛苦、羞愧、自卑等情绪体验。要避免抑郁或从抑郁中解脱出来，就需要正确地评价自己，建立自尊，增强自信；调整认知方式，建立理性认知。

8. 焦虑

焦虑是个体主观上预料将会有某种不良后果产生或模糊的威胁出现时的一种不安感，并伴有忧虑、烦恼、害怕、紧张等情绪体验。在这个紧张刺激不断增多、竞争不断增强的社会里，每个人都可能处于一定的焦虑状态。适度的焦虑对于保持生命活力是必要的，我们这里所说的焦虑主要是指不适当的高度焦虑。不适当的高度焦虑对身心健康是不利的。为此，应增强自信，相信“车到山前必有路”，总会有办法的；应不怕困难、磨炼意志，无所谓的担忧正是焦虑之本质，应当机立断，积极行动。

9. 虚荣

虚荣心往往与自尊心、自卑感联系在一起，没有自尊心，就没有虚荣心，而没有自卑感，也就不必用虚荣心来表现自尊心，虚荣心是自尊心和自卑感的混合物。防止或改变过强的虚荣心，第一，要对其危害性有清醒的认识，有勇气、有决心改变自己；第二，应当努力认识自己，了解自己的长处与短处，扬长避短；第三，要树立自信和健康的荣誉心，正确表现自己，不卑不亢；第四，不为外界的议论所左右，正确对待个人得失。

10. 自我中心

随着自我意识的发展，我们越来越感到自己内心世界的千变万化、独一无二，我们越来越多地把关注的重心投向自我，当这种倾向与一些不健康的思想意识（如个人主义、自私自利思想）和心理特征（如过强的自尊心、唯我独尊等）结合时，就会表现出过分的、扭曲的自我中心。过分自我中心的人往往以自我为核心，想问题、做事情，从“我”出发，不能设身处地进行客观思考，颐指气使，盛气凌人，不允许别人批评。克服过分自我中心最重要的是，要做到“我爱人人，人人爱我”。

（三）寻求幸福与人格健康

1. 天堂和地狱

曾有一则这样的故事：

一位武士，其武功已经达到了相当高的境界，但他并不满足，很想研究点深奥的东西。研究什么呢？最后他想研究天堂和地狱的问题，并知道在很远的深山里有位得道的高僧对此颇有造诣。于是，他跋山涉水、不辞辛劳前去拜访，终于找到了那位老僧人。当他推开房门走进屋内，只见老僧人双目微闭端坐于榻上。他走上前，深施一礼说："老人家，我是专门来向您请教天堂和地狱问题的，请不吝赐教。"只见老僧人纹丝未动，连眼皮都没抬，只是缓缓地说："像你这样一个粗鲁的武夫也配来讨论天堂和地狱问题，我懒得理你。"武士一听顿时火了，拔出宝剑指着老僧人的鼻子说："你竟敢侮辱我，我恨不得一剑宰了你！"只见老僧人依然纹丝未动，连眼皮都没抬，又缓缓地说："这就是地狱。"武士听后顿悟，也明白了老人是在故意启发他，赶紧收回宝剑，又毕恭毕敬地说："谢谢您，让我明白了一个很重要的道理。刚才多有冒犯，还望海涵。"老僧人依然纹丝未动，连眼皮都没抬，继续缓缓地说："这就是天堂。"

这个故事给我们的启示是：我们没有必要去遥远的地方寻找天堂和地狱，它们往往就在我们的心中，更确切地说，就在我们的人格特质中。一个人格健康的人每一天都好似生活在幸福的天堂。我们进行大学生人格发展缺陷分析，其目的就是为了真正地实现自我，成就我们的健康人格、理想人格，寻找到我们心中的幸福天堂。

2. 人格健康是一种人生态度

①心理平衡并不代表人格的健康。也就是说，人格健康并不是平衡与适应状态，而是两极的中间位置。通常我们把适应理解成对周围环境的顺从，把平衡理解为内心无冲突，但这并不是人格健康的表现。如果说"平衡"就是健康，那么一个满足现状、没有追求、不思进取的人，内部就很平衡，因为他不会有挫折感，也没有冲突，他健康不健康呢？如果说"适应"就是健康，那么现在社会上有的人见人说人话，见鬼说鬼话，逢迎拍马，上下讨好，这种人算不算健康？其实，这种人只能称作是个有教养的市侩，是个没有灵魂的人。

②人格健康是一个动态过程。我们说人格健康，不是说没有失败、没有冲突、没有痛苦，而是能够有效地进行调整，并在这种状态下，保持良好的效率。

③人格健康的过程中应掌握好"度"。也就是自信而不自负，自谦而不自

卑，勇敢而不鲁莽，果断而不冒失，稳重而不犹豫，谨慎而不怯懦，豪放而不粗俗，好强而不逞强，活泼而不轻浮，机敏而不多疑，忠厚而不愚昧，干练而不世故等。

④人格健康还表现在不同的人格特质要协调发展。做到“刚柔兼济”，对于“刚”者应多发展些“柔”，对于“柔”者应多发展些“刚”，这样才能形成合理、和谐的人格结构。此外，还要因人、因时、因地来表现人格特征，有时表现“刚”比表现“柔”好，有时表现“柔”比表现“刚”好，有时应多表现自信，有时应多表现谦恭，即所塑造出的人格应有韧性，有较强的应变、适应能力。

⑤人格健康更是一种人生态度。人格健康的人，他们会以科学的态度来选择人生的道路，对于人生道路上可能出现的各种问题，持实事求是的态度，使对自己的评价和行为倾向符合社会进步和发展的需要；他们会以积极的态度去追求人生、创造人生，而不是观望人生、游戏人生；他们会以乐观的态度正视困难、挫折乃至失败，对前途、对未来充满信心；他们会以务实的态度对待人生中可能遇到的一切问题，脚踏实地、不图虚名、不好高骛远。

生活中，我们每个人的内心都有阳光的一面，我们为什么不把它释放出来，既照亮自己，又照亮别人呢?

第三节　人格之美与人生幸福

要是一个人的全部人格、全部生活都奉献给一种道德追求，要是他拥有这样的力量，一切其他的人在这方面和这个人相比起来都显得渺小的时候，那我们在这个人的身上就看到崇高的善。

——［俄］车尔尼雪夫斯基

人格的提升，是人生境界的创造，人生境界又是对一个人的人生态度的评价。这种评价是一种精神判断，也是一种价值判断，而且是一种审美判断。当我们承认生活如诗如画、生活是艺术时，我们已暗示了人生的美学底蕴。人生的美学底蕴正是来自于人格之美与人生幸福的塑造。

一、改变自我的可能

（一）《象性变化》故事启示

《象性变化》是《佛经寓言故事》中的一个小故事。其内容很具启发性：

古代，华氏国国王有一只大白象。这只大象凶猛善战，出征敌国，战无不胜。如果有人犯了罪，国王就让它践踏、摔死罪人。后来象厩失火，被烧得一干二净。国王就又给大象新修了一所象厩，这所象厩正巧紧靠寺院。大白象每天都能听见寺院里的僧人诵读经书："为善者能上西天，作恶者要坠深渊。"时间一长，大白象受到佛法的劝诫，性格变得柔和并产生了慈悲之心。国王送来的罪人，大白象对罪人用鼻相闻，用舌相舐，再也不肯践踏、摔死罪人了。

国王看到大白象的性格发生了变化，心中十分惊慌，当即召集群臣来商议这件可怕的事。

一位聪明多智的大臣对国王说："因象厩离寺院太近，大白象听了僧人的佛法善音，才会如此。现在只要把象厩迁到屠杀场旁边，让大象天天看屠杀的场面，它还会变回以往性情的。"国王听从了这位大臣的话，就把象厩移到了屠杀场旁边。后来，这只大白象由于天天观看屠杀场的情景，性情又变得凶猛残暴了。

由此可见，一切众生，生来志向性格都无固定。畜生都能闻善而生慈悲、见残杀而增凶恶，何况人呢？所以说，聪明智慧的人应该从此得到觉悟："见恶须弃，观善宜近。"

虽说"江山易改，本性难移"，但人的本性毕竟不是没有改变的可能。

我们再回到上一节的那个红墨水渍游戏上去。假若有某个人对它的第一个反应是"血"，你会不会引导他："它是不是也有点像花呢？"或者说得肯定一点："你看它多像花，多像红色的杜鹃花或玫瑰花啊！你再看看！"这时的他或许就会发现这张红墨水渍真的有些像花了。这正显示着宇宙间若干事物的美和丑并不是固定的。固然也有一些东西是完全美好、可爱的，或有一些是完全丑恶、可憎的，但多数事物的意义和价值，却不是绝对的，这就好像我们相信自己能够改变我们灰色的人格一样。

（二）美德的形成

美国著名心理学家艾里克森认为：一个人从出生到死亡由 8 个阶段组成，每一个阶段都有特定的心理危机，这些危机解决得好，就能形成美德获得幸福，否则就会形成人格缺陷，造成人的不幸。

1. 0 ~ 1 岁

这个阶段的儿童最为孤弱，因而对成人依赖性最大，如果我们能够以慈爱和惯常的方式来满足儿童的需要，他们就会形成基本的信任感，从而形成“希望”的美德：爱世界、爱人。

2. 2 ~ 3 岁

这个阶段的儿童迅速形成许多技能，如爬、推、拉、放等，他们能“随心所欲地决定做或不做某事”。这样，他们就介入自己的意愿与父母的意愿相互冲突的矛盾中。这时的父母必须按照社会所能接受的方式来控制儿童行为，同时又不能伤害他们的自主性，这样儿童就会形成“意志”的美德：自由决策，并能自我约束。

3. 4 ~ 5 岁

这一阶段的儿童会体验各种各样的限制，并找到哪些是许可的，哪些又是不许可的，如果父母鼓励他们的独创性行为和想象力，那么他们就会发展出主动性，从而形成“目的”的美德：具有正视和追求价值目的的勇气。

4. 6 ~ 11 岁

这一阶段的儿童学习各种必要的谋生技能以及成为社会生产者所必备的专业技巧。如果他们在学校中能学会以稳定的注意力和孜孜不倦的勤奋来完成学习，并能体会到其中的乐趣，他们便能形成“能力”的美德：勤劳、刻苦、奋进。

5. 12 ~ 20 岁

在这个阶段，青少年们必须仔细思考全部积累起来的有关他们及社会的知识，最后致力于某一生活策略，一旦他们这样做，他们就获得了同一性，就会形成“忠诚”的美德：富有责任感，爱生活。

6. 21 ~ 24 岁

在这一阶段中，一个人具备牢固的同一性并保持这种同一性，热烈地寻求与别人亲密的关系，即使要付出巨大的牺牲和让步，他们也能承担。如果这样，他们就会形成“爱”的美德：爱他人，并把自己融入社会中。

7. 25 ~ 65 岁

这一阶段是一个已经形成同一性，并过上有成效的幸福生活的人，他们会力图把这些东西传递给下一代，直接提高儿童的交往水平或者创造出能提高下一代生活水平的东西，那么他们就会获得“关心”的美德：会以他人为中心，并付出自己的劳动。

8. 66 ~ 死亡

在这个阶段，当一个人回顾一生时，感到的是幸福、美满，他们才不会惧怕死亡，这种人有圆满感和满足感，他们可以适应各种各样的人和事，这就具有自我的完整性，就形成了“智慧”的美德：以超然的态度关心人生，面对死亡，感激生命。

从以上的概括我们可以看出，人的一生是个不断发展与完善的过程，人格之美的塑造也是个连续与传承的过程，我们在每个阶段都可以对自己的人格进行完美的整合。因此，完善人格获得幸福最核心、最本质的就是完善一个人的自身。

（三）良好的人格品质

美国著名整形外科医生马克斯韦尔·莫尔兹博士在《人生的支柱》一书也曾写道：

记住，你是由“资产”和“债务”组成，你内心存在对幸福的渴求，时而也流露出卑劣的邪念；你有成功的意愿，也有失败的回忆；你有自我完善的动力，也有自暴自弃的惰性。在不同的时间里，你能从镜子中看到截然不同的形象：受挫失意时，你会皱眉叹气，而有时，你会春风得意满怀成功的自豪。当你喜爱那较好的一人形象，你就在发展你的个性。如果你选择忧虑做伴，你就会渐渐损伤自己的个性。换言之，你既能积聚“资本”，也会“债台高筑”。这里有几点或许对发展良好的人格品质、创造幸福生活有所启迪：

1. 一次做一件事，一次攻一个目标。
2. 生活于现实，立足于今天。
3. 不要深陷于昨天过失的自责，不要为一件小事怨天尤人，昨天一去不复返。
4. 渴求自我完善。
5. 公正地评判自己，树立自信心。
6. 学会聆听他人的意见，这有利于消除隔阂和偏见。
7. 竭尽全力朝自己的目标冲刺，如果遇到挫折不要灰心，再试一次。
8. 要敢于在大庭广众前公开自己的观点。
9. 注意培养自己的想象力和创造力。

二、人格的和谐与发展

（一）人的生命美，通过人的外表美表现出来

我们曾说，生命是美的。从人格完善的整体意义来把握，生命美首先应该表现为人的外表美，并且我们是需要外表美的，我们不应该回避这个客观现实。外表美主要通过人体的自然因素表现出来，人体的自然因素是人体美的基础。让我们来体验一下：人的体形，是那么富于造型美；人的肌肉，是那么饱满而富有韧性；人的肤色，在一定光线的作用下，是那么富于色调的变幻；人的姿态，又是那么千变万化……人体蕴含着力量、技巧、智慧，因而才无比的美。人体美比较集中地体现了比例、均衡、对称、和谐、多样统一等形式美的规律，在自然界，再也没有比人体结构更完备、更优美、更和谐、更富有生机的美了。因为，人体美充分展示出了人的自由创造的力量，而这一力量显示了人的最自然、最本真的风范。总之，人的外表美的最高原则是健（体质健康）、力（体壮身强）、美（体态优美）三者的和谐统一，它重在人的正常发育和后天的锻炼。

黑格尔曾告诉我们：“人的躯体不是一种单纯的自然存在，而是在形状和构造上既表示它是精神的感性的自然存在，又表现出一种更高的内在生活……”这里的“更高的内在生活”指的就是人的内心世界，也就是人的心灵。人的心灵包括人的品行、学识、智慧、思想和作风，也正是由于人的心灵，即人的内在规定，才使人的躯体与动物的躯体在本质上断裂开来，人才成其为人，而不是其他动物。

（二）人不但需要外在美，更需要心灵的充实

人格之美的塑造，就在于心灵的充实，心灵的充实是人格完善、人生幸福最重要、最本质的方面，也体现了人的内心世界的高尚与完美。

一位印度的哲学家就说过：“心灵的充实，是自我从黑暗到光明的追溯旅程的最高象征。”因此，心灵的充实，首先，表现是品质的优秀和情操的高尚，能为社会的进步事业，为他人的幸福而勤奋工作、勇于舍己的精神。在我们国家，爱国主义、廉洁奉公、追求真理、艰苦奋斗、勤劳俭朴、无私奉献等，都是优秀品质与高尚情操的现实表现，这些永远都是我们生活中不可缺少的时尚。其次，应追求心灵的美，心灵美是决定人的价值第一标准，内心污秽的人决不会成为人们敬爱的对象，只会遭到人们的唾弃。最后，心灵充实的人应该是具有积极的、进步的、乐观主义人生观的人，这样的人生是真诚的而不是虚伪的，是勤奋的而

不是懒惰的，是创造的而不是享乐的，是自豪的而不是悔恨的，是充实的而不是空虚的。

（三）人生幸福是外在美与心灵充实的和谐统一

我们曾对人格这一概念有过一个总括：人格，就是人的规格、定式。它包括两个方面的含义：一是人的外在规定，也就是说人应该是什么样子？从形体上看，人的身体结构、形式比例、外显状态应该是什么样的？二是人的内在特征、规范，即人的思想、品质和文化、知识水平等内在因素的状态和规范。

人生幸福的追求与人格之美的塑造，也就是致力于人的外在表现形态的完善与人的内在心灵充实的高度统一。人的外表与心灵是人格规定的两个方面，前者是人格的物质载体，是人格的重要表现形态；后者是人格的内在规定，是人格的本质内容，也是人之为人的重要表征。人的外表与心灵构成人格的全部内容，追求人格之美，就必须关注人的外表的和谐性和心灵的充实性。

现代生活越来越多地揭示我们爱美的天性，越来越多地关注我们自身的美的修饰与装扮，但是我们现代人的最大伤痛不在于我们的形体与相貌的美与不美，因为形体与相貌是可以通过现代科学美容技术来达成自己的愿望的。

我们真正的伤痛是来自心灵的伤痛，心灵的伤痛是很难用现代科学技术来治愈的。当一个人的外在美的装扮与心灵的充实不一致时，他的形体与外貌无论在直观上展示得多么协调与匀称，也仅仅是橱窗里的一具漂亮的模特儿。如果一个人形貌所展示的美与心灵相距太远，心灵空虚、思想浅薄、人品低下，这就必然使他的人格塑造显得严重失衡，而且反映在他的外在表现形态上，往往不会产生善与美的感受，相反会给人一种丑与恶的形象，这种人的人格是破碎的，他的生命充满了矛盾。所以，在力求生命和谐与完美的过程中，心灵充实是塑造人格之美的内在力量，是生命和谐与完善的决定性方面，也是一个人感受真正幸福、感叹生命意义最完美的体验。

诗人屈原曾高歌："纷吾既有此内美兮，又重之以修能。"他坚持心灵的充实与人体美的一致，强调生命的和谐。他认为外在形体、仪表修饰的目的在于更好地体现自己内在的心灵充实，即道德品性的修养，并认为心灵的充实更重要。他的传世之伟作《离骚》所塑造的正是这样一个理想崇高、人格俊洁、感情强烈、内秀外美的抒情形象。表现了诗人为崇高理想而献身祖国的无畏精神，表现了他与国家命运同休戚、共存亡的深挚的爱国感情，也表现了诗人追求真理与正义，憎恨黑暗与邪恶的高尚人格。同时，还充分展示了屈原为了追求人格之美、人格之完善，力求生命的和谐，甚至不惜牺牲自己生命的大无畏崇高精神和人生境界思想。

不可否认，在现实人生中，一个人不可能在追求生命的和谐上做到十全十美，但我们可以做到的是在社会这个大舞台上，用自己纯净的心境、高尚的品格、美好的心灵谱写优美辉煌的不朽乐章。

三、超越——人格之美的力量、人生幸福的根本

有人说，人生有三大原则：一个叫物质利益原则，主要调节和规范人们经济生活；一个叫道义原则，主要调节和规范人与人之间、人与社会之间的关系；一个叫超越原则，主要解决人自身发展的矛盾。一个人成长的过程，就是不断超越自我的过程。我们追求超越，由现实走向理想；我们追求超越，由世俗走向崇高。

震撼心灵的崇高之美，是人格的力量，也是人生幸福的根本。

（一）人格就是力量就是幸福

1. 人格是一种尊严

人格尊严不仅表现了法律的本质性价值或整个人权保障体系价值基础的概念，更表现在人生哲学的层面上，人格尊严如同人的生命、人的自由一样，是至高无上的。

有这样一则故事：

小布郎的母亲在他7岁那年就去世了，在他11岁时继母来到他家。大概有两年的时间里他没有叫继母“妈”，为此，父亲还打过他。可越这样，布郎越是在情感中有一种很强烈的抵触情绪。然而，当布郎第一次喊继母“妈”，却是在他第一次也是唯一的一次挨她打的时候。

那是一天中午，布郎偷摘人家院子里的葡萄时，被主人逮住了，布郎平时就特别畏惧他，如今在他的眼前犯了错，他吓得浑身直哆嗦。主人说：“今天我不打你也不骂你，你只给我跪在这里，一直跪到你父母来领人。”听说要自己跪下，布郎心里确实不情愿。主人见他没反应，便大吼一声：“还不给我跪下！”迫于对方的威慑，布郎战战兢兢地跪了下来。这一幕，恰巧被他的继母给撞见了。她冲上前，一把将布郎提起来，然后，对主人大叫：“你太过分了！”回家后，继母用枝条狠狠地抽了布郎，边打边说：“你偷摘葡萄我不会打你，哪有小孩不淘气的！但是，别人让你跪下，你就真的跪下？你不觉得这样有失人格吗？不顾自己的人格尊严，将来怎么成人？将来怎么成事？”继母说到这里，突然抽泣起来。

布郎尽管只有13岁，但继母的话在他的心中还是引起了震撼。他猛地抱住了继母的臂膀，哭喊道："妈，我以后不这样了。"

2. 人格是一种骨气

骨气是个体尊严的人格特征，骨气作为完美人格的外在体现，是灵魂的骨头，是生活的气概，是一种不屈于他人的精神，是一种折不断，压不弯的气度。强调骨气，是人格修养的体现，骨气作为一种人格力量和出于对美好理想的执著追求与坚定信念，它可以使一个人自立、自主、自强，在任何情况下都保持高尚的操守。

《庄子典故》有这样的记载：一天，庄子正在涡水垂钓。楚王委派的二位大夫前来聘请他道："吾王久闻先生贤名，欲以国事相累。深望先生欣然出山，上以为君王分忧，下以为黎民谋福。"庄子持竿不顾，淡然说道："我听说楚国有只神龟，被杀死时已三千岁了。楚王珍藏之以竹箱，覆之以锦缎，供奉在庙堂之上。请问二大夫，此龟是宁愿死后留骨而贵，还是宁愿生时在泥水中潜行曳尾呢？"二大夫道："自然是愿活着在泥水中摇尾而行啦。"庄子说："二位大夫请回去吧！我也愿在泥水中曳尾而行啊。"庄子把楚威王派来的使者送走了，他说自己宁愿自由自在地在泥水沟里嬉戏，也不愿受国君的那些羁绊。他想要做的不是天下的主宰，而是要做自身的主宰。这也就是庄子灵魂的骨气。

3. 人格是一种操守

人格操守是一个人在社会上的立身资本，一个人如果能够知道尊重自己的人格，不把自己当作一件买卖品，不肯为了薪水、金钱、势力、地位而出卖自己的人格，降低自己的操守，那他一定能够成为社会中重要而有力量的人。

英国有一则小故事：一个商人来到一个以诚实正直著称的人的家里，他拿出一大堆钱对诚实的人说："我愿意以一万英镑来换取你的美名。"诚实的人问："为什么呢？"商人回答："因为我可以用它来赚取十万英镑的利润甚至更多！"诚实的人说："那么我的美名是无价的了，所以我不能和你交换！"可见，财富虽然不是人格，但人格就是财富。人格操守是最宝贵的财富，因此在这方面进行投资，虽然不能在世俗的物质方面变得富有，但我们一定可以从赢得的尊敬和荣誉中得到回报。

4. 人格是一种境界

人格不仅具有现实的实践意义、道德意义，而且有其更高层次的审美意义，而人格所体现出来的魅力正是人格之美的集中体现。人格之美——理想人格，体现着文化价值和社会理想，它标志着人性所能达到的境界。而在这种理想的人格境界里，人们是幸福的，生命是有意义的。

中国现代哲学家冯友兰先生根据人对于宇宙人生觉悟的程度不同，曾把人格境界由低到高分为四种：一是自然境界，在这一境界中的人，他的行为是顺着他的本能或社会的习俗而进行的。他对自己的行为并没有什么觉悟，也没有什么追求，跟动物差不多，这是俗人。二是功利境界，这一境界中的人，所做的事都是为了“利”，大部分是为了自己的私利，所以，他所做的事只有功利的意义，这是能人。三是道德境界，这一境界中的人，他们的行为是为“义”，他们自觉地认为自己是社会的一员，因而自觉地在社会中尽职尽责，为社会做事。他们所做的事具有道德的意义，这是贤人。四是天地境界，也是人格的最高境界，在这一境界中的人，有最高的觉悟，他不仅自觉是社会的一员，而且觉悟自己是宇宙的一员，不但尽人伦，而且要尽天职、尽天伦，这是圣人。我们不能成圣人，但我们可以成就贤人。

人们常说：“人格就是力量。”在一种更高的意义上说，这句话比“知识就是力量”更富有魅力，因为一个人的理想人格，是他作为人而能够拥有的最辉煌也是最高的荣耀。它是一个人最宝贵的财富，它构成了一个人的地位和身份本身，它也是一个人在品格方面的全部财产，而我们这个现实的社会恰恰需要人格高尚的人。人格的力量是震撼人心的，它激发我们对理想的追求，对美的向往；它支撑我们对尊严的坚守，对媚俗的超越。

（二）人格之美的意蕴

（1）高尚的人格之美，体现了人的尊严的最高形式，是一个人价值的最大限度的展示。每一种高尚的品格，每一种真正的美德，如勤劳、勇敢、诚实、正直、廉洁、自律等都自然而然地得到了人们的崇敬。具备这些美德的人是值得我们信赖、尊敬和效仿的，这个世界正是由于他们闪耀着人格之美的光芒，正是由于他们弘扬了正气，才会使这个世界变得更可爱、更温馨、更美好。

（2）高尚的人格之美，会使社会中的每一个人或每一份职业都受到鼓舞。人格之美使社会中的每一个人、每一种职业不论他们是高贵的还是低贱的，是政治家、企业家、知识分子还是工人、农民，都成为一种荣耀，因为职业的高贵与低贱，并不表示一个人的人格的高贵与低贱。人格之美比财富更具有威力，它使所有的荣耀都毫无偏见地得到颂扬，因为财富的多寡，并不表示一个人的人格的高贵与低贱。

（3）高尚的人格之美是人性的最高形式，它是道德规范在个体身上的有效体现，一个人格高尚的人在任何一个社会里都是社会的动力和民族的脊梁，任何民族的力量与文明可以说都依赖于高尚的人格，也正是它构成了我们现实世界最美好的一面，给予了我们最丰富的精神财富。智慧与财富可以为我们赢得社会地位，而具有高尚品格的人是靠自己的人格之美、人格魅力来获得声誉的。一个人的人生之路必定要通过自己的人格来获得力量，因为高尚的人格能使自己产生信心，更能使自己获得比金钱更多的东西。

（4）我们要以高尚的人格之美丰富我们的人生，以人格之魅力牵引我们的生活。一位哲学家说过："最柔和的慈爱、最无畏的坚毅、最温柔的情感、对德行的最崇高的热爱，所有这一切都成功地使他震颤的心房充满生气和力量。"这就是人格之美、人格之魅力，较之容貌的美、才华的魅力来说，人格之美更凝重、更深沉、更持久、更具有激荡力。

（三）人格高尚的人永远是一面旗帜

人生就是这样，无论我们人类怎样发展自己的生命史，追求生命的完美应该是人类行为的终极目标。而个体生命完美的基本标志就应当是确立我们人格的完善，人格完善最重要、最本质的方面应是心灵的充实。正如前面所论述的那样，心灵的充实就是我们内心世界的高尚和完美。因此，心灵的充实首先应在于品质的优秀和情操的高尚，在于拥有为社会的进步事业、为他人的幸福而勤奋工作、勇于舍己的精神。这样的人，他的生命总是显得富有朝气、生机和力量，他的人生总会有光辉闪烁。这样的人生是真诚，而不是虚假；是勤奋，而不是懒惰；是创造，而不是享乐；是自豪，而不是悔恨；是充实，而不是虚度。

我们每个人都应以高尚的人格之美来丰富我们的世界，以人格之魅力来引导我们的生活，并把拥有人格之美作为自己人生的最高目标之一。只有这样，一个人才能获得不竭的动力，生命才有意义，生活才有滋味。

然而，世界与人生，在不同人的眼中，总是呈现出不同的画面，显现出不同的意义。在媚俗者的眼中，人人都是媚俗的；在精神贫乏者眼中，世界的一切都是贫乏的；对于音盲来说，贝多芬并不存在；对画盲来说，毕加索并不存在；对于科盲来说，爱因斯坦并不存在；对于"追星族"来说，孔子与鲁迅、苏格拉底与黑格尔、莎士比亚与托尔斯泰都不存在；对于丧失人格的人来说，人格不过是"一文不值"的存在。人格之美的力量，对于这些人来说，永远是"遥远的绝响"。

对大多数人来说，生活就是在生命的海洋中"随波逐流"，他们从未考虑这种生活方式究竟意味着什么。生活中如果没有了目标，我们的言行举止很容易受到自己情绪的影响，哪怕是一件微不足道的小事，也会让我们烦恼、恐惧、忧虑。我们的承受力就像一块玻璃一样脆弱，任何轻微的撞击都足以使它们破碎。因此，人生的软弱无能与无意义往往是和生活中不能发现美、不能找到目标联系在一起的，同时也是不自信的表现。我们只有树立一个切实可行的目标，坚定我们的意志，增强我们的斗志，并坚持不懈地努力，才能使我们变得越来越有力量，才能使自己逐渐成熟起来，我们的人格最终才能挺立起来。

“伟人的生平，昭示着我们，我们也能够活得高尚!”这是美国诗人朗费罗的诗句，这句诗总是回响在我们生活的这个世界里。我们坚信自己吧！坚信我们的出生并不是为了重复别人而来的；坚信我们的生存并不是为了单纯地增添一个生命的数量而存在；坚信我们的面貌并不是为讨好世间的常态而展现的；坚信我们的行为不必是仰人鼻息而是可以自主的；坚信我们的人格之美、人格之魅力，这才是我们最根本的目标。

一个人如果在他的一生中，对自己所追求的目标全力以赴，全身心地投入，把它当作自己至高无上的义务，那么他就不会因为暂时的幻想和欲望而迷失前进的方向，就不会让任何疑虑、恐惧成为自己的绊脚石，他就会懂得自我克制并自觉抵制来自其他各方面的诱惑；他会把每一次的失败看作是通向成功的新起点，他会在一次次的失败中练就愈挫愈勇的坚强性格；即使最终还是失败了，他也不会自责，不会怨天尤人，因为他已经尽力而为，他的精神是充实的，他的人格是挺立的。

人生的方程式，远比数学上的方程式要复杂得多，能够攀折数学皇冠的数学家，不一定能登上人格结构的最高层，更不一定能够为人们设计出一个理想的人格结构。而一个意志力坚强、具有崇高精神且勇于创新的人，不仅会为自己开辟道路，而且会引导别人。他的每一个行动都有着深远的影响，表现了生机、独立和自信，而且正是这样的一种品格在无意中赢得了尊重、崇拜和威望。

人格高尚的人永远是一面旗帜。

阅读链接

比尔和保尔，一个都不能少

如果有人问我，保尔·柯察金与比尔·盖茨，你更崇拜谁？我可以毫不犹豫地告诉他，两者都崇拜，因为他们的人格魅力是我们的时代所需要的。

20世纪90年代末期，正是网络浪潮风起云涌之时。随着计算机互联网的延伸，比尔·盖茨的名字在中国城镇几乎家喻户晓。由于崇拜者的增多，关于比尔·盖茨的书十分畅销，一股“比尔热”持续升温，许多年轻人尤其是莘莘学子把比尔当作偶像，以其为自我奋斗的目标。

的确，比尔·盖茨是一个非常有创造性的人才。这个1955年10月28日出生于美国西雅图、1975年以为期八周的火速冲刺用BASIC语言写成第一种个人电脑软件语言的哈佛大学法学预科的退学生，他所发明的视窗软件使人们对计算机的运用更为方便，并且对信息技术和产业的发展有很重要的推动作用。对成千上万台计算机而言，比尔创造的具有世界水平的操作系统的故事是一个传奇：他的微软公司采取的自由发挥的策略同样是一个传奇。也正是这家公司，使他在31岁就成为亿万富翁，近40岁时又成为美国历来最富有的人。虽然微软公司现在有些麻烦事，但它发展壮大至现在这样的规模与实力，比尔在企业的管理上也一定有许多值得借鉴的创新之处。正如《财富》杂志总编辑John Huey对比尔·盖茨评价的那样："你可以喜欢他，也可以憎恨他，但你不可以忽视他。"

我们知道，21世纪将是全球化知识经济的时代。知识经济时代对人才的需求与传统的农业社会与工业社会对人才的需求，显然有本质的区别。如果说农业时代需要的是更多身强力壮的劳动力，工业时代需要的是更多操作熟练的工人，那么知识经济时代需要的无疑是更多具有知识创新和技术创新能力的人才。这是中国科学院院长路甬祥院士最近在浙大畅谈创新人才时说到的一番话。因为在21世纪中，创新人才与创新能力将成为决定国家与企业生存和竞争力的关键因素。未来的竞争说到底是人才的竞争，是素质的竞争。对处于发展中国家来说，要实现技术跨越的发展战略，乘势而上，超越世界科学技术发展的先进潮流，必须呼唤和培养比尔·盖茨式的人才。

然而，我们这个时代，不仅需要比尔，同样需要保尔。同新中国一起成长起来的一代青年，有谁没有读过《钢铁是怎样炼成的》，有谁不知道保尔·柯察金这个熟悉的名字，有谁不曾被这个坚强的战士短暂而辉煌的一生所感动所激励呢？保尔曾经是一代人无悔的选择。多少年过去了，我们社会的方方面面都发生了深刻的变化。经济成分、利益主体、社会组织和生产方式的日趋多样化，给人们的思想观念带来种种影响，有些人，其中不乏年轻人心浮气躁，不愿脚踏实地工作，埋怨生活单调，对金钱顶礼膜拜，认为有钱就有一切。于是他们只盲目崇拜比尔·盖茨，把他视为心目中的英雄（因为他是世界首富）；而对于保尔，不知道他是谁，就是知道的一些人也认为保尔·柯察金"过时"了。真想感谢中央电视台播出的20集电视连续剧《钢铁是怎样炼成的》，它使一些人恢复了记忆，使年轻人知道了历史的英雄。

《钢铁是怎样炼成的》作者H·奥斯特洛夫斯基（1904—1936），生于一个工人家庭，16岁参加红军，20岁加入俄共（布），在一次国内战争中受重伤后，病情逐渐恶化，最后双目失明，全身瘫痪。他是在病榻上完成长篇小说《钢铁是怎样炼成的》。作者作为一个普通人只是讲述了“老百姓自己的故事”，故事的取胜之处不在于语言的优美和情节的曲折，而在于真实的记述所体现出来的震撼人心的精神力量和发人深省的人生哲理与人生价值。

作品在主人公保尔·柯察金身上反映出来的精神，其蕴含的情感内核都是超越具体环境、具体民族、具体时代的。正因为如此，它曾打动过、感染过、吸引过不同国家、不同民族、不同时代的读者（该书曾在世界上翻译成20种文字，在26个国家发行），成为许许多多人的“人生路标”。奥斯特洛夫斯基虽然只活了32岁，但他的名言至今仍震撼着人们的心灵：“人最宝贵的是生命，这生命对于我们每个人只有一次。人的一生应当这样度过：当他回首往事的时候，不因虚度年华而悔恨，也不因碌碌无为而羞耻。这样，在临死的时候，他就可以说，我整个生命和全部精力，都已经献给了世界上最壮丽的事业——为全人类的解放而斗争!”

奥斯特洛夫斯基不是理论家，但他对生活和生命已经有了深层次的思考。因此，他笔下的保尔，最根本的人生主张和理想，就是为全人类的解放而献身。保尔精神的内核，是那种对理想对人生目标的执著和坚贞不渝的追求。保尔精神给人们的启示，就是不管生活境况如何，人总不是无可奈何的，总能找到一种方式做自己想做的事，成为自己想成为的那种人，只要你用心去做，未来就会属于你。当今时代是改革和发展的时代，在这样的时代里，有我们的理想，有我们的追求，有我们生生不息的奋斗。正是由于这个基本点，保尔精神不仅不会也永远不会过时，而且会被每个时代赋予新的内容和生命力……

总之，在知识经济时代里，既需要比尔这样的创新人才，同时也需要保尔这样的历史（也是时代）英雄。他们之间并不存在非此即彼的关系。我认为，尽管我们身处比尔时代，但确实需要保尔精神，因为保尔的人格力量和精神内涵在任何时代都能给人以启示和鼓舞。只要我们像保尔那样积极、乐观、坚强，像保尔那样具有崇高理想和远大抱负，像保尔那样坚定不移和脚踏实地追求自己的信念和理想，谁又能说干不出像比尔那样的一番大事业呢?

（摘自2000年《做人与处世》第8期，引用时稍有改动）

郑和伟大的人格魅力

郑和作为一位世界上伟大的航海家，为什么六百年来仍受到全球华人在内的各界人士的尊重和敬仰？我认为除了他七下西洋的航海壮举表现出来的惊天动地的业绩外，很重要的一条是他作为东方男子伟大的人格力量。

郑和人格魅力之一——乐于奉献。出身名门马氏家庭的郑和，他幼年时期饱受战乱，成为明军俘虏，惨遭阉割之刑，所有这些，给他幼小的心灵蒙上一层永远挥之不去的阴影。然而，当明朝部队需要郑和为统一大明而征战时，他却毅然决然地从戎征战。郑和能忍受着巨大的痛苦，投身于加害他的军队，这正是郑和忍辱负重、不计前嫌、顾全大局、献身国家的高尚的人格魅力。

郑和人格魅力之二——勇于探险。作为一名东方男子，郑和具有勇于探险，不畏艰难、宁折不弯、不屈不挠的人格力量。郑和走进茫茫大海，就预示着长距离海上航行的危险时时刻刻可能降临，并且他要面对穷凶极恶的海盗、野蛮邻邦的挑衅。他历经磨难，百折不挠，勇敢地屹立潮头，把东方男子高大伟岸、气吞山河的人格魅力留存在了他驰骋二十八年所到过的南洋三十多个国家和地区，开辟了二十一条航线，总航程在七万海里以上，相当于绕地球三周多，为中国人赢得了骄傲。

郑和人格魅力之三——敢于克敌。在郑和第三次下西洋回国途中访问锡兰山时，该国国王亚烈苦奈尔派兵五万劫持了郑和的船只。郑和临危不惧，率兵二千抄其后路，出其不意，克敌制胜，生擒亚烈苦奈尔等家属头目。郑和面对穷凶极恶的海盗陈祖义前来偷袭船队，他不畏强暴，歼灭海盗 7 000 余人，活捉了陈祖义，沉重打击了海盗的嚣张气焰，表现了中华民族大无畏的精神。

郑和人格魅力之四——善于礼让。郑和在七下西洋中创造出一种“中外通和，万国来朝，四海一家，共享太平”的崭新外交局面，这是与他宽大为怀、善于礼让的人格魅力分不开的。他成功地调解了暹罗和满剌加之间的矛盾和冲突，多次化解安南同占城之间的对抗，即便面对中国本身的挑衅，也能冷静、从容地处理。他以平等态度对待爪哇岛上已分裂的东西两王，当时因西王误杀了明朝使团 170 人，而引起了明朝震怒，郑和从中斡旋，不予深究，表现了中国的大度与宽容。

郑和人格魅力之五——忠于职守。当明成祖驾崩，明仁宗继位后全盘否定明成祖的对外开放政策，下令终止出使西洋的全部活动，经历六次的郑和下西洋航程就此夭折，朝中对郑和下西洋的功劳始终没有明确肯定，各种反对的声音不绝于耳，此时此刻，郑和失意之极、失望之极，在南京苦守了六年。当明宣宗再次下决心准备下西洋时，郑和已年过六旬，他老骥伏枥死而后已，欣然领旨，再度出洋；在大海里遗憾地走完了人生的最后旅程。不难想象，一位年过花甲的老人，傲立在船头，指挥船队，是一个何等壮观的场面；一位海学骄子，为了大明帝国的辉煌，最终回归大海的怀抱，又是一幅何等壮烈的画卷！

纵观郑和的一生，他把中国封建社会存在的皇权和宰割，把西洋各地存在的野蛮和险恶，统统隐藏在内心深处，傲立船头，昂首挺胸，劈风斩浪，勇往直前，创造了中华的辉煌、世界的奇迹，这需要多大的勇气和人格的牺牲。

郑和伟大的人格魅力永远受到全世界的敬仰！

（作者：韩胜宝　资料来源：辽宁青年网）

思考

1. 如何从哲学的层面来理解人格的内涵？
2. 幸福是什么？幸福的本质是什么？
3. 大学生的人格问题主要表现在哪些方面？其成因又是什么？
4. 健康的人格应该包括哪些内容？
5. 如何消除人格障碍，塑造健康、健全的人格？
6. 请谈谈人格崇高的现实意义及我们的感受。
7. 人格完善与人生幸福之间的关系？

推荐阅读

1. ［美］尼古拉斯·怀特．幸福简史．杨百揆，杨百朋译．北京：中央编译出版社，2011.

幸福的历史是不寻常的历史，幸福的主题也同样不寻常。我们真的知道什么是幸福吗？幸福对指导我们的生活有决定性作用吗？我们怎样处理促使我们幸福的各种因素之间的冲突？在这本《幸福简史》中，哲学家尼古拉斯·怀特回顾了2 500年来人们想要解答这些问题的尝试。怀特评述了从古代到现代西方主要思想家对幸福的看法：从柏拉图的灵魂和谐学说，亚里士多德对于把富裕和兴旺作为有道德的生活目的的描述，到阿奎那神的本质的观点，边沁的快乐主义计算。我们还可以看到尼采和弗洛伊德作品中对完全和持久的幸福概念的怀疑。怀特揭示了幸福问题与伦理学和实践哲学中核心问题的关系。

2. ［美］Jerry M. Burger. 人格心理学．刘会昌译．北京：中国轻工业出版社，2010.

阅读本书，将能了解科学心理学在人格研究领域的全貌，并对在不同的时代和历史阶段居主导地位的理论、人格心理学的现状、发展趋势与前景有一个概括性的认识。作者很注意本书的实用性和生活化，或穿插报刊对新闻事件进行报道，或给出若干自测题目，让读者测验自己或他人的人格特征，读来既有用又风趣。

3. 卢风．启蒙之后——近代以来西方人价值追求的得与失．长沙：湖南大学出版社，2003.

西方的中世纪被一些史学家称为“黑暗的一千年”，而启蒙勇士用他们的思想火炬驱逐了中世纪的黑暗，从此“上帝死了”，人自己成了上帝。高度发达的生产力，物质文明的伟大成就被人的魔法呼唤出来。人的贪婪和人的自信心使人无法敬畏，时时刻刻在征服一切。人类强大了，强大到可以毁灭地球的程度。人类文明的癌变正在扩散，正在侵蚀自己的肌体。

4. 吴光远．听大师讲哲学——活着究竟为什么．北京：中国民航出版社出版，2003.

要了解活着的意义，必须跳出生命本身，直面死亡；要活着不迷失方向，必须建立一生的信仰；要实现活着的价值，必须树立“为社会服务”的理想。

5. 刘小枫．沉重的肉身：现代性伦理的叙事纬语．北京：华夏出版社，2004.

法国大革命时代的风云人物丹东究竟是怎样死的？他与妓女玛丽昂又有什么关系？牛虻和他的情人以及他情人的情人间的纠缠又是怎么一回事？卡吉娅和萨宾娜身体的丰盈及阿蕾特和特丽莎身体的沉重之间的对比说明了什么？《十诫》所要表达的诚实、谎言、友爱、亲情、负疚……这些伦理问题对我们究竟意味着什么？毕希纳、昆德拉、基斯洛夫斯基这些思想大师给我们带来的是什么？作者以其优美流畅的文笔、精辟独到的视角，向我们复述了一个令人深思乃至惊心动魄的故事，让我们思索人生。

6. 国风．人格的境界．北京：光明日报出版社，2007.

中国知识分子“为天地立心，为生民立命”的风骨，正显示出中华民族之所以岿然屹立于世界的精神支撑；文天祥的殉道辞，孔曰成仁，孟曰取义：惟其义尽，所以仁至。读圣贤书，所学何事，而今而后，庶几无愧，更是对这个民族心性最精彩的诠释。绵延五千年未曾断绝，中国的思想型范与价值标准有以致之，中国人品评人物早就树立了一套模式：不为圣贤，便为禽兽，这是中国人的价值坐标；人人是圣人，人人都是王，这更是中国人的一大信念。

7. 周国平．智慧引领幸福．济南：山东人民出版社，2012.

该书从哲学角度，通过作者自身对幸福的理解和感悟，对生命、财富、自然、友谊等进行科学思考，引领人们走出对幸福理解的“沼泽地”，正确地理解和追求幸福，享受幸福。作者认为，生命的单纯和精神的富有，就是人生幸福。

第六章

人生成败与自我实现

弱者等待时机，强者创造时机。

——［法］居里夫人

人生总会经历成功与失败。有些人取得的成功要多一些，有些人遭受的失败要多一些，而这些不同的人生经历就会影响他们对人生的看法。人生的成败是命运与选择的结果，但又有许多看似确定，实则未然的因素在其中起着重要的作用。观察人生，了解人生，掌握人生，或许我们就能在自己的人生道路上取得更多的成功，从而实现自我。

第一节　人生成败——命运与选择

一个人幸运的造成主要还是在他自己手里。所以诗人说："人人都可以成为自己幸运的建筑师。"

——［英］弗兰西斯·培根

人生就是选择。人的一生，不论成功还是失败，是由选择决定的命运。人生必定有几个关键时刻决定着成功与失败。它们可能是重大的机遇，而你做出了正确的选择，勇敢地抓住了机遇，生活由此出现转机，人生的价值由此得以提升。它们也可能是重大的诱惑，而你在欲望的诱惑下轻率地做出错误选择，人生为此遭遇重大挫败，你也由此无法实现有价值的人生。正因为有不同的选择，所以才会有千差万别的结局，才会有千姿百态的人生，人总是在选择中前进，在选择中成长。

一、树立正确的成功观

关于成功的价值观古已有之。宋真宗赵恒在《励学篇》中勉励学子：富家不用买良田，书中自有千钟粟；安居不用架高楼，书中自有黄金屋；娶妻莫恨无良媒，书中自有颜如玉；出门莫恨无人随，书中车马多如簇；男儿欲遂平生志，五经勤向窗前读。但这是否就意味着成功？今天评判成功人生的标准是什么？在我们饱含热情准备开始追求成功人生之时，首先要明白成功人生的标准是什么，以便树立正确的成功观。

真正的成功是成为最好的自己，最大限度地发掘自己的潜能，发掘自己的目标和兴趣，努力不懈地追求进步，让自己的每一天都比昨天更好，找到最适合自己的那一份职业和工作，在与他人合作的过程中最大限度地实现自我，保持生命的丰富性。因此，成功更应该是对"卓越"、"成就"乃至"快乐"的追求和获取。同时最大限度地帮助他人，能够为家人、同事、朋友和自己的同胞带来幸福和快乐。

真正成功的人是追逐理想的人，而不是追逐名利的人；一个真正的成功者是在德行上有崇高追求的人而不是人格低下者。真正的成功绝对不是世俗价值的成功，不能只把金钱、地位、权力、声望看作追逐目标。有些人甚至把整个生命作为赌注押在最后的结果上，为其跋前疐后，魂不守舍，可怜可悲。

真正的成功者不是成为"人上人"，不是"战胜"别人的人，恰好相反，是能更好地帮助他人的人。爱因斯坦说过这样一段话：人们必须防止把习惯意义上的成功作为人生目标向青年人宣传。因为一个获得成功的人从他人那里所取得的，总是无可比拟地超过他对他们的贡献。因此，一个人的价值应当是从他的贡献来看，而不应当看他所能取得的有多少。一个真正成功的人会以悲悯的心态去看待生命中那些不幸的人，并尽自己所能帮助他们，而自己的幸福也在其中寻觅到。

财富、名声、权力、地位皆可追求，但若以财名权位为唯一目标，反而难以如愿。因为这几项事物，通常是达到其他目标所带来的副产品。因为财富、名声、权力、地位有时是成功带来的结果，然后又可反过来扩充成功的规模，提升其层次，扩大其影响层面；但财名权位从来就不是成功的本质。特别值得指出的是，仅仅以社会地位的高低、赚钱的多少、名望的大小来衡量一个人成功与否是不可取的。人们的认识有一个误区，往往误以为在这个世界上能代表身份和地位的就是商品和官职，唯有在财富和官位上成为"人上人"才能称得上成功，于是汲汲于名利，让自己始终处于忙碌奔波之中，忘记了生活的本真意义，甚至不惜成为一个为达目的不择手段的小人。

人生最大的成功是帮助他人成功。范仲淹的“先天下之忧而忧，后天下之乐而乐”，张载的“为天地立心，为生民立名，为往圣继绝学，为万世开太平”等千古名句就表达了中华民族高尚的成功观。他们个人在有生之年并没有得到什么名和利，但是后人却评说他们是真正的成功者，正所谓“寂寞人生路，热闹在身后”。

成功没有捷径，成功更不是人生的全部，不能为了成功放弃人格尊严。有些人为了获得“成功”的捷径，放弃自由、尊严和人格，为了所谓的“成功”放弃价值观、道德观甚至人格尊严。事实上成功意味着自由，倘若思想、身体被蹂躏，被当成刍狗，还有什么资格谈成功？成功虽是令人渴望的，但自由和尊严更有价值。一旦人的身心自由丧失了，心为形所奴役，还有什么成功可言？只有不断超越自我，不断释放出潜力，以顽强的毅力和意志力，去做适合自己的事，才有可能取得真正的成功。

总之，成功既是一种达成既定目标的客观现象，又是一种积极的心态、主观的感受。成功的实质主要有三层内涵：一是个人通过努力奋斗使个人潜能得到开发，个人价值被社会所承认，个人对社会的贡献得到了体现，同时个人从社会中得到相应的报酬，如金钱、房屋、地位、尊重等。二是由此产生的幸福愉悦的心理体验，充满自信、充实感和完满感。三是能感受到自己在成长，这是一种纯粹的心理感受。一个人的成功很难区分大小，主要在于自我的感觉。有的人在他人看来很成功，自己可能会感觉很失败；有的人在他人看来或许很失败，但自己却认为很成功，因为每个人对成功的看法有很大的差异。而成功的表现方式也不同，如感受到自己在建功立业；或做一件事获得了预期的结果；或有许多美好积极的事物可享受，如有经济保障，拥有领导权，使孩子享有最好的教育等；或在精神上体验到拥有自由和尊严，经常获得赞赏，较少或能免于烦恼、恐惧、挫折或失败。就主观体验而言，成功是每个人实现理想过程中的一种自信和满足的感觉。

人生失败的原因

导致人生失败的原因很多，但最重要的三大原因如下：

一、懒惰

读书时懒惰，成绩当然不会好，在学历、学识上已逊人一筹。无兴趣读书，技能也不认真学习，结果不学兼无术。哪怕凭借祖荫得居高位或衣食无忧，但尸位素餐，很快就会把家业败得一干二净。真正懒惰的人也懒得玩，因此连一技之长也没有。到山穷水尽时，即使想到街头奏乐卖艺求施舍都不会玩任何乐器。

二、自私

无时无刻都在为自己的个人利益打算，做任何事都最先考虑这样做是否对自己有利。有这样一个人，很小的时候已经会在兄弟姐妹间损人利己了，到读书时，自私的行为臭名昭著，人人讨厌他，人缘非常差没有人愿意与他交往、合作。他变得很孤立无援。一个这样的人能建立自己的事业吗？当然不会。他不会成为领袖，不是好拍档，也不是生意上的好伙伴，因为一次交易之后，人家领教了他的行为，从此便会敬而远之。

三、无恒

做事总是虎头蛇尾，开始时兴高采烈，后来就日久生厌。顺利时表现积极，稍遇挫折便打退堂鼓，要知道世上没有一帆风顺的事，这种人就是缺乏一种坚持下去的毅力。有些工作本身缺乏趣味，有些工作的确存在难度，这些都是缺乏恒心者过不去的关卡。

一个人具备以上缺点之一已经很难成功，如果三样都具备，注定只能是一个失败者。

（来源：《意林》，2013 年第 4 期，作者：阿浓）

二、人生的选择是单行道

人的一生充满了变数，总要面对多次选择。不管你是否愿意，也不管你持何种态度，更不管你采取什么样的方式，都要去面对。最终，你必须依据自己的判断来做出符合自己人生的选择。

人生是一条极尽曲折的单行道。每一次慎重的选择，都有可能成为你走向成功的新起点；每一次机智的选择，都有可能成为你走向成熟的契机。而一次轻率的选择，你付出的代价就有可能是人生的失败。蜚声文坛的法国文豪大仲马一生做出的两次重大选择产生了两种不同的结局。年轻时的大仲马是连一条领带也买不起的穷光蛋，但他不屈从命运的安排，选择了文学创作这条充满艰辛的道路。一部《三剑客》使他的名字一夜之间轰动巴黎，可是，名誉和金钱却步步将他引向堕落。晚年的大仲马选择了酒色，放荡不羁的生活逼着他拿外衣典当交房租。更可悲的是，渐渐地，他的作品也失去了往日的光彩。

大仲马

所以，人生的选择过程也就是人与命运、人与困难作斗争的过程。不管你选择要走什么样的路，在前进的征途上都会不可避免地遇到不同程度的困难，它们等待你去征服、去超越。生活既然给了我们选择的机会，那我们就要珍惜机会、把握机会，选择适合自己、顺应社会发展潮流和时代方向的路，最终就能收获满意的人生。我们知道，成功的机会稍纵即逝，如果因为惧怕、胆怯、犹豫、徘徊而贻误选择甚至放弃选择，那是对人生的不负责任，对自己前途的放纵。

拥有知识的选择，包含更多的理性；充满经验的选择，蕴含更多的成熟。知识与经验的有机结合会使选择近乎完美，让人生放射出绚丽的色彩。你只要潜心学习、用心感悟，就会在选择中一步一步地走向成功、走向成熟。

有位深谙世故的老先生说过：“感悟人生，须走三地：一是妇产科；二是火葬场；三是监狱。”妇产科是新生命的降生之地。新生命出世了，赤裸裸的身体，满是血污，无遮无掩，谈不上美，也说不上丑，更不用说善恶穷富，尘俗世风尚未来得及给这些未睁眼的小家伙烙上印记。除去遗传因素、家庭因素，从生命的本质来讲，所有生命的起点都是一样的。谁都无法断言每个生命个体的将来，因为人生变数太多，一切将由他们在成长中的努力和环境机遇来决定。

火葬场是人生最后的驿站，是生命结束后的净化地。当炉膛腾起的火焰灭了、烟囱中冒出的青烟散了时，生命又残留了些什么呢？逝去的生命又能带走什么呢？什么也没带走，也不可能带走。正如人赤条条地来到这个世界，离开这个世界的时候也什么都带不走。

而监狱是个特殊的地方，犯罪的人被关在那里，等候司法的审判或接受法律的制裁，他们失去了曾经拥有过的许多东西，尤其是宝贵的自由。大多数的犯人都是因为一念之差，一时糊涂，而一失足成千古恨，他们最大的希望就是重获自由。可以说，监狱对处身其外的自由人来说，最大的启示莫过于：在人生这条单行道上，做出正确的选择对一个人有多么重要，哪怕一个不经意的错误选择，也可能让我们的人生遭受挫败。

失败时记得问自己的 5 个问题

人人都有失败，不如坦然面对。

这一生，我们总会经历纠缠不清的人际关系、不甚满意的工作、未通过的考试，或者不曾实现的计划。尝试越多，挫折也越多。除非什么都不干，否则难免遭受打击。

关键是我们如何面对失败。人走下坡路，往往会自卑，感到无能为力。但失败也是吸取教训、重新开始的机会。要重新开始，最好认真思考下面几个问题。

1. 我从失败中学到了什么？

为所犯的错承担责任。的确，失败并非完全是你的错，但你也确实在劫难逃吧。成功的人从来不为失败找借口或抱怨他人，而是坦然承担责任。所以，试着客观看待挫折，列出清单，一步一步认真总结才是正确的方式。

2. 如果重来一次会不会有不同的处理方式？

当初是否还有其他途径？可否换一种方式处理？后见之明或许能让你发现原来还有别的方法解决问题。

3. 我的能力是否亟待提高？

挫折是否也代表你的能力不足呢？该怎样弥补？或许，你可以读书、上课或向人请教。制订计划，努力提高自己的能力吧。

4. 我能向谁学习？

身边有没有可以求助的人？如果上司、同事或朋友能够理解，你可以多征求他们的意见。很多人都觉得求助意味着无能，这种想法真是大错特错。你开口求助，表示你渴望学习和改变！

5. 接下来该怎么办？

制定行动方案。你想一如既往还是焕然一新？好好审视自己的目标吧。失败并不意味着你要放弃，或许你只需要换种方式而已。所以，你应重新审视目标，调整实施计划。

如果你常读成功人士的故事——尤其是那些关于发明家、探险家、科学家或政治家的故事，你会发现，很多人早年都曾四处碰壁。沃尔特·迪士尼、托马斯·爱迪生以及亨利·福特都难于幸免。再如亚伯拉罕·林肯，政治生涯屡屡受挫：1856 年，错失副总统提名；1858 年，参议员竞选再度落榜；直到两年后，他才成为美国总统。

所以，你应该把失败看作吸取教训、走向成功的垫脚石。生命中的每段历程，都有积极乐观的一面。多问问自己这 5 个问题，或许你就能茅塞顿开。

三、欢乐与痛苦的人生意义

人的选择不可避免地会影响到一个人的成功与失败，而这会直接导致一个人产生欢乐或痛苦的感受。没有痛苦的人生是不完整的人生，是遗憾的人生；没有欢乐的人生则是不幸的人生。当然，在人的一生中，不可能全然是痛苦，更不可能全然是欢乐。在痛苦与欢乐的交替中，人才能更深刻更全面地理解和体验人生。

在痛苦中拼搏而渴望得到的是欢乐，而在欢乐中体验和享受的同样是欢乐，可见人们对欢乐的追求，从某一个角度说是人生的一个目的。生病的人是痛苦的，渴望康复是人的本能。秃头的人是自卑的，渴望能再度生发是他们正常的欲望。腿跛的人或许会充满忌妒，忌妒他人健全的四肢……凡此种种，无非是因为他们都在追求一种完美的人生，从而享受正常人该享受的欢乐。

“人在福中不知福”说明人对欢乐的追求是永无止境的，而“得寸进尺”则从另一个角度上说明人们正常的心理欲望。所以有人说，痛苦的根源在于人的欲望，在于人有所追求。

印度有一个古老的故事，说佛祖释迦牟尼为了消除人们的疾苦，就从人间选了100个自以为最痛苦的人，让他们把自己体验到的痛苦写在纸上。写完后，佛祖说：“现在，请你们把手中的纸条相互交换一下。”结果，这100个人交换看了别人的纸条之后，个个都非常惊讶。过去，他们总以为自己是最“不幸”的人，现在才知道很多人比自己更痛苦，自己还有什么消沉的理由？于是，众人纷纷接受了人生总会有痛苦的现实。

追求理想的人生往往是痛苦的，但也正是痛苦孕育了我们坚强的人格，使人生变得丰盈而富有内涵。而一旦我们意识到这一点时，便又能从痛苦中感受到无限的欢乐。这是构成我们人生体验和领略人生之美的一个重要方式和途径。

在人生理想追求中存在的这种痛苦有如下诸种不同的表现形式：其一是超越自我的痛苦。这通常是在对人生之美追求中体验到的最强烈最深沉的痛苦，或许可以称其为约翰·克利斯朵夫式的痛苦。在罗曼·罗兰的笔下，约翰·克利斯朵夫对事业、对爱情、对人生理想的执著追求，都为着一个目的：战胜自我人格中的惰性和虚荣，从而超越自我以达到人生理想的升华。他忍受了难以名状的痛苦和折磨，但也因此使自己的人生得以显示出美的风范。其实，每个人都可以感觉到人生的这一事实：在理想人生的追求中，经常会体验和忍受到超越自我承受能力的痛苦，因为作为目标的理想人生无疑正是对自我现实人生的艰难超越。但唯有这个超越，才能达到人生美学的理想境界。

其二是忧国忧民的痛苦。作为社会的人，在自我人生的追求中必然要关注社会，关心国家、民族的兴衰存亡，并在这个为国为民奋斗的过程中造就自己的理想人生。对国家和民族前途的忧虑也深深地使人陷于痛苦之中，正如诗人陈子昂式的痛苦——“前不见古人，后不见来者。念天地之悠悠，独怆然而涕下。”这种痛苦折磨得诗人涕泪交横。但也正是诗人这种忧国忧民的博大情怀和德行，其人格品性才得以深深地感动着无数的后人。

其三是爱情追求中的痛苦。费尔巴哈曾称：爱就是成为一个人。人确实也往往是在爱情中才使自己成为大写的人，可在这一“成为大写的人”的过程中，却同样充满着艰难和不如意。而这几乎无一例外地要带给人们痛苦。这种痛苦最常见的形式就是失恋，恩格斯在描述爱情的痛苦时曾称之为“最优雅、最高尚的痛苦”。这种痛苦有时甚至会导致人们为爱而献身。

佛教在其教义“苦谛”中对人生的痛苦作过许多详尽的阐述和描绘。佛教借此告诫人们：人生苦海无边。而消除这一痛苦的唯一途径即“回头是岸”，看破红尘、根绝一切俗念，达到一切皆空的觉悟。佛教在自己的教义中宣称一切痛苦都可以在彼岸世界消失，但现实的人生痛苦却依然在人生理想的追求中真实地存在着。所以，佛教宣称“回头是岸”，但此“岸”世界仍然充斥着人生的诸种痛苦。

其实，人类正是在正视痛苦并战胜痛苦的过程中，才到达人生理想的彼岸。而人生之真、善、美的丰富内蕴也正是从中孕育和造就的。因为痛苦可以磨炼人的意志品性。如果没有这种痛苦的磨炼，那么，勇敢、力量、坚韧不拔等人格品性往往就无从造就。欢乐的体验对人生而言是轻松的，但痛苦和不幸的考验则使人生有了坚强和怯懦的区分。因而，叶欣巴哈甚至认为，痛苦是人类的导师，灵魂在痛苦的培育下才日益茁壮。人类历史与现实中的无数事实也反复证明了这一点，那些被称为英雄或伟人的人，往往都是在经历了常人所无法想象的痛苦之后才使其人生成功的。所以，罗曼·罗兰断言：“只有体验痛苦的人，才能懂得人生的真正价值。”

痛苦作为生命本体的体验与感受，是任何人都能亲身经历和感受到的，同时任何人也可以亲身经历和感受到欢乐。也就是说，痛苦不是人生的唯一体验，在痛苦之外，我们还体验到生命的欢乐。

古希腊哲人伊壁鸠鲁尽管不恰当地把人性视为先天地具有趋乐避苦的本性，但他对欢乐的研究却给人以启发。他认为人类有两种欢乐的体验：其一是感性、肉体的欢乐，譬如人的嗜好的满足；其二是灵魂、精神的欢乐，即心灵的平静、无所纷扰。而且，他认为人类更应该关注后一种欢乐的体验。正如真正的痛苦不是肉体的磨难而是精神上的困顿那样，真正的欢乐也不是肉体的恣情纵欲，而是精神上的愉悦和满足。

那么，如何获取这种欢乐呢？有学者在总结经验的基础上归纳出如下四点智慧：

智慧之一，不要去想象痛苦。许多人之所以无法体验人生的欢乐，信奉悲观主义的人生哲学，那是因为他们总想象出许多不存在的痛苦。其实，想象的痛苦有时往往比真正的痛苦更让人郁郁寡欢。

蒙田在其《随笔》中曾叙述过一个寓意深长的故事：一个妇人想象自己把一根针和一个面包一起吞下了，于是她不停地哀叫、呕吐，感到一种难言的痛苦。一个聪明的年轻人偷偷地把一根针放到了她的呕吐物中。这位妇人见了，顿时觉得浑身轻松如常。蒙田为此不由地感慨：想象带给人多少并不存在的痛苦啊！

智慧之二，让自己明白真正取之不竭的欢乐之源是对自我才能的发现和开发。自我才能的发现和开发之所以总带给人欢乐的体验，是因为这种发现和开发本身就是一个追求和创造优美人生的过程。可以肯定地说，每个人的聪明、才干、能力和品性方面都有许多尚未发现的新大陆，那就是人的潜能。如果能够不断寻找这些内心世界的新大陆，就能体验到绵绵不绝的欢乐，这种欢乐往往是最深沉持久的。正是从这一意义上，法国思想家莎冈断言：“在人没有将他生命中最高尚、最好的东西发挥出来，没有将他的天赋充分发挥出来以前，我不信他的生活是幸福和欢乐的、他的生命是美好的，不管他的处境如何。”

智慧之三，不要认为命运对自己特别不公正。命运对于每个人都一视同仁，问题在于能否把握住自己的命运。命运对贝多芬和海伦·凯勒来说是最不公正的，可正是在“扼住命运的咽喉”（贝多芬语）的抗争中、在“接受命运，但决不顺从命运”（海伦·凯勒语）的执著中，他们造就了自己最美的人生。

海伦·凯勒（1880—1968 年），是美国一位残障教育家。她在 19 个月大时因为一次高烧而导致失明及失聪。后来在导师安·沙利文（Anne Sullivan）的帮助下，她学会了说话，开始和其他人沟通，并且毕业于哈佛大学（来自百度图片）

海伦·凯勒自幼失明、聋哑，但她仍以坚强的毅力刻苦学习，克服了无数普通人难以想象的困难，不仅读完了大学，而且还使自己成为一位著名的学者和社会活动家。她挑战命运的感人故事曾感动过全世界不同地区的无数心灵。

海伦有一篇著名的散文《假如给我三天光明》。在这篇文章中，她曾这样深情地写道：最近，我的一位好朋友来看我，她刚从森林里散步回来，我问她都看到了些什么。她回答说：“没有看到什么特别的东西。”我这样问自己，在森林里走了一个多小时，却没有发现什么值得注意的东西，这怎么可能呢？我这个有目不能视的人，仅仅靠触觉都能发现许许多多有趣的东西：我感到一片娇嫩的叶子的匀称，我用手抚摸着银色白桦树光滑的外皮，或是松树粗糙的表皮。春天，我满怀希望地在树的枝条上寻找着芽苞，寻找着大自然冬眠后的第一个标志。我感到鲜花那可爱的、天鹅绒般柔软光滑的花瓣，并发现了它那奇特的卷曲。大自然就这样向我展现了千奇百怪的事物……

智慧之四，不要以为自己应该比别人拥有更多的权力去享受人生，而不愿去创造人生。这不仅是不可能的，即便是可能的，也正如人们感受和体验到的那样，没有创造的人生是注定没有欢乐的。

古希腊哲人柏拉图曾把人生的“产业”规定为“健康、美德、力量、财富”。在他看来，谁追求它，谁就拥有它。但他同时又指出，在人生的上述“产业”中无一不蕴藏着痛苦和欢乐的成分：健康是欢乐的，但为了维护健康所作的努力又是痛苦的；美德能带来欢乐，但要使美德填满内心，又有一个痛苦的自我制约过程；力量是一种欢乐，但力量又常常带来纷争的痛苦；财富则既是痛苦的又是欢乐的根源。不仅如此，对这些人生“产业”，得不到它是痛苦的，得到它却是欢乐的；得到它又失去它是痛苦的，失而复得又是欢乐的；没有得到它时，追求的过程可能是欢乐的，可得到它不知道如何拥有和使用它则是痛苦的……人生的痛苦和欢乐在这里永恒地交织着、更迭着。

为此，许多人抱怨人生的痛苦和欢乐是倏忽多变和不可预料的。一些人则干脆宣称：既然无法探索人生中的痛苦和欢乐，那就不要试图去探求什么痛苦和欢乐。然而，苏格拉底说过，“没有思考的人生是不值得活的”。谁如果放弃对人生的探索，放弃对人生追求中痛苦和欢乐的体验，事实上他也就放弃了人生。

事实上，痛苦和欢乐不仅相互包含和转化，而且其本身也往往具有相对的意义。劳作对于怠惰者是痛苦，而对于创造者则是欢乐；节约对于奢侈者是痛苦，而对于简朴者而言则是欢乐，如此等等。正因为有了痛苦和欢乐的交织，才使人生摆脱了单调和乏味。真正的自我人生掌握在于对痛苦和欢乐的认定上。

第二节　人生成败是如何决定的

一切的和谐与平衡，健康与健美，成功与幸福，都是由乐观与希望的向上心理产生与造成的。

——［美］乔治·华盛顿

人生的成功与失败绝不是偶然的，所谓成功者有成功的理由，失败者有失败的原因。我们只有掌握成败的规律和影响要素，积极朝有利的方向去努力，才能在人生过程中一次又一次地超越自我，实现对成功的不断追求。

一、成功者与失败者的差别

成功者之所以成功，不仅是因为他们具有超越常人的才华，更重要的是因为他们具有不同于失败者的独特气质。而这种气质只存在于细微的差别之中。

一个成功的人无论在什么情况下，都能发现并抓住成功的机遇，因为他对机遇有一种特殊的感觉。而遭遇失败的人往往会在机会从身边悄然溜走时毫无察觉。

美国成功学学者拿破仑·希尔说过这样一段话："人与人之间只有很小的差异，但是这种很小的差异却造成了巨大的差异！很小的差异就是每个人所具备的心态是积极的还是消极的，巨大的差异就是成功和失败。"

成功者也不可能常胜。有时要想成为一个成功者，失败的次数还要多于成功的次数。但是，成功者的失败不同于失败者的失败。成功者的失败绝不容许其成为决定性的失败。他也许主动选择撤退，但不会屈服。当遇到失败时，他所表现出的气质会使人感觉到他似乎仍在必然成功的道路上，只不过经历了一次暂时而无关紧要的挫折而已。而失败者的失败则是一场灾难。他很容易被毁灭，失败迫使他失去据点而后退，失败从他身上夺走了某些宝贵的东西，暂时地，有时甚至是永远地。

成功者的成功也不同于失败者的成功。成功者的获胜给人的印象是：他的成功正是他所预期的。他视成功为理所当然，他自然会感到高兴，但他对成功的反应却是冷静的，因为在别人眼里，他正筹划着下一次更大的成功。而失败者却认为他的成功是意外，是巧合，表现得大为惊奇，甚至举行一个盛大的庆祝会。从他对成功的反应，就可以看出他并未期望成功，因为他习惯于失败。

请观察一下你所认识的人，为什么你认为某人是个胜利者或成功者，而某人是失败者呢？你对他们的看法，难道不是至少有一部分判断是受他们的气质影响吗？一个人在职场表现得像一个成功者，他便拥有了成功者的声誉。而他的行为和声誉会推动他成为一个真正的成功者。如果一个人表现出失败者的行为，人们便会认为他是一个失败者，并且会以对待失败者的态度来看待他，这将更使他成为一个失败者。

成功者的一种重要气质是从容不迫。从容不迫有助于事情的成功吗？有！古今中外的许多名将和领袖，都具有从容不迫、指挥若定的气度和雅量，这使得他们屡屡得以化险为夷、大胜而归。中国历史上就有许多从容不迫、以少胜多的著名战例，比如因淝水之战而闻名的谢安，在决战时刻，他没有坐卧不宁，而是若无其事地与人下棋。其间侄子谢玄的捷报传到，他看完信，默然无语，徐步走回棋局。直到有人问战局如何，他才平静地答道："小孩子们打了胜仗。"表情和平常一样。虽然在出门时鞋跟都踩断了的事实泄露了他内心的激动，但一代名相的风范依然为世人称道。

清朝道光年间，王鼎与奸臣穆彰阿同为大学士值军机。王鼎性情刚烈、疾恶如仇，而穆彰阿则阴柔奸诈。每次在御前争执，一个声色俱厉，一个从容自如，争执的事情往往又不易看到最终结果，道光虽是皇帝，能力与个性也同于常人，自然而然会从双方的态度上作判断，久而久之觉得王鼎不免过分，加上穆彰阿善于奉承，自然就偏信他。王鼎的意见越来越不受皇帝的重视与信任，最后他为举荐林则徐复出，竟使用"尸谏"这个过激手段，可见没有从容不迫的气质，是做不好正确的事的。

虽说这是一个反面的例子，但事实证明，无论是在职场还是日常生活中，你的从容不迫会"折服"许多人，使你前进的路走得更快更稳。在猛烈的批评、巨大的争议、超常的压力以及变革的挑战下，能够做到从容不迫，这不只是一种勇气，也是一种技巧，更是一种气质。从容不迫还意味着可以给自己一点时间，保持清醒的头脑，做出正确的判断和选择。

二、心态的重要性

父亲欲对一对孪生兄弟作"性格改造"，因为其中一个过分乐观，而另一个则过分悲观。一天，他买了许多色泽鲜艳的新玩具给悲观孩子，又把乐观孩子送进了一间堆满马粪的车房里。

第二天清晨，父亲看到悲观孩子正泣不成声，便问："为什么不玩那些玩具呢？"

"玩了就会坏的。"孩子仍在哭泣。

父亲叹了口气，走进车房，却发现那乐观孩子正兴高采烈地在马粪里掏着什么。

"告诉你，爸爸。"那孩子得意扬扬地向父亲宣称，"我想马粪堆里一定还藏着一匹小马呢!”

这就是心态的重要性：同样一个圈，乐观者看到的是油炸圈饼，悲观者看到的只是一个窟窿。

有两则有趣的寓言故事同样揭示了心态的重要性。

古时有一位国王，梦见山倒了，水枯了，花也谢了，便叫王后给他解梦。王后说：“大势不好。山倒了指江山要倒；水枯了指民众离心，君是舟，民是水，水枯了，舟也不能行了；花谢了指好景不长了。”国王惊出一身冷汗，从此患病，且愈来愈重。一位大臣参见国王，国王在病榻上说出他的心事，哪知大臣一听，大笑说：“太好了，山倒了指从此天下太平；水枯指真龙现身，国王，您是真龙天子；花谢了，花谢见果子呀!”听后，国王全身轻松，很快痊愈。

有这样一个老太太，她有两个儿子，大儿子是染布的，二儿子是卖伞的，她整天为两个儿子发愁。天一下雨，她就会为大儿子发愁，因为不能晒布了；天一放晴，她就会为二儿子发愁，因为不下雨二儿子的伞就卖不出去。老太太总是愁眉紧锁，没有一天开心的日子，弄得疾病缠身、骨瘦如柴。一位智者告诉她，为什么不反过来想呢？天一下雨，你就为二儿子高兴，因为他可以卖伞了；天一放晴，你就为大儿子高兴，因为他可以晒布了。在智者的开导下，老太太以后天天都是乐呵呵的，身体自然健康起来了。

看来，事物都有其两面性，问题就在于当事者怎样去对待它们。关于心态的意义，美国成功学学者拿破仑·希尔说过这样一段话：“人与人之间只有很小的差异，但是这种很小的差异却造成了巨大的差异！很小的差异就是每个人所具备的心态有积极的和消极，巨大的差异就是成功和失败。”

有人能发挥潜能，实现成功，是因为他能始终保持积极的心态。人生是好是坏，不由命运来决定，而是由心态来决定，我们可以选择用积极的心态看事情，也可以用消极的心态。但积极的心态能激发潜能，消极的心态则抑制潜能。

积极的心态有助于人们克服困难，使人看到希望，保持进取的旺盛斗志。消极的心态使人沮丧、失望，对生活和人生充满抱怨，自我封闭，限制和扼杀自己的潜能。

积极的心态创造人生，消极的心态消耗人生。积极的心态是成功的起点，是生命的阳光和雨露，让人的心灵成为一只翱翔的雄鹰。消极的心态是失败的源泉，是生命的慢性杀手，使人受制于自我设置的某种阴影。选择了积极的心态，就等于选择了成功的希望；选择消极的心态，就注定要走入失败的沼泽。如果你想成功，想把美梦变成现实，就必须摒弃这种扼杀潜能、摧毁希望的消极心态。

美国宾州大学的塞利格曼教授曾对人类的消极心态作过深入的研究，他指出三种特别模式的心态会造成人们的无力感，最终毁其一生。这三种心态是：

第一，永远长存。即把短暂的困难看作永远挥之不去的怪物，这是在时间上把困难无限延长，从而使自己束缚于消极的心态不能自拔。

第二，无所不在。即因为某方面的失败，从而相信自己在其他方面也会失败。这是在空间上把困难无限扩大，从而使自己笼罩在失败的阴影里看不到光明。

第三，问题在我。即认为自己能力不足，一味地打击自己，使自己无法振作。这里的"问题在我"，不是勇于承担责任的代名词，而是在能力方面一味地贬损自己，削弱自己的斗志。

这些消极的心态无疑会对人产生巨大的阴影，阻碍人们取得成功。请记住德国人爱说的一句话："即使世界明天毁灭，我也要在今天种下我的葡萄树。"

你是全力以赴还是尽力而为？

一天，猎人带着猎狗去打猎。猎人一枪击中一只兔子的后腿，受伤的兔子开始拼命地奔跑。猎狗在猎人的指示下飞奔去追赶兔子。可是追着追着，兔子跑不见了，猎狗只好悻悻地回到猎人身边，猎人开始骂猎狗了："你真没用，连一只受伤的兔子都追不到！"猎狗听了很不服气地回道："我尽力而为了呀！"逃脱的兔子带伤跑回洞里，它的兄弟们都围过来惊讶地问它："那只猎狗很凶呀！你又受了伤，怎么跑得过它的？""它是尽力而为，我是全力以赴呀！它没追上我，最多挨一顿骂，而我若不全力地跑我就没命了呀！"人本来是有很多潜能的，但是我们往往会对自己或对别人找借口："管它呢，我们已尽力而为了。"事实上尽力而为是远远不够的，尤其是现在这个竞争激烈的年代。我们应该常常问自己，我今天是尽力而为的猎狗，还是全力以赴的兔子呢？

三、用积极的心态获取成功

心态对于一个人的成败起着十分重要的作用，尤其是积极的心态是一个人取得成功必不可少的。那么，作为年轻的大学生，我们该如何培养积极的心态，努力获取人生的成功呢？有学者提出了非常有借鉴意义的几个方面。

第一，要学会假装。

积极的心态能激发潜能，能给你的人生带来惊喜，那么怎样培养积极的心态呢？安东尼·罗宾指出，如果你想让自己变得积极进取，有一种方法，那就是"假装"。当你在生理上假装拥有某种心态，这种假装有时会有助于达到那种状态。

常有人找安东尼·罗宾，说他办不了某件事，罗宾就说：“装作你能办得到。”通常他们会回答：“不知道该如何假装。”罗宾就说：“就装作你知道怎么假装。你在举止上、神情上、呼吸上，都做出应该是这样的样子。”当他真的装出应有的动作时，马上就觉得自己能办得到。因为生理状态改变的时刻，也就是心态改变的时刻。

你可以去想一想，是不是有哪一件事你做不来，但很想去做。如果你相信能办得到的话，你会怎么做、怎么说、怎么呼吸呢？现在就请你确确实实地展现你认为你能办得到的生理状态来，看看这时候的站姿、呼吸、神情，是不是跟原先认为办不到时的样子有差别呢？如果你生理状态装得分毫不差，这时你就会觉得“好像”你能做到先前认为办不到的事。

每当你觉得办不成某件事的时候，你可以采用这种方法。改变你的心态或心语，或者改变你的举止、神情、语气，你便可以改变当时的心态，使你采取应有的行动。当然最理想的办法就是同时改变生理状态及心语，你便能立即感到重获力量，做出为实现目标而采取应有的行动来。

这种办法也可用于运动方面。当你精疲力竭时，你会不由自主地认为自己是多么累，然后以喘息或坐下来休息的生理状态，来加强传送的信息。可是此时若能下意识地使自己昂然站立，调匀呼吸，便可以很快地恢复正常状态。

第二，要表里如一。

我们的脸上有 80 块肌肉，它们都具有控制血液循环的功能，当我们的身体在经历不寻常的体验时，能稳定地供应一定数量的血液至脑部，使身体运作正常。

心理学教授艾克曼博士说：“我们都晓得，人的情绪会呈现在脸上，不过现在我们发现，这种说法倒过来看也对，那就是人的情绪会随脸上的神情而变。如果你在痛苦时能大笑，那么你内心就不觉得痛苦；如果你呈现悲伤的神情，你的内心就会有此感受。”事实上，艾克曼所说的这个道理经常使测谎仪失去作用。一个人只要在神情、举止、语气、呼吸上都能装出自己所深信的样子，即使满口谎言，也会瞒过测谎仪。

生理状态有一点要特别留意，那就是要表里一致。如果有人告诉了你一个确切的消息，但是言辞却有点闪烁，且举止、神色也有点不自然，那么他就是表里不一。表里不一会让我们不敢坦然去做任何可能的事，也无法使我们产生无畏的心态。像这样的矛盾信息，无异于告诉别人自己有所保留。

你或许有过不信任某人的经验，却又说不出怀疑的理由。虽然你认为他说的很有道理，但就是不愿相信他的话。这种情形是因为你的潜意识接收到了你的意识所没有收到的信息。例如，当你问某人一个问题，他或许会说“是”但同时却摇头做出“不”的表示；或者他会说：“我应付得了。”但眼睛却注视着地面，两肩往前垂着，你可以意识到他其实是在说：“我应付不来。”这表明一方面他希望能满足你对他的期望，但另一方面，他又认为自己做不到。

这就是表里不一致，嘴里说的是一回事，但举止上却是相反的表示。

我们每一个人都曾有过表里不一的经验。虽然口里是那么说，但心里却十分不愿意。如果我们能做到表里如一，就能增加成功的机会，因为表里如一具有很大的力量，那些在各方面都成功的人，就是具备了能够始终如一地组合身心的本能，以获得成功的人。如果你想拥有能力，养成表里如一是十分重要的。

第三，要控制自我的意念。

如果我们能传送控制自我的意念，对于所求能产生看得见、听得到、摸得着的信号，那么我们就能不断地产生极佳的正面结果，即使在成功机会渺茫或根本没有机会的情况下。那些最能干的人，往往是那些即使在最绝望的环境里，仍能传送成功意念的人，他们不但鼓舞自己，也振奋他人，不达成功，誓不罢休。

如果一个人对成功的信念不够坚定，那么他就会在充满困难和阻碍的现实面前畏首畏尾，而很难到达成功的彼岸。我们应该拥有坚定的信念，我们应该相信自己总有一天会走向成功，因为我们每天都在为实现目标而坚持不懈地努力奋斗。坚定的信念可以帮助我们克服重重困难，跨过种种阻碍，坚定的信念可以促使我们付出积极努力的行动。

成功的意念一方面有助于达到目的，另一方面也可以巩固、发展成功的意念。有些人做事是很有目的、方向性的，当他信仰某种思想时，能够毫不动摇地使自己的生活服从于它。这种内心有目的性的人，我们也说他是有意念的人。

第四，要有积极愉快的心情。

人是情绪动物，情绪好的时候，人的思维就活跃、行动就积极、对人也友好，因此，做事和学习都容易成功并获得快乐。因此，心态健康是做事成功的前提。

积极情绪一般能增强大脑的功能，使人的学习、工作及做事效率提高，同时能增强人体的内分泌及免疫功能，少生病。另外，积极的情绪还能缩短人的心理距离，有助于建立良好的人际关系；而消极的情绪一般会降低大脑功能，使人的活动效率下降。另外，消极情绪还往往使人的心理封闭，不利于建立良好的人际关系，并因此而不能有效地利用社会环境资源。值得一提的是，并非所有的积极情绪都对人有益，过度的积极情绪也于人不利。同样，也并非所有的消极情绪都对人有害，适当的紧张可以提高人的警觉性，可以使人奋发图强，也可以增强人的战斗力。因此，良好的情绪应当是适当的积极情绪和轻微的紧张感。

一种思想如果进入人心中，就会盘踞成长。如果那是一颗消极的思想种子，就会生出消极的果实；如果那是一颗积极的思想种子，就会生出积极的果实。

只要你一说出“我觉得心绪不宁”，就会真的使自己“很糟糕”。假定你改说“我觉得很愉快，今天真是一个非常美好的日子”，已经代表着欢乐、幸福的感觉随之而来。因为人们都会喜欢这种感觉，也想分享和你在一起的乐趣，而之后你确实会感到更好一些——这就是自我暗示的作用。

第五，经常使用自动提示语。

积极心态的自动提示语是不固定的，只要是能够激励我们积极思考、积极行动的词语，都可以作为自动提示语。下面是一些有重要意义的提示语，仅供参考：

只要人的心神所能构思而确信，人便能完成它。

如果相信自己能够做到，你就能做到。

我心里怎样思考，就会怎样去做。

在我生活的每一方面，都一天天变得好起来。

现在就做，便能使异想天开的梦变成事实。

不论我以前是什么人，或者现在是什么人，倘若我是凭积极的心态行动的，我就能变成我想做的那种人。

我觉得健康，我觉得欢乐，我觉得好得不得了。

如果我们经常使用这一类自我激励性的语句，并融入自己的身心，就可以保持积极心态，抑制消极心态，形成强大的动力，达到成功的目的。一些重要的自我激励的句子应当经常使用，并牢记在心，让它成为心神的一部分。那样，潜意识才会上升到意识中来，用积极的心态指导人的思想，控制人的感情，从而发挥出潜能，决定命运。

第六，要变“不可能”为“可能”。

“人类的一个主要弱点就是人们普遍熟悉‘不可能’一词，这个词显示出一切规则都不起作用，任何事都干不成。”这个世界上不可能的事太多了，“我不可能在一夜之间成为总统”，“我永远不可能拥有一百万”……人们常常被这种消极心态支配着。实际上，成功总是伴随那些有自我成功意识的人，失败总是伴随那些在乎自我失败意识的人。人们要学会在头脑中将失败意识转变为成功意识。

只要你充分发挥自己的潜力，敢于尝试别人认为不能做、不可能做的事，你就一定能成功。

卖鞋子和卖梳子的故事

两个推销鞋子的推销员，来到非洲，结果发现这里的人都不穿鞋子。其中一个叫苦连天，这个地方怎么会卖得出鞋子呢？于是打包回去了。另一个却喜出望外，他觉得这是多么大的一个市场啊。如果所有的人都穿鞋子，那么我的市场该有多大啊。

三个人要卖梳子给和尚。第一个人苦口婆心，用了全身力气，结果被赶出了庙门。第二个人心思比较缜密，对和尚说，您看那烧香的人们来到山庙之后，头发都被风吹乱了，用梳子给他们梳梳头，对佛祖是种尊敬。于是他卖掉了几把梳子。第三个人点子比较多，对和尚说，香客们都很虔诚，您把梳子当成礼品送给他们，他们在梳头的时候就会感觉到佛祖的存在，那么他们一定会感激庙宇的。于是第三个人卖掉了大部分的梳子。

四、决定人生成败的其他因素

作家符江在《七种要素决定人生成败》一书中提出，方向、知识、思维、行动、心态、人缘和品德七种要素决定人生成败。梁华在《决定人生成败的十大要素》一书中也提出决定人生成败的十大要素：善想、去闯、创新、拼搏、忍耐、巧变、精通、舍取、实干和自控。《细节决定成败》、《习惯决定成败》、《坚持：决定成败的关键》之类的书籍也探讨了人生成败的决定性因素。诸多研究成功学的书籍都从不同角度提出了决定人生成败的各种因素，而我们认为，除强调心态的重要性外，目标和行动是决定人生成败的两个非常关键的因素。

首先是目标。目标也就是人生的方向和定位。一个人怎样给自己定位，如何确立人生的发展方向，都将决定其一生成就的高低。志在顶峰的人不会落在平地，甘心做奴隶的人永远也不能主宰自己的命运。

现实中有不少人，他们聪明、智慧、有活力、有激情，可是就是没有远大的理想和目标，由于没有目标的指引，他们失去了人生前进的方向，把自己的精力和智慧浪费在了没有意义的横冲直撞之中。假如明确了自己的人生目标，我们就会把自己有限的时间和珍贵的潜力用到该用的地方去，调动所有的能量，挖掘所有的潜力，全力以赴追求人生目标。所以，成功大师指出，成为什么样的人比得到什么东西要重要得多。目标不仅仅界定一个人追求的最终结果，它在人的整个人生旅途中都起着重要的作用。

明确的目标既是努力的依据，也是对人的鞭策。目标给人一个看得见的射击靶，随着这些目标的努力实现，成就感会油然而生。对许多人来说，制定和实现目标就像一场比赛。随着一个又一个目标的不断实现，人们的思想、学习方式和工作方式也会渐渐发生改变，人生将从此与众不同。

1970 年，美国哈佛大学对当年毕业的大学生们进行了一次关于人生目标的调查：27% 的人没有目标，60% 的人目标模糊，10% 的人有清晰但比较短期的目标，只有 3% 的人有清晰而长远的目标。1995 年，即 25 年后，哈佛大学再次对这一批 1970 年毕业的学生进行了跟踪调查，结果如下：那 3% 的人，在 25 年间朝着一个既定的方向不懈努力，现在几乎都成为社会各界的成功人士，其中不乏行业领袖、社会精英；10% 的人，短期目标不断实现，成为各个行业、领域中的专业人士，大都生活在社会的中上层；60% 的人，安稳地生活与工作，但都没有什么特别突出的成绩，几乎都生活在社会的中下层；剩下 27% 的人，生活没有目标，过得很不如意，并且常常抱怨他人、抱怨社会、抱怨这个“不肯给他们机会”的世界。

其实，他们之间的差别仅仅在于：25 年前，他们中的一些人知道自己的人生目标，而另一些人则不清楚或不是很清楚自己的人生目标。

现实生活中，没有方向或者跑错方向的大有人在。很多人都坚信“天道酬勤”、“一分耕耘一分收获”、“勤奋 + 汗水 = 成功”等成功格言，殊不知，这些成功之道必定是建立在一个基本前提之上的，那就是正确的方向。也就是说，选择比努力更重要，确定方向比拼搏流汗更重要。如果方向错误，越努力反而离成功越远，离失败越近。

人的一生，要想走向成功，必须有自己的目标，如果没有目标，便犹如大海上没有舵的帆船或看不到灯塔的航船，就会在暴风雨里茫然不知所措，以致迷失方向。无论怎样奋力航行，终究都无法到达彼岸，甚至船破舟沉。有的人一生忙碌，但一事无成，便是因为他们没有目标，导致人生的航船迷失了方向。

塞涅卡说：“如果一个人活着不知道他要驶向哪个码头，那么任何风都不会是顺风。有的人活着没有任何目标，他们在世间行走，就像河中的一棵小草，他们不是在行走，而是随波逐流。”在生活的海洋中，要想做一个成功的舵手，首先必须确立明确的人生目标。人生没有明确的目标，生活就会盲目漂移，做事就没有方向感，就会敷衍了事、临时凑合，导致失去了责任感。没有目标，英雄便无用武之地。

最后，是行动。制定了目标，就必须立刻付诸实践。再美好的目标、再容易实现的目标，如果不立即付诸行动，仅停留在设想中，那么它也绝不可能变成现实。

很多人年轻的时候都有过很多伟大的想法，但真正使这些伟大的想法成为现实的人则只是少数。原因很简单，他们没有立刻行动，他们一直都在等条件成熟的那一天，或者等自己“有空”的那一天。而那一天从来就没有出现过。

不要等你觉得万无一失的时候才付诸行动，不要等你觉得时间充裕的时候才付诸行动，没有条件，要创造条件；没有时间，要挤出时间。总之，一旦目标确定，就要马上行动，一刻也不要耽误。行动不一定会成功，但不行动绝对不可能成功。

不要害怕失败，因为如果你不立刻行动，你连失败的机会都没有，也就无法从失败中吸取教训，从头再来。对于那些指挥大战役的将军来说，每当他们制订一个战略计划时，他们都会同时拟出几个备用方案，以备不时之需。

没有什么目标能够毫无曲折地实现。实际上，你会在行动中不断修正自己的计划，你并没有改变自己原来的目标，目的地是不变的，只是选择了另一条道路去实现它而已。人生就像一盘棋局，你要想下得精彩，就要勇敢落子。当然你应该多算几步棋，优秀的棋手都知道“弈算三步”，人生也需要对未来作出合理的评估，但如果你想把整盘棋都算完再走的话，那么你将永远都无法动一个棋子。

当然，除了目标和行动外，其他一些因素对成败也有重要的影响。比如确立目标和开始行动之后的坚持，即要求人们能自觉克服困难，努力实现目标，即便遇到挫折也毫不气馁。还有注意细节、坚决果断等一系列优秀的品质，无不对一个人的最后成功起到关键的作用。所以，在思考决定人生成败的因素的时候，我们要牢记这是一个系统工程，一个人的成功或失败，是各种因素综合作用的结果，只不过这些因素在特定环境下发挥作用的大小不同而已。

决定大学生成功与失败的十条法则

1. 自我认知

失败的大学生：很少想到如何才能成功，认为自己一辈子就该这样，不相信人生会有什么改变。

成功的大学生：骨子里就深信自己生下来就有远大的志向，血液里充满了对成功的渴望。

2. 休闲

失败的大学生：玩游戏、被肥皂剧的剧情感动得痛哭流涕。

成功的大学生：娱乐的时候也不会忘记几点到几点自己该去做什么。

3. 交际圈子

失败的大学生：游戏朋友、酒肉朋友、娱乐朋友。

成功的大学生：学习朋友、奋斗朋友、创业朋友。

4. 学习

失败的大学生：盲目，没有一个好的学习态度，没有坚持的精神和毅力。

成功的大学生：懂得学习方法，充分利用时间，善于发现问题和请教老师同学。

5. 时间

失败的大学生：一个只想享受充裕时间的人不可能成功，要想悠闲轻松就会失去成功的机会。这种人的时间是不值钱的，有时甚至多余，不知道怎么打发。

如果你可以因为买东西多花了一分钱而气恼不已，却不为虚度一天而心痛，这就是典型的失败者思维。

成功的大学生：一个人无论以何种方式成功，也无论有多大的成功，都必须经过时间的积淀。即使在休息的时候也在思考问题，他们懂得最大限度地发挥时间的作用，有自己合理的时间安排和生物钟，不会因为工作学习而影响休息，不会因为休息而耽搁工作学习，他们会权衡二者的关系。

6. 领导力

失败的大学生：凡事听别人的，没有主见。没有表现自己的欲望。面对竞争总是表现出退缩。

成功的大学生：让别人信服，充分展示自己。以身作则，可以充分调动大家的积极性。懂得在大学里把握一切机会来锻炼自己。

7. 激情

失败的大学生：没有激情，总是按部就班，很难出大错，也绝对不会做到最好。没有激情就无法兴奋，就不可能全心全意投入学习工作。或是做事只有三分钟热度，无法坚持到底。

成功的大学生：有“燕雀安知鸿鹄之志?”“王侯将相，宁有种乎?”这样的激情，坚信成功总有一天属于我！激情是一种天性，是生命力的象征，有了激情才有灵感的火花，才有鲜明的个性，才有人际关系中的强烈感染力，也才有解决问题的魄力和方法。

8. 自信

失败的大学生：要通过一身高级名牌的穿戴和豪华的配置才能给他们带来更多的自信，他们的自信往往不是发自内心和自然天成的。

成功的大学生：正如李嘉诚在谈到他的经营秘诀时说：“其实也没什么特别的，光景好时，决不过分乐观；光景不好时，也不过度悲观。”他们不怕困难和失败，用心在大学里挑战自己，相信自己，即使失败也是一种锻炼。

9. 上网

失败的大学生：去猫扑、搜狐网上聊天、玩电子游戏或网游，这些同学一是时间多，二是逃避现实，试图在虚拟世界里找到自我，而放弃了真正的自我。

成功的大学生：会经常浏览大学生励志类的网站来激励自己，利用大学生成长类的网站提高自己，利用一种积极向上的网络环境来影响自己，与许许多多有识有志的大学生交流成长中遇到的问题，吸取经验。善于总结和分享自己的经验，通过网络共享的方式达到互利互助。

10. 消费花钱

失败的大学生：不懂得父母赚钱来之不易，没有计划和标准的花钱。没有尝试过在大学时自己赚钱、兼职、创业来体验赚钱的不容易。

成功的大学生：他们会尽量用自己的努力来满足自己在大学里的开销，合理支配钱款。在生活上懂得视经济条件量力而为。会在大学里对自己的花销做记录，有自己的个人理财计划。

第三节　在寻求成功中实现自我

> 你一生中唯一能做的事就是成为你自己。
>
> ——［美］卡尔·兰塞姆·罗杰斯

成功即是自我满足、自我实现，达到自己心目中期望的效果。然而，如何把握寻求成功的过程，怎样才是达到了自我实现，却是需要我们深思和认真对待的问题。

一、成功人生从自我认识开始

要取得成功，首先要对自己有一个正确的认识，要给自己一个合理的定位。有一位残疾人来到天堂找到上帝，抱怨上帝没给他一副健全的体格，上帝什么也没说就给残疾人介绍了一位朋友，这个人因刚刚死去不久升入天堂，他感慨地对残疾人说，“珍惜吧，朋友，至少你还活着”。一个官场失意被排挤下来的人找到上帝，抱怨上帝没给他高官厚禄，上帝就把那位残疾人介绍给他，残疾人对他说，“珍惜吧，至少你的身体还是健全的”。一个年轻人找到上帝，抱怨上帝没让自己受到人们的重视和尊敬，上帝就把那位官场失意的人介绍给他，那人于是对年轻人说，“珍惜吧，至少你还年轻，前面的路还很长”。我们都曾经抱怨过，为什么上帝没有给予我们更好、更多的机遇，为什么自己常没有别人的好运气，将生活、工作等方面的失意归结为上天的不公，其实这正是我们对自己没有正确的认识所导致的。

人要看到自己所拥有的，别看到自己所没有的，要认真地珍惜自己，珍惜自己所拥有的。在我们的生活和工作上，在我们的人生道路上，有阳光明媚、风和日丽的时光，路途平坦的旅程；也会有阴风凄冷、风雨交加的时候；还会有崎岖蜿蜒的行程。在得到幸福、取得成绩的时候，要学会总结、学会珍惜自己所拥有的。在遭遇挫折的时候，切不可怨天尤人、一蹶不振，此时，应冷静地审视自己，要看到自己所拥有的，发挥自己所拥有的优势，这样，我们就能够战胜所遇到的困难。

人生的成功不是凭空出现的，在取得成功之前，我们要对自己有正确的认识，正确地定位自己，正确地判断自己的能力和需求，然后设定合理的目标，努力去做。如果我们能够首先看见、学会珍惜自己所拥有的，再在这个基础上去创造美好的人生，那么，我们追求的将会达到人生的最高境界。

财富就在自己的后院

这是一个埃及古老的传说。有个开罗人，一天到晚想发财。日有所思，夜有所梦，有一夜，他梦见一个人从水里冒出，浑身湿淋淋的，一张嘴就吐出一个金币，并且对开罗人说："你想发财吗？有成千上万的金币正等着你呢！"

开罗人急着问："在哪里？在哪里？我当然想发财，我都想得快发疯了。"

"好，"那个吐金币的人说，"想发财，你就得去伊斯法罕，只有到那里才能找到金币。"说完就不见了。

开罗人醒过来，辗转反侧，再也睡不着。"天哪！伊斯法罕远在波斯啊，我到底去还是不去呢？去，我必须穿越阿拉伯半岛，经波斯湾，再攀上扎格罗斯山，才到得了那山巅之城。我很可能死在半路上。"开罗人想，"但是不去，我这辈子大概就发不了财了。"

去，他不见得一定能发财，谁能相信梦里的事？但是不去，他必定会悔恨。

经过几天内心的挣扎，开罗人还是决定冒险。而且，他决定只身前往。

千山万水我独行。开罗人千里跋涉，历经了许多艰难险阻，终于风尘仆仆地到达了"山巅之城"伊斯法罕。

天哪！伊斯法罕不但穷困，而且正闹土匪，开罗人随身带的一点值钱的东西都被土匪抢走了。

当地的警卫总算把土匪赶跑，发现奄奄一息的开罗人，喂他吃东西、喝水，把开罗人救活。

"看样子、听口音，你不是本地人。"警卫队长说。

"我从开罗来。"

"什么？开罗？你从那么远、那么富有的城市，到我们这鸟不生蛋的伊斯法罕来干什么？"

"因为我梦见神对我启示，说到这里来可以找到成千上万的金币。"开罗人坦白地说。

警卫队长大笑了起来："笑死我了，我还常做梦，我在开罗有个房子，后面有七棵无花果树和一个日晷，日晷旁边有个水池，池底藏着好多金币呢！真是胡说八道，快滚回你的开罗吧，别到伊斯法罕来说梦话了！”

开罗人衣衫褴褛，一无所有的回到了开罗，邻居看到他的可怜相，都笑他疯了。

但是，回家没几天，他就成了开罗最有钱的人。因为那个警卫队长说的七棵无花果树和水池，正是他家的后院。他在水池底下，挖出了成千上万的金币。

开罗人有没有白去伊斯法罕这一遭？当然没有。虽然金币就在他自己家里，但是他不去那儿，就永远不会知道。

二、自我实现就是成为你自己

李开复认为，成功就是成为最好的自己，成功不是要和别人相比，而是要了解自己，发掘自己的目标和兴趣，努力不懈地追求进步，让自己的每一天都比昨天更好。

马斯洛在其自我实现理论中认为，人性在本质上既不是善的，也不是恶的，人性至少是中性的，但是趋向善，并且人的内部本性具有保持其“自然”的倾向，如果这些内在本性受到压抑，不能够得到满足实现，就会造成神经症，由于神经症不能形成对事物和现实的准确把握，在行为中就会表现出违背人性要求的特征，从而造成人性之中的恶。所以，要提高人们的道德观念和价值追求，就不再是通过传统的教育，克制、压抑人性中所谓的恶的倾向，而是满足人的各个层次的需要，培养健康人格。这种健康人格，也就是马斯洛的理想人格——自我实现。

自我实现过程意味着发展真实的自我，发展现有的或潜在的能力。自我实现并不是一种终结状态，它是实现潜能的过程，并没有时间和质量的限制。它意味着充分的、生动的、全神贯注的、没有自我意识的体验，形成一体化、和谐的人格，使自己成为一个整体。成为你自己就是自我实现的实质含义。一是从事充分实现自己潜能的实践活动，也就是做一件具有挑战性的事，换句话说就是尽自己全部的努力去做一件对自己而言并不容易的事情，比如说考研、减肥、找个好工作、向心仪的人表白等，对于这些事情我们经过努力付出后得到成功的话，都可能给我们带来自我实现的愉悦感受；二是无论在什么时刻都表现出真诚、和谐、诚实，当你获得一份真正的友谊、体验人与人之间相互帮助、表达你的真实感受时，这些美好的情感同样可以带来自我实现的美好体验；三是当你感到极为幸福的高峰体验也是自我实现。高峰体验是一种身心融合的、发自内心深处的感受，在这种时刻，人会产生一种返璞归真或与自然合一的愉悦情绪。高峰体验是一种成长体验，其中没有任何焦虑，人感受到自我与世界的和谐统一，感受到暂时的力量和惊奇。高峰体验在个体之间差异很大。马斯洛将其比喻为“到自己心目中的天堂去旅行”。

马斯洛关于人的五类需求

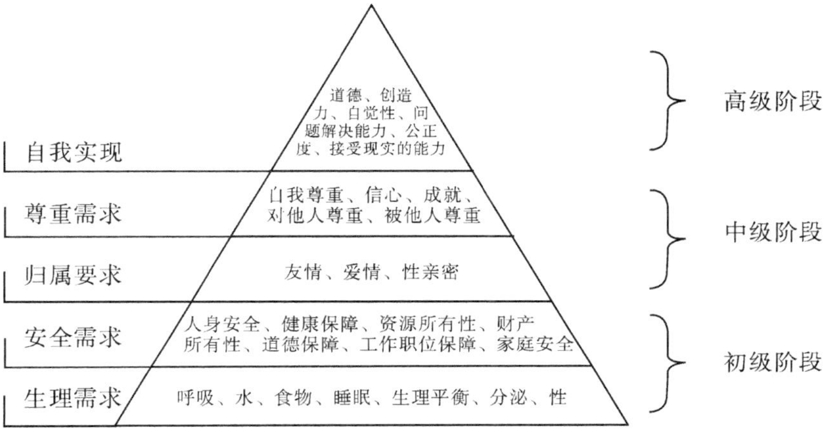

马斯洛需求层次理论（Maslow's Hierarchy of Needs）

无数的事实告诉我们一个可悲的真相：在生活中作为生命个体的人，常常是以一个经过伪装的虚假形象生活着并出现在世人面前的，就像一位演员扮演了与他的自然人格不一致的角色。在某种程度上，每个人都会出现这种情况。毫无疑问，这是由于生活中不同的人要求你扮演不同的“角色”而造成的。比如说我们有时会去做一些父母期望我们做的事而不是我们真正想做的事；有时候我们会不由自主地说些言不由衷的“违心话”，以避免对他人不必要的冒犯。这就是从众的表现。可以毫不夸张地说，几乎每个人都有从众的表现，这种表现有时明显有时隐藏，但却始终存在。如果你不从众，我行我素，你就要为此付出昂贵的代价，不从众则极有可能对你的职业生涯造成重大影响，或使你与他人的关系出现紧张，甚至受到社会的谴责。然而，从众行为付出的代价不会比不从众少，特别是在从众意味着按照与你的“真实自我”相冲突的方式行动的时候，情况就更是如此。在这种情况下，你在世人面前就不得不创造一个“虚假的自我”，掩盖自己真实的面目。而只有摆脱虚假的自我，努力强化自我存在感，还自己一个真实的自我，才能享受到自我实现的欢愉。

所以，成为你自己，就是一种真正个人意义上的成功，就是自我实现要达到的境界。

三、积极面对成败　努力实现自我

寻求成功是一个很有意义的过程，在这个过程中，我们体味着成功与失败、坦途与挫折。那么，如何对待成功与失败、如何应对挫折也就成了我们实现自我过程中必须认真思考的问题。

人类历史中，成功的人多，失败的人亦不少。一个人终其一生，既有成功的时候，也有失败的时刻。在成功与失败之中，他们是怎样让自己心静，保持自己的平衡，站稳自己脚跟的呢？在成功面前，一点点骄傲便会让人止步不前，跌入万丈深渊；在失败面前，一声长吁短叹，便可使之堕落，成为社会累赘。能正确对待成功与失败的人是真正的英雄，他们在举手投足间都能给人无限启迪。

世间所有事物的结果无非两种，一种是成功，另一种就是失败。失败可能是人人都不愿得到的结果，但是失败也能激发人的意志，使人慢慢走向成功。成功是人人都想得到的成果，同时，它也会使一部分人变得骄傲、自满，从而一步步陷入失败的泥潭。

在有些人看来，成功比失败重要，但对颇谙世事的人来说，失败要比成功更重要。古人说得好："失败乃成功之母。"只有失败过才会懂得成功的来之不易，总结自己失败的原因，吸取失败的教训，为走向成功作好"铺垫"，把失败这块绊脚石视为走向成功的垫脚石，这样，离成功就不会太远了。

人人都有经历失败的时候，但是人人对此的感受都不同。有人把失败视为一种耻辱，从此自卑气馁，失去信心，抬不起头；而有些人则把失败当成一种动力，让它帮助自己走向成功。其实失败并不可怕，可怕的是不敢面对失败，只有正视失败，才有取得成功的希望。

成功与失败如影随形，只要有成功就会有失败，经历过失败后，只要继续努力，就会有成功的一天。要敢于面对失败、正视失败，要抱着积极的态度吸取失败带来的经验与教训，在哪里跌倒，就在哪里爬起。当然，面对成功也要谦虚，这样，才能不断取得成功。

人活在这个世界上遇到一些挫折和失败是最平常的事，没有谁一辈子都能一帆风顺，不要因为一次次的挫折和失败而失落、消沉。要把失败和挫折当作走向成功的动力和加油站，把它当作人生的宝贵经验和财富。有人说知识是人生的宝贵财富，其实挫折和失败也同样是人生的宝贵财富。只有正视挫折和失败，迎难而上，永不言弃，这样的人生才有价值，才会精彩。只有经过挫折和失败而获得的成功才是最甜蜜、最有意义的成功，人最大的敌人不是别人而是自己，只有战胜了自己才能走向成功之路。

巴尔扎克说："挫折就像一块石头，让你却步不前，你软它就硬，对于强者却是垫脚石，使你站得更高。”牛顿也说：“如果你问一个善于溜冰的人是如何学会的，他会告诉你：‘跌倒了，爬起来！’”

挫折对不同的人产生的效果是不一样的。一个心理受挫力强的人遇到挫折时，他的人生观和身边的客观因素可能不受其影响或受影响较小，由此造成的心理紊乱也比较轻；如果发生在一个心理受挫力弱的人身上情况就不一样了，尤其是性格偏消极的人。遇到挫折时，应该寻找补救的方法，将挫折化为成功的动力，调整自己的情绪。要理智地分析出现问题的根源，认识自己、了解自己和勇于面对现实。困难总是暂时的，只有坚持不懈地努力做生活的强者，才能将挫折化为成功的垫脚石，才能实现真正的自我。

阅读链接

没有方向感是最要命的

当一个人连自己的目标都不知道是什么，任何方向对他来说都是不顺的。

——丁磊

20岁至30岁这十年，对每一个人来说，无疑都是最关键的，容不得半点儿闪失。因为这十年将决定我们人生事业的雏形，为后半生的幸福与成败奠定一个基础。

雨果说过，幸福的人都是幸福的，不幸的人各有各的不幸。人生的幸与不幸，全在我们自己手中。我们30岁以后过得好与坏，往往在于我们今天做了些什么、这十年里做些了什么。

然而，这十年又是人生最迷惘、最容易走错路的时期。因为面对五彩缤纷的世界，面对千种诱惑、万般选择，我们不知道何去何从，不知道哪一条路才是自己最好的选择。

下面是一个在校大学生在网上袒露的心声：

其实我只是一个在读的大三学生，谈成功我还不够格，我也没成功过，连考上自己心仪的大学这样的梦想我都没有实现，可我一直渴望或者说幻想着有一天自己也能走向成功、走向辉煌。

可是在当前中国这样的教育体制下我显然不能成才，哪怕是获得自己最切实想要的。我只能靠自己去寻找去争取，所以我果断地放弃了考研。

然而我又很迷茫了，不知道该如何走自己的路，因为我不能确定自己的方向。

尽管犹豫了好久，我很艰难地为自己选择了目前看来是最好的选择，但事实上我也不知道这条路究竟适合不适合自己。

一直以来，我很苦闷，很困惑。

这也许是很多二十几岁年轻人内心世界的真实写照。谁都年轻过，谁都有过这种感觉。每天早晨面对冉冉升起的朝阳，在心里一遍一遍地问自己：我的路在何方？在一个个人生的十字路口，我们不止一次彷徨失措过。

因为年轻，我们没有钱、没有经验、没有阅历、没有社会关系，但这些都不可怕。因为没有钱，我们可以通过自己的辛勤劳动去赚；没有经验，我们可以通过实践去总结；没有阅历、没有社会关系，我们可以一步步去积累。但是，没有方向感，这才是最要命的！

没有方向感，我们就不知道自己正走向哪里。没有方向感，我们所有的努力都缺乏一个标准，我们每时每刻所有的努力都处在一种混沌与盲目的状态之中：没有对错、没有进退、没有成败得失。我们很难判断哪些是对未来而言有意义的事情，更别说掌控自己的命运。这样的人生，对我们来说只能是一场噩梦！

二十几岁的迷惘等于30岁的恐慌、40岁的无能。如果不能在二十几岁时尽快地走出迷惘，我们将很难在30岁以后给自己一个很好的交代。

二十几岁的迷惘，谁都经历过，关键是有的人很快就走出了迷惘，而有的人却一直生活在浑浑噩噩之中。同样的十年时光，有的人活得明明白白、充充实实，有的人却过得稀里糊涂、毫无生趣。人生的差距就在这里悄然拉开了。

（节选自李晓林编著：《决定人生成败的十年：20—30岁你拿这十年做什么》）

案例分析

博士周末南京街头乞讨

周末晚上，丹凤街上熙熙攘攘，每个人都在享受属于自己的周末，没有人会在意街边的一个乞讨者。这是一位中年男子，衣着整洁，头发整齐，戴着眼镜，一身书卷气。与其他乞丐一样，他面前放着一只乞讨用的小碗，里面放着几枚硬币。小碗旁的白纸上也整齐放着两排一角硬币。过了很久，终于有一路人往碗里丢了一个一角钱的硬币，硬币在地上蹦了几蹦。他低头拾起，细心地收到碗里。路上行人稀少，给钱的更少。他也不说话，只是坐着，时而看看路人，时而看看地上的小碗。他木然地看着行人人来人往，可能没有人知道，他竟是南京一所名牌大学的热能博士。

他在1986年考取了南京某名牌大学的热能博士。1990年他毕业留校，分到房子，与爱人也调到了一起。1994年，他和爱人双双辞职，准备到澳大利亚发展，但签证迟迟没有办下来，想再回学校却不能够。孩子刚出生不久，生活困难。后曾开小公司，因不谙市场和人际关系，公司很快就倒闭。他也曾找了几份工作，但均因不满意而失业。导师介绍他到广州一家能源所工作，仍不如意，最后他回到南京。此时他的人生观已经发生了很大变化。

博士说："我不在意别人怎么想、怎么看，也不想为生活所累，我只想过一种最简单的生活。"他还解释，自己只是每周末才出来乞讨，因为周末乞讨所得就足够自己生活一周了。

讨论：如何认识人生的成败？大学生该如何在寻求成功的过程中实现自我？

思考

1. 人生的成败由什么决定？
2. 大学生该如何树立自己的成功观，并积极获取自己人生的成功？
3. 在个人发展道路上，你认为什么是最重要的：金钱，地位，幸福生活或是个人目标的不断实现？
4. 大学生怎样正确认识自我？如何才能实现自我？

推荐阅读

1. 徐彬．决定人生成败的细节．北京：国家行政学院出版社，2006.

只有把小事和细节做得完美的人，才能摆脱命运的羁绊，获得快乐的人生。细节往往可以成为人生的突破口。本书旨在扭转人们对待细节的态度，告诉人们只有真正重视细节，善于处理好人生中的关键细节的人，才会比别人更快一步获得改变命运的机会，才会使自己的人生变得饱满和幸福。

2. 梁华．决定人生成败的十大要素．北京：海潮出版社，2009.

本书本着严谨的态度，以实用为原则，分析总结出决定人生成败的重要因素，为广大读者在追求成功的道路上点亮了一盏明灯，为广大读者在工作和生活中提供了一个权威的人生指导。作者相信，它能成为你人生中的良师益友。

3. 若水．大决定——决定人生成败的白金法则．北京：台海出版社，2010.

只要你保持良好的心态、调整好思路、注重了细节、讲究了方法、懂得了规则，你就能够把握命运、走向成功。这是一本能够让你更清楚地看待生活和工作中的成与败、得与失、贫与富、乐与悲的人生宝典。

4. 李晓林．决定人生成败的十年：20—30 岁你拿这十年做什么．北京：金城出版社，2008.

本书用许多成功人士的真实故事和作者的一些亲身经历，向二十几岁的年轻人提出了一些具体而有益的见解。

5. 金和．人生成功三重门．北京：中国纺织出版社，2007.

本书通过具体生动的典型事例说明深刻的人生道理，引人入胜、发人深省。我们相信，阅读本书一定会改变你对人生的传统认识和理解，使你领悟到非凡的人生道理，并对你今后的事业与生活产生有益的指导和帮助。

6. 财智．决定人生成败的24堂课．海口：南海出版公司，2008.

世界上最重要的人，不是他人，而是你自己。你的信心、勇敢、正直、乐观、机智、谦虚、善良、容忍和丰富的学识、勤恳的工作，才是你的护身符，才能决定你一生的成就。

7. 符江．七种要素决定人生成败．北京：中国工人出版社，2010.

这是一本简约实用的人生哲理手册，一部生动鲜明的人生成功指南。

8. 张应杭．审美的自我．济南：山东人民出版社，2007.

该书第八章第二节“痛苦与欢乐：人生两个永恒的审美体验”从美的角度对痛苦与欢乐做了深刻剖析。

第七章

民族精神与爱国主义

中国是古老的民族，也是勇敢的民族。中华民族有两大优点：勇敢、勤劳。这样的民族多么可爱，我们爱我们民族（当然其他民族也有他们可爱之处，我们决不忽视这一点），这是我们自信心的泉源。

——周恩来

在几千年的发展过程中，中华民族形成了以爱国主义为核心，团结统一、爱好和平、勤劳勇敢、自强不息的伟大民族精神。中华民族的历史之所以悠久和伟大，是因为爱国主义作为一种精神支柱和精神财富起了重要作用。爱国主义是一种深厚的感情，是一种对于自己生长的国土和民族所怀有的深切的依恋之情。这种感情在历史的长河中，经过千百年的凝聚，无数次的激发，最终被整个民族的社会心理所认同，升华为爱国意识，因而它又是一种道德力量，它对国家、民族的生存和发展具有不可估量的作用。当代中华儿女，尤其是年轻的大学生们，理应继承和弘扬这笔宝贵的民族精神财富，做一个忠诚的爱国者。

第一节　弘扬和培育中华民族精神

我们的祖国并不是人间乐园，但是每一个中国人都有责任把她建设成人间乐园。

——巴金

中华民族精神，是在中华民族5 000多年的历史发展中形成的。它既植根于我国优秀的民族文化传统之中，又同中国共产党领导人民在长期革命、建设和改革中形成的优良传统和时代精神结合在一起，它是中华民族生生不息、发展壮大的强大精神动力。

一、“中华民族”的概念

“中华民族”是梁启超在1902年《中国学术思想变迁之大势》中提出的概念，目前“中华民族”是生活在中华大地上所有民族及海外华人的统称。中华民族分布在亚洲的东部和中部。经过民族识别，现今的中华民族包括汉族和其他55个少数民族。除此之外，也有数个未被中华人民共和国官方确定的未识别民族，包括土生葡人、夏尔巴人以及中国犹太人等。因此“中华民族”并不是单纯的民族、种族、公民的人群分类概念，它还是一个政治概念及国族概念，是中国近代民族主义及建立国族的重要概念。从爱国主义的角度来看，“中华民族”一词已成为民族精神、民族情感的凝聚和象征，是“海外赤子”思乡、报国的指向。从感性意义上来讲，“中华民族”应该是“中华儿女”、“炎黄子孙”等词语的引申和发展，具有广泛的涵盖意义。同时，现代概念上的“中华民族”，也是广义上的中国的一个代称。

中华民族有着悠久的历史。从远古起，中华各民族的祖先就劳动、生息、繁衍在祖国的大地上，共同为中华文明和建立统一的多民族国家贡献自己的才智（来自百度图片）

“中华民族”是我们常用的词，充满了上下五千年的历史沧桑感。实际上，这个词或者说这一概念的提出，只有区区一百余年的时间，它是由具有历史悠久的“中华”一词和近代以来由西方传入之“民族”一词相互结合而成的。

“中华”一词出现甚早，是公元300年魏晋时期钟信“天人合一”观念的哲人从“中国”和“华夏”两个名称中各取一字复合而成的。“中”侧重自然（天），寓意天下之中；“华”侧重民族（人），一般代指中国。上古所谓“中国”，即指后世“中原”，但地域不及后世中原广，只相当于今陕西大部、山西西南部、河南西北部一带。据目前中国可信文献，最早出现华夏二字并称的，是《左传·定公十年》“裔不谋夏，夷不乱华”，孔颖达疏曰：“夏，大也。中国有礼仪之大，故称夏；有服章之美，谓之华。华、夏一也。”意即因中国是礼仪之邦，故称“夏”，“夏”有高雅的意思；华夏族的服饰很美，故作“华”。历史学家认为“华”是源于上古的华胥国（位于陕西西安附近），也有人说“华”是因华山而得名，“夏”是因夏水（汉水）得名。久而久之“中华”便成了中国、华夏的代名词。

而“民族”一词，作为近代以来民族学的一个术语，是一个外来词汇，是在19世纪末叶从日本传入中国的。此前，在中国古代文献中，指称人们共同体的词汇，有“人”、“民”、“族”、“家”等，这些词都单独使用。偶然也有把民族两个字连起来使用的，但那是指称中国古代社会的各种社会组织和群体的复数概念，如唐代李筌著《太白阴经》序中有“愚人得之（心术）以倾宗社灭民族”之言。“宗社民族”是指古代社会的各种社会组织。宗是指祭祀共同祖先的社会组织，社是指祭祀土地的社会组织，在宗社聚会祭祀时，特别注意等级秩序。民是指日常生活中的各种群体，如古代称士农工商为“四民”（见《谷梁传·成公元年》），今尚存“农民”称呼。族是指有共同地缘的社会群体，如“四闾为族”（见《周礼·地官》），闾是指相邻的二十五家，相邻百家则为族；族也指有共同血缘关系的社会群体，如父子孙为三族（见《周礼·春官》），自高祖至玄孙为九族。在《太白阴经》序言中，“民族”二字虽然连用，但与近代以来的“民族”一词意义上有明显差别。

“中华民族”一词，乃由近代的梁启超首先提出。1902年，梁启超在《中国学术思想变迁之大势》中指出：“上古时代，我中华民族之有海思想者厥惟齐。故于其间产出两种观念焉：一曰国家观，二曰世界观。”1905年梁启超在《历史上中国民族之观察》一文中，使用了“中华民族”七次（简称为“华族”），并明确表示“今之中华民族，即普遍俗称所谓汉族者”，它是“我中国主族，即所谓炎黄遗族”。由此可知，梁启超认为中华民族就等于汉族，他将中华民族认定为汉族与其前身华夏族，而不是认定中华民族为中国各民族的统称。

梁启超

1912年，孙中山提倡“五族共和说”。“今日中华民国成立，汉满蒙回藏，五族合为一体”。孙中山在中华革命党正式改组为中国国民党以后，主张重提民族主义并扬弃五族的说法：“有人说，清室推翻以后，民族主义可以不要。这话实在错了。……现在说五族共和，我们国内何止五族呢？我的意思，应该把我们中国所有各民族融化成一个中华民族。……并且要把中华民族造成很文明的民族，然后民族主义乃为完了。”

尽管“中华民族”这个词出现的时间不长，但中华民族实体则远在“中华民族”这个族称出现以前数千年就形成了，而且从中华民族内部结构来看，数千年来，内部各族族称在不断变化，数百年一易。族称的演变显示出其中历史内涵的变化；一些族兴起了，一些族衰亡了，一些族迁徙了，一些族与其他族融合后改换族称了。尽管中华民族的内部结构在不断变化，特别是中原政权的更迭，常常导致一些族群向边疆乃至海外迁徙；而另一些边疆族群则向中原汇聚，并建立政权。但不管其内部怎样变化，中华民族本身始终是一个数千年以来包容中国各族共同发展的恒久的主体。

“炎黄子孙”与“海外赤子”

“炎黄”分别指中国原始社会中两位不同部落的首领。炎帝姓姜，是炎帝族的首领。他们自西方游牧进入中原，与以蚩尤为首领的九黎族发生长期的部落间冲突，最后被迫逃避到涿鹿（在今河北省）。后来炎帝族得到黄帝族援助，攻杀蚩尤。黄帝姓姬，号轩辕氏。后来炎黄两族在阪泉（据说，阪泉在河北怀来县）发生了三次大冲突，黄帝族打败了炎帝族，由西北进入了中原地区。

黄帝族和炎帝族又与居住在东方的夷族、南方的黎族、苗族的一部分逐渐融合，形成了春秋时期的华族，汉以后称为汉族。在当时中原地区的民族和部落中，黄帝族的力量较强，文化水平也较高，因而黄帝族就成为中原文化的代表。炎黄二帝就成为汉族的始祖，也被人们称为中华民族的始祖。因而，人们往往称中华民族为“炎黄子孙”或“黄帝子孙”，“炎黄子孙”也就成了中华民族的代名词。

“赤子”一词本指婴儿，孔颖达疏：“子生赤色，故言赤子。”后来将“赤子”一词引申为黎民百姓，最早见于《汉书·龚遂传》：“故使陛下赤子，签弄陛下之兵于潢池中耳。”

唐贞观年间，唐太宗殿试射箭比赛，太宗对大臣说：“王者视四海为一家，封域之内，皆朕赤子……”据此，后来便从中引出“海内赤子”一语。而“海外赤子”则是从“海内赤子”转换而来的。后来“海外赤子”被海外侨胞用以表达他们热爱祖国、向往祖国的赤诚之心。

二、中华民族精神的丰富内涵

所谓民族精神，是指一个民族在长期共同生活和社会实践中形成的，为本民族大多数成员所认同的价值取向、思维方式、道德规范、精神气质的总和。民族精神集中体现了一个民族在一定的自然环境和社会历史条件下生存和发展的独特方式，反映了一个民族的心理特征、文化传统、精神风貌，是一个民族赖以生存和发展的精神支柱。

中华民族精神博大精深，源远流长，是中华民族生命机体中不可分割的重要成分，其实质是中华民族文化的主体精神和品格。在5000多年的发展中，中华民族形成了以爱国主义为核心的团结统一、爱好和平、勤劳勇敢、自强不息的伟大民族精神。

（1）爱国主义。爱国主义是中华民族精神的核心。在中华民族的悠久历史中，爱国主义始终发挥着民族精神的核心作用。正是出于对自己故土家园、骨肉同胞和灿烂文化的眷恋与热爱，中华各民族才能够求同存异，维护整体，在自己的国土上繁衍生息、相互学习、相互帮助，共同劳动、共同生活、共同发展，创造了灿烂的中华文明。为了维护国家的主权和领土完整，捍卫民族的尊严和利益，中华民族同侵略者展开了不屈不挠的斗争，对侵略者无比痛恨，对出卖国家和民族利益的卖国败类极端鄙视，对为国家和民族作出贡献的民族英雄无比崇敬。热爱祖国是贯穿中国历史发展的一条主线，也是中华民族精神的核心。

民族英雄邓世昌

邓世昌（1849—1894），清末海军名将、民族英雄。邓世昌原名永昌，字正卿，广东番禺人，自小立志海军，以御强敌。1867年，考入船政学堂海军驾驶班第一期学习。1874年，以优异成绩从船政学堂毕业，被船政大臣沈葆桢奖以五品军功，派任“琛航”运输船大副。次年任“海东云”炮舰管带。时值日本派兵侵犯台湾，他奉命巡守澎湖、基隆，获升千总。后调任“振威”炮舰管带，代理“扬武”快船管驾，获荐保守备，加都司衔。

1880年，北洋大臣李鸿章“闻世昌熟悉管驾事宜，为水师中不易得之才”，遂将其调入北洋水师，任“飞霆”、“镇南”炮舰管带。是年冬，随记名提督丁汝昌赴英接收订造的“超勇”、“扬威”两巡洋舰，1881年11月，回天津大沽。次年升游击，任“扬威”巡洋舰管带，获“勃勇巴图鲁”勇号。1887年春，邓世昌率队赴英国接收清政府向英、德订造的“致远”、“靖远”、“经远”、“来远”四艘巡洋舰，是年年底回国。归途中，邓世昌沿途安排舰队操演练习。因接舰有功，荣升副将，获加总兵衔，任“致远”舰管带。1888年，邓世昌以总兵记名简放，并加提督衔。是年10月，北洋海军正式组建成军，邓世昌任中军中营副将，仍兼“致远”舰管带。

1891年，李鸿章检阅北洋海军，邓世昌因训练有功，获“葛尔萨巴图鲁”勇号。邓世昌是近代中国第一批自己培养出来的优秀海军将领。他“执事惟谨”、“治事精勤”，刻苦钻研海军战略战术理论，注意学习西方海军的先进技术和经验。在他精心训练下，“致远”舰“使船如驶马，鸣炮如鸣镝，无不洞合机宜”，成为北洋舰队中整训有素，最有战斗力的主力战舰之一。

1894 年 9 月 17 日，在中日黄海海战中，邓世昌指挥“致远”舰一直冲杀在前，在“阵云缭乱中，气象猛鹜，独冠全军”。后在日舰围攻下，“致远”多处受伤，船身倾斜。邓世昌对全舰官兵道：“吾辈从军卫国，早置生死于度外，今日之事，有死而已!”“然虽死，而海军声威弗替，是即所以报国也!”毅然驾舰全速撞向日第一游击舰队旗舰“吉野”号，决意与敌同归于尽。日舰官兵见状大惊失色，拼命逃窜，并向“致远”舰连连发射鱼雷，“致远”舰躲过一发泡沫飞溅的鱼雷后，不幸被另一发鱼雷击中而沉没。邓世昌坠落海中后，其随从以救生圈相救，被他拒绝，并说：“我立志杀敌报国，今死于海，义也，何求生为!”他养的爱犬“太阳”亦游至其旁，口衔其臂以救，邓世昌誓与军舰共存亡，毅然按犬首入水，自己亦同沉没于波涛之中，与全舰官兵250 余人一同壮烈殉国。

邓世昌壮烈牺牲后，清廷谥以“壮节”，按提督例从优议恤并追赠太子少保衔，入祀京师昭忠祠。山东威海百姓感其忠烈，于 1899 年在成山上为邓世昌塑像建祠，以志永久敬仰。1996 年 12 月 28 日，中国人民解放军海军命名新式远洋综合训练舰为“世昌”号，以示中国海军风骨。

（2）团结统一。中华民族是由 56 个民族组成的大家庭。各族人民在中华民族的形成和发展过程中，在为祖国的兴盛和进步的团结奋斗中，都作出了自己的贡献。中国历史上虽然曾经出现过暂时的分裂现象，但民族团结和国家统一始终是中华民族历史的主流，是中华民族进步和社会发展的重要保障。在中国历史上，一些杰出的政治家站在维护民族团结的高度上，坚持“和为贵”和宽厚仁爱的原则，用信义、和平的方式处理复杂的民族矛盾，“化干戈为玉帛”，使各民族和睦相处，亲如一家。各族人民在长期实践中，特别是近代以来，在反对外来侵略的斗争中，切身感受到国家的统一是民族生存和发展的基本前提，他们用自己的实际行动谱写了一曲又一曲维护统一、反对分裂的颂歌。

（3）爱好和平。在长期的历史发展中，中国人民同世界各国人民在经济、政治、文化各方面进行了友好的合作与交流。爱好和平的优良传统，使中华民族具有宽阔的胸怀，大胆地吸取世界上一切文明成果，也努力为世界文明的进步作出自己应有的贡献。“礼仪之邦”、“协和万邦”、“德莫大于和”等观念深深地扎根于中华民族的传统之中。“亲仁善邻”、“讲信修睦”等，充分表现了中华民族在处理民族问题上的宽宏胸襟。

（4）勤劳勇敢。中华民族的伟大生命力，就蕴涵在勤劳勇敢这种民族精神绵延不绝的传承之中。在中华民族的意识中，勤劳是一切事业成功的保证，是兴家立国之本。在中华民族的历史上，勇敢是被广为推崇、褒扬的美德，它要求人们无论是遭遇险风恶浪，还是面对残暴权势，都要有无所畏惧的精神；为了追求真理、坚持正义，要有置个人得失、贫富、生死于度外的勇气。中国人民依靠这种精神，不断战胜自然和社会带来的各种艰难险阻，使得中国作为人类文明发祥地之一，在漫长的历史进程中，文化传统始终没有中断。即使到了民族最危机的时刻，也总能够转危为安，由弱变强。在新的历史时期，这种精神仍然是保持中华民族勃勃生机的力量源泉。

（5）自强不息。作为中华民族精神的重要内涵，它具体体现为“富贵不能淫、贫贱不能移、威武不能屈”的坚贞刚毅品质，体现为“夸父追日”、“精卫填海”、“大禹治水”、“愚公移山”等不屈不挠的精神，体现为“因时而变”、“随时而制”、“与时偕行”、“与日俱新”等与时俱进的精神。中华民族之所以能在5 000多年的历史进程中历经挫折而不屈，屡遭坎坷而不馁，靠的就是这样一种自强不息的精神。这种自强不息的精神，在瞬息万变的今日世界，更加显示出其重要性。

作为中华民族精神在当代的杰出继承者和弘扬者，在领导中国人民进行民主革命、社会主义革命和社会主义建设的长期实践中，中国共产党适应时代和社会发展的要求，不断丰富和发展着中华民族精神，把中华民族精神提升到一个崭新的高度。

在革命战争年代，以毛泽东同志为核心的第一代领导集体非常重视民族精神的社会作用。毛泽东强调“人总是要有一点精神的”。中国共产党人创造了井冈山精神、长征精神、延安精神、红岩精神、西柏坡精神等革命精神。新中国成立后不久，毛泽东就号召全党同志一定要保持革命战争时期的那么一股劲，那么一种革命热情，那么一种拼命精神，把革命工作做到底。在社会主义建设时期，中国共产党又塑造出雷锋精神、焦裕禄精神、铁人精神等。

在改革开放新时期，以邓小平同志为核心的第二代领导集体同样重视民族精神的社会功能。邓小平强调指出，要教育全党同志发扬大公无私、服从大局、艰苦奋斗、廉洁奉公的精神，坚持共产主义思想和共产主义道德。他还要求全党同志要坚持发扬五种精神，即革命和拼命精神，严守纪律和自我牺牲精神，大公无私和先人后己精神，压倒一切敌人、压倒一切困难的精神，坚持革命乐观主义、排除困难去争取胜利的精神。

以江泽民同志为核心的第三代领导集体，在新的历史条件下，始终如一地坚持两手抓、两手都要硬的战略方针，大力倡导“64字”创业精神、孔繁森精神、

“两弹一星”精神、抗洪精神等。在新世纪新阶段，胡锦涛同志更是进一步提出了抗击“非典”精神、载人航天精神、抗震救灾精神、北京奥运精神等。

中国共产党人倡导和培养的这些精神，都是以爱国主义为核心的团结统一、爱好和平、勤劳勇敢、自强不息的伟大的中华民族精神的新发展，体现了继承与创新的统一。坚持结合时代特征，弘扬和培育中华民族精神，不断增强中华民族的凝聚力，是中国共产党总结多年来的实践概括出来的十分宝贵的经验。

三、中华民族精神在民族发展中的作用

任何一个民族要存在，要在世界上占有一席之地，不能没有民族精神。一个民族要发展，没有振奋的精神和高尚的品格，不可能自立于世界民族之林。任何一个民族，都是以它自身的特点与其他民族相区别，同时也以自身独特的精神品格与其他民族共同发展。近代著名学者章太炎曾经精辟地指出：“民族精神存，则国存；民族精神亡，则国亡。”当今杨叔子院士的话更是一语中的：“一个国家，没有先进的科技，一打就垮；没有民族精神，不打就垮。”由此可见，民族精神在民族生存和发展过程中所起的重要作用。

中华民族是勤劳勇敢的民族，在它的发展过程中，中华民族精神对于中华民族生存和发展起到了十分重要的作用。

（1）维护了统一的多民族国家的发展模式。从远古开始，中华先民就在华夏大地上繁衍生息，建立了紧密的联系，用自己的勤劳和智慧共同建设开发祖国。2 000 多年前，先民们就建立了幅员辽阔的统一的多民族国家。随着统一的多民族国家的形成，“大一统”的观念日益深入人心。千百年来，国家政权虽屡次更迭，间有盛衰，但中华各民族在迁移、聚集和战争中形成的民族大融合却从未中断过，崇尚统一、反对分裂的观念日益深入人心。正如孙中山先生指出的：“中国是一个统一的国家，这一点已牢牢地印在我国的历史意识之中，正是这种意识，才使我们能作为一个国家而被保存下来。”分裂是暂时的，统一是长期的，民族团结和国家统一始终是历史的主旋律。在中华大家庭内部，各民族团结统一、和睦相处，共同创造了灿烂的中华文明，为世界文明作出了独特的贡献。

（2）使中华文明传承不辍，成为世界上唯一没有中断的文明。世界其他文明古国都出现过大幅度的文明断层的现象，甚至盛极而衰。唯有中华文明，虽历尽沧桑，饱经磨难，却在跌宕起伏中传承不辍，享誉世界。其根本原因在于民族精神作为中华文明的灵魂，为其注入了持久的生命力，使之具有自主性、主动性和创造性。中华文明在发展过程中，特别是在应对外来文明的挑战中表现出高度的自觉性，不是被动地接受对方的影响，而是积极、主动地选择、取舍、改造、

融合，使之成为自身新的有机组成部分，并不断使中华文明得到新的发展。

（3）使中华民族饱经沧桑而不亡，历尽磨难而新生。中华民族在历史上是一个屡遭劫难的民族，天灾频繁、人祸不断。中华民族在艰难困苦中表现出了惊天地、泣鬼神的精神。每当国家处于危难关头，人们总是能够空前团结，同仇敌忾。中华儿女从来不在侵略者面前低头，他们有着酷爱自由、维护民族尊严和国家独立的传统。日本帝国主义侵略中国的时候，中华民族众志成城，用血肉筑起抗击日寇的新长城，与敌人血战到底，为救亡图存进行了艰苦卓绝、不屈不挠的斗争。经过全民族的八年抗战，终于赢得了民族的解放、国家的独立。中华民族又以巨人的姿态重新屹立在世界的东方。许多试图征服中国的侵略者在遭到中华儿女，特别是普通百姓的拼死抵抗时，都不约而同由衷地感叹“中华民族是不可征服的”。拿破仑曾说过：“中国像一只沉睡的雄狮，它一旦醒来，整个世界都将为之震颤。”其根本原因在于，无论中华民族面临着怎样的危机，都没有失掉民族自信心，而是愈挫愈勇，用自己的生命捍卫民族的尊严。这是一种不可抗拒的力量。

四、大力弘扬和培育中华民族精神

当今世界，众多国家都把弘扬和培育民族精神放到了重要的战略地位。如美国在世界范围内推行“美国精神”；俄罗斯把民族主义作为国家复兴计划的重要战略，普京在两次总统竞选中都强调“俄罗斯精神”；法国人以“法兰西精神”为自豪，把法语作为民族精神的一种符号，把坚持讲法语不讲英语作为一种深厚的民族意识。

建设中国特色社会主义事业，是一项充满艰辛、充满创造的壮丽事业。伟大的事业需要并产生崇高的精神，崇高的精神支撑和推动着伟大的事业。面对世界范围内各种思想文化的相互激荡，更须大力弘扬和培育民族精神。作为一名大学生，更应该自觉弘扬和培育民族精神，把实现中华民族的伟大复兴作为自己的历史使命。

弘扬和培育民族精神，既要弘扬中国古代的民族精神，更要大力弘扬和培育近代以来中国人民在争取民族独立和人民解放、实现国家富强和人民共同富裕的历史进程中形成的伟大民族精神。这些在时代发展中不断提出的精神，是伟大的中华民族精神的发扬光大，是中华民族长期形成的民族精神在现当代历史中震撼人心的新表现，为中华民族精神增添了富于时代精神的新内涵，值得每一个中华儿女倍加珍惜。

弘扬和培育民族精神，绝不是主张狭隘的民族主义。在改革开放的今天，一个民族要生存，就要密切关注世界的发展趋势，要在继承本民族优良传统的基础上，积极吸取人类文明的优秀成果，创新本民族的精神。除了中华民族之外，世界上还有许多其他的民族，他们同中华民族一样，在自己民族的发展过程中创造了优秀的文化，形成了自己特定的民族精神。在各民族相互融合的当今时代，作为一名大学生，一方面要尊重其他民族的精神，深刻认识到民族所特有的民族特点，绝不能以自己民族的精神来作为评价所有民族精神的标准，绝不能因为自己民族的伟大而忽视其他民族的存在，更不能把自己民族的精神强加于其他民族；另一方面要善于吸取其他民族精神的精神为我所用，借鉴其他民族的优点来不断深化我们的民族精神。我们要认识到，中华民族的精神正是在吸取其他民族优秀的文化传统的基础上逐渐形成的。固步自封不可为，妄自菲薄同样不可为。当代大学生要学会同不同国家、不同民族打交道，尊重每一个民族的风俗和传统，学会容纳不同的民族信仰，以开放的态度创新民族精神。

第二节　继承和发扬爱国主义传统

> 我荣幸地以中华民族一员的资格，而成为世界公民。我是中国人民的儿子。我深情地爱着我的祖国和人民。
>
> ——邓小平

爱国主义就是人们对自己故土家园、民族和文化的归属感、认同感、尊严感与荣誉感的统一。中华民族不仅以勤劳勇敢、酷爱自由、富有创造力著称于世，而且素来具有爱国主义的光荣传统。自古以来，热爱祖国就是炎黄子孙引以为豪的崇高品德和宝贵的精神财富。正是这种爱国主义精神，使炎黄子孙团结统一，众志成城，克服了无数艰难险阻，创造出无与伦比的华夏文明，使我们伟大的祖国成为世界文明古国之一。

一、“祖国”的内涵及意义

爱国主义的“国”，具有较为宽泛的含义，既可以指祖国，也可以指一个人、一个民族曾经休养生息、血脉相连、而今已无国民身份的故土，我们称之为“祖籍国”。

中国不是外籍华人的“祖国”。“祖国”是“自己的国家”。当某人加入某一国家的国籍后，他就成为这个国家的公民，这个国家就是他的祖国。我国法律不承认双重国籍。中国是外籍华人的“祖籍国”，所以外籍华人也称为“华人”或“华裔”。

祖国是什么？古今中外，人们都把自己的祖国比作母亲，对她怀着极其深厚的感情，英文中称“祖国”为“motherland”，就是将“母亲”与“土地”两个词合在一起构成的；我国古代盛行祖宗崇拜，“祖国”二字就有“祖先的国度”、“父母之邦”的含义。

现代意义上的祖国比“祖先的国度”和“父母之邦”的内容更加丰富和深广，它至少包含三种要素：第一，自然要素，即本民族赖以生存的特定区域内的土地、海洋、山川等自然风貌和矿产、森林、物产等自然资源所构成的国土；第二，社会要素，即由共同的经济生活、风俗习惯、社会心理、语言文化和历史传统等纵横交织的社会关系紧密连成一体的国民或人民；第三，政治要素，即为了维护社会共同体的秩序、主权、安全和稳定而建立起来的实施阶级统治的政治机构——国家。从这种意义上说，祖国是一个集自然、政治、经济、文化与历史为一体的综合概念，是由一定社会历史阶段、一定区域内的国土、国民和国家机器等基本要素构成的人类生存的社会共同体。正如列宁指出的，祖国就是本国人民赖以生存和发展的“政治的、文化的和社会的环境”。

对于一个中国人来说，无论是土生土长的内地中国人或是港澳台同胞，还是旅居海外的华侨，以及拥有中国血统的华人或华裔，爱祖国或爱祖籍国都有着十分重要的意义。

（1）爱国主义是中华民族的优良传统。中华民族的爱国主义传统和中华民族的历史一样悠久。古往今来，中华民族代代相传、经世不衰的爱国主义优良传统，一直激励着中国人民为祖国的统一、发展和强大而努力奋斗，成为团结凝聚国家和民族、推动历史前进发展的强大的精神力量和宝贵的精神财富。

（2）爱国主义是民族进步与发展的强大精神支柱。在人类发展史上，有哪一个国家像中国这样从未间断地保持、延续着本民族一脉相承的文明传统？有哪一个民族像中华民族这样尽管经历了如此多的内忧外患，饱受了种种苦难却从未被外来的敌人所征服？纵观历史，

曾与中国一起被列为世界文明古国的其他国家，几乎无一例外地都衰落在历史的风尘中。古老的中华民族之所以能够顽强地走到今天，一个重要的原因就是，在千百年来的历史长河中，逐渐形成并不断得以发展的爱国主义传统，已经深深地融入我们的民族意识之中。爱国主义唤起了整个中华民族对祖国的挚爱，并由此激发了强大的民族凝聚力和国家凝聚力，成为动员和鼓舞人民团结奋斗的一面旗帜。为此，才有了“天下兴亡，匹夫有责”的豪言壮语；才有了生生不息、代代崛起的“位卑未敢忘忧国”的仁人志士。正是这种伟大的爱国主义精神，推动着我们这个古老的民族自强不息、艰苦奋斗，历经磨难而不衰，屹立于世界民族之林。

（3）爱国主义是祖国统一和民族团结的强大纽带。中国是一个地域辽阔的多民族国家，中华民族是生长在中华大家庭中的56个民族的总称。在这样一个多民族的国度里，维护祖国统一和民族团结，反对国家分裂，是各民族人民共同的思想感情，更是全体人民的最高利益。历史的事实已经证明，只有在祖国统一和民族团结的条件下，才有可能实现人民的安居乐业和国家的繁荣富强。在从夏朝开始到现在的4 100多年中，粗略计算起来，前两个千年基本统一，后两个千年（秦帝国之后）中，统一时期为1 400多年，分裂内乱时期则不到800年。从总的方面来说，中华民族的统一占据了主流，分裂内乱终归统一。而一个不容否认的基本规律是，强盛的中国全部是在统一时期，积贫积弱的中国全部是在分裂内乱时期。这充分说明，团结统一始终是中国历史发展的主要趋向，而爱国主义则是维系这种趋向的强大动力和纽带。

（4）爱国主义是中华民族伟大复兴的强大动力。中国曾经是世界上处于领先地位的国家，曾为人类文明作出了卓越的贡献。只是到了近代，由于封建统治的腐朽和帝国主义的侵略，中国才落后挨打了。世界文明的发展经过20世纪的空前繁荣后，已迈入更加充满希望的21世纪。这一重要的历史时刻，蕴涵着人类发展的难得机遇，关乎世界上的每个国家以什么样的境况进入21世纪。因而各国之间包括经济、教育、科技、军事等领域的综合国力竞争，在和平与发展的大趋势下愈演愈烈。中华民族要想得到更大的发展与进步，要想在新的世纪争得较为有利的国际地位，就必须最大限度地团结和调动全国各族人民，包括一切爱国的海外同胞，万众一心、奋发图强，为建设一个强大的中国而奋斗。也就是说，爱国主义是中华民族伟大复兴的强大动力。

二、中华民族的爱国主义传统

作为中华民族精神的核心部分，爱国主义经历了一个长期的历史发展过程。

一部中华民族的发展史，就是一部爱国主义的奋斗史。中华民族的爱国主义可以划分为三个时期，即古代的爱国主义、近现代的爱国主义和当代的爱国主义。

（1）古代的爱国主义，是指从中华民族产生起至1840年鸦片战争爆发前的爱国主义行为。这段时期的爱国主义主要表现为：维护和捍卫祖国的统一及民族的团结；反抗阶级压迫、民族压迫和外敌入侵，维护国家主权和民族独立；开发祖国河山，创造灿烂的中华文明。

（2）近现代的爱国主义，是指自1840年鸦片战争开始到1949年新中国成立的爱国主义行为。近现代爱国主义优良传统主要表现为：反对帝国主义侵略，维护民族独立和国家主权完整；反对封建压迫，推翻封建专制制度。中华民族在长期的历史发展过程中，形成了反帝反封建的爱国主义传统。1911年辛亥革命推翻了封建专制，建立了民主共和的国家；20世纪30年代面对日本帝国主义的入侵，中华民族进行了旷日持久的抗日战争，终于取得了世界反法西斯战争的胜利。在反帝反封建的斗争中，“我国人民从不屈从于任何外力，为了救亡图存，推翻三座大山，进行过不屈不挠、前仆后继的斗争，涌现出许多永垂史册的志士仁人和英雄豪杰。一部中国近代、现代史，就是一部中国人民爱国主义的斗争史、创业史”。

抗日烈士张自忠

张自忠

张自忠（1891—1940），汉族，字荩忱，山东临清人，抗日将领。1911年在天津法政学堂求学时秘密加入同盟会。1914年投笔从戎。1917年入冯玉祥部，历任营长、团长、旅长、师长等职。1930年中原大战后，冯玉祥军事集团瓦解，张自忠所部被蒋介石收编。1931年后，张自忠曾任第二十九军第三十八师师长、第五十九军军长、第三十三集团军总司令兼第五战区右翼兵团司令等职。

1937年，上海、南京相继沦陷后，日本侵略者又把兵锋直指徐州，志在夺取这一战略要地。1938年3月，日军投入七八万兵力，分两路向徐州东北的台儿庄进发。待至临沂、滕县时，同中国军队发生了激烈的战斗。当时守卫临沂的是庞炳勋的第三军团。由于实力过于悬殊，伤亡惨重，庞部急待援军。张自忠奉调率第五十九军以一昼夜180里的速度及时赶来增援。张自忠与庞炳勋原是宿仇，但他以国家、民族利益为重，摈弃个人恩怨，率部与庞部协力作战。敌军在飞机大炮掩护下，配合坦克、装甲车向茶叶山阵地发起进攻。张自忠以“拼死杀敌”、“报祖国于万一”的决心，与敌激战，反复肉搏。茶叶山下崖头，刘家湖阵地失而复得达三四次，战况极其惨烈。经过数天鏖战，敌军受到重创，节节败退。中国军队相继收复蒙阴、莒县，共歼敌4 000余人。不久，日军再派坂本旅团向临沂、三官庙发起攻势，妄图有所突破。张自忠和庞炳勋两军奋力拼杀，经彻夜激战，日军受到沉重打击，其向台儿庄前线增援的战略企图被完全粉碎，保证了台儿庄大战的胜利。1940年5月，日军为控制长江水上交通线，调集15万精锐部队发起了攻占枣阳、襄阳、宜昌等地的枣宜会战。张自忠将军本来率部防守襄河以西，当日军攻破第五战区第一道防线，直扑襄阳、枣阳时，身为集团军总司令的张自忠将军，毅然率领预备七十四师和军部特务营东渡襄河，抗击来犯之敌。他写信给河东的第五十九军，“只要敌来犯，兄即到河东与弟等共同去牺牲”，“为国家民族死之决心，海不枯，石不烂，决不半点改变”！渡河后，张自忠将军率部在南瓜店附近顽强抗击日军，重创日军，并截断了日军后方补给线。在日军以重兵对张自忠将军进行合围后，为牵制日军主力造成外线我军对日军实施反包围，张将军力战不退，与敌搏杀，最后身中7弹。弥留之际，张自忠将军留下最后一句话：“我力战而死，自问对国家、对民族、对长官可告无愧，良心平安！”旋即被日军杀害，一代名将张自忠壮烈殉国。

张自忠将军率部截敌后路并阻敌西进，彻底粉碎了日军进攻襄樊、威胁老河口的企图，使整个战局转危为安。张自忠将军壮烈殉国后，重庆成千上万的人们哭拜英灵，为其送葬。他的部下悲愤地唱着复仇之歌：“海可枯，石可烂，死也忘不了南瓜店！”表示要坚决为张自忠将军报仇。翌年5月，其部在当阳地区将围攻张自忠将军的日军酋首横山武彦击毙。

1940年8月15日，延安各界一千余人隆重举行张自忠将军追悼大会。毛泽东同志亲笔为张自忠题写“尽忠报国”的挽联。新中国成立后，人民政府追认张自忠将军为民族英雄，将张自忠烈士墓扩建为张自忠烈士陵园，并于1986年10月，由民政部批准为第一批全国重点烈士纪念建筑物保护单位。北京、天津、武汉等大城市相继恢复了“张自忠路”的名称，以示对这位抗日烈士的永远纪念。

（3）当代的爱国主义，是指1949年新中国诞生之后的爱国主义行为。当代爱国主义的主要特征是：在中国共产党的领导下，实现了爱国主义和社会主义的统一，开创了建设中国特色社会主义的伟大事业，为实现中华民族的伟大复兴而奋斗。面对新的世纪，中华民族从来没有像今天这样扬眉吐气、豪情满怀过。经过新中国成立以来特别是改革开放以后多年的建设，我国的综合国力空前提高，人民生活水平显著改善，香港、澳门相继回归，新中国正迈开巨人的步伐，阔步奔向美好的未来。

中华民族的爱国主义在不同历史阶段有着不同的时代特点，但始终贯穿着一条主线，那就是热爱和开发祖国山河，世代相承地发展祖国的物质文明和精神文明，为人类文明的发展作出贡献；反对民族和国家分裂，始终把维护民族团结和祖国统一作为各族人民的最高利益和神圣职责；实行民族平等、和睦，反对民族压迫，不畏强暴、誓死捍卫祖国领土完整和主权独立，坚决反抗外国侵略；与一切阻碍历史发展和进步的反动阶级与社会势力进行英勇斗争，推动祖国不断前进。

三、中华民族爱国主义的内容和要求

爱国主义最基本的内容和要求是对祖国的热爱。既然爱国主义所忠诚、热爱、报效的祖国是国土、国民和国家组成的社会共同体，那么，对祖国的热爱应体现为爱山河、爱人民与爱祖国的统一。

（1）热爱祖国的大好山河是中华民族爱国主义的基本要求。

俗话说："一方水土养一方人。"对于生于斯、长于斯的每一个人来说，祖国就是我们脚下这块世世代代劳动、生息、繁衍、发展的辽阔大地。祖国具有永恒的魅力和割舍不断的血脉联系，无论我们走到哪里，都无法忘怀。

当然，我们生存的这片土地和世界上其他国土一样，并不是十全十美的，她也存在着一些不尽如人意之处。如山区面积广大，平原面积有限；旱涝、台风、地震等自然灾害频发，危害也较严重；资源总量虽然丰富，但因人口基数大，人均占有的资源量则相对贫乏，人均国土和人均耕地占有量仅相当于世界人均值的1/3，人均森林占有量仅相当于世界人均值的1/5，人均矿产资源储量仅相当于世界人均值的3/5……这些不足之处尽管说明了我国不发达的现实，却能够激发起我们的忧患意识和责任意识，促使我们倍加珍惜祖国的山川河流、田野矿藏，更好地保护、开发和完善这片国土，尽可能地消除、避免或者减少这些不足之处，协调、平衡人与自然的关系，使我们的故土家园更加美好。因为我们的国土优越而赞美她、热爱她，是爱国的表现；因为我们的国土不足而关心她、改善她、建设她，而不是鄙视她、离弃她，更是爱国的重要表现。这种对故土家园、祖国山河的热烈、深沉、充满责任的爱，是爱国主义的基本要求。

（2）热爱各族人民是中华民族爱国主义的核心要求。

热爱各族人民是热爱故土山河的深化和拓展，是爱国主义更深层次的要求。正因为拥有世世代代生息在这片国土上的勤劳、勇敢、善良、智慧的各族人民，他们共同创造了祖国悠久的历史、灿烂的文化，我们的祖国才成为一个源远流长、繁荣昌盛的国度。

中国是世界上最早的民族国家之一。在沧海桑田的历史变迁中，中国始终保持着大一统的国家格局，形成了由56个民族组成的统一大国。也正是由于各族人民世代的努力，才在促进56个民族不断融合的过程中开发了祖国的资源，美化了祖国的山河，才使原始的自然成为人化的自然，成为我们热爱的美好家园。

没有人民的祖国是不存在的，离开人民谈爱国也是不切实际、毫无意义的。一切真诚的爱国者都是热爱人民的。鲁迅先生曾经说过，我国自古以来就有埋头苦干的人、拼命硬干的人、为民请命的人、舍身求法的人，他们不愧为“民族的脊梁”。古人尚能如此，当今时代的爱国者就更应当热爱人民，“横眉冷对千夫指，俯首甘为孺子牛”，为祖国、为人民鞠躬尽瘁，死而后已。邓小平曾在英国培格曼公司出版的英文版《邓小平文集》序言中情真意切地说：“我荣幸地以中华民族一员的资格，而成为世界公民。我是中国人民的儿子。我深情地爱着我的祖国和人民。”

（3）热爱自己的国家是中华民族爱国主义的政治要求。

国家和祖国是两个既有联系又有区别的概念。如果说祖国是由人民组成的社会共同体，那么国家则是这种社会共同体的政治表现形态，是一个政治共同体。其职能的发挥对其统治之下的民族和人民起着十分显著的制约作用，它的兴亡盛衰与其统治下的民族和人民的生存发展息息相关、休戚与共。国家稳定、发达、团结、兴旺，生活于其中的民族、家庭、个人就会安居乐业、幸福健康；国家动乱、分裂、衰败、危亡，生于其中的人民就会颠沛流离、民不聊生。爱国家是社会政治稳定和统一的需要，是社会经济文化生活健康发展、人民生活幸福的需要，也是维护国家主权与独立的需要。因此，许多国家都把热爱自己的国家作为爱国主义的政治要求写入宪法。我国宪法就明确规定：“中华人民共和国公民有维护祖国的安全、荣誉和利益的义务，不得有危害祖国的安全、荣誉和利益的行为”；“保卫祖国、抵抗侵略是中华人民共和国每一个公民的神圣职责”。

世界各国均对自己的国民，尤其是青少年进行爱国主义教育。美国人也讲爱国主义。美国人崇尚前总统肯尼迪的一句名言：“不要问国家能为你做些什么，先问你能为国家做些什么！”他们有很强的民族自尊心和自豪感，总是提倡“我作为一个美国人是幸福的，是值得骄傲的”。他们不仅一贯对国民，包括对儿童灌输这种思想，还采取多种形式不断强化。就拿国旗来说，每逢节日、庆典或集会，家家户户，包括汽车上都挂着国旗。2001年“9·11”事件后，国旗的销售量大幅度地增加。他们在很多产品，包括开心果、杏仁等小商品包装上都印上美国国旗的标志，连儿童的电子游戏，都有组合国旗的类似项目。

爱祖国不是抽象的，而是具体的。祖国的大好河山，自己的骨肉同胞，民族的灿烂文化，是同具体的国家相联系的。我们每个人的发展都是同国家的发展和进步紧密联系在一起的，爱祖国就要心系国家的前途和命运，就要把国家和人民的利益摆在首位，为祖国的统一和繁荣、为人民的自由和幸福贡献力量。

第三节　做一个忠诚的爱国者

人类最高的道德是什么？那就是爱国心。

——［法］拿破仑

爱国既是爱山河、爱人民与爱祖国的统一，作为人们的一种主观精神和行为状态，又表现为爱国情感、爱国觉悟和爱国意志行为三种不同层次相互联系、渗透的发展阶段。爱国主义不仅代表了人们对自己祖国的深厚感情，更体现为现实的义务和责任。做忠诚的爱国者，应当成为每一个中华儿女的基本追求。

一、爱国是情感、觉悟和意志行为的统一

一个真正的爱国者，不仅要有爱国的情感、爱国的觉悟，还必须有爱国的意志行为。爱国是情感、觉悟和意志行为的统一。三者的关系是相互联系、相互渗透、逐层递进的。爱国情感是爱国觉悟的感性基础，爱国觉悟是爱国情感的理性深化，爱国意志行为则是爱国情感、爱国觉悟的必然归宿和实践升华。

（1）爱国情感是爱国主义精神的感性基础。爱国情感是人们对祖国这个社会共同体的一种直接感受和情绪体验，具有强烈的感染力和激发力。爱国情感是一种自发、朴素、纯洁的人类感情，一般而言，每个理智健全的人都有一定的爱国感情，但人们的爱国感情有强烈程度的不同。有的人仅有少量的爱国情感，所以他们只能停留在用情感去爱国，无法达到爱国觉悟与爱国行为的高度。只有具有强烈爱国情感的人，才会具有爱国觉悟和爱国行为。

爱国情感的表现十分丰富，如对祖国养育自己成长的那美不胜收的绿水青山、锦绣家园的衷心赞美和深深依恋之情；对祖国富饶辽阔的国土、悠久的历史和优良的传统、灿烂的物质文明和精神文明，以及各种举世闻名的辉煌成就的钦

佩感和自豪感；对祖国各族人民和骨肉同胞的亲和感、归属感和尊崇感；对中华民族所表现出的强大生命力、发展能力及其对整个人类历史发展所作的贡献和价值的确信而产生的民族自信心；对维护祖国的荣誉和民族的尊严，维护国家的国格和民族成员的人格的强烈要求而产生的民族自尊心；对祖国无限忠诚，对国家的前途、命运无比关心和充满责任感，愿意为祖国的独立统一和繁荣昌盛，为各族人民的安居乐业和幸福生活而献身的责任感、义务感和献身感。当然，那种对损害国家和民族利益的一切言行、人物和事件所产生的否定、憎恶、仇恨、义愤的情感同样也是爱憎分明的爱国情感的重要组成部分。

人们的爱国情感是在社会实践中逐步形成的。任何人总是生活在一定的社会环境之中，生活在一定的民族国家之中，总要受到一定的自然环境、语言文化、风俗习惯、政治经济关系的影响和熏陶，这种生活培养和巩固了一种浓烈的对故乡山川景物、文化习俗、亲朋故旧和生活群体的眷恋之情，这种质朴的自然情感或家园情感是一种刻骨铭心的基础感情，是高层次的爱国主义道德情感产生的基础。随着社会实践范围的不断扩大和这种朴素的家园情感的日积月累，人们逐步从对故土家园的爱扩展到对民族和国家的爱，从对故土家园的依恋之情扩展到对民族和国家的归属感和自豪感，逐步树立起对民族和国家的自信心和自尊心、责任感和义务感，“祖国”在人们心目中渐次成了一个神圣的、崇高的概念。只有当人们真正意识到个人与祖国的关系，个人对祖国应尽的责任和义务时，高层次的爱国主义道德情感才会自觉、坚定和稳固地建立起来。

（2）爱国觉悟是爱国主义精神的理性基础。爱国觉悟是人们正确而深刻认识到个人与祖国的关系，从而采取一定的方式来表现对祖国的热爱。当一个人正确深刻地认识到个人与祖国的本质关系后，就会激发出强烈的爱国情感，意识到并愿意承担自己所肩负的社会责任和历史使命。如有“天下兴亡，匹夫有责”的历史使命感和主人翁责任感，有“先天下之忧而忧，后天下之乐而乐”的忧国忧民意识和奉献精神。

爱国觉悟要求人们从本质上理解个人与祖国的关系，从世界观、人生观的高度确立爱国主义的信念。它要求我们每个人从三个方面正确处理好个人与祖国的关系。其一，爱国主义作为规范每个公民与国家关系的重要政治原则，强调每个公民对祖国的政治责任和义务。热爱祖国、保卫祖国是每一个人都应履行的政治责任和法律义务。其二，爱国主义作为调整个人对国家、民族行为的道德规范，把爱国、报国、兴国、强国、救国看作爱国主义的高尚道德，而把卖国、辱国、祸国、乱国、叛国视为对祖国和民族不道德的丑恶行为。人们对祖国发自内心的爱一旦升华为高尚的爱国主义道德观念，便会对每个人自身的思想和行为产生自觉而又持久的引导和制约作用。其三，爱国主义作为正确认识个人与祖国价值关系的人生价值准则，提倡一种集体主义的人生价值观，强调社会整体利益或祖国利益高于个人利益，倡导一种报效祖国，为社会、为国家献身的精神，并认为只有祖国繁荣富强才能为个人正当利益的实现、个人尊严的维护、个性的全面自由发展创造最好的社会环境。同时，人们也只有在这种为祖国、为社会、为集体的全心全意的无私奉献中才能最大限度地实现个人的人生价值。

对所有中国人来说，爱国觉悟就是在正确认识今日中国的基础上，热爱中华人民共和国。我们的祖国虽然还不很发达，但是，半个多世纪以来，我国所取得的举世瞩目的成就说明，只有社会主义才能救中国，只有社会主义才能发展中国。同时也应看到，我们的祖国尚处于社会主义初级阶段，还需要一个发展、完善的过程。这个过程需要各族人民团结一心，共同努力，将自己的爱国热情化作爱国行动，投身到改革开放的建设中，改变祖国还不发达的现状，而不能因为祖国贫弱而嫌弃、背离祖国，更不能损害、背叛祖国。只有正确看待祖国的历史和现实，意识到自己对祖国的责任和义务，才能真正把爱国情感提升到爱国觉悟的高度。

（3）爱国意志行为是爱国主义精神的客观外化。爱国意志行为是人们坚定爱国志向，将爱国情感和爱国觉悟外化为爱国行为，为祖国的繁荣昌盛尽心尽力，多作贡献。只把爱国停留在口头上，空谈爱国情感、爱国觉悟和爱国志向而不付诸实践的人，只能称作“口头爱国者”。只有将爱国之情、爱国之心、报国之志化作报国之行，做到言行一致，才能称为一个真正的爱国主义者。

要想实践爱国行为，首先，应把爱国热情和觉悟转化为明确、坚定的爱国志向。爱国志向是以爱国情感为基础、爱国觉悟为导向，确定献身祖国的人生奋斗目标，并决心为此而克服困难、勇敢行动。只有把爱国情感、觉悟转化为报国之志，才会产生目标远大、方向明确、勇敢顽强、坚定不移的爱国行动。其次，必须掌握报国本领。报国本领是指建设祖国和保卫祖国必须具备的基本能力和技能。有了报国本领，实现报国之志才有了条件和途径，才能具体实施报国行动，否则爱国行为只能流于空谈。最后，必须发扬献身精神、实干精神和艰苦奋斗精神。在实施爱国行动时，由于种种主客观因素的制约，人们常常会遇到许多难以想象的困难，为了实现爱国的奋斗目标，人们必须最大限度地发挥主观能动性去克服困难。因此，发扬献身精神、实干精神和艰苦奋斗精神对于实施爱国行动非常重要。

金晶用残缺的身体保护奥运圣火

法国当地时间2008年4月7日中午12时30分（北京时间4月7日下午18时30分），北京奥运火炬传递在法国巴黎著名的埃菲尔铁塔下开始了环球传递第5站的传递活动，在这一站有一个非常勇敢和可爱的女孩引起在场所有媒体和中国人的关注，她就是来自中国的年轻火炬手金晶。

金晶原定跑的是第三棒，应从一名法国著名篮球运动员手中接过圣火。后来巴黎方面临时调整了路线，将她传递的地方改在了一公里外的塞纳河边。在巴黎传递火炬时，金晶一脸微笑地出现在街头时，就得到了法国媒体和公众的喜爱。熟悉她的记者都忍不住说："真是一个阳光美女。"

当天，极少数的"藏独"分子企图干扰北京奥运火炬的传递，无耻的"藏独"分子竟毫无人性地把黑手伸向了坐在轮椅上的金晶，试图从金晶手中抢走火炬。金晶面对突如其来的冲击，毫不畏惧，用双臂紧紧抱着火炬。她在用她那残弱的身躯捍卫着奥运精神，这个画面打动了在场的所有人。

事情发生时，金晶正在和几名工作人员一起等待上一棒火炬手的到来。"当时的警力比较少，这时很多'藏独'分子冲过来。他们一开始抢火炬的时候，都被金晶躲开了，最严重的应该是三四个'藏独'分子同时来抢火炬。当时金晶对身后的情况已经不知道了，她的直接反应就是抱着火炬立刻弯腰……"勇敢的金晶低下头，用自己的背保护火炬。工作人员也立刻冲了上来。双方就这么激烈地纠缠起来，看到金晶死也不放手，丧心病狂的"藏独"分子竟然一把抓住金晶的头发，大力拉扯，企图让她松手。

金晶清楚地回忆当时的情景："我没想什么大道理，就只想着'拼了这条命也不能让火炬被抢走，就是拿刀捅我，我也不放手'。"当时金晶的脸上已被抓伤了，下巴被抓得直流血。一旁的护跑手王伟、徐锦，还有导游韩冰，都被打伤了，韩冰的腿被打得鲜血直流。

金晶说，在争夺的过程中，她听到旁边很多人都在为她加油。

很多中国学生挥舞着五星红旗一路跟随着，见到有"藏独"分子挥他们的反动旗帜，就立刻把五星红旗覆盖上去。

冲突平息后，金晶开始了她的传递之路，她是在隧道里进行传递的。当时的画面非常美，明亮的火焰照亮了黑暗的隧道。当时金晶高喊了一句："中国加油！"

评论：金晶，一个少了一条腿的残疾人运动员，当"藏独"分子试图冲击奥运圣火、抢夺圣火时，她坚定地坐在轮椅之上，把正燃烧着奥运圣火的祥云火炬紧紧抱在胸前。

到底是什么让金晶如此的勇敢？那就是她的一颗中国心。面对“藏独”分子她没有害怕，而是表现得如此的坚定，如此的勇敢，她的心完全和祖国相连，她用她的表现捍卫着祖国的尊严，捍卫着祖国的荣耀；在火炬传递过程中，金晶用她的行动，充分地体现了她对祖国的热爱。

在火炬传递之路上，金晶的一句“中国加油”，感动了无数中国人，也点燃了她那颗炙热的爱国心。

二、经济全球化与爱国主义

经济全球化是资本的扩张本性在世界范围内的表现，主要表现在全球性生产经营网络的建立、世界多边贸易体制的形成、金融活动全球化发展趋势与一体化的全球资本市场的形成、投资活动遍及全球与全球性投资框架的形成、跨国公司的作用进一步加强等五个方面。

在经济全球化条件下必须弘扬爱国主义。这首先是因为，经济全球化对民族国家的主体地位和功能提出挑战。经济全球化条件下，民族国家的权力开始发生变化，一部分转移给世界性经贸组织，一部分转移给基层民主。但这并不意味着民族国家主体地位的削弱和消失。今天的国际社会架构仍是以国家为基础的，区域性的经济联盟和跨国公司，都不具有民族国家的主体地位，国家仍是国际社会的互动主体。无论与一个国家内的何种组织和个人作何种交往和互动，都必须首先与这个国家打交道，并征得她的认可，否则一切都没有可能。同时，在经济全球化条件下，国家仍然是本民族整体利益的最具权威的代表者。经济全球化在为各民族国家提供发展机会的同时，也为某些西方发达国家借机控制世界、控制他国，窃取别国的利益创造了机会和条件。当今经济全球化是资本主义发达国家主导的。最有竞争力的西方强国在国际事务上的垄断和霸权，是力图将自身的生产方式逐渐扩展到所有的国家。由于发达资本主义国家在经济发展中占有明显的优势，因此，在经济全球化的进程中他们的获益也大大超过发展中国家。在经济全球化下，商品、技术、信息、劳动力特别是资本在全球范围内的自由流动和配置，都是按资本主义生产方式的规则和要求来实现的，因此在表面公平的原则下，掩盖着事实上的不平等、不公平。由于经济实力不同，发展中国家仍有不同程度地受制于、依附于发达国家的一面。各国相互依存度增大，但并不都是“一荣俱荣，一损俱损”的。事实上，有许多时候，情况恰恰相反。在世界上一个或一些经济体出现麻烦或收缩时，另一个较大的经济体则会受益并产生扩张。一个或一些国家的失败，甚至还会促进另一个国家的成功。凭借其雄厚的资本和先进的技术，以美国为首的国际资本主义通过不平等交换，把广大发展中国家变成它们廉价资源的供应站、获取高额利润的投资对象和推销剩余产品的市场。正所谓“资本流遍世界，利润流向西方”。近年来，世界经济中接连发生过墨西哥金融危机、亚洲金融危机，包括一些发达国家在内经济很不景气，而美国经济却连续增长了近九年。这就是世界各国经济受益并不均衡的有力证明。这就使得南北国家的发展不平衡差距在全球范围内进一步扩大。特别是发达国家和发展中国家人均国内生产总值的指标相差悬殊。在这种情况下，国家仍然是维护本民族权益，抗衡大国控制和掠夺的最具实力的权威力量。在全球化的时代，哪个民族削弱了国家的地位和能力，哪个民族将面临毁灭性的生存危机。只要国家存在，爱国主义就有坚实的基础。

在经济全球化条件下，国外势力妄图西化和分化中国的战略并未改变。比如美国为了西化、分化中国，美国中央情报局在其极为机密的《行事手册》中，专门制定了搞垮中国的《十条诫令》，淋漓尽致地表现了西方敌对势力的恶毒用心与卑鄙手段。而正在成长的中国青少年一代所受的消极影响更是令人忧心，很多青少年看不到中华民族的力量和智慧，民族自豪感和气节感低落。一个针对13~22岁的中国青少年人群的调查显示，他们在被问到“如果能够得到美国绿卡，要不要”时，90%以上的人都答“要”。随着中国综合实力的迅速发展壮大，西方发达国家认为中国是他们潜在的竞争对手，纷纷抛出“中国威胁论”，企图遏制中国，如“粮食威胁论”：中国耕地只有全世界的7%，而中国的人口却有22%，那么全球人民吃什么呀？世界的粮食不就陷入危机了吗？另外有“中国输出通缩论”：中国的劳动力这么便宜，卖给美国的东西那么便宜；日本经济空虚化了，日本的企业家把工厂都搬到中国去了……这些现象告诉我们，虽然我们与西方发达国家的交往越来越密切，但是他们遏制中国，西化和分化中国的战略始终没有改变。

美国的《十条诫令》

被誉为当今美国超级机密的《十条诫令》最初始于1951年，随着几十年来国际风云变幻，《十条诫令》也随之不断完善，终在苏联解体前后定稿，并正式列入了美国国策性文件《行事手册》。其中对中国进行“和平演变”的战略条文，成为美国搞垮“头号敌人”——中国的行动纲领。

一、尽量用物质来引诱和败坏他们的青年，鼓励他们藐视、鄙视、进一步公开反对他们原来所受的思想教育，特别是共产主义教育。替他们制造对色情的兴趣和机会，进而鼓励他们进行性的滥交。让他们不以肤浅、虚荣为耻。一定要毁掉他们强调的吃苦耐劳精神。

美国为了西化、分化中国，美国中央情报局在其极为机密的《行事手册》中，专门制定了搞垮中国的《十条诫令》

二、一定要尽一切可能，做好宣传工作，包括电影、书籍、电视、无线电波等途径等。核心是宗教传布。只要他们向往我们的衣、食、住、行、娱乐和教育的方式，就是成功的一半。

三、一定要把他们青年的注意力从他们以政府为中心的传统引开来，让他们的头脑集中于体育表演、色情书籍、享乐、游戏、犯罪性的电影，以及宗教迷信。

四、时常制造一些无风三尺浪的无事之事，让他们的人民公开讨论。这样就在他们的潜意识中种下了分裂的种子。特别要在他们的少数民族里找好机会，分裂他们的地区，分裂他们的民族，分裂他们的感情，在他们之间制造新仇、加深旧恨，这是完全不能忽视的策略。

五、要不断地制造"新闻"，丑化他们的领导。我们的记者应该找机会采访他们，然后组织他们的言词来攻击他们自己。

六、在任何情况下都要宣扬"民主"。一有机会，不管是大是小、有形无形，就要抓紧发动"民主运动"。无论在什么场合、什么情况下，我们都要不断地对他们（政府）要求民主和人权。只要我们每一个人都不断地说同样的话，他们的人民就一定会相信我们说的是真理，我们抓住一个人是一个人，占住一个地盘是一个地盘，一定要不择手段。

七、要尽量鼓励他们（政府）花费，鼓励他们向我们借贷。这样我们就有十足的把握来摧毁他们的信用，使他们的货币贬值、通货膨胀。只要他们对物价失去了控制，他们在人民心目中的地位就会完全垮台。

八、要以我们的经济和技术的优势，有形无形地打击他们的工业。只要他们的工业在不知不觉中瘫痪下来，我们就可以鼓励社会动乱。不过我们必须在表面上表现出非常慈善地去帮助和援助他们，这样他们（政府）就显得疲软。一个疲软的政府会带来更大的动乱。

九、要利用所有的资源，甚至在每一个举手投足、一言一笑中，破坏他们的传统价值观。我们要利用一切来毁灭他们的道德人心。摧毁他们的自尊自信的钥匙：就是尽量打击他们刻苦耐劳的精神。

十、暗地运送各种武器，装备他们的一切敌人和可能成为他们敌人的人们。

那么，在经济全球化条件下，如何弘扬爱国主义呢？

首先，要勇于和善于参与经济全球化的竞争，加速提高中国的国力。经济全球化对中国来说，既是挑战，也是机会。一方面要充分利用它所提供的机会，进一步完善生产要素跨境流动和优化配置的体制和政策，继续积极有效地利用外资，加快引进技术的消化吸收和创新提高，促进国内产业优化升级，培育中国的跨国公司和世界知名品牌，迅速提高国力。另一方面，也要看到在大国霸权主义影响下，一些发达国家企图通过全球化影响和控制他国，谋取别国的利益。这就需要具备防范意识，主动采取措施，提高国家对全球经济走势和波动的预测能力和掌控能力，避免可能出现的危机，做到爱国主义与经济全球化的有机统一。

其次，要以宽广的眼光看待世界。经济全球化是世界经济的必然趋势，中国离不开世界，世界也离不开中国。这时的爱国主义，不是狭隘的民族主义，也不是大国沙文主义，在处理中国与世界的关系时，应当注入新的因子和意识，要正确处理热爱祖国与关爱世界、为祖国服务与尽国际义务、维持世界和平与促进共同发展的关系。

对于大学生来说，在处理经济全球化与爱国主义的相互关系上，还要树立以下观念：

（1）人有地域和信仰的不同，但报效祖国之心不应有差别。无论是在国内还是国外，无论政治立场和宗教信仰如何，作为中华儿女，都可以以自己的方式来报效祖国。

（2）科学没有国界，但科学家有祖国。科学是没有国界的，但科学事业的发展和科学家的命运都与自己的祖国有着密切的关系；科学知识是没有国界的，但科学知识的运用却不可能离开具体的国家。当今世界综合国力的竞争，集中体现为科技的竞争和人才的竞争，自然科学家和社会科学家都对国家的繁荣富强担负着重大的责任。

（3）经济全球化过程中要始终维护国家的主权和尊严。在经济全球化背景下，西方某些大国极力鼓吹政治全球化和文化全球化，妄图推行全球政治一体化和文化一体化。政治、文化一体化是指政治制度和文化价值观念的单一化、同一化和无差别化，其实质就是一种强权政治和霸权主义行为，是西方大国在经济全球化加快发展的条件下，利用其经济和军事优势，采用经济、政治、文化，甚至军事的手段，将本国的政治制度和文化价值观念强加给别国，阻挠世界各国政治和文化的多样性选择和发展，推行全球政治制度和文化价值观念的全盘西化，损害别国的主权和尊严。实际上，自国家产生以来，世界各国的政治制度和文化价值观念是多样的，并且是在多样中发展的。西方社会凭借着经济的优越性，使妄图全世界奉他们的政治制度为主流的政治制度，他们的文化为主流文化。这威胁着世界政治制度和文化价值观念的多样性，影响并改变着人们的思想意识、价值观念，不仅侵害了别国，也威胁到世界的和平与发展。对此，一定要保持清醒的认识。在经济全球化的今天，只有弘扬内在统一的爱国主义和民族精神，才能自立于世界民族之林。一个民族，尤其是原先经济文化比较落后的发展中国家，要取得民族独立，巩固民族独立，发展民族独立，不仅需要独立自主的民族经济，独立自主的民族国家，独立自主的民族外交，而且需要弘扬爱国主义，坚决维护自己的主权和尊严，按照国情来选择和发展自己的政治制度和文化，以积极理性的态度参与经济全球化进程，维护本国、本民族的利益。

一位以色列选美女子的美丽抉择

1967 年第三次中东战争时期，“世界小姐”选美比赛中，来自以色列的佳丽当选为该届“世界小姐”。许多人都围着她，“签约吧，将来你可以发大财了”，“签约后你将名利双收，你何必回国呢，你的国家正在打仗，那么一个小国，随时都会被吃掉的”，“你回去多可怕！你现在又有钱，又有名，留在美国吧”。这姑娘却在电视上发表谈话：“世界小姐不是我个人想选的，我只是想让你们知道，以色列是一个优秀的民族，所以我出来竞选了。我想让人们知道地球上有以色列这个国家，所以我要出来竞选。我今天被选上了，就已经完成了我的任务。我也要告诉世界：以色列是个优秀的民族，因为现在，我是世界上最漂亮的女人。同时，我还要告诉世界：以色列这个国家正艰苦奋战，希望全世界的人民同情我们，支持我们！支持我们国家的独立！现在我的国家正在打仗，要钱何用？即使我们以色列亡国两千年，只要我们文化不亡，我们就还能建国。今天我要回去，为祖国而战，要钱何用？”她发表完这番谈话，第二天就坐飞机回国了。这个消息报道后，全世界的人都对以色列刮目相看！于是，以色列军队军心大振，他们把阿拉伯国家的军队打得一败涂地！就是因为一个女孩子的一番话！

三、努力做一个忠诚的爱国者

一个真正的爱国者，在民族团结和祖国统一的大是大非上，应始终以祖国和民族的根本利益为前提，坚决反对一切损害民族团结和祖国统一的错误言行。如一家在天津的日资公司，要开发一款模拟第二次世界大战的游戏软件，游戏的结果是日本取得胜利。我国的五名开发软件的大学生宁可不要高薪愤然辞职，表现了维护祖国尊严的高尚情操。

当代大学生是时代的骄子，代表着祖国和民族的未来，代表着我们事业兴旺发达的希望，其道德素质、科学文化素质和健康素质的全面发展不仅反映了祖国物质文明和精神文明全面建设的水平，而且直接关系到祖国的前途命运。新世纪的大学生要继承爱国主义的光荣传统，成为坚定的爱国者，就必须以振兴中华为己任，育爱国之情，立报国之志，成建国之才，作效国之行，化爱国情感、爱国觉悟为爱国意志行为，为祖国奉献青春，为全面建设小康社会，加快推进社会主义现代化，实现中华民族的伟大复兴而努力学习，创造无愧于时代和人民的业绩。

首先，要增强国家观念和民族意识。坚持“祖国的利益高于一切”的价值准则，培养健康向上的精神状态和高尚的民族气节，热爱祖国，热爱人民，志存高远，胸怀宽广。

其次，要增强历史使命感和社会责任感。自觉维护祖国统一、民族团结和人民利益，自觉遵纪守法，倍加顾全大局，倍加珍视团结，倍加维护稳定。

再次，要弘扬“解放思想、实事求是、与时俱进”的精神，恪尽职守，奋发有为，刻苦钻研，开拓创新，掌握报效祖国的坚实本领，成为振兴中华的栋梁之才。

最后，要积极投身改革开放和现代化建设的广阔舞台，充分发挥聪明才智，实现人生价值，在艰苦创业中报效祖国。

所以，一个合格的爱国者，应该是一个有爱国情感的人，一个基本上能正确认识个人与祖国关系的人，一个能够做到简单爱国行为的人。而忠诚理性的爱国者，则必须是一个有强烈爱国情感的人，一个能够正确深刻认识个人与祖国本质关系的人，一个自觉承担社会历史责任并敢于奉献牺牲的人。

阅读链接

邓中翰的“中国芯”与“中国心”

邓中翰，在20世纪80年代考入中国科技大学地球与空间科学系，上学期间，就尝试用量子物理的理论解释地质问题，他的论文曾荣获“全国大学生科技竞赛挑战杯奖”。1992 年赴美国加州大学伯克利分校留学，是大家公认的最勤奋的学生之一。5 年后毕业时，竟一连取得了三个学位：电子工程学博士、经济管理学硕士、物理学硕士，成为该校建校 130 年来第一位横跨理、工、商三学科的学者。毕业后他在美国人才汇聚的硅谷闯荡，进入 IBM 公司，有幸参与研发世界上计算速度最快的中央处理器。之后，该公司慧眼识才，把邓中翰接纳为高级研究员，负责超大规模集成电路设计研究。很快，多项发明专利也随之诞生，邓中翰因此获得“IBM 发明创造奖”。这时的他，已经是集成电路设计领域引人注目的人物。很快公司的市值也超过了 1.5 亿美元。1999 年 9 月他受国务院之邀回国参加新中国成立 50 周年庆祝活动。10 月，他和来自朗讯贝尔实验室的张辉、惠普的杨晓东等人回国，成立了中星微电子有限公司。他是“中国创造”的实践者。他领导研发的“星光中国芯”系列数字多媒体芯片，彻底结束了“中国无芯”的历史，实现了几代中国集成电路工作者的梦想，是中国电子信息产业从“中国制造”迈向“中国创造”、引领国际市场的重大突破和成功范例。

案例分析

钱学森是我国杰出的科学家，在国内外享有很高的声誉。1989 年被我国国际技术与技术交流大会和国际理工研究所授予“小罗克韦尔”奖章，同时授予“世界级科技与系统名人”称号，用以表彰他“对中国火箭导弹技术、航天技术和系统工程理论”作出的杰出贡献。1991 年获得“国家杰出贡献科学家”荣誉称号。

钱学森早年在美国学习和工作，成为国际知名学者，拥有优裕的工作和生活条件。1949 年，钱学森已经是力学界、核物理学界公认的权威和现代航空科学与火箭技术的先驱，工程控制论的创始人。在国外虽然有优厚的生活待遇，但是钱学森无时无刻不牵挂着祖国。当他听到新中国成立的喜讯后，更坚定了以自己的科学成果为祖国服务的决心。钱学森的正义举动，引起仇视中国的美国政府的不满和愤怒。美国海军次长金布尔恶狠狠地说：“我宁可把这个家伙枪毙了，也不让他离开美美国！无论在哪里，他都抵得上五个师！”不久钱学森遭到美国联邦调查局的非法逮捕。受到残酷折磨和迫害的钱学森，为坚定正义进行了毫不妥协的斗争，他一心向往祖国，始终不渝，表现出了崇高的民族气节和对新生的社会主义的向往和热爱。1955 年 9 月，在周总理和祖国各族人民的关心和帮助下，钱学森举家回到了祖国的怀抱，投身于中国导弹、核武器、火箭技术研究等研究试验工作中，为新中国作出了重大贡献。

讨论：什么是爱国主义？当代大学生怎样做一个忠诚的爱国主义者？

思考

1. 中华民族精神的内涵是什么？它包括哪些具体方面的内容？
2. 中华民族爱国主义的内容和要求是什么？
3. 在经济全球化条件下为什么要弘扬爱国主义精神？
4. 如何正确理解“科学无国界，但科学家有祖国”？
5. 大学生应当怎样做一名忠诚的爱国者？

推荐阅读

1. 蒋清越．你是中国人吗．北京：中国致公出版社，2006.

如果你是中国人，那么，就请从现在做起，去重新拾起祖上光荣，恢复中华民族礼仪之邦的传统，去真心地孝敬父母，敬爱同事亲友，对上司忠心耿耿，对下属关怀备至，多多用心来为大众和社会服务，多去亲近对社会作过贡献的德高望重的长者，去做一个真正快乐而勇敢的中国人。

2. 刘汉昌，朱乃涛．民族精神集粹．北京：知识产权出版社，2009.

本书既对民族精神有关内容作了简要提示和阐述，又精选了部分自古以来最能体现民族精神的典型的人和事。通过这些典型的人和事，使民族精神具体化、形象化，增强了感染力、说服力、影响力。

3. 缪克成，俞世恩．民族精神．上海：上海科学技术出版社，2010.

本书用适合青年学生阅读的对话形式切入，以培养青年学生科学人文素养作为出发点，以围绕民族精神广泛收集史料作为支撑点，通过各个不同的视角，讲述了中华民族精神的丰富内涵。

4. 黄仁伟．中国崛起的时间和空间．上海：上海社会科学院出版社，2002.

中华民族的伟大复兴能否实现，通过什么道路来实现，对整个世界和人类的未来将产生什么影响，已经成为世界上各国领导人和企业巨头关注的焦点，成为各国战略家和知识精英思考研究的课题，成为全球化和多极化趋势中不可回避的重大现象。

第八章

法律原理与法治精神

法律存在的目的是使人们的生活过得更美好。正义之事就是法律所许可之事，正义之人必定守法，这并非出于对法律的恐惧，而在于由正义所推动的一种义务感，一种灵魂趋善、追求神圣事物的责任。

——［古希腊］德谟克利特

法律的格言是这些：体面地生活，不伤害任何人，使每个人做应当做的事。

——［古罗马］乌尔比安

第一节　法律的基本原理

一、法律是什么

（一）法的起源与发展

1. 法的起源

法不是从来就有的，也不是永远存在的。法是阶级社会特有的现象，它的产生和发展经历了相当长的历史过程。

人类在进入阶级社会以前处于原始社会时期，当时既没有国家，也没有法，社会组织是氏族制度，社会规范主要是习惯。正是这种氏族制度和习惯把原始社会的一切都调整和处理好了。恩格斯曾经评论道："这种十分单纯质朴的氏族制度是一种多么美妙的制度呵！没有大兵、宪兵和警察，没有贵族、国王、总督、地方官和法官，没有监狱，没有诉讼，而一切都是有条有理的。……"① 一切问

① 马克思恩格斯选集（第4卷），北京：人民出版社，1995. 95.

题，都由当事人自己解决，在大多数情况下，历来的习俗就能把一切调整好了。

原始社会末期，随着生产工具的改进和生产力的提高，人们共同劳动的产品有了剩余，私有财产开始出现，私有制逐渐形成，产生了阶级分化、阶级对立和斗争。在这种情况下，氏族制度和传统习惯已经无法继续维持社会生活的正常运转，不可避免地要以某种新的社会组织和社会规范来代替它们。处于优势地位的奴隶主阶级为了维护自己在政治、经济上的统治，建立起军队、警察、监狱等一系列暴力机关和专门的管理机关，以镇压奴隶阶级的反抗并管理社会公共事务。与此同时，奴隶主阶级需要把自己的意志上升为国家的意志，并制定或认可法律，以确认、维护和发展对本阶级有利的社会关系和社会秩序。因此，作为阶级矛盾不可调和的产物——法便由此产生了。

然而，法的产生不是一朝一夕的事情，而是经历了漫长的演变和发展过程，即由习惯到习惯法再到成文法的过程。原始社会的习惯规范为法的产生准备了形式和条件，原始习惯与早期的法之间存在着明显的继承关系。但从本质上看，二者有着原则上的区别：前者是氏族组织的公共行为规则，反映着氏族全体成员的愿望和要求，主要靠人们的自觉遵守和首领的威望来维持；而后者是统治阶级意志的体现，确认和维护着有利于统治阶级的社会关系，并以统治阶级掌握的国家强制力来保证实施。

2. 法的历史类型

法的历史类型是指按照法律制度赖以建立的生产关系类型和反映阶级意志的不同，对不同国家和地区的法律进行的基本分类。与国家的本质类型一样，法的历史类型是同社会形态相适应的。人类社会迄今为止已有五种社会形态，除原始社会没有国家和法之外，同奴隶社会、封建社会、资本主义社会和社会主义社会相适应，存在着奴隶制法、封建制法、资本主义法和社会主义法。

（1）奴隶制法的本质与特征。

奴隶制的法是人类历史上第一个剥削阶级的法。同奴隶制国家一样，它是建立在奴隶社会经济基础之上的上层建筑的重要组成部分，是奴隶主阶级意志的体现，是由奴隶制国家制定或认可，并由奴隶制国家强制力保证执行的国家意志，是奴隶主阶级实行阶级专政的工具。

奴隶制的法具有以下特征：首先，它严格维护奴隶主对生产资料和奴隶的占有，确保奴隶主的私有财产不受侵犯，特别维护奴隶主对奴隶的占有权和支配权；其次，用宗教迷信和极端野蛮残暴的酷刑（如活埋、剖腹、活焚等）维护奴隶主阶级的专制统治；再次，它公开确认人们之间的不平等地位，明文规定奴隶没有任何权利及地位，还规定人们之间的不平等（如禁止贵族与平民通婚）；

最后，奴隶制的法还长期带有原始氏族习惯的残余（如复仇）。

（2）封建制法的本质与特征。

封建制的法是上升为国家意志的地主阶级的统治意志，是由封建国家制定或认可，并以国家强制力保证其执行的行为规范，是封建地主阶级统治的工具。由封建制法的本质决定，它具有以下特征：首先，它严格保护封建地主的所有权和农民对封建主的人身依附关系；其次，公开维护封建等级特权制度；再次，它的刑罚严酷、极端野蛮（如凌迟、车裂等）。

中国古代用于刑罚的刑具。它们是古代进行拷讯、拘禁罪犯和执行肉刑时使用的器械，使受刑者在肉体上受到极大的痛苦与摧残。古代的刑具与刑罚同时产生，并随着刑罚的变化而变化（来自新浪网）

（3）资本主义法的本质与特征。

资产阶级的法是在封建时代的后期孕育、萌发并通过资产阶级革命而最终确立的。它以资本主义私有制关系为基础，所体现的国家意志来自占社会少数的资本家阶级，也属于剥削阶级类型的法。

资本主义法是资产阶级长期同封建地主阶级以及宗教专制制度斗争的产物，因而有其历史进步意义。它的本质特征集中体现在下述原则：首先，它提出并确立了“法律面前，人人平等”的原则；其次，宣扬并贯彻“依法治国”、“法治政府”的立法原则，是维护资产阶级统治的手段，但有其局限性；再次，提出并维护契约自由的原则，其实质在于保护资本主义的雇佣劳动制度；最后，它极力捍卫私有财产神圣不可侵犯原则。

资本主义国家的法经过几百年的演变发展，特别是承袭了前资本主义时期西方的法律传统，是人类法制史上迄今为止较为完备的法。资本主义各国的法学家根据法的历史传统对法系作了分类，其中影响最大的是资本主义国家的大陆法系和英美法系。

（4）社会主义法的本质与特征。

社会主义法是由社会主义国家制定或认可，并以国家强制力保证实施的行为规范体系，是工人阶级领导的广大人民的共同意志的体现。这个意志的内容是由社会主义的物质生活条件决定的，也是由社会主义经济结构和阶级结构决定的。现阶段，中国的经济结构是公有制经济为主体，多种所有制形式共同发展；其阶级结构已发生了重大变化，人民的范围不断扩大，工人、农民和知识分子是中国特色社会主义建设的三支基本力量。因此，中国社会主义的法首先要体现国家和社会的领导阶级即工人阶级的意志，其次还反映了农民阶级、知识分子以及广大拥护社会主义和祖国统一的爱国者的意志。

中国的社会主义法是一种新型的法，具有以下五个“统一”的特征：①阶级性和人民性的统一；②强制性和自愿性的统一；③阶级性和科学性的统一；④权利确认和权利保障的统一；⑤一国与两制的统一。

（二）法的含义、本质特征与作用

1. 法的含义

汉字“法”的古体是“灋”。《说文解字》注释为：“灋，刑也，平之如水，从水；廌，所以触不直者去之，从去。”在我国奴隶社会时期，“法”统称“刑”。不过，这里的“刑”与“典型”、“范型”的“型”相通，含有常规、规范的意思。“平之如水”，是说不高不低，不偏不倚，像水一样平。“廌”是传说中的一种神兽，形似牛，独角，生性公正，能辨曲直，古时审判案件，以被廌触者为胜。

廌（獬豸）——中国传统法律文化的象征。相传黄帝就曾用这一能明辨是非曲直的神兽来决断疑狱（来自昵图网）

律，《说文解字》：“律，均布也。”清人段玉裁注释：“律者，所以范天下之不一而归于一。”《唐律疏议》也说：“律之与法，文虽有殊，其义一也。”可见，“法”和“律”都含有规范、划一、公平、公正的意思。

在我国先秦时期，“法”专指各个朝代和各个诸侯国的刑典。自战国李悝“集诸国刑典，造《法经》六篇……商鞅传授，改法为律”后，封建社会各代刑典，一般都称为“律”，如《秦律》、汉《九章律》、《唐律》等。

把“法”和“律”合为“法律”一词，在我国古代就有了。不过，广泛使用“法律”这个词则是近代的事情。在现代汉语中，“法律”一词有广义和狭义两种理解。广义的“法律”指法律的整体，即法律规范的总和。例如，我国宪法规定“公民在法律面前一律平等”，这里讲的法律就是广义用法。狭义的“法律”则专指由特定的国家机关制定的规范性文件。例如，宪法规定“全国人民代表大会常务委员会有权制定法律”，这里讲的法律就是狭义用法。本书在广义上使用“法律”一词时，根据具体的语言环境，有时称“法”，有时称“法律”，而它们的内涵和外延是完全一致的。

2. 法的本质与基本特征

法的本质可以概括为以下三个方面：

（1）法的阶级性。

法的阶级性包括四层含义：法是统治阶级意志的体现；法体现的统治阶级意志具有整体性；法体现的统治阶级意志具有统一性；法的阶级性与社会性相统一。

（2）法的共同性。

法的共同性，即某些法律的内容、形式、作用效果并不以阶级为界限，而是带有相同或相似性。这是因为：第一，法律的规律性影响法和法律的共同性。法律是对客观规律的反映，而客观规律是不以人的意志为转移的客观存在，法律反映客观规律也就决定了不同国家、不同类型的法律具有某些共同性。第二，法律是社会公共管理的手段。第三，法律具有某些特殊的形式，如法律程序、成文表达、专门执行等，所以就有了诸如程序法规、法律语言、适用技术等方面的共同性。

（3）法的物质制约性。

法的物质制约性指法是由一定的社会物质生活条件所决定的。这里的物质生活条件，是指与人类生存条件相关的物质资料的生产方式、地理环境、人口的增长及密度等方面，其中主要是统治阶级建立政治统治所赖以生存的经济基础，是更深层次的本质特性。此外，法还受到上层建筑中其他因素的影响，如道德、文化、历史传统、风俗习惯、宗教信仰等。

法的基本特征由法的本质决定，反映了法的本质和内容的外部现象。从法是社会规范的角度，将它与道德规范、礼仪规范、宗教规范、社会团体规范等社会规范相比较，法具有如下特征：

①法是调整人们的行为或社会关系的规范。首先，法律不是通过对人们思想的调整来调整社会关系的，而是通过对行为的作用来调整社会关系。我们知道，人的行为使人与人的社会关系得以建立和存在，“行为关系”是“社会关系”形成的条件。行为关系是社会关系的一种，它是一种表现于外部的通过人们行为而发生的社会关系。达成社会控制的有效途径是通过对人们行为的调整进而对社会关系进行调整。对于法律来说，不通过行为控制就无法调整和调控社会关系。这是法律区别于其他社会规范的重要特征之一。例如，道德规范是通过思想控制来调整和控制社会关系的，政治规范是通过组织控制或舆论控制来完成社会调整的。其次，法律是一种行为规范。它具有高度规范性、概括性等特点。规范性是指法律规范规定了人们在一定情况下可以做什么，不能做什么，从而为人们确立了明确的行为模式和标准。概括性是指法律规范提供的行为标准是从各种具体行为中概括出来的一般尺度，而不是针对某一特定场合和特定主体的个别性指令。

②法是由国家制定或认可的社会规范。制定和认可，是国家创制法律的两种方式，也就是统治阶级把自己意志变为国家意志的两种途径。在我国社会主义制度下，宪法和法律由全国人大及其常委会制定；国务院和地方国家权力机关及行政机关，可以根据宪法和法律制定行政法规、地方性法规、规章制度等。

③法是由国家强制力保证实施的社会规范。一般社会规范（如道德、教规、习惯、团体章程纪律等）不具有强制性。而法具有强制性，即国家强制性。法是以国家强制力为后盾，由国家强制力保证实施的。不管人们的主观愿望如何，人人都必须遵守法律，否则将招致国家强制力的干涉并受到相应的法律制裁。

④法规定人们的权利和义务。法律规范的核心内容是规定人们之间在法律上的权利和义务，法正是通过规定人们在一定社会关系当中的权利和义务来确认、保护和发展有利于统治阶级的社会关系和社会秩序。一般来说，法律上的权利是指法律赋予人们的某种行为自由，这种自由受法律保护；而法律上的义务，是指法律规定的人们为保障他人的行为自由或社会利益必须履行的某种责任。

3. 法的作用

法的作用和法的本质、目的、特征是密切联系着的。法的作用可以从不同的角度来分析，在此，我们主要讲法的规范作用与社会作用。

根据行为主体的不同，法的规范作用可以分为以下几个方面：

（1）告示作用。即法代表国家发布的关于人们应当如何行为的意见和态度。这种意见和态度以成文形式昭示天下，向整个社会传达人们可以如何或必须如何行为的信息，起到告示的作用。

（2）指引作用。即法律对人的行为起到导向、引领作用，其对象是每个人的行为。

（3）评价作用。即法律具有判断、衡量他人的行为是否合法或违法以及违法性质和程度的作用，评价对象是他人的行为。

（4）预测作用。即当事人可以根据法律预先估计到他们相互之间将如何行为以及某种行为在法律上的后果，其对象是人们相互的行为。

（5）教育作用。即通过法律的普及宣讲与实施对社会成员今后的行为所产生的正面影响，其对象是一般人的行为。

（6）强制作用。即法律对违法行为具有制裁、惩罚的作用，其对象是违法者的行为。

法的社会作用主要体现在以下几个方面：

（1）在政治文明方面。它既能维护、确认和调整统治阶级内部之间、统治阶级与被统治阶级、同盟者之间的关系，又以保障基本人权和约束公共权力为价值追求，维护巩固宪法构架下的民主政治体制。

（2）在物质文明方面。不论是财产法律制度还是契约法律制度、知识产权等法律制度，都鼓励人们以极大的信心和安全感积极地从事增加财富的社会活动和行为，从而促进了经济的发展。

（3）在精神文明方面。它通过惩恶扬善，维护社会治安秩序，改善社会风气，从而促进了社会道德水平的提高。

（4）在生态文明方面。它通过各项立法，保护自然环境，维护生态正义，实现人与自然的和谐，促进可持续发展。

二、法的渊源与法的效力

（一）法律渊源的含义

法律渊源是专门的法学术语，来自于罗马法的 fontes juris 一词，意思是法的源泉、来源、源头。在中外法学著述中，法律渊源是一个包含多种含义的概念，经历了不断演变的历史过程。概括起来主要有以下几种含义：

（1）法的历史渊源，即引起特定法律、法律制度、法律原则、法律规范产生的历史事件和行为。例如，11 世纪的普通法和 14 ~ 15 世纪的衡平法可以理解为现代英国法的历史渊源。

（2）法的本质渊源，即法律现象产生、存在和发展的根本原因，是法的根本性质。例如，古典自然法律理论认为法渊源于人类理性。

（3）法的思想理论渊源，即对一国法律制度、法律规范起指导作用的理论原则和思想体系。例如，西方法律中关于平等原则的规定，其思想理论渊源是自然法学中有关自然正义的学说。

（4）法的文献渊源，即包含着对法律规范的权威性解释和记载的文件，专指法律文件的原始记录、综述和汇编。例如，古罗马的《查士丁尼国法大全》便是典型的古罗马法的文献渊源。

（5）法的文化渊源，又称法的文学渊源，特指有关法律的百科全书、教材、专著以及法学参考资料。

（6）法的效力渊源，又称法的形式渊源或直接渊源，专指具有法律效力的表现形式。

本书采用法的效力渊源说，因为它说明了法的效力的直接来源。一般来说，法律规范的产生方式不同，制定机关的类别不同，其表现形式和法律效力的来源、等级也不同。

（二）法律渊源的种类

1. 制定法

制定法是最为普遍的法律渊源，是指由国家立法机关或有权立法的机关通过法定程序制定的规范性法律文件。依据不同的分类标准，制定法可以分为不同的类别。根据制定机关的不同，制定法可分为议会制定法和授权立法；根据法律效力的不同，可分为宪法、法律、行政法规、地方性法规等。制定法在形式上多以法典为主要表现形式。如公元前5世纪战国时期，魏相李悝编纂的《法经》，就是中国最早出现的较系统的法典。1804年拿破仑颁布的《法国民法典》（又称《拿破仑法典》）是资产阶级法典编纂的典型，为许多资本主义国家所仿效。现行中国宪法、民法通则、刑法等均属于制定法。

知识链接：

法典是同一门类的各种法规经过整理、编订而形成的系统的法律。法典源于古巴比伦王国。公元前18世纪，位于幼发拉底河中游东岸的巴比伦国国王汉谟拉比，统一底格里斯河和幼发拉底河两河流域，建立起高度中央集权的奴隶制国家。为了强化中央集权和镇压奴隶反抗，消除国内司法的混乱现象，汉谟拉比制定了一部统一的法典，即《汉谟拉比法典》。原文镌刻在一块高2.5米、直径约1.5米的玄武岩椭圆石碑上，系楔形文字。

2. 判例法

判例即法院判决的“成例”，判例法泛指可以作为先例据以裁决的法院判决。具体而言，是指最高法院或上级法院在某一案件判决中的判决理由（或称司法决定）对以后本院和下级法院同类案件的判决具有约束力，判决理由因而具有与法律相当的地位，可以成为解决类似案件的法律依据。须注意的是，所谓判例法并不是指整个判决书，而仅指判定某项事实或者确定某项法律原则的判决理由。判例作为法律渊源的地位主要存在于英美法系。“遵循先例”是判例法的基本原则。

3. 习惯法

习惯法是以习惯形式存在的法律，即那些被国家机关认可并具有法律效力的习惯规范的总和。习惯是人们行为经验的积累和总结，习惯成为法律渊源，正是因为它创设了明确、有强制性的权利义务关系，并为人们所认同和遵守。能够成为法律渊源的习惯，除了由立法者通过法律文本加以采纳外，一般必须通过司法途径将其作为判决的根据。

4. 法理

法理作为法律渊源，一方面体现在法官适用制定法，总是在符合法理的层面上适用；另一方面体现在，法理同习惯法一样可以填补制定法的缺漏。

5. 权威性法学理论

权威性法学理论是指著名法学家对法律问题的系统解释、论述。在西方，权威性法学理论一直是法律渊源的重要组成部分。在古罗马，法律学说是裁判官和执政官进行法律活动的依据。即使在近现代西方国家，权威法学理论依然有其立足之地：1942 年《意大利民法典》规定，只要是法官用其他确定法律的方法无法解释案件，都必须“按照本国法学界的一般原则处理”。

6. 国际条约和协定

国际条约是国家及其他国际法主体间所缔结的确定相互间权利义务关系的协议。就一国而言，凡是国家缔结或加入的国际条约或协定（声明保留的除外）应对本国有约束力，在经过法定程序为有关国家机关认可后，成为该国的法律渊源。在国际条约和国内法发生冲突的时候，我国有不少法律规定了国际条约优先适用的效力。

7. 宗教教义和戒律

从历史上看，宗教往往直接地成为法律渊源。因为一国的国民对某种宗教的普遍信仰，宗教教条便会成为法律准则的基本内容。如印度法、犹太法、伊斯兰法、中世纪教会法等都是宗教性质的法律。

（三）当代中国法的渊源

1. 宪法

宪法是当代中国最高的法律形式，具有最高的法律效力，一切法律、行政法规和地方性法规都不得同宪法相抵触。宪法是由我国最高权力机关——全国人民代表大会制定和修改的。

2. 法律

当代中国法的渊源中，法律的地位和效力仅次于宪法。法律由于制定机关的不同可分为两大类：一类为基本法律，即由全国人民代表大会制定和修改的刑事、民事、国家机构和其他重要方面的规范性文件，如刑法、刑事诉讼法、民法通则、行政诉讼法等；另一类为基本法律以外的其他法律，由全国人大常委会制定或修改，如单行法规等。

3. 行政法规

行政法规是指作为国家最高行政机关的国务院所制定的规范性文件，其法律地位和效力仅次于宪法和法律。具体行政法规的名称，依有关法规规定，只能称为××条例、规定或办法。国务院所发布的决定和命令，凡属于规范性的，也属于法的渊源之列。

4. 地方性法规

地方性法规是由各省、自治区、直辖市的人民代表大会及其常务委员会根据本行政区域的具体情况和实际需要制定的规范性法律文件。地方性法规在制定机关管辖的范围内有效，并不得与宪法、法律和行政法规相抵触。

5. 自治条例和单行条例

自治条例和单行条例是民族自治区、自治州、自治县的人民代表大会按照当地民族的政治、经济和文化的特点制定的规范性法律文件。

6. 特别行政区的法律

特别行政区的法律是由特别行政区的国家机关在宪法和法律赋予的职权范围内制定或认可，在特别行政区内具有普遍约束力的行为规则的总和。

7. 军事法规和军事规章

中央军事委员会可以根据宪法和法律，制定军事法规。中央军事委员会各总部、各军兵种、各军区，可以根据法律和中央军事委员会的军事法规、决定、命令，在职权范围内制定军事规章。军事法规、军事规章在武装力量内部实施。

8. 国际条约和协定

这里的国际条约和协定是指我国同外国缔结或我国加入的双边、多边条约、协定等规范性法律文件。国际条约的名称有很多，除条约以外还有公约、议定书、宪章、盟约和联合宣言等。我国缔结或参加的条约和协定，经过相关法律批准程序，在我国具有法律效力，属于当代中国的法律渊源之一。

（四）法的效力

法的效力即法律有效的范围，指法在什么地域和时间内，对什么人具有约束力。国家机关在适用法律时，首先需要检查法律的效力。超出法律有效范围的则不能适用，否则就构成违法。因此，正确理解法律效力的问题，对于正确适用法律至为重要。

1. 法的空间效力

法的空间效力指法律生效的地域范围，即法律在哪些地域、空间范围内具有约束力。根据国家主权原则，一国的法律在其主权管辖的全部领域内有效，包括陆地、水域及其底土和领空。此外，还包括延伸意义上的本土，即本国的驻外使领馆、在本国领域外的本国船舶和飞行器。

对各个具体的法而言，由于制定的机关和法的内容不同，其空间效力有所不同。法律的空间效力一般分为域内效力和域外效力两个方面。

（1）法律的域内效力，是指法律在本国主权管辖领域内的约束力，包括两种情况：一是法律在全国范围内有效。这种法律主要包括最高立法机关和最高行政机关制定的规范性法律文件，如宪法、全国人民代表大会及其常务委员会制定的法律、国务院制定的行政法规等。二是法律在国家的特定区域内有效。又可分为两种情况，其一是地方性法律、法规仅在一定行政区域内有效，如省、自治区、直辖市的人民代表大会及其常务委员会制定的地方性法规只在本行政区域内具有效力；其二是法律、法规虽然是由最高立法机关或最高行政机关制定的，但由于法律本身规定其只能在特定的地区适用，因而只在特定的地区发生效力，如《香港特别行政区基本法》就只能适用于香港特别行政区。

（2）法律的域外效力，是指法律在国家主权管辖范围之外或者在合法统治权力控制的全部范围之外的其他国家或地区有效。在相互尊重国家主权和领土完整的国际法原则的基础上，为维护国家的核心利益和公民的权益，我国某些法律或某些法律条款具有域外效力。例如，我国刑法规定，国家工作人员和军人在我国领域外触犯我国刑法规定之罪的，适用我国刑法。

2. 法的时间效力

法的时间效力指法律生效的时间范围，包括法律开始生效和终止生效的时间，以及法律对其颁布实施以前的行为是否具有约束力，即法律的溯及力问题。

法律通过后首先要加以公布，公布是法律开始生效的前提。但并不是所有的法律一经公布就开始生效。法律的生效时间，一般根据该法律的具体性质和实际需要来决定。通常有以下几种情形：①自公布之日起生效；②法律明文规定具体的生效时间；③规定法律公布后达到一定期限开始生效。例如，1986 年 12 月通过的《企业破产法》规定，“本法自全民所有制工业企业法实施满三个月之日起试行”；而《全民所有制工业企业法》直到 1988 年 4 月才通过，其生效日期为 1988 年 8 月 1 日，所以，《企业破产法》生效日期为 1988 年 11 月 1 日。

法律的终止效力，又称法律的废止或失效，即法律失去或不再具有约束力。废止法律一般要经过一定的程序，履行一定的手续。废止法律可分为明示废止和默示废止两种形式。明示废止是指在新法或其他法中明文规定对旧法加以废止，这种终止法律效力的方式直接用语言文字明确表示，被称为“积极的表示方式”，是世界上大多数国家普遍采用的方式。默示废止是指不以法律明文规定废止原有的法律，而是在司法实践中当旧法与新法相冲突时，遵循“新法优于旧法”的原则适用新法。法律终止生效的日期，一般有以下几种情况：①自新法颁布实施日起，相应的旧法自然停止生效；②在新法中明文规定相应的旧法停止生效的日期；③由于形势的发展变化，某项法律已失去了它存在的条件而自行失效；④有权的国家机关明令宣布废除某项法律及其废除日期。

法律的溯及力即法律溯及既往的效力，是指新的法律颁布生效后对于它生效前所发生的事件和行为是否适用的问题。如果适用，就是有溯及力，即溯及既往；反之，则是没有溯及力，即不溯及既往。法律的溯及力理论实际上要解决的是新旧法律的交替问题。一般情况下，各国通常都遵循“法不溯及既往”的原则，即法律只适用于生效后发生的事件和行为，不适用生效前所发生的事件和行为。

3. 法的对人的效力

法的对人的效力指法律对谁有效，即适用于哪些人。这里的“人”，既包括自然人，也包括法人。

由于各国历史传统、发展阶段和国情的差异，在法律对人的效力方面所遵循的原则主要有以下四种：

（1）属人主义，又称国民主义，即一国法律对具有本国国籍的公民和在本国登记注册的法人适用，而不论其是在本国领域内还是在本国领域外。在本国领域内的外国人则不适用该国法律。

（2）属地主义，又称领土主义，即一国法律对其所管辖的领土范围内的一切人都有约束力，而不论其是本国人还是外国人或无国籍人。本国人在本国领域外则不受约束。

（3）保护主义，即以维护本国利益作为是否适用于本国法律的依据，任何人只要侵害了本国的利益，不论其国籍和所在地，均受该国法律的追究。

（4）综合主义，即以属地主义为主，以属人主义、保护主义为补充。这是近代以来多数国家采用的原则，我国也是如此。根据我国法律的规定，我国公民在我国领域内一律适用我国法律。我国公民在我国领域外，原则上也适用我国法律。但我国法律如与该公民所在国的法律发生矛盾时，应根据相互尊重国家主权的原则，按照该国的法律规定和国际条约或国际惯例予以解决。

外国人在我国领域内，除法律有特别规定者（如享有外交特权和豁免权）外也适用我国法律。至于外国人在我国领域外对我国或我国公民犯有我国刑法规定的，最低刑期为三年以上有期徒刑的，可以适用我国法律，但是按照犯罪地的法律不受处罚的除外。

三、法律体系与法律关系

（一）法律体系

1. 法律体系

法律体系，也称“部门法体系”、“法的体系”，是指一国现行的全部法律规范根据一定的标准和原则划分成不同的法律部门，并由这些法律部门所构成的具有内在联系的统一整体。

法律体系具有以下几个特点：

（1）法律体系是由一个国家的全部现行法律构成的整体。

首先，法律体系仅仅是由一个主权国家的法律构成的整体，而不是由几个国家的法律构成的整体，也不是由一个地区或几个地区的法律构成的整体；其次，法律体系只包括一个国家的现行国内法和本国已经参加、缔结或者认可的国际法或国际条约，而不包括一国历史上或已经失效的法律以及将要制定或尚未生效的法律。

（2）法律体系是一个由法律部门分类组合而形成的呈体系化的有机整体。

根据调整对象和调整方式的不同，将造成不同的法律部门，它们表现出一定程度的相对独立性。法律体系作为一个体系，它的内部构成要素是法律部门。这些法律部门并不是杂乱无章地堆积在一起，而是根据法律体系的内在要求和逻辑规则进行分类组合成为一个体系化、系统化的相互联系的有机统一的结构性系统。

（3）法律体系应当门类齐全、结构严谨、内在协调。

门类齐全的要求源于待调整的社会是一个有机整体，往往需要多个法律部门甚至整个法律体系共同调整。要想实现对社会调整的良好效果，应该具备一些最基本的法律部门，而且不能有缺漏。结构严谨要求构成法律体系的法律部门内部和法律部门之间的法律、法律规范都有严谨的结构。内在协调则要求构成法律体系的法律部门之间和法律部门内部在宪法的统摄下协调一致，相互支持与配合而不发生矛盾与冲突。

（4）法律体系是客观法则和主观属性的有机统一。

法律体系形成是客观存在的社会生活的要求，是由客观经济规律和经济关系决定的。这反映在法律部门划分的主要标准——法律所调整的社会关系上，即法律体系的客观法则。同时，法律体系的构建与分类又是人的主观意志、意识形态和文化传统的结果，这体现在法律部门划分的补充标准——法律的调整方法上，即法律体系的主观属性。因此，法律体系是客观法则和主观属性的有机统一。

2. 法律部门

法律部门，也叫部门法，是根据一定标准和原则，按照法律规范自身的不同性质、调整社会关系的不同领域和不同方法等所划分的同类法律规范的总和，是法律体系的基本组成要素。

当代中国的法律部门包括宪法、行政法、刑法、民法、经济法、社会法、农业法、诉讼法等。

法律部门的划分标准有两种：

（1）法律规范所调整的社会关系。

这些调整不同领域的社会关系的法律便形成不同的法律部门。例如，调整平等主体之间的财产和人身关系的法律规范构成民法部门，调整诉讼活动的法律规范构成诉讼法部门。

（2）法律规范的调整方法。

是指国家在以法律规范调整某些社会关系时所确立的用以影响这些关系的法律手段和方法的总和。例如，将凡属以刑罚制裁方法为特征的法律规范划入刑事法律部门，将以承担民事责任为特征的法律规范划入民事法律部门等。

（二）法律关系

1. 法律关系的概念

法律关系是在法律规范调整一定社会关系过程中所形成的人们之间的权利义务关系。它有三个明显的特征：

（1）法律关系是以法律规范为基础形成的社会关系。

法律关系是根据法律规范建立的一种社会关系，是法律对人们的行为及其相互关系加以调整而出现的一种状态，法律规范的存在是法律关系存在的基本前提。如果不存在相应的法律规范，就不会出现相应的法律关系。如果没有相应的法律规范对于社会生活的调整，任何社会关系都只是一般的社会关系，仅停留在生活领域，而不能进入法律领域，不能称其为法律关系。

（2）法律关系是特定法律关系主体之间的权利义务关系。

法律关系并非一般意义上的人与人之间的关系，而是法律意义上的主体之间的关系。如果不是法律意义上的主体（如奴隶制社会的奴隶），则不能与他人形成法律关系。法律关系的内容体现为相关法律主体之间具有法律意义的权利和义务，这是法律关系与其他社会关系的主要区别。社会关系经由法律的调整转换为法律关系；相应地，其内容就体现为具有法律意义的权利和义务，其实现就获得了法律的保障。

（3）法律关系是以国家强制力作为保障手段的社会关系。

法律规范中规定一个人可以做什么、不得做什么和必须做什么，是国家意志的体现，它体现了国家对各种行为的态度。当依据法律规范在相关主体之间所形成的权利义务关系遭到破坏时，就意味着国家意志所授予的权利受到侵犯，所设定的义务被拒绝履行。因此，一旦一种社会关系被纳入法律调整的范围之内，就表明国家意志不会听任它被随意破坏，并且会利用国家强制力加以保障。

2. *法律关系的要素*

法律关系包括法律关系主体、客体和内容三个基本要素：

（1）法律关系主体，指法律关系中享有权利和履行义务的个人或组织。个人是指具有生命的、个体意义上的人，在一国范围内，通常包括本国公民、外国公民和无国籍人；组织是指各种形式的组织构成了现代社会有影响力的法律关系主体，包括国家机关，企业、事业单位和社会团体，以及作为特殊主体的国家。

（2）法律关系客体，是指法律关系主体发生权利义务联系的中介，是法律关系主体的权利和义务所指向、影响和作用的对象，是法律关系产生和存在的前提。法律关系客体具有客观性、可控性和有用性三个基本特征。在我国，能够成为法律关系的客体通常包括物、人身和人格、精神产品（又称智力成果）、行为（包括结果）等。

（3）法律关系内容，是指法律关系主体之间的法律权利和法律义务。

3. *法律事实*

法律关系的形成、变更和消灭，需要具备两个主要条件：一是法律规范，二是法律事实。法律事实是指法律规范所规定的、能够引起法律关系产生、变更和消灭的客观情况或现象，它是法律规范与法律关系联系的中介，是具有法律意义的事实。

法律事实包括以下两类：

（1）法律事件，指法律规范规定的、不以当事人的意志为转移而引起法律关系产生、变更或消灭的客观事实。法律事件分为社会事件和自然事件，前者如战争爆发，后者如人的生老病死、自然灾害等。对于特定的法律关系主体而言，这两种事件都不是由当事人的行为引起的，它们的出现与当事人的意志无关，对当事人而言是不可避免的。这些事件的法律意义在于，它们的出现将会引起法律关系主体之间的权利义务发生变化。例如，由于人的出生，便产生了父母与子女之间的抚养关系、监护关系和赡养关系；而人的死亡则导致抚养关系、夫妻关系的消灭和继承关系的产生等。

（2）法律行为，指依当事人的意志而做出的、能够引起法律关系产生、变更或消灭的合法行为或违法行为。法律行为具有以下特点：第一，必须是主体的外在行为，内心活动或思想不能成为法律行为；第二，必须是主体有意识的行为，无意识的行为、精神病人的行为不能成为法律行为；第三，必须是具有社会意义的行为，对他人或社会不产生任何影响的行为不能成为法律行为。

第二节　法治精神与法律意识

> 徒善不足以为政，徒法不足以自行。
>
> ——《孟子·离娄上》
>
> 法律必须被信仰，否则它将形同虚设。
>
> ——［美］哈罗德·J·伯尔曼

一、法制与法治

（一）法制的概念与内涵

“法制”一词，我国古已有之。中国古代的《礼记·月令》中就有“命有司，修法制，缮囹圄，具桎梏”的记载。战国时的商鞅也曾说过：“民众而奸邪生，故立法制，为度量，以禁止……法制不明，而求民之行令也，不可得也。”（《商君书·君臣》）。然而，直到现代，人们对于法制概念的理解和使用还是各有不同。一般说来，法制就是“法律制度”的简称，但什么是法律制度呢？对此又有狭义和广义、静态和动态的不同理解。

1. 狭义的法制

狭义的法制，是指一个国家法律规则的整体。1957 年董必武在《在军事检察院检察长、军事法院院长会议上的讲话》中说，国家的法律和制度，就是法制。在这种法制观看来，法制就是掌握政权的社会集团按照自己的意志，通过国家政权建立起来的法律和制度。法制是随着国家的产生而产生的，有国家即有法制，历史上各种不同类型的国家都有自己的法制。

2. 广义的法制

广义的法制，是指把法制理解为一个多层次的概念，它不仅包括法律制度，而且包括法律实施和法律监督等一系列活动和过程，是立法、执法、守法、司法和法律监督等内容的有机统一。也就是说，如果只有规则而没有实现规则的活动，不能说这个国家具有健全的法制。

3. 最广义的法制

最广义的法制，是指把法制理解为在一个社会或地区，起法律调整作用的，以现行法为核心的，包括与现行法相适应的法律意识和法律实践的相互联系、相互作用、相互补充的整个法律制度和法律系统，即一个国家的整个“法律上层建筑系统”。这种意义上的法制不仅包括法律规则和法律行为，还包括指导法律规则制定和法律行为的法律观念，其被视为一国法律制度的有机组成部分。

（二）法治的起源与内涵

1. 法治理念产生的背景

人种和种族构成的复杂性、地理环境的开放性、对农业生产的不利条件、区域狭小以及资源有限等因素造就了一个竞争激烈的社会。为了防止在这种社会中出现过多的冲突与暴力，秩序应运而生。毫无疑问，秩序及其选择的多维度、强烈的自我意识、理性的观念和行为方式是法治不可或缺的条件。作为一种文化现象和制度文明，法治的原始成长就是所有这些条件共同哺育的结果。

法治是冲突频繁、竞争激烈的社会的一种理性选择，也是其得以救治的主要机制。它凭借内在的理性意志和宗教的背景力量来缓解冲突，为人们追求理性功利提供了有效的方式和途径，使冲突以理性的方式得以和平解决。

法治理念开始就是和价值与利益冲突紧密联系起来的。为了解决这一系列的问题，一个依理性而构建的生活方式便形成了，这种生活方式结合成一个整体，便是早期的法治秩序。

在法治制度化的过程中，公权力在很大程度上起了重大作用。它的作用体现在：在纠纷出现时，它可以进行裁判；当有人的权益受到不法侵害时，它可以为之救济；当有侵害行为出现时，它可以予以制止和惩治。然而，这也注定与德治、人治相比，法治需要更高的成本。在发展过程中，它要求的是人人参与和责任平摊，没有旁观者，也没有治理和被治理的区分。

知识链接：

中国传统礼法关系是中国法制的演进中不可或缺的一部分。正是礼与法的相互渗透与结合，构成了中华法系最本质的特征和特有的中华法文化，并对当代法治仍具有重要意义。“礼”最初是原始社会祭神祈福的宗教仪式，在阶级出现后才逐步蜕变为强制性的法律规范。这意味着它不仅是中国法的起源，而且还影响着中国法发展的历程。从总体来说，整个中国古代法制历史始终受礼制的支配和影响，一部中国古代法制史实是礼法合治的历史。中国自古就是崇尚德治、缺乏法治的国度，道德对中国法治的发展始终有着重要的影响。中国的法治之路必须注重利用中国本土的资源，注重中国法律文化的传统和实际。道德作为影响中国法发展的本土资源，主要是借助“礼”这种形式来实现的。尽管人们现在对“礼”的本质尚有争论，但大多数人都认为“礼”与道德密切相关，是反映社会道德关系的基本规范。在伦理政治化和政治伦理化的中国传统社会中，与其说是“礼”在支配和影响中国法制的发展历程，倒不如说是潜藏在“礼”之后的道德在发挥着作用。中国历史上从先秦到清末两千多年的礼法之争，实际上就是对道德与法律之间孰主孰辅的争论，当然在这个时期内始终是道德占据着统治地位。《唐律疏议》中“德礼为政教之本，刑罚为政教之用”的论断就是最好的诠释。中国从20世纪初就开始了逐步迈向法治的进程，特别是在进入现当代社会以后这个进程明显加快。在依法治国、建设社会主义法治国家的进程中，应从中国法治的本土资源中寻找积极有益的因素，而中国传统礼制则是其中不可或缺的重要内容。由于“礼”是反映社会道德关系最基本的规范，传统礼法关系也是现代中国法治的渊源与理论起点。

2. 法治的基本内涵

西方最早使用“法治”一词的是古希腊哲学家亚里士多德，他在《政治学》中指出，法治应当优于一人之治。法治应该包含两重意义：已成立的法律获得普遍的服从，而大家所服从的法律又应该是本身被制定得良好的法律。

“法治”一词的内涵非常丰富，一般说来，它至少包括以下几方面的含义：

（1）法治是一种以法律为主导的治国方略。中国古时的“垂法而治”、“以法治国”等说法，主要被作为一种治国方略来理解，是指一种与“以礼治国”、“以德治国”、“以人治国”不同的治国方略。在西方法律思想体系中，法治也是首先被作为一种治国方略而提出的，即“法律的统治”或“通过法律的治理”。也就是说，法治作为一种治国方略，是指一个国家在多种手段面前，选择以法律为主的社会控制手段。

（2）法治是一种理性的办事原则。“法治”一词又经常被理解为“依法办事”，其基本含义是：在制定法律之后，任何人和组织的社会性活动均受既定法律规则的约束。这里的所谓“理性”，是指排除国家管理、公民及社会组织活动的“任意性”，要求一切主体都按照既定的法律规则办事，不得违反法律。即使法律本身不完善甚至错误，也必须通过正当程序修改或废止法律，而不能率性而为，违反法律。只有这样，才能保障社会整体的秩序和公平。

（3）法治是指一定的价值理念指导下的制度形态，在这个意义上，它是治国方略的具体化。在现实社会中，法律至上的原则必须具体化为一系列的制度，包括立法、执法、司法、法律监督制度。各国具体情况不同，具体制度也会各具特色，但都必须建立起这些法治所必备的条件，这是法治的“硬件”，没有这些具体的制度，就不是法治，或者虽然有规定，但没有得到遵守，也不是法治。建立起一定的法律制度，并不意味着法治的理想已经实现，这些制度在内容上还必须体现为一定的价值理念、一定的原则精神，制度只是这些观念的具体化。自由、平等、民主、人权保障等价值理念必须通过相关的制度和机制展现出来，这些“法的精神”构成现代法治的“软件”。在法治的实现中，这两方面的条件缺一不可。

（4）法治还可以指在严格依法办事基础上形成的一种良好的法律秩序。法治不仅是指治国方略，不仅表现为一系列原则和制度，还可以理解为这些原则和制度实现后所形成的一种社会秩序的状态，即“良好的法律得到普遍遵守，国家权力得到有效制约，公民权利和自由得到充分保障，法律在社会生活中具有至上地位”的社会秩序。我们平时所说的“社会主义法治国家”就是指这样一种状态。

（三）法治与法制的区别

法治与法制的区别，主要体现在以下方面：

（1）产生和存在的时代不同。法制从法律出现以来就已产生，并伴随着人类社会走过整个法律社会；而法治则产生于资本主义时代，是资产阶级革命的产物，而今并存于资本主义社会和社会主义社会。

（2）对权力约束的范围、程度不同。法制历来以维护统治为目的，对权力约束“重下轻上”；而法治要求一切权力（包括国家权力和公共权力）都必须服从法律，在法律之下活动。

（3）与民主的关系不同。法制未必以民主作为自己的政治目标和政治基础；而法治从产生起就与民主唇齿相依，并以此作为核心的价值目标和政治基础。所谓法治，最基本的特征是法律能够约束国家权力。即当法律与当权者个人的意志发生冲突时，法律高于当权者个人的意志，法律能支配权力，“法律就是国王”。所谓人治，最基本的特征是个人意志凌驾于法律之上，权力支配法律，“国王就是法律”。人治与法治的根本区别就在于法大于权，还是权大于法。

（4）对“法律至上”的态度取向不同。不论从含义、理念还是从法制历史上看，“法律至上”都不在法制的视野之内；而法治则强调“法律至上”，任何行为规则、任何人的任何行为都必须服从法律，不得违法，否则将承担法律责任。

（5）具有的价值观念不同。法制偏重于法律的形式化方面，强调依法治国的制度、程序及其运行机制本身，所关注的焦点是法律的有效性和社会秩序的稳定；法治则以保障人权、民主、自由、平等为终极目标，并努力将其价值、原则和精神贯彻于法制之中，从而实现形式意义和实质意义的有机结合。

二、法治国家的构成要素

（一）法治国家的概念

法治国家或法治国（Rechtsstaat）的概念是在德语中最先使用的。早期的法治国是指中世纪欧洲的某种国家形式，尤其是德意志帝国，当时被认为是“和平与法律秩序的守卫者”。现代意义上的法治国家是德国资产阶级宪政运行的产物，其基本含义是国家权力特别是行政权力必须依法行使。所以，法治国家有时又称法治政府。

（二）法治国家的构成要素

1. 精神要素

法治精神，是安排国家制度、确立法律与权力限制关系的观念力量，是一种相对稳定的、为保持法的崇高地位而要求人们持有的尚法理念，它反映了法律运行的内在规律，对法律的修改具有支配、评价等作用，在遇有权力涉法行为时能引导公民产生排异意识并最终指导人们认同法律的权威。其实质是关于法在与国家和权力交互作用时人们对这一关系所选择的价值标准和持有的稳定心态。

法治精神能展现一个国家的法治品格与发展风貌。现代法治社会中，构成法治精神的要素至少有四种：善法、恶法价值标准的确立，法律地位的认同，法的统治观念的养成以及权利文化基础的建立。这就是说，在法治国家的法治精神中，公民应当了解法律应然、实然两个方面的法学价值。

法治当中的“善”，是指有益于人的道德准则，在观念形态上它已转化为人人都能接受的正义。法律制度在设计和构建过程中的分配正义、校正正义、实体正义、程序正义等都是它的内容。而正义、自由、公平、安全、生存这几个方面是法治精神中的恒定价值，与之相关的权利在法治国家所保障的权利中占有极其重要的地位。

法律在法治国家中的地位应当是至上的，并且这一地位应当得到广泛的认同。无论何种形态的社会，总有一个至高无上的权威。例如，奴隶社会时期“一切皆从天子出”的天子至上，封建社会时期“天下事无大小皆决于上”的君主至上，西欧中世纪“朕即国家”、“国王便是律”的国王至上，以及20世纪30年代德国的纳粹党至上和希特勒元首至上……可以说，如果公众心目中认同的最高权威不是法律，那么这个社会肯定不是法治社会。在我国很长一段时间内，政策至上的观念深入人心；然而政策只具有指示效力，始终不能与法律相等同。

法国启蒙思想家卢梭提出，如果有一个人可以不接受法律的统治，那么其他人随时都可能受到这个人的统治。在法治国家中，法律应当是由人民制定的，反映的是人民意志。因而，在法的统治的主客体公式里，法的主体地位从实质上来说代表着人民的主体地位。所以法的统治的观念，是消除特权而首先要求立法者守法的观念。法的普遍性、平等性原则都能从这种观念中获得说明。

权利文化与人道主义文化、科技文化一起构成当今世界三大文化主流。人道主义文化联系着人类的道德规范，社会的精神文明由此得以养成。科技文化概括着人类创造财富的先进手段，社会的物质文明由此不断提高。权利文化制约着人类设计制度的原则，社会的制度文明由此得以建立。权利文化是法治社会得以形成的人文条件。具体来说，权力文化解决了两个方面的问题：其一是国家与公民，即公民是国家的主体而不是只能无条件服从；其二是权力与权利，对权力要予以限制而对权利则要加以保护。

2. 实体要素

法治的实体要素，指的是依据法治的精神而被奉行的法制原则以及由这些原则所决定形成制度的法律内容。具体言之，就是法律对待公共权力、国家责任、个人权利、社会自由、公民义务的原则和制度。我们可以用制度构建的四个原则予以说明。

（1）一切公共权力都来源于法律，并且最终都受制于法律，没有法律授权的公共权力不得行使。这是法治国家最基本的要求。这个制度原则，是世界上最早建立法治的政府——英国提供给世界的宝贵经验。英国的法治是从剥夺王权开始的，当王权最终被法律全部剥夺了，甚至王位继承也需要依照法律来进行的时候，王权就变成了一个社会象征，变成了一个国家的符号。

知识链接：

当年，约翰国王带兵打仗失败了，贵族们于是开会拒绝国王回国。国王不得不寻求妥协，满足贵族的要求，以达到回国的目的。贵族们开出了一系列条件，其中包括，“如果你今后要对我们增加赋税，必须通过由我们组成的评议会的允许”，“你要我们服兵役，也必须经过我们评议会的同意”，“通过依法审判，才能剥夺我们的财产，限制我们的自由”……这个评议会就是英国议会的起源，也是世界议会的起源。今天，所有国家在向公民增加义务的时候应当经过议会，已经成为一条宪法原则。国王答应的这些条款概括起来被称作“自由大宪章”。在这个大宪章产生之前，总是法律服从国王；这个大宪章签订以后，人类第一次看到国王开始服从法律。大宪章给人们提供的经验是，法治开始于对公共权力的限制，什么时候法律把公共权力束缚住了，什么时候法治就基本实现了，只要还有一个公共权力不受限制，可以超过法律，这个地方便没有法治。

（2）国家责任的不可逃避。古典的法治理论，总以行政权为防范对象，其实，立法权和司法权同样可能侵害公民的权利。因此，任何公共权力的行使都要附带责任，这个责任最终都要转化为法律上的责任。只要启动了权力，就应预设责任于其行使之后，可以避免伤害人权。

（3）国家尊重和保障人权，可以把它概括为“法治的真谛是人权”。这是实体法治和形式法治之间的本质区别。形式法治只是表面上的依法办事、依法行政，实体法治则是依法办事、依法行政，最终保障人权。在法治建设的过程中，法国给我们提供了一个经验，就是把人的权利宣告出来。宣告公民权利的意义在于，每宣告公民一项权利，就给国家权力划了一道界限，所以宣告权利不是可有可无的。

2004 年我国修改宪法的时候，增加了“国家尊重和保障人权”。在此，尊重对应的是公民自由，在“公民自由”这个领域里，要求国家尽最大的努力来约束自己不要侵入到公民的自由生活当中，让公民最大限度地实现自由。“法不禁止”即是自由，所以简称为国家在这个领域里要不作为，一旦作为就是侵权。在这个领域，国家越是能抑制自己，公民实现自由的可能性就越大，这就叫尊重。保障正好相反，它不是要求国家权力自我抑制，而是要求国家权力最大限度地调动起来为公民权利的实现去创造条件，所以这个领域对应的是公民的权利，每一个权利的实现都需要国家去提供条件，没有条件要创造条件，提供保障。比如说社会权、劳动权、就业权、社会保障权、受教育权等，这些权利的实现依赖于公权力的保障和积极作为。

（4）公民义务的法定化。这也被称作“公民法外无义务”。就是说，公民只履行法律以内的义务，任何对公民施加的法律以外的义务，公民都有权拒绝。大家常讲的社会“三乱”——乱收费、乱摊派、乱罚款，其实质就是要求公民履行法律规定之外的义务。在法治社会中，公民应当承担的义务可以分为三种：一是为实现国家利益和公共利益而须承担的基本义务，二是与自己的权利相伴而来的对应性义务，三是自愿承担的义务。公民享有多少权利就应承担多少义务，这些都是由相应的法律规定的。

上述四个基本制度原则，前两个是为了约束公权，后两个保障私权，这就是法治国家的实体要素。

3. 形式要素

法治的形式要素，指的是法治实体要素的表现方式及实现实体要素的技术条件。仅有理想的法治实体内容，而缺乏适合于它的形式，法治仍是不完整的。只有实体要件与形式要件的统一，才有良好的法治。法治国家的形式要素主要包括以下几点。

（1）要保障国家法制的统一性。

这一项实际上是对立法提出来的要求，法律的内部不能有冲突，立法的科学化、立法的一体化、立法的价值化都要在这里得到体现。这就要求下位的法必须服从上位的法，法规以外的东西要服从法规。比如，部门的规章要服从国务院的行政法规，国务院的行政法规要服从法律，法律要服从全国人大制定的基本法，行政法规法律和基本法最终都服从宪法，形成这样一个效力体系，这是一个在立法上的形式要件。

（2）要有一支懂法、守法、并且对法律形成信仰的公务员队伍。

执法者一定要懂法，养成对法律的信仰，执法者如果不懂法，就如同盲人上路——别人危险，自己也危险。我国制定的《公务员法》有这样一条，当公务员认为上级的决定和命令有违法律时，可以要求上级纠正。这是法律赋予下级公务员的批评权、建议权。如果上级公务员不收回命令，那么执行了以后，由上级公务员承担法律后果，这便赋予了下级公务员一个免责权。因此，这里包含了两项权利，一项是建议权，另一项是免责权。此外，明显违背法律的决定和命令，执行之后不得免责。即下级公务员要求上级公务员收回明显违背法律的决定和命令，但是上级没有收回还是要求下级执行，此时，如果下级公务员执行了，他便要和上级一起负责。我们可以把这种权利叫作抗命权，其实质就是法律允许公务员对严重违背法律的决定和命令进行抗命。在此，下级服从上级是公务员的基本义务，所有的公务员都向法律负责却是公务员首要的义务。

（3）要有一个独立公正的司法系统，赋予法院以解决社会纠纷和矛盾的权威地位。

司法女神一只手提着天平，用它衡量法；另一只手握着剑，用它维护法。剑如果不带着天平，就是赤裸裸的暴力；天平如果不带着剑，就意味着软弱无力。两者是相辅相成的，只有在正义之神操剑的力量和掌秤的技巧并驾齐驱的时候，一种完满的法治状态才能占统治地位。（来自法律网）

这一点主要体现在司法的中立性上。司法中立，即是程序正义所应恪守的原则，也是实体正义所含的当然要求。中立的目的乃是追求审判的公正。一旦司法公正受到怀疑，社会公正便荡然无存了。由司法权的特性可以看出，司法权若不保持中立，法治便无法推行。

三、公民法律意识及其培养

（一）法律意识的概念与分类

1. 法律意识的概念

法律意识是社会意识的一种特殊形式，是人们关于法律现象的思想、观点、知识和心理的统称。法律意识的内容十分广泛，包括对法的本质、作用的看法，对现行法律制度的要求和态度，对法律规定的理解，以及对人们的行为是否合法的评价等。

2. 法律意识的分类

法律意识可以按照不同标准进行分类：

（1）从社会政治属性的角度，可以分为占统治地位的法律意识和不占统治地位的法律意识。占统治地位的法律意识是统治阶级的法律意识，它是与社会的经济基础相适应的法律上层建筑的重要组成部分。不占统治地位的法律意识与现行法律往往是对立的，对法律的制定和实施起消极作用。

（2）从人的认识过程分为感性认识和理性认识的角度，可以分为法律心理和法律思想体系。法律心理是人们对法律现象认识的感性阶段，它直接与人们日常的法律生活相联系，是人们对法律现象的表面的、直观的、自发的反映形式。法律思想体系是人们对法律现象认识的理性阶段，它表现为系统化、理论化了的法律思想、观点和学说，是人们对法律现象自觉的反映形式。

（3）从意识主体的角度，可以分为个人法律意识、群体法律意识和社会法律意识。个人法律意识是具体的个人对法律现象的思想、看法、意见和情绪，是个人独特的社会地位和社会经历的反映。个人的法律实践和生活的社会环境对其法律意识的形成有着直接影响。群体法律意识是指家庭、集体、团体、阶层、阶级、政党、民族等社会集合体的法律意识。群体法律意识是群体内的个人法律意识、群体间法律意识相互作用的结果。个人法律意识总要受其所属群体的法律意识的影响；而群体法律意识也不可能脱离个人法律意识。社会法律意识指社会作为一个整体而具有法律意识，是一个社会中的个人法律意识、各种群体法律意识相互交融的产物。因此，社会法律意识往往是一个国家法治状况的总的反映。

（4）从专业化、普及化程度的角度，可以分为职业法律意识和群众法律意识。职业法律意识是法官、检察官、律师、法学教育研究人员以及其他专门从事法律职业的人员的法律意识。群众法律意识是指广大人民群众对法律现象的最一般的理解。在群众法律意识中，法律心理通常占有很大成分，缺少专门的法律知识和较为系统的思想理论。所以，有必要在群众中普及法律教育，增强法律意识。

（二）法律意识的作用及培养

1. 法律意识的作用

作为一个国家的法律制度构成要素的占统治地位的法律意识，对该法律制度起着积极的促进作用。它既渗透到法律调整的各个阶段之中，成为法律调整全过程时刻不可脱离的因素，又可独立于法律调整而存在，发挥社会意识形态所固有的思想教育作用，灌输统治阶级的法律意识形态，普及法律知识、文化，为法律调整、巩固法律制度创造良好的思想、心理条件。

（1）法律意识在法的形成过程中能起到认识社会发展的客观需要的作用。

一定的经济基础和社会生活的其他条件客观上需要有一定的社会自由和与之相适应的社会责任，这种客观需要反映到人们的头脑中，产生一定的权利感和义务感，这是法律意识认识客观需要的最初形态，但这时的法律意识只不过是一种法律直觉、心理，是人们自发产生的。这些法律心理随着赖以产生的物质生活条件的普遍化，随着由它制约的社会自由和社会责任的客观需要越来越强烈，逐渐地由少数个人或群体的心理转变为占统治地位的社会心理，并进一步上升为法律思想体系。占统治地位的法律思想体系对经济基础和社会生活的客观需要的反映已经不是停留在自发的阶段，而是走向自觉的、理性的阶段，产生了一种将这种权利感和义务感变为法律上的权利与义务的法律动机；这时法的创制条件日趋成熟了。法律意识反映社会发展客观需要的程度如何，是法的创制是否科学，法律调整社会关系的实际效果如何的重要条件。法律意识在帮助人们正确认识客观需要、产生一定法律动机和目的的基础上，在法的创制过程中还提供一定的法律模式，即提出法律草案。在讨论和通过法律草案的过程中，人们反复将法律草案与客观需要相对比，在整个过程中法律意识起着积极的评价作用。

当然，归根结底，一个国家法的形成、法律制度的完善取决于该国经济和社会发展的客观需要，任何立法者都不能不顾客观条件任意创制法律规范，但是如果有需要而认识不到这种需要，或者认识不到法律调整与这种需要的关系，与这种需要相适应的社会规范也不可能自然而然地形成。同时，已经认识到了这种客观需要，但找不到正确满足这种需要的方法、手段、行为尺度，那么这种需要也不能完满地实现。因此，有没有发达的法律意识，是认识客观需要并使这种需要转变为法的重要条件。

（2）法律意识在法的实施过程中发挥重要的调整作用。

法律意识的调整作用在法的实施中是配合着法的调整作用的。法律意识的调整作用不同于法的调整作用，法的调整作用是通过法律规范、法律关系等特殊的法律手段，通过确定社会关系参加者具体的权利与义务实现的，而法律意识的调整作用则是通过社会意识形态所具有的思想影响作用，使人们的行为与法律规范相协调实现的。但是，法的调整作用离不开法律意识的调整作用。法是人制定的，也是通过人来实施的，而人的活动是受到自己意志支配的。法律调整只能对那些能够理解法律要求、理解自己的行为并对自己行为负责的人起作用。这正像法的形成必须经过法律意识的中介一样，法的实施也必须经过法律意识的中介，没有法律意识的作用，法律调整不可能进行。

法律意识在国家机关及其工作人员将法律规范运用到解决具体问题、具体案件的活动，即法的适用中，起着重要的作用。国家机关工作人员法律意识的高低决定着他们对法律的精神实质的理解程度，并直接关系到他们所处理的案件的正确、合法与否。如果国家机关工作人员法律意识水平较低，就不可能运用法律规范透彻地分析案情；在遇到法律尚无明文规定而客观上又要求国家机关必须迅速作出决断的情况下，如果没有一定的法律意识水平，也就不可能根据法的原则，根据党和国家的有关政策，合理合法地解决新出现的问题。国家机关工作人员法律意识的高低不仅直接影响办案的质量，对当事人的切身利益有直接的利害关系，而且间接地影响到人民群众对法和法制的信心和情绪，影响到群众的法律心理。国家机关及其工作人员在法的适用过程中的法律意识是在世界观性质的法律意识的指导下形成的职业法律意识，这就要求国家机关及其工作人员一方面努力提高自己的政治素质，大公无私、不畏权势、秉公办案，敢于同一切违法乱纪的现象作斗争；另一方面又要在办案的过程中不断提高自己的业务素质，提高自己的职业法律意识水平，学会使用法律武器。对于上述两方面的要求，无论缺少哪一方面，都不能成为一名合格的、德才兼备的执法人员。

法律意识在公民及其社会组织遵守和执行法律规范的过程中也起着重要作用。公民及其社会组织的实施法的活动是一种有意志的活动，它不是社会关系参加者的意志对法律规范中所体现的国家意志的简单服从，而是通过社会关系参加者的意志才能实现的活动。如果公民及其社会组织不能正确地理解法律，同样也不能正确地实施法律。法律意识能使人们的行为同现行法的规定相符或者不相符，当人们受到与占统治地位的法律意识相违背的法律意识指导或者缺乏法律知识时，往往作出与现行法不一致的行为，甚至在作出了违法的行为时也不知道是违法。占统治地位的法律意识则指导人们作出与现行法的要求相一致的行为，促使人们自觉遵守和严格执行法律。

2. 法律意识的培养

大学生作为新时代的公民，其法律意识的培养，概括而言，可从以下三个方面进行：

（1）学习法律知识。学习和掌握基本的法律知识，是培养法律意识的前提性条件。一个对法律知识一无所知的人，不可能形成法律意识。法律知识通常包括两部分：一是关于法律规定的知识，一是关于法律原理的知识。这两部分法律知识对于培养法律意识都很重要。只有既了解法律、法规在某个问题上的具体规定，又了解法律的原理、原则，才能更好地领会法律精神，养成法治思维。除了从书本上获取法律知识外，大学生还可以通过收听收看法制广播电视节目、阅读法律类报纸杂志等途径学习法律知识。

（2）掌握法律方法。法律方法是人们从法律角度思考、分析和解决法律问题的方法。从法律角度考虑的过程就是运用法律方法思考、分析和解决法律问题的过程。我们要培养法律意识，必须掌握法律方法。应当指出的是，法律工作者使用的法律方法相当复杂，有法律解释的方法、法律推理的方法、填补法律漏洞的方法、认定事实的方法等。每一种基本方法又包含一系列的具体方法。普通公民不必像法律工作者那样深入系统地掌握各种法律方法，但也有必要了解和掌握一些基本的法律方法。

（3）参与法律实践。法律意识是一种在法律实践中训练、培养和应用的意识。脱离实际的法律生活和法律实践，不可能养成法律意识。只有通过反复参与各种法律活动，在法律实践中运用法律知识和方法思考、分析、解决法律问题，才能养成一种自觉地从法律角度思考问题的习惯。随着法治国家建设进程的不断推进，大学生参与法律实践的方式和途径越来越多。大学生至少可以通过以下几种方式参与法律实践：一是参与立法讨论。我国中央或地方的很多立法都要面向全社会广泛征求意见或者进行听证，大学生可以参与这些立法的讨论，发表自己的有关意见。二是进行法律监督。宪法和法律赋予公民对国家机关及其工作人员的行为是否合法进行监督的权利，包括提出批评、建议和申诉、控告、检举。大学生可以通过行使这些权利，进行法律监督。三是旁听司法审判。凡是人民法院公开审判的案件，都允许公民旁听。大学生可以向人民法院申请旁听法院的庭审过程，了解法律案件的审判过程。四是参与法律问题讨论。新闻媒体、互联网和其他机构经常组织有关法律问题的讨论，大学生也可以参加此类讨论，训练法治思维能力。

第三节 当代中国法治方略与法律运行

依法治国就是广大人民群众在党的领导下，按照宪法和法律的规定，通过各种途径和形式管理国家事务，管理经济文化事业，管理社会事务，保证国家各项工作都依法进行，逐步实现社会主义民主的制度化、法律化，使这种制度和法律不因领导人的改变而改变，不因领导人看法和注意力的改变而改变。

——江泽民

一、当代中国依法治国基本方略

（一）依法治国基本方略的提出

中国共产党十一届三中全会以后，邓小平基于对社会主义建设的历史经验和教训的总结，提出了一系列发展社会主义民主、健全社会主义法制的思想和主张。这些思想和主张继承和发展了马列主义、毛泽东思想中有关民主和法制的基本原理，是邓小平理论的组成部分，也贯彻于十一届三中全会以来党和国家的基本路线、方针和政策之中，成为治理国家的指导思想。

在邓小平民主和法制理论的基础上，中共中央认识到实行和坚持依法治国对推进经济持续快速健康发展和社会全面进步、保障国家长治久安的意义，提出依法治国、建设社会主义法治国家。

中国共产党第十五次全国代表大会报告进一步指出：我国经济体制改革的深入和社会主义现代化建设跨世纪的发展，要求我们在坚持四项基本原则的前提下，继续推进政治体制改革，进一步扩大社会主义民主，健全社会主义法制，依法治国，建设社会主义法治国家。1999 年 3 月 15 日第九届全国人民代表大会第二次会议通过《中华人民共和国宪法修正案》，其中第十三条明确规定在宪法第五条增加一款，规定：中华人民共和国实行依法治国，建设社会主义法治国家。这就以根本大法的形式把依法治国的治国方略上升为一项基本的法律原则。

中国共产党第十六次全国代表大会报告指出，发展社会主义民主政治，建设社会主义政治文明，是全面建设小康社会的重要目标。表明依法治国是全面建设小康社会的重要目标之一，这就预示着：中国将依靠政府的推进，辅之以社会

（民间）的力量，走向法制现代化（法治化）的道路。

（二）当代中国依法治国基本方略的内涵

胡锦涛同志继承了邓小平和江泽民同志对建设一个法治国家的不懈追求，从理论至实践不断地扩充了依法治国方略的基本内涵：

1. 依法治国的主体是人民群众

宪法规定，国家的一切权力都属于人民。那么，治理国家的权力当然也属于人民。我国的国家性质是人民民主专政的社会主义国家，社会主义民主的本质是人民当家作主，这就充分表明了人民群众的主人翁地位，表明了人民群众在治理国家上的地位和作用。

2. 依法治国的客体是国家权力和公共事务

现代社会，国家事务首先是公共事务，其次是经济、文化事务，再次是社会事务。既然依法治国的主体是人民群众，那么，依法治国就必须体现为人民群众的依法治权。从一定意义说，没有人民民主，就没有国家事务的民主化管理。因此，依法治国，在根本上就是要保证国家各项工作依法进行，逐步实现社会主义民主的制度化、法律化，让人民群众通过参政议政以及监督政治来实现自己的民主权力和权利。

3. 依法治国的依据是法律制度

依法治国，首先就是要依照宪法来治理国家，即依宪治国——它是依法治国的首要的、关键的环节。其次，还必须遵守和服从其他法律制度。法制是一个整体，其中某项制度或规范被违反，都将损害整个法制和法治的权威。

4. 依法治国的方式是多样而可行的

依法治国的主体是人民，人民有权通过各种各样的途径和形式来管理国家和社会事务。而且，这些途径和形式应得到法律的有力保障，使人民群众真正能够通过这些途径和形式来实现自己的主体权力和权利。否则，人民民主就会形同虚设，人民依法治国的权力就会被削弱。

5. 依法治国的目的在于实现人民民主

依法治国，就是要通过保证国家各项工作依法进行，逐步实现社会主义民主的制度化、法律化，使这种制度不因领导人的改变而改变，也不因领导人看法和注意力的改变而改变。这一目标的设定，在具有专制文化传统的中国，具有特别重要的意义。

（三）当代中国依法治国的基本方针和基本要求

1. 当代中国依法治国的基本方针

当代中国实行依法治国的基本方针，即“有法可依，有法必依，执法必严，违法必究”，一般可概括为“十六字方针”。

（1）有法可依。

有法可依，是指国家应当高度重视和加强立法工作，逐步建立起完备的法律体系。这是依法治国、建设法治国家的基本前提。

（2）有法必依。

有法必依，即普遍守法原则，指的是法律制定以后的整个实施过程，要求一切国家机关、政党、社团和公民在自己的活动中，必须严格遵守和执行国家法律，依法办事。这是依法治国、建设法治国家的中心环节。

（3）执法必严。

执法必严，是指国家机关在执行法律过程中，必须切实依照法律规定的精神、内容和程序办事，维护法律的尊严和权威。这是依法治国、建设法治国家的重要支撑。

（4）违法必究。

违法必究，是指对一切违反宪法和法律的行为都必须依法平等地予以追究和制裁，任何组织和个人都不能例外。这是依法治国、建设法治国家的关键内容。

上述四个方面是相互联系、相互制约的有机整体。其中，有法可依是前提，有法必依是关键，执法必严和违法必究是对有法必依的进一步强调，这四个方面都是依法治国所必需的核心内容，是依法治国的基本要求。片面强调某一方面，而忽视其他任何一个方面，都不能做到严格依法办事，最终难以建设法治国家。

2. 当代中国依法治国的基本要求

根据上述依法治国的基本方针，当代中国法治建设有以下几个方面的基本要求：

（1）加强立法，完善中国特色社会主义法律体系。

完善中国特色社会主义法律体系，需要进一步加强立法工作。坚持立法与改革、发展相结合的原则，用立法引导和推进国家的改革、发展；坚持立法严密、细致的原则，提高法律的可操作性；坚持经济立法与政治立法并重的原则，保证经济体制改革与政治体制改革同步推进；加强对立法工作的科学研究，完善立法制度和程序，改善立法技术和方法，提高立法质量和水平，以高质量、高水平的立法完善社会主义法律体系。

（2）严格执法，不断加大执法力度。

政府机关要坚持依法行政，保障公民权利，坚决制止政府机关中存在的滥用权力、违法行政的现象。在实行依法治国方针的国家中，行政权力是法律赋予的。行政机关的行政行为必须在法律规定的范围内按照法定程序实施，严格依法行政。同时，行政权力不得滥用，政府的行为必须接受法律的制约和监督。对于滥用行政权力造成损害的，必须经过法定程序予以纠正，必须按照国家赔偿法的规定予以赔偿。要建立、健全执法责任制和评议考核制，以切实保证行政权力的正确行使，保证依法行政，严格依法办事。

（3）公正司法，推进司法体制改革。

司法体制是保护人民权利，维护社会公正，正确实施法律的关键一环，需要不断予以改革和完善。党的十六大报告指出：社会主义司法制度必须保障在全社会实现公平和正义。按照公正司法和严格执法的要求，完善司法机关的机构设置、职权划分和管理制度，进一步健全权责明确、相互配合、相互制约、高效运行的司法体制。从制度上保证审判机关和检察机关依法独立、公正地行使审判权和检察权；完善诉讼程序，保障公民和法人的合法权益；切实解决执行难的问题。改革司法机关的工作机制和人财物管理体制，逐步实现司法审判和检察同司法行政事务相分离。加强对司法工作的监督，惩治司法领域中的腐败。这些就是推进司法体制改革的根本要求和主要任务，我们一定要坚决贯彻，逐项落实，把我国的司法体制改革不断推向前进，保证司法公正，确保法律正确、有效地实施。

司法公正是指司法权运作过程中各种因素达到的理想状态，是现代社会政治民主、进步的重要标志，也是现代国家经济发展和社会稳定的重要保证（来自昵图网）

（4）建设一支政治坚定、业务精通、作风优良、执法公正、高素质的执法和司法队伍。

实行依法治国，建设社会主义法治国家，必须有一支高素质的执法和司法队伍。要用邓小平理论和“三个代表”重要思想武装广大执法和司法人员的头脑，努力提高他们的政治素质，增强他们的群众观念和职业道德观念，提高他们廉洁奉公、严肃执法的自觉性和自律性。古人云："徒法不足以自行。"法律由人来制定，也要靠人来执行。执法机关和执法人员在保证法律的贯彻执行中具有极其重要的作用。因此，必须建设一支数量足、素质高的执法队伍，包括行政执法队伍、法官队伍、检察官队伍、律师队伍、公证员队伍等。这支队伍应当具有较高的政治觉悟和道德素养，较高的业务水平和崇高的敬业精神，对法律要学习、学习、再学习，力求精通，还要学些经济方面的知识。要建立执法和司法人员的考试制度，对在岗和上岗的司法人员进行专业和政治思想品德等全方位的考试，只有经过严格的国家统一司法考试并合格通过的人才能进入执法和司法部门。执法和司法人员一定要做到公正、依法执法和司法。

（5）培养社会主义法治思维方式。

社会主义法治国家建设的进程能否顺利推进，在一定程度上要看社会主义法治思维能否深入人心。我国法制宣传教育的任务不仅包括宣传和普及法律知识，而且包括努力培养公民的法治思维方式。法治思维方式是人们按照法治的理念、原则和标准判断、分析和处理问题的理性思维方式。法治思维方式与人治思维方式有着根本的区别。法治思维方式是一种逻辑的、理性的思维方式，而人治思维方式在判断、分析和处理问题上的基点是个体的人或少数人的感性思维方式，具有任意性和个体性或具体性。由于法律、权力、权利、程序是所有治国理政实践不可或缺的四个基本要素，法治思维方式所具备的法律至上、权力制约、人权保障、正当程序等基本特征就表现为对待和处理这些基本要素的态度和方式。第一，法律至上。法治思维不仅认为法律是治国理政的手段和工具，更强调法律是治国理政的最高准则，治国理政必须奉守法律至上原则。第二，权力制约。国家权力是人民所赋予的（权为民所赋），应为人民而行使（权为民所用），因此权力运行必须受到有效制约和监督。权力制约原则可以概括为职权由法定、有权必有责、用权受监督、违法受追究等四项要求。第三，人权保障。人权是人作为人所享有或应当享有的权利。法律的重要使命就是充分尊重和保障人权，不得以任何借口侵犯人权。人权的法律保障包括宪法保障、立法保障、行政保护和司法救济等。第四，正当程序。程序具有独立的价值和意义，程序问题与实体问题同等重要。只有按照正当程序处理问题，处理结果才具有公信力和权威性。

二、中国现行社会主义法的运行

如上所述，当代中国的法治，包括形式意义的法治和实质意义的法治。而形式意义的法治即法制，它强调"依法治国"、"依法办事"的治国方式、制度及其运行机制。中国现行社会主义法的运行，就是这种治国方式、制度及其运行机制的总和。它包括立法、执法、司法、守法、律师制度以及法律监督的体制、机制等。

（一）我国现行的立法体制

1. 立法体系

我国是单一制国家，依据我国宪法的规定，我国的立法体制是一元性的立法体制，全国只有一个立法体系，但同时又是多层次的。

具体而言，我国的立法分成六个层次：①全国人大及其常委会以行使立法权，制定法律。②国务院制定行政法规。③国务院各部委制定部门规章。④省、自治区、直辖市人大及其常委会以及省会所在市人大及其常委会制定地方性法规。⑤民族自治地方人大及其常委会、人民政府制定自治条例、单行条例。⑥省、自治区、直辖市人民政府及较大城市的人民政府制定地方规章。

2. 立法的基本原则

我国立法的基本原则是：①立法法治原则，即立法要遵循宪法的基本原则，符合宪法的精神和规定；立法应遵循法定的权限和程序。②立法民主原则，即人民是立法的主人；立法的内容以维护人民的利益为宗旨。③立法科学化原则，即处理好理论与实际的关系；树立和强化法治、民主、科学的立法观念；在立法中运用好现代化科学技术等。

3. 立法程序

立法程序是享有立法权的国家机关及其组成人员在制定、补充、修改、认可或废止法律或其他具有法的性质的规范性文件的活动所必须遵循的法定步骤和方法。我国具体的立法程序是：①法律议案的提出，即依法享有法律议案提案权的机关或个人向立法机关提出关于制定、修改和废止某项法律的正式提案。②法律提案的审议，即立法机关对法律提案正式进行审议和讨论。③法律草案的表决和通过，即立法机关依法定程序对拟定的法律草案进行投票表决，并以票数的多少决定是否通过。④法律的公布，即国家主席依据全国人大常委会的决议，公布法律。

（二）当代中国法的实施

法的实施，是指通过一定的方式使法律规范在社会生活中得到贯彻和实现的活动。它不仅包括国家机关及其工作人员执行法律规范的活动，而且包括公民、社会团体实现法律规范的活动。根据主体的不同，可以把社会主义法的实施形式分为法的适用和法的遵守。

1. 法的适用

法的适用是指国家机关及其工作人员和国家授权的社会组织依照法定的职权和程序，运用国家权力，把法律规范的规定运用到具体的主体或场合，用来解决具体问题的一种行使权力的专门活动。它使具体的当事人之间发生、变更或消灭一定的权利义务关系，或对违法者实行法律制裁。

法的适用具有以下几个特点：

（1）法的适用的主体主要是国家机关，也包括国家授权的单位。如学位条例规定，经批准的大专院校和科研单位有权依法授予学位，这就是适用法律规范的活动。

（2）法的适用是国家机关及其工作人员将法律规范的一般规定运用到具体主体或具体场合，作出具有法律效力的个别性决定的活动。它使当事人之间发生具体的法律后果，并以判决、决定等个别性法律文件宣告这种后果。

（3）法的适用活动必须严格遵守法定的职权范围，遵守相关实体法和程序法的规定。

我国法的适用的基本要求可以概括为：正确、合法、及时、合理、公正。正确，是指在适用法律规范时，要做到事实清楚，证据确凿，定性准确，处理适当。合法，是指在适用法律规范时，要合乎国家的法律规定，严格依照法定权限和法定程序办事。及时，是指法的适用活动的每个环节要严格符合法律所规定的时间要求，提高办事及办案效率。合理和公正，是指法的适用活动在保证符合法律要求的前提下，还应当符合社会主义道德的要求，符合广大人民的公平、正义观念，符合适用法的根本目的。

国家机关和公职人员在适用法律规范时应遵循以下五项原则：

（1）以事实为根据，以法律为准绳的原则。以事实为依据，要求国家机关及其工作人员在适用法律规范时，必须弄清楚事实真相，掌握全部有关材料，把对案件的审理和判决建立在尊重客观事实的基础上。以法律为准绳，是指公安司法机关在诉讼过程中以及在各个诉讼阶段对案件做出最终的结论时，必须严格遵守程度法和组织法等法律关于国家专门机关的职权分配，相互关系以及办案程序的规定，并根据实体法关于犯罪的构成要件、量刑标准、量刑原则等规定做出适当的处理。

（2）公民在适用法律上一律平等的原则。其基本含义是：国家专门机关在适用法律规范的过程中，对全体公民不分民族、种族、性别、职业、社会出身、宗教信仰、教育程度、财产状况、居住期限，一律平等地适用法律规范，绝不能因人而异。对任何人，只要是法律赋予的各项权利，国家法律都平等地予以保护，没有任何例外；而法律所规定的义务，都要求必须履行，也不得有任何例外。对任何人的违法犯罪行为都必须平等地追究法律责任，不允许有凌驾于法律之上、超越于法律之外的特权。

（3）司法机关依法独立行使职权的原则。《宪法》第126条规定："人民法院依照法律规定独立行使审判权，不受行政机关、社会团体和个人的干涉。"第131条规定："人民检察院依照法律规定独立行使检察权，不受行政机关、社会团体和个人的干涉。"要贯彻这一原则就必须做到：国家的司法权只能由国家司法机关统一行使，其他任何机关均不得行使司法权；司法机关依法独立行使职权，不受其他行政机关、社会团体和个人的干涉；司法机关处理案件必须符合法律的规定。

（4）专门机关的工作与群众路线相结合的原则。法的适用是国家机关的专门活动，各级各类国家机关必须依法行使职权，不得敷衍塞责或玩忽职守。同时，群众路线又是国家机关一切工作的根本路线，适用法律也要走群众路线。不仅行政机关处理问题离不开人民群众，司法机关审理案件，也要依靠人民群众的参与，如调查取证；同时，还应当切实发挥人民陪审员的作用，保证案件判决合法、合理。总之，只有专门机关的工作与群众路线相结合，才能保证准确地适用法律。

（5）实事求是，有错必纠的原则。实事求是、有错必纠原则是由我国国家和法律的本质决定的，它体现了我国法的适用的正义性和严肃性。这一原则要求：法的适用必须置于法律监督之下；发现在法的适用中有错误的，必须依法纠正；由于错误地适用法律而给公民、法人带来损害的，国家必须给予适当赔偿。

2. 法的遵守

法的遵守即守法，就是恪守现行法律的规定，严格依法办事。

守法是健全法制的核心。国家制定了法律，如果不能为人们遵守，法律也就成了一纸空文，也就没有法制可言。在我国，法的遵守，主要包括以下四个构成要素：

（1）守法的主体。守法的主体即一定遵守行为的实施者。主要包括国家机关、社会组织、社会团体、中国公民和在中国领域内的外国组织、外国人、无国籍人等。

（2）守法的内容。守法的内容包括守法主体必须履行的义务（职责）和行使法律权利（权力），二者相互依存，有机统一。

（3）守法范围。守法范围是指守法主体必须遵守的行为规范的种类。它与前述我国现行的法律渊源关系密切。

（4）守法的条件。守法的条件包括：公民须具有良好的法律意识；守法主体须按照法律规范规定的行为模式认真行使权利、履行义务；守法主体在发生违反法律的行为或后果时，应主动承担法律责任等。

3. 违法的含义、构成条件和分类

违法是指国家机关、企事业组织、社会团体或公民，违反法律的规定，致使法律所保护的社会关系和社会秩序受到破坏，依法应承担法律责任的行为。依照我国相关法律法规规定，违法的构成要件主要有：

（1）违法必须是人们违反法律规定的一种行为，包括作为和不作为。仅有思想而无行为不构成违法。

（2）违法必须是在不同程度上侵犯法律所保护的社会关系的行为，必须是对社会造成一定危害的行为。

（3）违法必须是行为人出于故意或过失，也就是行为人在主观上要有过错。

（4）违法的主体必须具有法定责任能力。

按照违法行为的具体性质、危害程度和所承担的法律责任的不同，违法可分为违宪、民事违法、行政违法和刑事犯罪四种。

4. 法律责任与法律制裁

法律责任是指违法行为引起的应依法承担的责任。违法行为是法律责任的前提和依据，没有违法行为就不会发生法律责任的问题。法律责任只能由实施违法行为的个人承担，不许株连。法律制裁是指特定的国家机关对应承担法律责任的违法者依法实施的强制性惩罚措施。法律制裁的方式与法律责任的性质相适应，最终取决于违法行为的性质及其社会危害性的大小。不依据违法行为随意追究法律责任，或者不以法律责任为依据滥施制裁，本身就是违法。

按照违法行为的性质，法律责任可以分为刑事法律责任、民事法律责任、行政法律责任和违宪责任。与此相适应，法律制裁可分为刑事制裁、民事制裁、行政制裁和违宪制裁。刑事制裁和民事制裁均由司法机关实施，所以又可以称为司法制裁。

阅读链接

苏格拉底的审判

西方文明源于古希腊文明，这是一个星罗棋布于地中海流域的繁荣的希腊世界。古希腊精神用一个词来概括，那就是——自由。当世界上绝大多数国家或民族还匍匐在暴君专制的淫威下惶恐不安之时，古希腊人已经走上了自主自治因而自由的道路。他们自由自在地生活在爱琴海周围，好似那空中歌唱的小鸟。古希腊文明的一个精品，是以万神之王宙斯的女儿、智慧女神雅典娜之名命名，并尊其为“城市保护神”的雅典城邦。关于雅典城邦的故事记载，可谓是汗牛充栋。在雅典城建立后的数百年间，这座以智慧、勇敢和民主体制著称的城邦经历了无数的刀兵和天灾，却在智慧女神和说理女神的荫护下，始终屹立不倒。然而，在公元前399年，雅典城却开始走向衰落，而且是从精神上被彻底打败了，对手竟然是一位年届七旬的老人，一位被称为“西方孔子”的伟大哲人——苏格拉底。这缘于一场审判。

在雅典的荒烟蔓草里，始终游荡着一个光辉的身影——苏格拉底，这个不死的灵魂永不疲惫地捎带着神的圣谕，不断地向来去匆匆的人们发送着理性的光环。他是一个出身于雅典中产之家的公民，父亲是雕刻匠，母亲是助产婆。他成长在伯里克利的盛世，当时正值智者从希腊各地云集雅典，给民主制度雅典带来了许多新知和自由论辩的新风尚的时期。年轻的苏格拉底向著名的智者普罗泰哥拉和普罗第柯等人求教，和他们讨论各种重要的社会人事和哲学的问题。他以一种对哲学的崭新理解开创了希腊哲学的新纪元，在他的教诲下出现了柏拉图和亚里士多德，产生了犬儒派等新学派，并通过他们，这一新学派一直影响到希腊化罗马时代。他虽貌不出众，但言谈话语富有魅力，他向青年们教授哲学，在辩论之中度过了一生。

公元前399年，他被人控告有罪，罪名主要有两项：一项是他不信仰城邦的神，只信仰自己的神；另一项是他腐蚀、败坏青年。结果苏格拉底被判刑。朋友们打算营救他逃离雅典，但被他拒绝了。他认为自己必须遵守雅典的法律，因为他和国家之间有神圣的契约，他不能违背。苏格拉底认为，如果城邦的法律是不公正的，你就不必遵从它们，但是如果你违反了城邦的法律，你就必须接受惩罚。苏格拉底正是丝毫不差地这样做的，他感到自己有服从城邦的合法权威和城邦法律的义务，所以他十分自觉地接受了死刑。苏格拉底在临终前仍同朋友们讨论哲学问题。在受刑时间到来时，他安详地喝下了毒酒，用自己的生命和哲学报答了祖国城邦，终年69岁。

在苏格拉底一案中，一方是追求真理、舍生取义的伟大哲人，另一方则是以民主自由为标榜、被视为民主政治源头的雅典城邦。孰是孰非，谁善谁恶，不那么泾渭分明，感情上的取舍则成为一种痛苦的折磨，因而其悲剧色彩愈加彰显。

苏格拉底的哲学是同他的生活实践融为一体的，而他个人的命运同雅典的命运是密不可分的。他为了祖国追求善的理想，而他的祖国则用死刑酬答了他的贡献，成全了他的哲学。苏格拉底没有丝毫的激愤、畏惧或悲哀，而是依旧用他智慧的语调诚挚地奉劝着一切。他明白他是神的使者，这一切都是神的安排，他还有他生命未完成的部分，而死恰恰能给他一个完美的结局。

在古希腊，法律被视作城邦安全的基础，具有女神般的尊严，可以说是城邦真正的保护神。在此神灵的保护下，古希腊的城邦按法律治理，任何人的地位都不得高于法律。苏格拉底认为，城邦的法律是公民们一致制定的协议，应该坚定不移地去执行；只有遵守法律，才能使人民同心协力，使城邦强大无比；严守法律是人民幸福、城邦强大的根本保证，其价值远远高于个人的生命。

苏格拉底还认为，法律同城邦一样，都来源于神，是神定的原则。法律最初体现为自然法，自然法也就是自然规律，它纯粹是一种神的意志或神有意的安排。后来城邦颁布的法律称为人定法。虽然人定法不像自然法那样具有普遍性，而是具有易变性，但是，由于人定法来源于自然法，人们接受和服从人定法的指导就意味着人们接受和服从自然法的约束，也就是服从神的意志。一个城邦的理想状态必须是人人从内心守法的状态，这既是苏格拉底一生的理想和信仰，也是他最后慷慨以身殉法的内在动力。

由此我们似乎明白了，苏格拉底之死的重大意义在于：也许法律会枉正错直，也许上帝会说恶法非法。世俗之城里只有一个人们必须遵守的法律，这个法律也许要使千万个“苏格拉底”受冤，但只有在苏格拉底服从法律的前提下，雅典人民才有法治的保障。正如他所说：“我去死，你们去活，谁的去路好，唯有神知道。”正是雅典的法治精神令他如此无畏。苏格拉底必须死，因为雅典的法律需要生。

（资料来源：百度贴吧，引用时稍有改动）

思考

一、简答

1. 法律为什么是一种特殊的社会规范？
2. 如何认识社会主义民主和法治的关系？
3. 当代中国社会的政治体制改革为何必须要走“依法治国”之路？
4. 目前应如何推进我国依法治国方略实现的进程？

二、案例分析

以法律与道德的关系来分析以下案例：

四川泸州一公民黄某，生前立有遗嘱将自己的合法财产（140 平方米三居室）遗赠给“同居情人”张某。黄某死后，黄妻蒋某拒绝按黄某先前遗嘱分割财产，张某怒而诉至法院（按我国继承法规定，死者生前立有遗嘱的，遗嘱继承优先于法定继承）。法院若以继承法判决，则应判决蒋某败诉；但这就等于让黄某生前包养的“二奶”（情妇）胜诉，即有违反社会公德。究竟怎样判决才能符合法理，又符合大多数民众的根本利益？请给予分析，并说明理由。

推荐阅读

1. 张文显．法理学．北京：高等教育出版社，1999.

该书对法理学的基本知识做了较好阐述和概括，作者在中国法学会法理学会担任要职，在法理学研究中颇具专长。

2. 张文显、李步云．法理学论丛．北京：法律出版社，2000.

该书针对法理学的问题，结合当今中国实际和世界现实提出了许多新的观点。

3. 刘同君、夏民．伦理文化与法治文化同构．南京：东南大学出版社，2001.

该书以全球化浪潮为背景，以文化价值功能为视角，系统地阐析伦理文化与法治文化的相互关系，并借助大学生伦理文化的实证考察和法治文化的权力观分析，论证了加强大学生法治与德治教育的重要性与迫切性。

4. 张利华．中国法治民主建设之路．北京：中国社会科学出版社，2006.

该书以广阔的视野探究了法治和民主思想的起源与发展，对中西方学者关于法治与民主的思想精华作了提炼和梳理，加上作者独到的见解，对当代中国法治民主建设之路进行了大胆的探索。

第九章
中国法律制度与法律规范

宪法，就是一张写着人民权利的纸。

——［苏联］列宁

第一节　宪法及其根本制度

一、宪法的历史、基本特征与概念

近、现代意义的宪法是资产阶级革命的产物。17、18 世纪，英国资产阶级在与封建阶级的斗争和妥协中，逐渐形成了一些宪法性文件和宪法惯例。1787 年美国制定的联邦宪法是世界上第一部成文宪法。1791 年制定的法国宪法是欧洲大陆第一部成文宪法。1918 年制定的苏俄宪法是第一部社会主义国家的宪法。

《美利坚合众国宪法》（The Constitution of the United States），通称美国联邦宪法或美国宪法（U. S. Constitution）。它是美国的根本大法，奠定了美国政治制度的法律基础。美国宪法是世界上第一部成文宪法。1787 年 5 月，美国各州（当时为 13 个）代表在费城召开制宪会议，同年 9 月 15 日通过《美利坚合众国宪法》。

我国第一部带有“宪法”字样的法律文件，是晚清 1908 年形成的《钦定宪法大纲》。辛亥革命胜利不久于 1912 年颁布的《中华民国临时约法》是一部具有民主色彩和资产阶级性质的宪法。1923 年北洋政府颁布的《中华民国宪法》是中国历史上的第一部宪法。中华人民共和国成立以来，先后于 1954 年、1975 年、1978 年、1982 年颁布了四部社会主义性质的宪法。我国现行宪法是 1982 年颁布的《中华人民共和国宪法》及分别于 1988 年、1993 年、1999 年和 2004 年颁布的宪法修正案。

宪法在国家现行法律体系中，是国家的根本大法，是国家的最高法律形式。宪法与同一法律体系中的其他法律相比，它具有如下三方面的基本特征：

（1）在内容上，宪法规定国家生活中最根本、最重要的方面。诸如：公民的基本权利和义务；国家的主要社会、经济、政治和文化的基本制度和基本方针；国家的性质；国家的政权组织形式和国家的结构形式、国家的基本国策、国家机构的组织、职权及其相互关系等，都在宪法中作了明确的规定。这些规定不仅关系到国家存在和发展的根本问题，而且从社会制度和国家制度的根本原则上规范着整个国家的活动。

（2）在效力上，宪法的法律效力最高。宪法的最高法律效力既体现为宪法是制定普通法律的依据，任何普通法律、法规都不得与宪法的原则和精神相违背，又体现为宪法是一切国家机关、社会团体和全体公民的最高行为准则。

（3）在制定、修改、解释和监督的程序上，宪法比其他法律更为严格。一方面，制定和修改宪法的机关，往往是依法特别成立的，而非普通的立法机关。宪法的制定，从各国的制宪实践看，主要包括下列环节和步骤：组织制宪机关，建立宪法起草机构；提出或公布宪法草案；讨论、审议并完善宪法草案；通过或批准宪法；颁布宪法及其生效的日期。另一方面，通过、批准宪法或者其修正案的程序，往往严于普通法律。宪法修改的程序通常有以下步骤：提案程序；先决投票和公布修宪草案的程序；宪法修正案的通过程序；宪法修正案的公布程序。例如，我国《宪法》的修改由全国人大常委会或者1/5以上的全国人大代表提议，并由全国人大全体代表的2/3以上的多数通过，而普通法律只要立法机关成员的过半数通过即可。

综上所述，我们可对宪法的概念作如下表述：宪法是反映各种政治力量实际对比关系，确认革命胜利成果和现实的民主政治，规定国家根本制度和根本任务，具有最高法律效力的国家根本法。

二、当代中国宪法的基本原则

1. 坚持党的领导原则

中国共产党是中国特色社会主义事业的领导核心，党的领导是人民当家做主的根本保证。我国《宪法》序言明确规定了党的领导地位：“中国各族人民将继续在中国共产党领导下，在马克思列宁主义、毛泽东思想、邓小平理论和‘三个代表’重要思想指引下，坚持人民民主专政，坚持社会主义道路，坚持改革开放，不断完善社会主义的各项制度，发展社会主义市场经济，发展社会主义民主，健全社会主义法制，自力更生，艰苦奋斗，逐步实现工业、农业、国防和科学技术的现代化，推动物质文明、政治文明和精神文明协调发展，把我国建设成为富强、民主、文明的社会主义国家。”这就是要在宪法和法律上保证中国共产党在国家中的执政地位，保证党的主张和人民意志相统一，并通过法定程序使党的主张上升为国家意志。

2. 人民主权原则

主权是指国家的最高权力。人民主权是指国家中绝大多数人拥有国家的最高权力。我国宪法规定，国家的一切权力属于人民，就是对人民主权的确认。一切权力属于人民的原则在宪法规范中的表现是多方面的。例如，宪法规定人民行使国家权力的机关是全国人民代表大会和地方各级人民代表大会；各级人民代表大会由人民选举产生，对人民负责，受人民监督等。

3. 保障公民权利原则

以宪法和法律保障公民基本权利的状况是现代社会民主与法治发展程度的重要标志。宪法确认和保护的公民权利也就是人权保障在国家根本法中的体现。人权是指人享有的人身自由和各种民主权利。我国宪法明确规定：国家尊重和保障人权，并规定公民享有广泛的权利和自由，包括公民参与国家政治生活的权利和自由、公民的人身自由和信仰自由、公民社会经济文化方面的权利，等等。

4. 法治原则

法治是和人治相对的，是对人治的否定。我国宪法明确规定实行依法治国，建设社会主义法治国家。依法治国的根本要求是“有法可依、有法必依、执法必严、违法必究”。依法治国首先就是依宪治国，同时国家的法律、法规也应获得普遍的服从，任何个人和组织的违法行为都应受到应有的追究，法律面前，人人平等。

5. 民主集中制原则

民主集中制是一种民主与集中相结合的制度，是在民主基础上的集中和集中指导下的民主的结合。我国宪法规定，所有国家机构实行民主集中制的原则。全国人民代表大会和地方各级人民代表大会都由民主选举产生，对人民负责，受人民监督。国家行政机关、审判机关、检察机关都由人民代表大会产生，对其负责，受其监督。

三、宪法确立的中国国家制度

国家制度是一个国家的统治阶级通过宪法、法律规定的有关国家性质、国家形式等方面的制度的总称。它不仅体现国家政权特定的阶级本质，而且为国家政权的运转、国家职能的实现提供保障。由宪法所确立的中国国家制度，主要有：

1. 人民代表大会制度

（1）人民代表大会制度的含义。

《中华人民共和国宪法》规定：“中华人民共和国的一切权力属于人民”，“人民行使国家权力的机关是全国人民代表大会和地方各级人民代表大会”。宪法的规定和实践表明，人民代表大会制度是中国的政权组织形式。

人民代表大会制度，是指中华人民共和国的一切权力属于人民；人民在普选的基础上选出代表，按照民主集中制的原则，组成全国人民代表大会和地方各级人民代表大会，行使国家权力；其他国家机关由人民代表大会组织产生，对人民代表大会负责，受人民代表大会监督；县以上人民代表大会常务委员会对本级人民代表大会负责，人民代表大会对人民负责，最终实现国家一切权力属于人民的一种政权组织形式。

（2）人民代表大会制度的性质。

人民代表大会制度是我国根本的政治制度，它的性质主要体现在：

第一，人民代表大会制度直接、全面地反映了我国的国家性质。我国《宪法》第一条规定：“中华人民共和国是工人阶级领导的、以工农联盟为基础的人民民主专政的社会主义国家。”

第二，人民代表大会制度产生于我国的革命斗争和建国初期政权建设的实践当中，是其他政治制度赖以建立的基础。

第三，人民代表大会制度反映我国政治生活的全貌，是人民行使国家权力的基本途径和方式。

（3）人民代表大会制度的优越性。

人民代表大会制度不仅是我国国家机构和国家政治生活的基础，是其他政治制度的核心，而且是我国人民实现当家作主的基本形式。其优越性主要表现在：

第一，它适合中国国情，具有很强的生命力。人民代表大会制度是中国各族人民在中国共产党领导下，在长期的政权建设实践中创立的，是马克思主义政权建设理论在中国的具体运用。它充分反映了中华人民共和国的国家的阶级本质和国家的阶级结构，最能代表我国的国体，是与人民民主专政完全相适应的政治制度，因此最适合中国的国情。

第二，它便于人民参加国家管理。根据《宪法》和《全国人民代表大会组织法》的规定，我国各级人大代表都由选民通过直接或者间接选举方式产生；各级人大代表必须对选民或者原选举单位负责，受选民或者原选举单位监督，选民或者原选举单位有权依法撤换自己选出的代表；人大代表必须深入选民中了解他们的意愿，及时向选民或者原选举单位报告自己的工作，听取他们对自己工作的意见和要求；人大代表有权根据民主集中制原则，讨论和决定国家生活中的重大问题，等等。因此，人民代表大会制度，是直接民主与间接民主相结合的制度，这就从制度上保证了我国人民行使当家作主、管理国家的根本权力。

第三，它保证人民通过各级人民代表大会统一行使国家权力。我国宪法规定，国家的一切权力属于人民，人民行使国家权力的机关是全国人民代表大会和地方各级人民代表大会。这一规定表明，人民代表大会制度体现了国家权力与人民权利的统一。同时，各级国家行政机关、审判机关和检察机关都由同级人民代表大会选举产生，对其负责，受其监督，充分表明各级人民代表大会作为国家权力机关，在国家权力的行使和实现过程中处于主导支配地位。因此，人民代表大会制度最便于集中统一地行使国家权力。

2. 中国共产党领导的多党合作和政治协商制度

（1）中国共产党领导的多党合作制度。

中国是一个多党派的国家。除了中国共产党外，还有八个民主党派：中国国民党革命委员会、中国民主同盟、中国民主建国会、中国民主促进会、中国农工民主党、中国致公党、九三学社、台湾民主自治同盟。中国共产党是执政党，各民主党派是参政党。这些民主党派在新中国成立之前就已存在，它们在政治上拥护中国共产党的领导，这是它们在与共产党长期合作、共同奋斗过程中作出的历史选择。

中国共产党领导的多党合作制度是符合中国国情的一项基本政治制度，是我国政党制度的重要内容和特点所在。其合作的政治基础是必须坚持中国共产党的领导，坚持四项基本原则。中国共产党对各民主党派的领导是政治领导，即政治原则、政治方向和重大方针政策的领导。各民主党派在组织上都是独立的，享有宪法规定范围内的政治自由、组织独立和法律地位平等。中国共产党和各民主党派都必须以宪法为根本活动准则。

中国共产党同民主党派合作的基本方针是“长期共存、互相监督、肝胆相照、荣辱与共”。这十六字方针，保证了中国共产党与各民主党派的平等合作、相互制约和长期共存关系。中国共产党与民主党派的共同奋斗目标是：在马克思列宁主义、毛泽东思想、邓小平理论和“三个代表”重要思想指引下，沿着建设中国特色社会主义道路，为把我国建设成为物质文明、政治文明、精神文明和生态文明协调发展的国家而奋斗。

（2）政治协商制度。

人民政治协商会议，简称人民政协。人民政协属非国家机构，其性质为爱国统一战线组织，是中国共产党领导的多党合作和政治协商的重要机构，是我国政治生活中发扬社会主义民主的重要形式，同时也是各党派、各人民团体、各界代表人物参政、议政的重要场所。

中国人民政治协商会议机构，有人民政协全国委员会和地方委员会，它们的主要职能是政治协商、民主监督和参政议政。

政治协商，是对国家和地方的大政方针以及政治、经济、文化和社会生活中的重要问题，在决策之前进行协商和就决策执行过程中的重要问题进行协商。此外，它们可根据中国共产党、人民代表大会常务委员会、人民政府、民主党派、人民团体的提议，举行有各党派、团体的负责人和各族各界人士的代表参加的会议，进行协商；亦可建议上列单位将有关重要问题提交协商。

民主监督，是对国家宪法、法律和法规的实施，对重大方针政策的贯彻执行、国家机关及其工作人员的工作，通过建议和批评进行监督。

参政议政，是对政治、经济、文化和社会生活中的重要问题以及人民群众普遍关心的问题，开展调查研究，反映社情民意，进行协商讨论。通过调研报告、提案、建议案或其他形式，向中国共产党和国家机关提出意见和建议。

实践证明，人民政协的政治协商制度，有利于发扬社会主义民主，增进人民的团结，有利于维护国家政局的稳定，有利于保证集中领导与广泛民主、充满活力与富有效率的统一。

3. 国家的基本经济制度

经济制度是指一国通过宪法和法律调整，以生产资料所有制形式为核心的各种基本经济关系的规则、原则和政策的总和。我国《宪法》规定：“中华人民共和国的社会主义经济制度的基础是生产资料的社会主义公有制，即全民所有制和劳动群众集体所有制。社会主义公有制消灭人剥削人的制度，实行各尽所能、按劳分配的原则。”同时还规定：“国家在社会主义初级阶段，坚持公有制为主体、多种所有制经济共同发展的基本经济制度，坚持按劳分配为主体、多种分配方式并存的分配制度。”

全民所有制和劳动群众集体所有制是我国社会主义公有制的两种基本形式。全民所有制经济即国有经济，是国民经济中的主导力量，控制着国家的经济命脉，决定着国民经济的社会主义性质。我国《宪法》规定：“国家保障国有经济的巩固和发展；集体所有制经济是我国社会主义公有制的重要组成部分，国家保护城乡集体经济组织的合法的权利和利益，鼓励、指导和帮助集体经济的发展。”

非公有制经济是社会主义市场经济的重要组成部分。由于我国尚处于社会主义初级阶段，经济文化和生产力水平还不高，因此，在坚持以社会主义公有制经济为主体的前提下，必须发挥非公有制经济的积极作用。1999 年通过的《宪法修正案》规定："在法律规定范围内的个体经济、私营经济等非公有制经济，是社会主义市场经济的重要组成部分。"2004 年通过的《宪法修正案》规定："国家保护个体经济、私营经济等非公有制经济的合法的权利和利益。国家鼓励、支持和引导非公有制经济的发展，并对非公有制经济依法实行监督和管理。"宪法还规定允许外国的企业和其他经济组织或者个人依照我国法律的规定在中国投资，同中国的企业或者其他经济组织进行各种形式的经济合作。外资企业是我国经济的必要的和有益的补充。

我国实行"各尽所能、按劳分配"的分配原则，坚持按劳分配为主体、多种分配方式并存的分配制度。因此，公民的收入，如利息、股息等收入，只要是合法的，都受到国家法律的保护。宪法还规定，社会主义公共财产神圣不可侵犯。国家保护社会主义的公共财产，禁止任何组织或个人用任何手段侵占或者破坏国家和集体的财产。公民的合法的私有财产不受侵犯，国家按照法律规定保护公民的私有财产权和继承权，国家为了公共利益的需要，可以依照法律规定对公民的私有财产实行征收或者征用，并给予补偿。

4. 我国的民族区域自治制度

(1) 民族区域自治制度的主要内容。

民族区域自治制度是我国为解决民族问题、处理民族关系，实现民族平等、团结而建立的基本政治制度。其内容依《宪法》和《民族区域自治法》的规定，主要内容包括：各民族自治地方都是中华人民共和国不可分离的部分，其自治机关都是中央统一领导下的地方政权机关，除行使宪法规定的地方国家政权机关的职权外，还可以依法行使广泛的自治权；民族区域自治必须以少数民族聚居区为基础，是民族自治与区域自治的结合。

(2) 民族区域自治地方的种类。

民族区域自治地方是指实行民族区域自治制度的地方，按照民族区域自治的民族成分，可分为三类：①以一个少数民族聚居为基础建立的自治地方，如宁夏回族自治区就是以回族为主体建立的自治地方。②以两个少数民族聚居为基础建立的自治地方，如湖北省的鄂西土家族苗族自治州。③由三个或三个以上少数民族聚居为基础建立的民族自治地方，如云南省的双江拉祜族佤族布朗族傣族自治县。

按照民族区域自治地方的行政区划和级别，可将民族区域自治地方分为自治区、自治州和自治县（旗）。我国现有 5 个自治区，30 个自治州，124 个自治县（旗）。

(3) 民族区域自治机关的自治权。

我国民族区域自治机关的自治权包括：①立法方面的自治权，如制定自治条例和单行条例。②经济管理方面的自治权。③财政税收方面的自治权。④人事管理方面的自治权。⑤教育、科学、文化、卫生及体育方面的自治权。⑥其他自治权。

5. 特别行政区制度

特别行政区是在我国的领土范围内，根据宪法和法律所设立的具有特殊的法律地位，实行特别的社会制度、经济制度的行政区域。它是中国共产党和邓小平同志提出的"一国两制"构想的具体化。"一国两制"，是指在我国特殊情况下，允许社会主义制度和资本主义制度同时存在，即在我国的主体部分——大陆实行社会主义制度，在这个前提下，香港、澳门、台湾地区的现行社会制度不变，继续实行资本主义制度。"一国两制"的科学构想最初是为解决台湾问题而提出的，但它首先运用于解决香港和澳门回归的问题。根据我国政府制定的对香港和澳门地区的基本方针政策，经过我国政府与英国和葡萄牙政府的共同努力，通过谈判，已分别于 1984 年 12 月和 1987 年 4 月正式签署了《中英关于香港问题的联合声明》和《中葡关于澳门问题的联合声明》。根据联合声明，我国政府已分别于 1997 年 7 月 1 日和 1999 年 12 月 20 日对香港和澳门地区恢复行使主权，并设立特别行政区。在两个联合声明生效后，全国人大又审议通过了《香港特别行政区基本法》和《澳门特别行政区基本法》，以法律的形式规定了特别行政区制度。在特别行政区内实行的制度按照具体情况由全国人民代表大会以法律规定。特别行政区是国家不可分离的部分，直辖于中央人民政府，中央代表国家对其行使主权，负责管理与特区有关的防务、外交事务和任命特别行政区的行政长官，特别行政区享有高度的自治权，享有立法权、行政管理权、独立的司法权和终审权等。

四、公民的基本权利和义务

公民是指具有一个国家的国籍，并根据该国宪法和法律规定享受权利和承担义务的自然人。我国宪法规定，凡具有中华人民共和国国籍的人都是中华人民共和国公民。

公民的基本权利也称宪法权利，是指由宪法规定的公民享有的主要的必不可少的权利。公民的基本义务也称宪法义务，是指由宪法规定的公民必须遵守和应尽的根本责任。公民的基本权利与基本义务一起反映并决定着公民在国家中的政治与法律地位，并构成普通法律规定公民权利和义务的基础和原则。

1. 我国公民的基本权利

（1）平等权。平等权是我国宪法赋予公民的一项基本权利，是公民实现其他权利的基本要求。我国宪法规定，中华人民共和国公民在法律面前一律平等。

（2）政治权利和自由。政治权利和自由是指公民作为国家政治生活主体依法享有的参加国家政治生活的权利和自由，是国家为公民直接参与政治活动提供的基本保障。具体包括两个方面：选举权和被选举权；政治自由，主要是指公民表达自己政治意愿的自由。我国宪法规定，中国公民“有言论、出版、集会、结社、游行、示威的自由”。

（3）宗教信仰自由。其含义包括公民有信教或者不信教的自由，有信仰这种宗教或者那种宗教的自由，有信仰同一宗教中的这个教派或那个教派的自由，有过去信教现在不信教或者过去不信教而现在信教的自由。宪法还规定：“国家保护正常的宗教活动。任何人不得利用宗教进行破坏社会秩序、损害公民身体健康、妨碍国家教育制度的活动。”

（4）人身权利。狭义的人身权利主要指公民的身体不受非法侵犯；广义的人身权利，则还包括与狭义人身权利相关联的人格尊严、住宅不受侵犯、通信自由和通信秘密受法律保护等与公民个人生活有关的权利和自由。人身权利是公民具体参加各种社会活动和实际享受其他权利的前提，也是保持和发展公民个性的必要条件。

（5）批评、建议、申诉、控告、检举权和取得国家赔偿权。依我国宪法的规定，公民享有的这些权利，主要是针对国家机关和国家工作人员及其违法失职行为。

（6）社会经济权。社会经济权是指公民享有的经济生活和物质利益方面的权利，主要包括：①财产权，指公民对其合法财产享有的不受非法侵犯的权利。②劳动权，指有劳动能力的公民有获得劳动机会并按照劳动数量和质量取得报酬的权利。③休息权，指劳动者为保护身体健康和提高劳动效率，根据国家有关法律和制度而享有的休息和休养的权利。④物质帮助权，指公民在年老、疾病或者丧失劳动能力的情况下，有从国家和社会获得物质帮助的权利。

（7）文化教育权。文化教育权，即公民有受教育权以及进行科学研究、文学艺术创作和其他文化活动的自由。

案例分析：

1990 年齐玉苓考取济宁商业学校，但陈晓琪假冒齐玉苓姓名到济宁商业学校报到就读，毕业后以齐玉苓名义被分配了工作。1999 年齐玉苓得知情况后，以陈晓琪等为被告向枣庄市中级人民法院起诉。一审判决认为陈晓琪侵犯齐玉苓姓名权，应承担赔偿责任，但裁定齐玉苓的受教育权并未受到侵害。齐玉苓不服，提起上诉。针对此案，最高人民法院于2001年6月作出批复："陈晓琪等以侵犯姓名权的手段，侵犯了齐玉苓依据宪法规定所享有的受教育的基本权利，并造成了具体的损害后果，应承担相应的民事责任。"公民的受教育权受法律保护，该案首开我国宪法诉讼先例。

（8）特定主体权利。我国宪法还对具有特定情况的公民设置专条，给予特别保护。这些特定人员包括妇女、退休人员、军烈属、儿童、老人、青少年、华侨、归侨和侨眷等。如我国宪法明确规定保护华侨的正当权利和利益，保护归侨和侨眷的合法的权利和利益。《归侨侨眷保护法》对此作了特别规定。此外，宪法还规定保护在我国境内外国人的合法权利和利益，在中国境内的外国人必须遵守中国的法律。对于因政治原因要求避难的外国人，可以给予受庇护的权利。

2. 我国公民的基本义务

公民的基本义务也称宪法义务，是指由宪法规定的公民必须遵守和应尽的根本责任。根据我国宪法的规定，我国公民的基本义务主要包括以下内容：维护国家统一和各民族团结；遵守宪法和法律，保守国家秘密，爱护公共财产，遵守劳动纪律，遵守公共秩序，尊重社会公德；维护祖国的安全、荣誉和利益；保卫祖国、依法服兵役和参加民兵组织；依法纳税等。其中应特别强调的是公民遵守宪法和法律的义务。公民遵守宪法的义务，意味着每个公民都应该尊重宪法权威，维护宪法所确立的各项原则及政治、经济和社会制度；公民遵守法律的义务，意味着每个公民都应自觉遵守各项法律法规，在社会各个领域依照相关法律进行活动。

五、我国的国家机构

国家机构是统治阶级为实现其统治职能而建立起来的国家机关的总和。根据我国宪法的规定，我国国家机构可分为中央国家机关和地方国家机关。中央国家机关包括全国人民代表大会及其常务委员会、国家主席、国务院、中央军事委员会、最高人民法院、最高人民检察院；地方国家机关则包括地方各级人民代表大会及其常务委员会、地方各级人民政府、地方各级人民法院和人民检察院，以及特别行政区的各种地方国家机关。

近代意义的宪法是资产阶级革命的产物，但从思想渊源上来说，思想家们就宪法中有关问题进行分析和阐述，则可追溯到古希腊、古罗马时代（来自中国经济网）

1. 全国人民代表大会及其常务委员会

（1）全国人民代表大会。

我国宪法规定，“全国人民代表大会是最高国家权力机关”，“是行使国家立法权的机关”，它由省、自治区、直辖市、特别行政区和军队选出的代表组成，每届任期五年，每年举行一次会议，由全国人民代表大会常务委员会召集。

全国人民代表大会的职权主要有：修改宪法并监督宪法的实施；制定和修改基本法律；选举、决定和罢免国家机关领导人；决定国家重大事项；监督其他国家机关的工作等。

（2）全国人民代表大会常务委员会。

全国人民代表大会常务委员会简称全国人大常委会，是全国人民代表大会的常设机关，是最高国家权力机关的组成部分，是在全国人大闭会期间经常行使最高国家权力的机关，也是行使国家立法权的机关。它对全国人民代表大会负责并报告工作，接受其监督；在全国人大会闭会期间，最高国家行政机关、审判机关、检察机关对全国人大会常委会负责并报告工作。

全国人大常委会的任期同全国人大的任期相同，每届都是五年，连续任职不得超过两届。全国人大常委会的职权主要有：解释宪法和法律；监督宪法的实施；享有立法权、监督权、人事任免权、重大事项决定权和全国人大授予的其他职权。

2. 国家元首

国家元首是一国的最高代表，在国际上代表本国，是国家机构的重要组成部分，并按照宪法规定履行职责。享有元首职权，是世界各国元首共同的重要特征。这些职权包括公布法律权、发布命令权、统率武装力量权、任免官吏权、外交权、赦免权、荣典权等。我国国家元首实行国家主席制。国家主席是我国国家机构的重要组成部分，其职权主要有，根据全国人民代表大会及其常委会的决定，公布法律，发布命令，任免国务院组成人员，授予国家的勋章和荣誉称号，发布特赦令，宣布进入紧急状态，宣布战争状态，发布动员令。国家主席代表中华人民共和国进行国事活动，接受外国使节；根据全国人民代表大会常务委员会的决定，派遣和召回驻外全权代表，批准和废除同外国缔结的条约和重要协定。

背景知识：

我国的国家主席是一个独立的国家机关，对内对外代表中华人民共和国，我国的国家主席同最高国家权力机关结合起来行使国家元首权。根据宪法规定，有选举权和被选举权的年满45周岁的中华人民共和国公民可以被选为国家主席、副主席。国家主席在每届全国人民代表大会的第一次会议上选举产生，每届任期5年，主席、副主席连续任职不得超过两届，国家主席缺位时，由副主席继任主席职位，主席、副主席都缺位时，由全国人民代表大会补选，在补选以前，由全国人民代表大会常务委员会委员长暂时代理主席职位。新中国成立第一任国家主席是毛泽东，现任国家主席是习近平。

3. 国务院

我国宪法规定，国务院是中央人民政府——最高国家权力机关的执行机关，简称中央军委或中共中央军委。国务院的组成人员包括总理、副总理若干人、国务委员若干人、各部部长、各委员会主任、审计长和秘书长。国务院的任期与全国人大任期相同，每届五年。国务院总理、副总理、国务委员连续任职不得超过两届。国务院的领导体制采取总理负责制。国务院工作中的重大问题，须经国务院常务会议或国务院全体会议讨论决定。国务院全体会议由国务院全体成员组成。国务院常务会议由国务院总理、副总理、国务委员和秘书长组成。

4. 中央军事委员会

我国《宪法》规定："中华人民共和国中央军事委员会领导全国武装力量。"因此，中央军事委员会是全国武装力量的最高领导机关。中央军委实行主席负责制，由主席向全国人大和全国人大常委会负责；中央军委主席有权对中央军事委员会职权范围内的事项作出最后决策。

5. 地方国家机关

（1）地方各级人民代表大会及县以上地方各级人大常委会。根据我国《宪法》和《地方各级人民代表大会和各级人民政府组织法》的规定，省、自治区、直辖市、自治州、市、县、自治县、市辖区、乡、民族乡、镇设立人民代表大会。地方各级人大是地方国家权力机关，由通过直接选举或间接选举产生的代表组成。县以上地方各级人大常委会是本级人大的常设机关，对本级人大负责并报告工作。

（2）地方各级人民政府。根据我国宪法规定，地方各级人民政府是地方各级国家权力机关的执行机关，是地方各级国家行政机关。它由同级人民代表大会产生，既对同级人民代表大会及其常委会负责并报告工作，同时也对上一级人民政府负责。地方各级人民政府实行首长负责制。

6. 人民法院与人民检察院

依宪法规定，“中华人民共和国人民法院是国家的审判机关”。人民法院的组织体系包括最高人民法院、地方各级人民法院和专门人民法院。地方各级人民法院分为高级、中级和基层人民法院；专门人民法院包括军事法院、海事法院、铁路运输法院。

《宪法》规定：“中华人民共和国人民检察院是国家的法律监督机关。”人民检察院的组织体系包括最高人民检察院、地方各级人民检察院和专门人民检察院。专门人民检察院包括军事检察院、铁路运输检察院等。

第二节 当代中国实体法律制度

实体法律制度是规定法律关系主体的权利和义务或职权和职责的法律制度的总称。我国的实体法律制度，主要包括民商法律制度、行政法律制度、经济法律制度、刑事法律制度等。

一、我国的民商法律制度

在所有的法律部门中，民商法与人们日常活动最为直接、密切。人们的人身、人格、财产等权益均受到民商法的保护，人们之间的买卖、租借、代理等日常活动都受到民法的调整。民法规范既蕴涵着一定的生活理念，又包含着丰富的法律知识和生活技巧。认真学习、掌握民商法的知识和规定，不仅有助于我们正确处理有关权利与义务的关系，维护自己的合法权益，还有助于我们恰当地解决许多现实生活问题。

诉讼调解是我国最具特色的处理民事纠纷的传统审判方式。它可以最大限度地提高诉讼效益，降低诉讼成本，还可以减少当事人的讼累，弱化当事人之间的对抗性，这种方式曾被西方国家誉为“东方经验”而加以学习借鉴（来自找法网）

1. 民法的概念和基本原则

民法是调整平等主体的公民之间、法人之间以及公民与法人之间的财产关系和人身关系的法律规范的总称。

我国民法的调整对象，包括平等主体之间的财产关系和平等主体之间的人身关系。平等主体之间的人身关系是指与人身不可分离而又不具有直接经济内容的社会关系，包括人格权关系和身份权关系。人格权关系，如与生命健康权、姓名权、名誉权、肖像权、名称权等相关的关系；身份权关系，如因血缘、婚姻等而产生的抚养权、赡养权、监护权关系，因作者、发明者的身份而产生的署名权、发表权关系等。人身关系在法律上表现为人身权利，与财产关系紧密相关，往往是财产关系产生的前提条件。

民法的基本原则，是指对民事立法、司法和民事活动具有普遍指导意义和约束功能的基本行为准则，其效力贯穿于整个民事法律制度。民法主要包括以下六个基本原则：①平等原则。是指民事主体享有独立、平等的法律人格，在具体的民事法律关系中互不隶属，能自主地表达自己的意愿，其合法权益平等地受法律保护。②自愿原则。又称意思自治原则，是指民事主体在法律允许的范围内有完全的意志自由，可以根据自己的意愿参加民事活动，作出民事行为，并自主地决定民事法律行为的形式与内容，任何组织和个人都不得非法予以干预、强迫或胁迫。③公平原则。是指应当以利益均衡作为价值判断标准来调整民事主体之间的物质利益关系，确定其民事权利、民事义务和民事责任。④诚实信用原则。是指民事主体从事民事活动、行使民事权利或履行民事义务时，应本着善意，讲求诚实，不规避法律和约定。⑤禁止权利滥用原则。是指民事主体在行使民事权利时，应当尊重社会公德，不得损害社会公共利益和他人利益。⑥保护当事人合法权利原则。民法通则规定，公民、法人的合法民事权益受法律保护，任何组织和个人不得侵犯。

2. 民事主体制度

民事主体是指在民事法律关系中独立享有民事权利和承担民事义务的公民（自然人）、法人和其他社会组织。

自然人是指基于自然规律而出生的人，包括自然受孕出生或通过人工授精等受孕出生的人。自然人的民事权利能力，是指法律赋予自然人享受民事权利和承担民事义务的资格。它是自然人取得民事权利和承担民事义务的前提条件。依《民法通则》规定，公民的民事权利能力一律平等，而且始于出生，终于死亡。

民事行为能力，是民事主体独立实施民事法律行为的资格。对此，我国《民法通则》作如下规定：①自然人满 18 岁，具有完全民事行为能力，可以独立实施民事行为。②16 岁以上不满 18 岁，以自己劳动收入为主要生活来源的自然人，视为有完全行为能力人。③不满 10 岁的未成年人和完全不能辨认自己行为的精神病人为无行为能力人。④10 岁以上的未成年人和不能完全辨认自己行为的精神病人（包括痴呆病人）为限制行为能力人，此类人可以实施与其年龄、智力相适应的民事行为，其他民事行为则应由其监护人或法定代理人代理。

法人是享有民事权利能力和民事行为能力，依法能以自己名义享有民事权利和承担民事义务的社会组织。依《民法通则》规定，法人成立的法律要件主要有四项：依法成立；有必要的财产或者经费；有自己的名称、组织机构和场所；能够独立承担民事责任。按法人的功能、设立方法以及财产来源及责任的不同，《民法通则》把法人分为四类，即企业法人、机关法人、事业单位法人和社会团体法人。其他不具有法人资格的社会组织，如个体工商户、农村承包经营户、个人合伙、私营企业等，虽然不具有法人资格，但可以以自己的名义进行民事活动。

3. 民事行为制度

民事主体取得权利和承担义务，必须通过自己的行为，如订立合同、订立遗嘱、设立公司，以及结婚、收养等。民法分别规定了各种行为的成立条件、生效条件和法律后果。只有符合法律条件的行为，才属于民事法律行为，才能够发生当事人所希望的法律后果。我国《民法通则》规定："民事法律行为是公民或者法人设立、变更、终止民事权利和民事义务的合法行为，它必须具备的有效要件是：①行为人具有相应的民事行为能力；②意思表示真实；③不违反法律或者社会公共利益。民事法律行为可以采用书面形式、口头形式或者其他形式。法律规定用特定形式的，应当依照法律规定。"

由于民事主体不可能亲自进行所有的民事行为，而可以通过签订合同等形式委托他人代理，因此也就产生了代理制度。代理是代理人在代理权限内，以本人（被代理人）名义向第三人（相对人）进行意思表示或受领意思表示，而该意思表示直接对本人生效的民事法律行为。以代理权产生原因的不同为标准，代理可分为委托代理、法定代理和指定代理。代理活动产生的法律后果直接归属于被代理人。若是属于滥用代理权、无权代理的行为，都属无效代理行为，其所产生的法律后果均由行为人自行负责。

案例：

2009年8月，甲公司与乙公司签订了一份皮包购销合同，由甲公司供给乙公司某名牌进口皮包120只，价款10万元，10月底交货。10月底乙公司收到货后，尚未付款，皮包就被工商部门查封，原来这批皮包是走私皮包。乙公司拒付货款。双方产生纠纷。

分析：

双方签订的合同为无效合同，因为合同内容违反了法律和社会公共利益。乙公司不应付款，而皮包应当没收。

4. 民事权利制度

所谓民事权利，是指法律赋予民事主体在具体的民事法律关系中所享有的权利，包括物权、债权、人身权、知识产权和继承权等。

物权，即民事主体依法对特定的物进行管领支配并享受物之利益的排他性财产权利。所有权、经营权、使用权、抵押权、质权和留置权等，都是物权。作为一个法律范畴，物权是权利人直接支配其标的物，并享受其利益的排他性权利。所有权是最典型、最完全的物权，它包含对所有物使用价值和交换价值的支配。抵押权、质权、留置权、土地使用权是不完全的物权。土地使用权属于用益物权，是对标的物使用价值的支配，即对标的物的占有、使用和收益。抵押权、质权、留置权属于担保物权，是对标的物交换价值的支配，即在所担保债务到期不能清偿时，以变卖标的物的价款抵偿。

债权，指请求相对人为特定行为（给付）的权利，性质上属于请求权。合同关系上的权利，就是最典型的债权。债权包含给付请求权、给付受领权和保护请求权三项权能。

知识产权，指民事主体对智力劳动成果依法享有的专有权利，主要包括著作权和邻接权、专利权、商标权、商业秘密权、植物新品种权、集成电路布图设计权和商号权等。

继承权，指自然人依照法律规定或者被继承人遗嘱的指定，享有承受被继承人遗产的民事权利。继承权依其产生方式的不同，有法定继承权和遗嘱继承权之分。

人身权包括人格权和身份权。人格权，是法律赋予民事主体以人格利益为内容的、作为一个独立的法律人格所必须享有的且与其主体人身不可分离的权利。人格权又包括健康权、姓名权、肖像权、隐私权、婚姻自主权等具体权利。身份权，是民事主体基于某种特定身份享有的民事权利，主要包括配偶权和亲属权等。

物权、债权、知识产权、继承权、人格权和身份权构成了完整的民事权利体系。民法分别就各种民事权利的产生、变更、移转、消灭设置了具体规则，分别构成各种民事权利制度。

5. 民事责任制度

民事责任，是指民事主体因违反民事义务或者侵犯他人的民事权利所应承担的法律责任。我国《民法通则》第一百零六条规定："公民、法人违反合同或者不履行其他义务的，应当承担民事责任。""公民、法人由于过错侵害国家、集体的财产，侵害他人财产、人身的，应当承担民事责任。""没有过错，但法律规定应当承担民事责任的，应当承担民事责任。"

我国《民法通则》以民事责任发生的原因为标准，将其分为违约的民事责任和侵权的民事责任两类。一般民事责任的构成要件主要有：①客观上存在损害事实。②行为具有违法性。③违法行为和损害事实之间存在因果关系。④行为人主观上有过错。对各种侵害民事权利的行为进行制裁和对受害人予以救济的法律形式和规则，构成民事责任制度。

根据《民法通则》的规定，承担民事责任的方式主要有停止侵害、排除妨害、消除危险、返还财产、恢复原状、修理、重作、更换、赔偿损失、支付违约金、消除影响、恢复名誉、赔礼道歉等。

案例：

洪老汉心脏原本有病，近期一家装修公司在他家楼上施工，昼夜不停，常常使他在夜里无法安睡。洪老汉的儿子洪刚多次登门去交涉，对方都是当面一再表示晚上可以停工，但到了晚上噪音却丝毫不减。一天夜里 11 点多，一阵刺耳的冲击电钻尖叫声将洪家人吵醒，接着发现被惊后的洪老汉正全身抽搐，已不省人事，家人急忙送往医院抢救，谁知没等进医院的大门，洪老汉便已死亡。后经诊断死亡原因为急性心肌梗死。洪家人十分气愤，认为全是装修公司夜间施工惹的祸，便诉讼到法院，要求该公司赔偿各种损失 5 万元。在法庭上装修公司辩称洪老汉原来就有心脏病，旧病复发死亡与装修公司无关。洪家人说施工人员违反国家关于室内装修应限制作业时间的规定，夜间施工的噪音诱发老人急性心肌梗死发生，二者之间具有因果关系，装修公司应该赔偿。后经法院调解，装修公司一次性赔偿洪家各种费用 4 万元。

分析：

不少施工单位为了抢工期、赶进度，常常昼夜不息，夜间工地灯火齐明，机器轰鸣，特别是室内装修，吵得全楼人心不安。有病的老人受到强烈刺激，十分容易激发突发性疾病，从而导致住院甚至死亡的事件时有发生。因此，人们称噪音为看不见的“杀手”。《民法通则》第一百二十四条规定：“违反国家保护环境防止污染的规定，污染环境造成他人损害的，应当依法承担民事责任。”《环境噪声污染防治法》第四十七条规定：“在已竣工交付使用的住宅楼内装修活动，应当限制作业时间，并采取其他有效的措施，以减轻、避免对周围居民造成环境污染。”

6. 民事时效制度

为了督促权利人及时行使民事权利，我国《民法通则》规定了诉讼时效制度。所谓诉讼时效，是指民事权利受到侵害的权利人在法定的时效期内不行使权利，当时效期届满时，就丧失了请求人民法院依法诉讼程序强制义务人履行义务的权利。诉讼时效的适用，既有利于稳定社会经济秩序，又有利于督促权利人及时地行使权利，适当维护义务人的权益，体现法律的公平性，还有利于人民法院及时收集证据审结案件。时效制度是一种强制性规范，当事人无权协商不受时效的约束，也无权自行决定时效期间的长短。

诉讼时效分为普通诉讼时效和特殊诉讼时效两类。普通诉讼时效适用于一般民事法律关系，分为两类：一般诉讼时效期间为 2 年；短期诉讼期效期间为 1 年。我国《民法通则》规定以下四种性质的案件，其诉讼时效期间为 1 年：①因身体受到伤害要求赔偿的。②出售质量不合格的商品未声明的。③延付或拒付租金的。④寄存财物被丢失或者毁损的。特殊诉讼时效是指由特别法规定的诉讼时效，如《合同法》第 129 条规定的涉外合同诉讼时效期间为 4 年。诉讼时效期从权利人知道或者应当知道权利被侵害时算起。但是，从权利被侵害之日起超过 20 年的，法律不予保护。

案例：

2000 年 3 月，李某向王某借款 2 万元，因两人是好朋友，未约定还款期限，李某表示，只要有钱，立即归还。2003 年 5 月，因王某急需，即要求李某还款。李某则以诉讼时效已过为由，拒不还款。

分析：

此案中，李某的理由是不成立的。因为诉讼时效期从知道或应当知道权利被侵害时算起。因双方未约定，诉讼时效应当从债权人主张权利时算起。李某拒不还款，王某的权利此时受到侵害，诉讼时效应当从 2003 年 5 月算起。

7. 合同法律制度

合同，又称契约，是指平等主体的自然人、法人和其他组织之间设立、变更、终止民事权利义务关系的协议。

合同具有如下特征：①合同是两方或两方以上当事人的意思表示一致的民事法律行为。②合同是以设立、变更、终止民事权利义务关系为目的的民事法律行为。③合同是当事人各方在平等、自愿的基础上实施的民事法律行为。④合同是合法的民事行为，一经成立，即发生法律约束力。

我国《合同法》对合同的订立、效力、履行、变更、转让、终止、违约责任等 15 项重要程序都作出了明确的规定。当事人订立合同，采用书面形式、口头形式和其他形式。其他形式是指不同于书面形式和口头形式的公证形式、鉴证形式等。订立合同采用何种形式，通常由当事人自由选择。但法律、行政法规规定采用书面形式的，或者当事人约定采用书面形式的，应当采用书面形式。

合同的内容由当事人约定，一般包括以下条款：①当事人的名称或者姓名和住所；②标的；③数量；④质量；⑤价款或者报酬；⑥履行期限、地点和方式；⑦违约责任；⑧解决争议的方法。当事人必须按照合同的约定全面履行自己的义务。当事人一方不履行合同义务或者履行合同义务不符合约定的，应当承担继续履行、采取补救措施或者赔偿损失等违约责任。

当事人订立合同均应经过两个步骤：

（1）要约。要约是指一方当事人向对方当事人所作的希望与其订立合同的意思表示。前者称为要约人，后者称为受要约人。要约必须是特定人向相对人发出的意思表示，而相对人一般情况下应当是特定的人。要约必须具有缔结合同的目的，其内容必须具体、确定和完整；要约发出后，对方一旦作出承诺，合同即告成立。

（2）承诺。承诺，是受要约人同意要约的意思表示。承诺必须由受要约人向要约人作出，而且须是在有效期限内作出，其内容应与要约的内容相一致。承诺通知到达要约人时即开始生效，除法律特别规定或当事人特别约定外，要约一经承诺，合同即告成立。

案例：

何某欲生产书包，向甲纺织厂发去传真，要求该厂在1个月内向何某发一批布料。该传真载明所要布料的品种、型号、价格、数量等。传真发出后10天，乙纺织厂送来样品，该厂产品的价格比甲厂要低25%。于是，何某与乙厂签订了合同书。此时，何某收到甲厂同意供货的传真。为避免重复购货，何某立即给甲厂发去传真，声明不再向甲厂购货。但5天后，甲厂将货送至何某。而何某以未与甲厂签订合同为由拒收货物。

分析：

本案中，何某与甲厂之间的合同关系是成立的。因为，何某向甲厂发出的传真符合要约的要件，达到甲厂后，要约已经生效，要约人应当受自己要约的约束。在要约效力存续期间，甲厂的承诺通知到达何某。而承诺生效时合同成立，因此，何某与甲厂的合同关系成立，何某应当履行合同义务，不能拒收货物。

8. 知识产权法律制度

知识产权是指人们对于自己的智力活动创造的成果和经营管理活动中的标记、信誉依法享有的权利。该权利为权利人所独享，它作为一种专有权，只在本国境内并在法律规定的期限内得到法律的承认和保护。知识产权一方面与特定人的人身有着密不可分的联系；另一方面，其中的某些财产权利也可以转让、赠予和继承。

知识产权法是调整在创造、使用和转让智力成果过程中发生的社会关系的法律规范的总称。我国关于知识产权的立法主要有《著作权法》、《专利法》、《商标法》等专门法律及其大量关于知识产权的法规和规章。

（1）著作权法。

著作权是著作权人对其文学、艺术、科学、技术作品依法享有的人身权和财产权。著作权法是有关著作权以及相关权益的取得、行使和保护的法律规范的总称。它调整的是作者、作品传播者和公众之间因著作权而产生的人身关系和财产关系。

我国著作权法保护下列形式的作品：文学作品，口述作品，音乐、戏剧、曲艺、舞蹈、杂技艺术作品，美术、建筑作品，摄影作品，电影作品和以类似摄制电影的方法创作的作品，工程设计图、产品设计图、地图、示意图等图形作品和模型作品，计算机软件，法律、行政法规规定的其他作品。但依法禁止出版、传播的作品，不受著作权法的保护。

著作权的内容包括人身权和财产权。著作人身权包括发表权、署名权、修改权、保护作品完整权等；著作财产权包括复制权、发行权、出租权、展览权、表演权、放映权、广播权、信息网络传播权、摄制权、改编权、翻译权、汇编权等。

（2）专利法。

专利权是指国家专利机关依照专利法的规定，授予发明人、设计人或其所属单位，在一定期限内对某项发明创造所享有的专有权。专利法是调整因专利权的确认和使用而产生的各种社会关系的法律规范的总称。

我国《专利法》的保护对象是依照专利法可以授予专利的发明创造，包括发明、实用新型和外观设计。这三种发明创造依法获得专利权后，就分别称之为发明专利、实用新型专利和外观设计专利。

专利权的内容包括专利权人的权利和义务。专利权人的权利主要包括：①专有实施权，即依法对其获得专利的发明创造享有独占制造、使用、销售的权利。②转让权，即有权以出售或赠予的方式转让专利的所有权。③许可权，即有权根据许可合同将专利的使用权转让给他人。④放弃权，即在其专利权有效期限届满前，有权以书面形式声明放弃该权利。⑤标记权，即有权在其专利产品或其包装上标明专利标记或专利号。

专利权人的义务主要包括：①缴纳专利年费，即在专利保护期内依照规定逐年向专利局缴纳的费用。②依法行使专利权，即专利权人应实施或者许可他人实施其专利。③专利权的所有单位应当对职务发明创造的发明人或设计人给予奖励。

（3）商标法。

商标作为商品和服务的标记，在商品经济社会极为常见。商标是用以区别自己与他人生产、销售的商品或提供的服务等的特定标记。商标权是指商标权人依法对其注册商标享有的专用权。商标法是调整商标在注册、使用、管理和保护过程中发生的各种社会关系的法律规范的总和。

我国商标法的保护对象是注册商标。注册商标包括商品商标、服务商标和集体商标、证明商标等。注册商标必须具备法定的构成要素，即文字、图形、字母、数字、三维标志和颜色组合以及上述要素的组合；必须具备显著特征，便于识别；必须不与他人注册的商标混同；必须不是禁用的标志。

商标权的内容，即商标权人的权利和义务。商标权人的权利包括：①专有使用权，即有排他地、独占地使用该项商标的权利。②转让权，即有转让或出售该项商标的权利。③继承权，即商标可由商标权人的继承人继承。④使用许可权，即商标权人可以在保留商标所有权的同时，通过许可合同允许合同另一方在一定条件下使用其商标。⑤续展权，即注册商标有效期满，需要继续使用的，商标权人可申请续展商标。⑥请求保护权。

商标权人的义务主要有：①依法缴纳各项商标费用。②保证注册商标商品的质量。③应依法使用注册商标，不得自行改变注册商标的要素、注册人的名义、地址或其他注册事项。④不得自行转让注册商标等。

我国商标权的取得采取注册原则，只有经商标局核准注册的商标，才享有商标专用权，并受到法律的保护。商标专用权的保护期限是 10 年，自核准注册之日起计算。注册商标有效期限届满需要继续使用该商标的，应在期满前 6 个月内提出继续注册申请，每次续展的有效期限为 10 年。但在商标有效期限届满后 6 个月宽展期内仍未提出续展注册申请的，注册商标予以注销。

商标权人的专用权受到侵害时，可依行政程序请求工商行政管理机关或依诉讼程序请求司法机关以下列方式予以保护：民事制裁、行政制裁、刑事制裁。

案例：

2000 年 9 月，报喜鸟公司取得“报喜鸟”文字、图形和拼音组合商标专用权，核定在第 25 类商品上使用。2002 年 3 月，该商标被国家工商行政机关认定为驰名商标。个体户白某在某市商场经销摊位销售了某制衣厂生产的标有“报喜鸟服饰集团（香港）有限公司”名称的服装，并在其摊位标明“香港报喜鸟”字样，商品包装上标有“香港报喜鸟”企业名称。“香港报喜鸟”于 2001 年 8 月 1 日依香港公司条例注册成立，该公司使用的注册商标为“Golddi”及加边框的和平鸽图形。

分析：

本案中，虽然白某证明了所售商品的提供者有商标和商号的授权或许可使用，并说明了提供者，但白某作为服装经销商，明知“报喜鸟”是报喜鸟公司的驰名商标，也清楚“香港报喜鸟”非报喜鸟公司，却仍然销售可能对驰名商标造成损害的服装商品，其主观上具有过错。因此，白某的行为构成商标侵权。

知识产权的保护是一项系统工程。我国已建立起比较完善的知识产权法律保护体系，通过立法、司法、行政等途径实现对知识产权的有效保护。此外，我国知识产权的社会保护也发挥着越来越大的作用。

二、我国的刑事法律制度

刑法作为我国法律体系的重要组成部分，是保护人民、惩罚犯罪、维护社会秩序的有力武器，也是依法治国的重要保障。我国《刑法》明文规定了刑法的三项基本原则，即罪刑法定原则、罪责刑相适应原则和刑法面前人人平等原则。此外，还规定了刑法的适用范围、犯罪的构成与形态、刑罚的种类与适用以及各类具体的犯罪等。作为一名合格的守法公民，应当了解我国的法律，而刑法是必须了解的最重要的部门法之一。

现代意义上罪刑法定原则的法律渊源是法国1789年的《人权宣言》（第8条）、1791年的《法国宪法》和1810年的《法国刑法典》（来自网易）

（一）犯罪概述

根据我国刑法规定，犯罪有三个基本特征：

（1）犯罪是危害社会的行为，即具有一定的社会危害性。这是犯罪最基本的特征。某种行为，虽然具有社会危害性，但情节显著轻微，危害不大的，也不认为是犯罪。例如，小偷小摸，数额很小，不构成盗窃罪；与邻居吵架，沉不住气，动手打了对方，但没有打伤，或者打得很轻微，不构成故意伤害罪。可见，没有社会危害性，就没有犯罪；社会危害性没有达到相当的程度，也不构成犯罪。

（2）犯罪是违反刑法的行为，即具有刑事违法性。只有触犯刑法的行为才是犯罪，一般的违法行为不构成犯罪。

（3）犯罪是应当受刑罚处罚的行为，即具有应受处罚性。某一行为只有当其社会危害性比较严重，需要采取刑罚的手段加以制裁时，国家才在刑法中规定为犯罪。

综上所述，犯罪是指严重危害社会，触犯刑法并应受刑法处罚的行为。

1. 犯罪构成

犯罪构成是指依照我国刑法规定，决定某一具体行为的社会危害性及危害程度，而为该行为构成犯罪所必需的一切主观要件和客观要件的总和。犯罪构成的要件包括四个方面，即犯罪主体、犯罪客体、犯罪主观方面和犯罪客观方面。一个人的行为，必须同时具备着四个方面的要件，才能确定为犯罪，缺少任何一个方面的要件，都不构成犯罪。

（1）犯罪主体，是指实施了危害社会的行为、依法应当承担刑事责任的自然人和单位。对实施严重危害社会行为的人，《刑法》第十七条作了如下具体规定：①凡年满 16 周岁，精神和生理功能健全而智力与知识发展正常的人，都是完全刑事责任能力人。完全刑事责任能力人应对其犯罪行为负全部责任。②已满 14 周岁不满 16 周岁的人，属于相对负刑事责任时期，这一时期的自然人犯故意杀人、故意伤害致人重伤或者死亡、强奸、抢劫、贩卖毒品、放火、爆炸、投放危险物质罪的，应当负刑事责任。③不满 14 周岁的人和行为时因精神疾病而不能辨认或者不能控制自己行为的人，为完全无刑事责任能力，对其犯罪行为不负刑事责任。④已满 14 周岁不满 18 周岁的人犯罪，应当从轻或者减轻处罚。因不满 16 周岁不予刑事处罚时，责令其家长或者监护人加以管教，在必要时，也可以由政府收容教养。

（2）犯罪客体，是指刑法所保护的、为犯罪行为所危害的社会关系。如故意杀人罪、伤害罪的犯罪客体是人的生命权、健康权；盗窃罪、抢劫罪的犯罪客体是公私财物的所有权；故意泄露国家秘密罪的客体是国家保密制度等。犯罪客体不同于犯罪对象，犯罪对象是指犯罪行为直接施加某种影响的具体物或者具体人。两者的区别主要表现在：第一，犯罪客体决定犯罪的性质，而犯罪对象不能决定犯罪的性质。第二，犯罪客体是任何犯罪构成的必备要件，没有犯罪客体，就没有犯罪的存在，而犯罪对象则不是每一个犯罪的必备要件，如逃脱罪、偷越（国）边境罪等并没有犯罪对象。第三，任何犯罪都必然使犯罪客体受到损害，但犯罪对象不一定受到损害，如偷窃、贪污、诈骗、窝藏、包庇等犯罪一般不会对犯罪对象造成损害。

（3）犯罪主观方面，是指犯罪主体对自己的行为及其危害社会的结果所持有的心理态度，它包括罪过（犯罪故意和犯罪过失）、犯罪的目的和动机等几种因素：①故意犯罪，是指行为人明知自己的行为会造成危害社会的结果而仍决意实施这种行为的主观心理态度。它包括希望和放任两种情况，前者对于危害结果抱着积极追求的态度；后者则既不积极追求，也不设法避免，而是听其自然。②过失犯罪，包括两种情况：一种是疏忽大意的过失，指行为人应当预见到自己的行为可能发生危害社会的结果，但由于疏忽大意而没有预见的主观心理态度；另一种是过于自信的过失，指行为人已经预见到自己的行为可能发生危害社会的结果，但轻信能够避免的心理态度。③犯罪目的，是指行为人希望通过实施某种犯罪行为实现某种犯罪结果的心理态度。它只存在于直接故意犯罪中。④犯罪动机，是指推动犯罪人实施犯罪的内心起因。虽然它一般不是犯罪构成的主观要素，但它反映了犯罪人的主观恶性，对量刑具有一定意义。

案例：

张某和赵某长期一起赌博。某日两人在工地发生争执，张某推了赵某一把，赵某倒地后后脑勺正好碰到石头上，导致颅脑损伤，经抢救无效死亡。关于张某的行为，下列哪一选项是正确的？

A. 构成故意杀人罪　　B. 构成过失致人死亡罪

C. 构成故意伤害罪　　D. 属于意外事件

答案： B

（4）犯罪客观方面，是指犯罪活动的外在表现，包括危害行为、危害结果，以及犯罪的时间、地点和方法等。危害行为是一切犯罪构成的必备要件，危害结果是绝大多数犯罪构成的要件，犯罪的时间、地点和方法仅仅是某些犯罪构成的要件。

2. 排除犯罪的事由

《刑法》规定：排除犯罪的事由主要有正当防卫和紧急避险。

（1）正当防卫。防卫行为在日常生活中屡有发生，但能否作为排除犯罪的事由，主要看它是否完全具备如下的法定条件：①防卫的对象必须是不法侵害行为，对于合法的行为，不能进行防卫。②不法侵害行为必须是正在进行的，“假想防卫”、“超前防卫”、“过时防卫”均不属于正当防卫。③防卫的目的必须是为了保护国家、公共利益、本人或者他人的人身、财产和其他利益。④防卫必须是针对不法侵害者本人，对于没有实施不法侵害行为的第三者，不能实行正当防卫。⑤防卫不能明显超过必要限度，否则属“防卫过当”，应负刑事责任（可视其情节减轻或免除处罚）。对正在进行严重危及自身与他人人身安全的暴力犯罪，采取防卫行为造成不法侵害人伤亡的，不属于防卫过当，不负刑事责任。

案例：

张某于某日晚上9时许，略带醉意到一小酒店继续喝酒，至11时许，酒店老板劝其回家，张某非但不听，反而对酒店老板大打出手，酒店老板情急之下，摸起吧台上的一把水果刀，向张某的腹部连捅数刀，张某被捅成轻伤。

问题：

如何看待老板的性质？为什么？

提示：

本案中，酒店老板的行为属于正当防卫。因为面对张某的行凶行为，酒店老板面对正在进行的不法侵害，为保护自己的合法权益实施了防卫行为，而且其防卫行为不存在防卫过当的问题。

（2）紧急避险。依《刑法》第二十一条规定，符合紧急避险的行为，必须符合如下的条件：①必须是为了使国家、公共利益、本人或者他人的人身、财产和其他权益免受危险的损害。②必须有使合法利益遭受严重损害的危险正在发生。③必须是在迫不得已的情况下才实行，没有其他办法。④避险不能超过必要限度造成不应有的损害，即所损害的利益必须小于它所保护的合法利益，否则属避险过当。避险过当应负刑事责任，但可减轻或者免除处罚。

3. 故意犯罪形态

故意犯罪形态是指故意犯罪在其发展过程中，由于某种原因而停止下来的各种犯罪状态，包括犯罪预备、犯罪未遂、犯罪中止与犯罪既遂。《刑法》规定：为了实施犯罪，准备工具、制造条件的，是犯罪预备；已经着手实行犯罪，由于犯罪分子意志以外的原因而未得逞的，是犯罪未遂；对于预备犯和未遂犯，可以比照既遂犯从轻、减轻处罚或者免除处罚；在犯罪过程中，自动放弃犯罪或者自动有效地防止犯罪结果发生的，是犯罪中止。对于中止犯，没有造成损害的，应当免除处罚；造成损害的，应当减轻处罚。犯罪既遂是指行为人故意实施的行为已经具备了某种犯罪构成的全部要件。

案例：

甲想杀乙，在乙的杯中放了毒药。下毒后，甲开始害怕，毕竟那是一条人命，非同小可。这么一想，甲改变了主意，决定不让乙被毒死。如果甲想中止他的犯罪，就要设法阻止乙将毒药吃下去，或者事先将有毒的水倒掉。——此为甲自动放弃犯罪。如果乙已将毒药吃下去，那么甲就要采取措施抢救乙，以阻止乙死亡结果的发生。——此为甲自动有效地防止犯罪结果的发生（故意杀人罪既遂的法定犯罪结果是被害人的死亡）。如果乙最终死亡，即使甲采取了抢救措施，甲仍然构成故意杀人罪的既遂，不是犯罪的中止。因为甲没能有效地防止危害结果的发生。

4. 共同犯罪

依《刑法》规定，构成共同犯罪必须符合三个条件：①共同犯罪的主体必须是二人以上；②行为人在主观方面要有共同的故意；③在客观方面必须有共同的犯罪行为，即各个共同犯罪人的行为围绕同一目标，侵害同一对象，共同形成一个犯罪整体行为。

我国《刑法》根据共同犯罪人的作用并适当考虑分工的情况，将共同犯罪人分为主犯、从犯、胁从犯与教唆犯，并规定了不同的刑事责任原则：①主犯，是指组织、领导犯罪集团进行犯罪活动或者在共同犯罪中起主要作用的犯罪人。对领导犯罪集团的首要分子，按照集团所犯的全部罪行处罚；对犯罪集团首要分子以外的主犯，应当按照其所参与的或者组织、指挥的全部犯罪处罚。②从犯，是指在共同犯罪中起次要作用或辅助作用的犯罪人。对于从犯，应当从轻、减轻处罚或免除处罚。③胁从犯，是指被胁迫或被诱骗参与犯罪的人，对于胁从犯，应视其情节减轻处罚或免除处罚。④教唆犯，是指故意教唆他人实施犯罪的人，应视其在共同犯罪中所起的作用处罚；教唆不满 18 周岁的人犯罪的，应从重处罚；如果被教唆的人没有犯所教唆的罪，对于教唆犯可视其情节从轻、减轻处罚或免除处罚。

（二）刑罚制度

刑罚是由刑法规定的由国家审判机关依法对犯罪分子所适用的限制或者剥夺其某种权益的一种强制性的制裁方法。

1. 刑罚的体系

我国《刑法》所规定的刑罚体系由主刑和附加刑构成。

（1）主刑，是指对犯罪分子独立适用的主要刑罚方法。包括：①管制，即由人民法院依法判决，对犯罪分子不予关押，但限制其一定人身自由并交由公安机关执行和人民群众监督改造。②拘役，即短期剥夺犯罪分子的人身自由，就近强制进行劳动改造。③有期徒刑，即剥夺犯罪分子一定期限的人身自由，实行强制劳动改造。④无期徒刑，即剥夺犯罪分子终身自由并强制进行劳动改造。⑤死刑，即剥夺犯罪分子生命的一种最严厉的刑罚。死刑缓期和刑同死刑，是我国独创的颇具人性的一个独立刑种。

（2）附加刑，是指补充主刑适用的刑罚方法。包括：①罚金，即由人民法院判处犯罪人向国家缴纳一定数额的金钱。②剥夺政治权利，即剥夺犯罪人参加国家管理和政治活动的权利。③没收财产，即把犯罪分子个人所有财产的一部分或全部强制无偿地收归国有。④驱逐出境，即强迫犯罪的外国人离开中国国境。

2. 刑罚的裁量

刑罚的裁量，即指人民法院对于犯罪分子依法予以量刑。量刑应当根据犯罪事实、性质、情节和对社会的危害程度，依《刑法》规定予以判处。其种类主要有：①累犯，即被判处一定刑罚的犯罪人在刑罚执行完毕或被赦免后，在法定期限内又犯一定之罪的情况。对于累犯，从重处罚，但过失犯罪除外。②自首，分为一般自首和特别自首。对于自首的犯罪分子，可视其情节从轻、减轻或免除处罚。③立功，即犯罪人有立功表现的，可以从轻或减轻处罚；有重大立功表现的，可以减轻或免除处罚；犯罪后自首又有重大立功表现的，应当减轻或免除处罚。④数罪并罚，即人民法院对一人犯数罪分别定罪量刑，并根据法定原则与方法，决定应当执行的刑罚。⑤缓刑，即人民法院对判处拘役、3 年以下有期徒刑的犯罪分子，根据其犯罪情节及悔罪表现，认为暂缓执行原判刑罚，确实不致再危害社会的，则可以规定一定的考验期，暂缓其刑罚的执行；在考验期内，如果符合法定条件，则原判刑罚就不再执行。此外，我国刑法还对减刑、假释和追诉时效作出了相关的规定。

（三）犯罪种类

我国《刑法》以犯罪侵害的同类客体为基础，将犯罪行为分为以下十大类：

（1）危害国家安全罪，是指故意危害中华人民共和国的主权、领土完整和安全，分裂国家，颠覆国家政权，推翻社会主义制度，危及国家安全的行为。

（2）危害公共安全罪，是指故意或者过失地实施危害不特定多数人的生命、健康或者重大公私财产安全的行为。

（3）破坏社会主义市场经济秩序罪，是指违反国家经济管理法规，干扰国家对市场经济的管理活动，破坏社会主义市场经济秩序，使国民经济受到严重损害的行为。

（4）侵犯公民人身权利、民主权利罪，是指故意或者过失地侵犯他人人身权利和其他与人身权利直接有关的权利，以及非法剥夺或者妨害公民自由行使依法享有的管理国家事务和参加社会政治活动等各项权利的行为。

（5）侵犯财产罪，是指以非法占有为目的，攫取公私财物，或者故意毁坏公私财物，以及故意破坏生产经营的行为。

（6）妨害社会管理秩序罪，是指妨害国家机关的正常管理活动或者司法机关的职能活动，破坏社会秩序的行为。

（7）危害国防利益罪，是指故意或者过失危害国防利益，依照法律应受刑罚处罚的犯罪行为。

（8）贪污贿赂罪，是指贪污、挪用、私分公共财物，索取、收受贿赂，或者以国家工作人员、国有单位为对象进行贿赂，收买公务行为、破坏公务行为廉洁性的行为。

（9）渎职罪，是指国家机关工作人员滥用职权，玩忽职守，或者利用职权徇私舞弊，违背公务职责的公正性、廉洁性、勤勉性，妨害国家机关正常的职能活动，严重损害国家和人民利益的行为。

（10）军人违反职责罪，是指军人违反职责，危害国家军事利益，依照法律应当受刑罚处罚的行为。

三、我国的行政法律制度

（一）行政法的概念和原则

行政法是调整国家行政机关在履行其职能的过程中发生的各种社会关系的法律规范的总称。它一方面要规范和约束行政机关的行政权力和行政行为，保护公民、法人和其他组织的正当权益；另一方面也要规范和约束后者的行为，维护公共利益和社会秩序，提高社会公共事务管理的效率。

行政法调整的行政法律关系，其主体必有一方是行政主体（即行政机关）；其内容必与行政权的行使相关；其双方关系为行政主体处于主导地位，享有行政优先权和自由裁量权，而且有权先行处理行政争议。

我国行政法的基本原则主要包括：①行政合法性原则，是指行政权力的存在和运用必须依据和符合法律，不得与法律相抵触。②行政合理性原则，是指行政行为在合法的前提下应尽可能做到合理、适当和公正。③行政应急性原则，是指行政主体为保障重大公共利益和维护社会秩序，在突发事件导致的紧急情况下可实施行政紧急行为。

（二）国家行政机关与公务员

国家行政机关是指根据宪法和有关组织法的规定设立的、享有并行使国家行政权、对国家各项行政事务进行组织和管理的机关。它相对于国家权力机关是执行机关，相对于行政相对人是行政主体。我国的国家行政机关体系由中央行政机关和地方行政机关组成。

行政机关公务员是依法代表行政机关行使政权的工作人员。根据公务员法规定，公务员职务分为领导职务和非领导职务。其中，领导职务分为：国家级正职、副职；省部级正职、副职；厅局级正职、副职；县处级正职、副职；乡科级正职、副职。非领导职务层次在厅局级以下设置。综合管理类公务员的非领导职务分为巡视员、副巡视员、调研员、副调研员、主任科员、副主任科员、科员、办事员。

案例：

某市酒店于2009年3月向该市城市管理大队申请装修店门面，市监管大队同意其装修，但是，该店在装修时超出核准的范围。该市城市规划管理处发现后，认为其为违章建筑，作出限期拆除非法建筑，罚款3 000元的处罚决定，处罚决定书上加盖城市管理规划处的印章。

分析：

本案中城市规划管理处不是合法的行政主体，无权以自己的名义实施处罚。

（三）行政行为

行政行为是行政主体运用行政权力针对行政相对人作出的、能够产生一定法律效果的行为。根据行政行为所针对的行政相对人是否特定这一标准，可以将行政行为分为抽象行政行为和具体行政行为。

（1）抽象行政行为。是指行政主体针对不特定行政相对人，制定行政法规、行政规章及其他具有普遍约束力的规范性文件的行为。在我国，行政法规是指国务院为领导和管理国家各项行政工作，根据宪法和法律，按照有关程序制定发布的政治、经济、教育、科技、文化、外事等各类法规的总称。行政规章是指特定行政机关根据法律和法规，依据法定权限和程序制定的、具有普遍约束力的规范性文件的总称。行政规章通常分为两类：一类是部门规章，由国务院有关部门依法定程序制定；另一类是地方政府规章。其他有普遍约束力的规范性文件，是指行政机关针对不特定对象发布的能反复适用的行政决定、命令等。

法律故事：

2003 年 3 月 17 日，就职于广州一服装公司的大学生孙某未携带身份证逛街时，被广州黄村街派出所以没有暂住证为由予以收容。3 月 18 日，孙某被送往广州收容遣送中转站，后又被收容站送往广州收容人员救治站，并于 3 月 20 日死亡。中山大学中山医学院法医鉴定中心的鉴定表明：综合分析，孙某符合大面积软组织损伤致创伤性休克死亡，即孙某是被打死的。经过相关司法程序，相关责任人员的法律责任被追究。

通过本案，引发了其他法律问题。2003 年 5 月 14 日，三位法学博士将一份题为“关于审查《城市流浪乞讨人员收容遣送办法》的建议书”的文件传真至全国人大常委会法制工作委员会，建议全国人大常委会对收容遣送制度进行违宪审查。三位博士指出，根据《中华人民共和国宪法》第 8 条和第 9 条的规定，1982 年由国务院颁布的收容遣送办法及其实施细则中限制公民人身自由的规定，违反了宪法、行政处罚法和立法法，所以建议对《城市流浪乞讨人员收容遣送办法》进行违宪和违法审查。

（2）具体行政行为。是指行政主体依法针对具体事项或特定相对人，具体适用行政法律规范作出处理决定的行为。主要包括：①行政许可，亦称“行政审批”，是指行政主体根据行政相对人提出的申请，经依法审查，准予其从事特定活动、认可其资格资质或者确立其特定主体资格、特定身份的行为。②行政强制，是指行政主体为实现一定的行政目的，依法采取强制措施对相对人的人身或财产予以强行处置的行为。③行政征收，是指行政主体根据法律规定，以强制方式无偿取得相对人财产所有权的行为。④行政奖励，是指行政主体为实现行政目的，对严格遵守行政法规范并作出一定成绩的相对人，给予精神鼓励或物质奖励的行为。⑤行政惩戒又称行政制裁，是指行政主体对违反行政法规范的行政相对人，依职权追究行政法律责任的行为。⑥行政裁决，是指行政主体运用其职权依法处理特定民事纠纷的行为。⑦行政合同又称行政契约，是指行政主体为实现行政目的而与相对人达成的协议。

4. 行政责任

行政责任，是指行政主体因其行政行为违反行政法律规范而依法应承担的法律责任。行政违法或不当是行政责任得以形成的前提条件和直接根据。主要表现为：实施行政行为的主要证据不足或事实不清；缺乏法律法规依据或依据错误；

违反法定程序；超越法定权限；滥用职权；不履行法定职责；行为内容显失公正等。行政责任追究必须遵循责任法定原则和责任与违法程度相一致原则，其方式主要有：通报批评；赔礼道歉、恢复名誉、消除影响；返还权益；撤销违法行政行为；纠正不当行政行为；履行法定职责；行政赔偿等。

5. 行政处罚与行政复议

行政处罚，是指行政主体依法定职权和程序对构成行政违法行为的相对人实施行政制裁的具体行政行为。行政处罚属外部行政行为，不同于内部行政行为的行政处分，也不同于惩罚犯罪的刑罚。行政处罚法，是国家关于设定和实施行政处罚的法律规范的总称，我国于1996年颁布的《中华人民共和国行政处罚法》，系统规定了行政处罚的种类和设定、处罚的实施机关、处罚的管辖和适用、处罚的程序以及法律责任等内容。根据该法，行政处罚的种类包括：警告；罚款；没收违法所得，没收非法财物；责令停产停业；暂扣或者吊销许可证，暂扣或者吊销执照；行政拘留等。除法律、法规和规章以外的其他规范性文件，不得擅自设定行政处罚。

行政复议，是指行政机关行使上级行政机关对下级行政机关的监督权，在当事人的申请和参与下，按照行政复议程序对具体行政行为进行合法性和适当性审查，并作出裁决，以解决行政侵权争议的活动。1999年颁布的《中华人民共和国行政复议法》，对行政复议范围、行政复议管辖、行政复议程序等都作了具体明确的规定。

四、我国的经济法律制度

（一）经济法的概念和体系

经济法是调整国家在协调经济运行过程中所发生的经济关系的法律规范的总称。经济法律关系，是指经济法所确认的，在国家对市场活动进行组织、管理、监督和调控过程中，当事人之间所形成的具有权利义务内容的经济关系，它是一定经济关系在法律上的表现。

我国经济法主要包括市场规制法和宏观调控法两部分。市场规制法，是指调整在市场规制过程中发生的经济关系的法律规范的总称，它是国家依照法律和相关规则对市场主体的自由竞争和交易行为进行的管理和干预。宏观调控法，是指调整在宏观调控过程中发生的经济关系的法律规范的总称。

（二）消费者权益保护法

消费者权益保护法是调整在保护公民消费权益过程中所产生的社会关系的法

律规范的总称。根据《消费者权益保护法》规定，消费者主要享有下列权利：①人身、财产安全不受侵害的权利；②知悉商品或者服务的真实情况的权利；③自主选择商品和服务的权利；④公平交易的权利；⑤受到人身、财产损害时，依法获得赔偿的权利；⑥依法成立维护自身合法权益的社会团体的权利；⑦人格尊严、民族风俗习惯得到尊重的权利；⑧获得赔偿权；⑨监督批评权。

当消费者与经营者之间发生权益争议时，根据《消费者权益保护法》，可通过下列途径解决：①与经营者协商和解；②请求消费者协会调解；③向有关行政部门（工商行政管理部门、物价部门、技术质量监督部门等）申诉，求得行政救济；④提请仲裁；⑤向人民法院提起诉讼。对侵害消费者合法权益的行为，依法追究经营者的民事、行政或刑事等责任。

案例：

黑龙江市民杨先生购买了一套销售面积为117.68平方米的商品房，于2004年7月提前交纳了2004年11月至2005年3月的供暖费用。但令杨先生不能接受的是，供暖公司收取供暖费是按照商品房销售面积收取的，公用面积部分也收了供暖费。杨先生以公用面积没有供暖设备，根本不需要供暖为由，要求返还多收取的612.7元供暖费。

分析：

专家认为，供暖方与被供暖方应遵守《合同法》的规定。现在用热方的用热面积小于建筑面积，分摊的公共面积不可能达到规定的温度标准，供热方还要求用热方交纳大于供热面积的费用，是一种权利和义务不对等的霸王做法。《消费者权益保护法》第10条规定："消费者享有公平交易的权利。消费者在购买商品或者接受服务时，有权获得质量保障、价格合理、计量正确等公平交易条件，有权拒绝经营者的强制交易行为。"

（三）税收法律制度

税法是调整税收关系的法律规范的总称。税收法律关系是由税收法律规范调整的、征税主体与纳税人之间发生的具有权利义务内容的社会关系。税收法律关系的一方主体始终是国家。税法的构成要素主要包括税法主体、征税对象、税基、税目、税率、税收减免、纳税地点、纳税时间和税法责任等。

税法由税收体制法、税收征纳实体法、税收征纳程序法等组成。我国税收征纳实体法主要包括：

（1）商品税法。商品税是以商品为征税对象，以依法确定的商品的流转额为计税依据而征收的一类税。商品税主要包括增值税法、消费税法、营业税法和关税法。

（2）所得税法。所得税法是以主体所得为征税对象，向获取所得的主体征收的一类税。所得税主要分为企业所得税和个人所得税两类。

（3）财产税法。财产税是以财产为征税对象，并由对财产进行占有、使用或收益的主体缴纳的一类税，如资源税、房产税、土地使用税等。

我国税收征纳程序法律制度主要包括税务管理制度、税款征收制度、税务检查制度、税务代理制度等。《税收征收管理法》和《税收征收管理法实施细则》规定了我国税收征纳法律程序制度。《税收征收管理法》规定，任何机关、单位和个人不得违反法律、行政法规的规定，擅自作出税收开征、停征以及减税、免税、退税、补税等与税收法律、行政法规相抵触的决定。纳税人、扣缴义务人必须依照法律、行政法规的规定缴纳税款、代扣代缴、代收代缴税款。

第三节　当代中国诉讼法律制度

诉讼是指国家司法机关在当事人和其他诉讼参与人的参加下，按照法定程序解决各种案件争讼的专门活动。诉讼法则是由国家制定的关于上述诉讼活动进行时必须遵守的法律规范的总称。就狭义而言，我国现行的诉讼法主要包括《行政诉讼法》、《民事诉讼法》和《刑事诉讼法》。

一、我国的行政诉讼法律制度

国家行政机关或法律法规授权的组织（以下合称行政主体）在行使行政权过程中，时常会发生行政争议或侵害行政相对人的正当权益等行为，而行政相对人可向人民法院提起行政诉讼，要求法院依法作出公正合法的判决。我国的《行政诉讼法》对行政诉讼的受案范围、管辖、诉讼参加人、证据、起诉、受理、审理、判决、执行等问题，都作了严格的规定。

1. 行政诉讼的概念、受案范围和参加人

（1）行政诉讼。行政诉讼是指国家审判机关应公民、法人或者其他组织（以下合称行政相对人）的请求，通过审查行政行为合法性的方式，解决特定范围内行政争议的活动。行政诉讼法是有关行政诉讼的法律规范的总和。

（2）行政诉讼的受案范围。行政诉讼的受案范围是指人民法院解决行政争议的范围和权限，包括法院所受理的行政案件的范围：有行政许可、行政处罚、行政强制措施等案件，有抚恤金案件、侵犯法律规定的经营自主权案件、不履行法定职责案件，还有违法要求履行义务案件、其他侵犯人身权与财产权案件以及法律法规规定可以起诉的其他行政案件等。

（3）行政诉讼参加人。行政诉讼参加人是因起诉或者应诉参加行政诉讼活动的人，包括当事人和诉讼代理人。行政诉讼当事人，是指因具体行政行为发生争议，以自己的名义进行诉讼，并受人民法院裁判约束的主体，包括原告、被告、共同诉讼人以及第三人。原告是指认为具体行政行为侵犯其合法权益，依法向人民法院提起诉讼的行政相对人；被告是指由原告指控其具体行政行为违法，经人民法院通知应诉的行政主体；第三人是指因与被提起行政诉讼的具体行政行为有利害关系，通过申请或法院通知形式，参加到诉讼中来的当事人。诉讼代理人是指以当事人名义，在代理权限内，代理当事人进行诉讼活动的人。

2. 行政诉讼程序

（1）起诉与受理。起诉是指行政相对人认为行政主体的具体行政行为侵犯其合法权益，依法请求人民法院行使国家审判权给予救济的诉讼行为。提起行政诉讼应符合以下条件：①原告是认为具体行政行为侵犯其合法权益的公民、法人或者其他组织。②有明确的被告。③有具体的诉讼请求和事实根据。④属于人民法院的受案范围和受诉人民法院管辖。⑤法律、法规规定在起诉前必须向行政机关申请复议的，应经过行政复议，或者复议机关逾期不作复议决定后才能起诉。

人民法院接到原告的起诉状后，经审查认为符合法定受理条件的，应当在7日内立案，并通知原告；认为起诉不符合条件的，应当在7日内裁定不予受理。原告对不予受理的裁定不服，可以在收到裁定之日起10日内向上一级法院提起上诉。

（2）行政诉讼的第一审程序。行政诉讼的第一审程序是指人民法院自立案至作出第一审判决的诉讼程序，是行政审判的基础程序，具体包括审理前的准备和庭审。一般的庭审程序分为六个阶段：开庭准备、开庭审理、法庭调查、法庭辩论、合议庭评议、宣读判决。人民法院审理第一审行政案件，应当自立案之日起3个月内作出判决。

（3）行政诉讼的第二审程序。行政诉讼的第二审程序是指当事人不服地方各级人民法院尚未生效的第一审判决或裁定，依法向上一级人民法院提起上诉，上一级人民法院据此对案件进行再次审理所适用的程序。当事人不服人民法院第一审判决的，有权在判决书送达之日起15日内向上一级人民法院提起上诉。当事人不服人民法院第一审裁定的，有权在裁定书送达之日起 10 日内向上一级人民法院提起上诉。第二审人民法院审理上诉案件，除特别规定外，均适用第一审程序，而且应当自收到上诉状之日起 2 个月内作出终审判决。我国实行两审终审制度。

（4）行政诉讼审判监督程序。行政诉讼审判监督程序是指人民法院发现已经发生法律效力的判决或裁定违反法律或法规规定，依法对案件再次进行审理的程序。对于已经发生法律效力的判决、裁定，若发现其违反法律、法规规定并认为需要再审的，则人民法院院长有权提交审判委员会决定是否再审；上级人民法院有权提审或指令下级人民法院再审；人民检察院有权按照审判监督程序提出抗诉，对此，人民法院应当再审。人民法院开庭审理抗诉案件时，应当通知人民检察院派员出庭。当事人对已经发生法律效力的判决、裁定，认为确有错误的，可以向原审人民法院或者上一级人民法院提出申诉，但判决、裁定不停止执行。

二、我国的民事诉讼法律制度

市场经济条件下，改革纵深发展与经济繁荣昌盛的同时，各种利益矛盾和民事纠纷也日益增多，人民法院受理的民事诉讼案数量逐年有所上升。这表明，人们的维权意识和法制观念正在逐步增强，他们越来越懂得借助于民事诉讼途径解决民事纠纷，以此及时化解矛盾，维护社会稳定，促进社会和谐。

1. 民事诉讼的概念、管辖与当事人

（1）民事诉讼，是指法院在当事人和其他诉讼参与人的参加下，以审理、判决、执行等方式解决民事纠纷的活动，以及由这些活动产生的各种诉讼关系的总和。民事诉讼法是由国家制定的规范法院和诉讼参与人的各种诉讼关系的法律规范的总称。

（2）民事诉讼管辖，是指各级人民法院或同级人民法院受理第一审民事纠纷案件的权限和分工。主要包括：①级别管辖，是指上下级人民法院之间受理第一审民事案件的分工和权限。它解决人民法院内部的纵向分工。各级人民法院依案件性质、繁简程度以及影响范围的不同，管辖不同的第一审民事案件。②地域管辖，是指同级人民法院之间在各自辖区受理第一审民事案件的权限分工，它主要解决法院内部的横向分工问题。③专属管辖，是指法律规定某些特殊类型的案件专门由特定法院管辖。④裁定管辖，是指法院以裁定方式确定诉讼的管辖。民事诉讼法规定的裁定管辖有三种，即移送管辖、指定管辖和管辖权的转移。

（3）民事诉讼当事人，是指因民事权利义务发生争议，以自己的名义进行诉讼，要求人民法院行使民事裁判权的人。狭义上的当事人，仅指原告和被告；广义上的当事人，还包括共同诉讼人、第三人。原告，是指为维护自己或自己所管理的他人的民事权益，而以自己名义向法院起诉，从而引起民事诉讼程序发生的人。被告，是指被原告诉称侵犯原告民事权益或与原告发生民事争议，而由法院通知应诉的人。共同诉讼，是指当事人一方或双方为两人以上的诉讼。原告为两人或两人以上的称共同原告；被告为两人或两人以上的称为共同被告。共同原告和共同被告都叫作共同诉讼人。民事诉讼的第三人，是指对原告和被告所争议的诉讼标的有独立的请求权，或者虽然没有独立的请求权，但与案件的处理结果有法律上的利害关系，而参加到正在进行的诉讼中去的人。诉讼代理人，是指根据法律规定或当事人的委托，代当事人进行民事诉讼活动的人。民事诉讼代理人包括法定诉讼代理人和委托诉讼代理人两类。

2. 民事诉讼审判程序

（1）第一审普通程序，即人民法院审理民事纠纷案件，除简单的民事纠纷案件外，都适用第一审普通程序。主要包括起诉与受理、审理前的准备、开庭审理、宣判等。

（2）简易程序，是简化了的普通程序，是指基层人民法院及其派出法庭审理简单民事案件所运用的一种独立的简便易行的诉讼程序。在审判实践中，简单的民事案件一般是指那些事实清楚、情节简单、争议不大、影响较小的案件。

（3）第二审程序，是指当事人不服第一审裁判，在上诉期内提出上诉，由上一级人民法院对案件进行审理的程序。上诉必须在法定的上诉期限内提出。

（4）审判监督程序，是指人民法院发现已经发生法律效力的判决或裁定确有错误，对案件依法重新审理并作出裁判的程序。

（5）民事诉讼的特别程序，是指人民法院对非民事权益冲突案件的审理程序。特别程序的适用范围包括：选民资格案件，宣告公民失踪、宣告死亡案件，认定公民无行为能力或限制行为能力的案件，认定财产无主案件等。

（6）督促程序，是指人民法院根据债权人要求债务人给付金钱或有价证券的申请，向债务人发出有条件的支付命令，若债务人逾期不履行，人民法院可强制执行的程序。

（7）公示催告程序，是指人民法院根据当事人基于法定理由而提出的申请，以告示的方式催告不明的利害关系人在法定期间内申报权利，逾期不申报权利，就进行除权判决的程序。

（8）企业法人破产还债程序，是指人民法院根据债权人或债务人的申请，对因严重亏损、无力清偿到期债务的企业法人，宣告破产，进行清产还债的法律程序。

（9）执行程序，指人民法院根据一方当事人的申请或依职权采取法定措施，强制不履行义务的一方当事人履行已经发生法律效力的民事判决、裁定、调解书及其他法律文书的程序。

三、我国的刑事诉讼法律制度

刑事诉讼是国家司法机关认定和追究犯罪分子刑事责任的活动。刑事诉讼直接决定犯罪嫌疑人、被告人是否有罪和承担刑事责任以及构成何种犯罪、承担何种刑事责任的问题，因而事关重大。有的人认为，只要自己远离犯罪，刑事诉讼和刑事诉讼法就跟自己没有关系。但一个人不犯罪，仍有可能以刑事诉讼的证人、鉴定人或翻译人员等身份参与到刑事诉讼中，因此，仍然有必要掌握刑事诉讼法律知识。

1. 刑事诉讼法概述

在我国，刑事诉讼是指人民法院、人民检察院和公安机关在当事人及其他诉讼参与人的参加下，依照法定程序，追究犯罪，确定被追诉者刑事责任的活动。刑事诉讼法，是指国家制定或认可的调整刑事诉讼活动的法律规范的总称。

（1）刑事诉讼参与人。刑事诉讼参与人是指在刑事诉讼过程中享有一定诉讼权利，承担一定诉讼义务的除国家专门机关工作人员以外的人。根据刑事诉讼法的规定，诉讼参与人包括当事人、法定代理人、诉讼代理人、辩护人、证人、鉴定人和翻译人员。当事人是指与案件事实和诉讼结果有切身利害关系，在诉讼中分别处于控诉或辩护地位的主要诉讼参与人，是主要诉讼主体，具体包括被害人、自诉人、犯罪嫌疑人、被告人、附带民事诉讼当事人。其他诉讼参与人，指除当事人以外的诉讼参与人，包括法定代理人、诉讼代理人、辩护人、证人、鉴定人和翻译人员。他们在诉讼中是一般的诉讼主体，具有与其诉讼地位相应的诉讼权利和义务。

（2）刑事诉讼的管辖、回避、辩护和代理。刑事诉讼的管辖是指公安机关、检察机关和审判机关等在直接受理刑事案件上的权限划分以及审判机关系统内部在审理第一审刑事案件上的权限划分。它分为立案管辖和审判管辖两大类。

刑事诉讼中的回避，是指侦查人员、检察人员、审判人员等对案件有某种利害关系或者其他特殊关系，可能影响案件的公正处理，不得参与办理本案的一项诉讼制度。回避分为自行回避、申请回避和指定回避三种。

刑事诉讼中的辩护，是指犯罪嫌疑人、被告人及其辩护人针对控诉方的指控，为犯罪嫌疑人或被告人进行无罪、罪轻、减轻或免除罪责的反驳和辩解，以维护其合法权益的诉讼行为。辩护可分为自行辩护、委托辩护和指定辩护。

刑事诉讼中的代理，是指代理人接受公诉案件的被害人及其法定代理人或者近亲属、自诉案件的自诉人及其法定代理人、附带民事诉讼的当事人及其法定代理人的委托，以被代理人名义参加诉讼活动，由被代理人承担代理行为法律后果的一项法律制度。

（3）刑事诉讼证据、强制措施和附带民事诉讼。刑事证据的种类包括：物证、书证；证人证言；被害人陈述；犯罪嫌疑人、被告人的供述和辩解；鉴定结论、勘验、检查笔录、视听资料等。刑事诉讼中的强制措施，是指公安机关、人民检察院和人民法院为保证刑事诉讼的顺利进行，依法对犯罪嫌疑人、被告人的人身自由进行暂时限制或依法剥夺的各种强制性措施、办法。根据我国刑事诉讼法的规定，强制措施有拘传、取保候审、监视居住、拘留和逮捕。刑事附带民事诉讼是指司法机关在刑事诉讼过程中，在解决被告人刑事责任的同时，附带解决因被告人的犯罪行为所造成的物质损失的赔偿问题而进行的诉讼活动。

2. 刑事诉讼程序

（1）立案和侦查。立案是指公安机关、人民检察院、人民法院对报案、控告、举报和犯罪人的自首等方面的材料进行审查，以判明是否有犯罪事实并需要追究刑事责任，依法决定是否作为刑事案件交付侦查或审判的诉讼活动。侦查是指侦查机关在办理刑事案件过程中，依照法律进行的专门调查工作和有关强制性措施。侦查行为包括：讯问犯罪嫌疑人，询问证人、被害人，勘验、检查，搜查，扣押物证、书证，鉴定，辨认，通缉等。

（2）刑事起诉。刑事起诉是指享有控诉权的国家机关和公民依法向人民法院提起诉讼，要求人民法院对指控的犯罪行为进行审判，以追究被告人刑事责任的诉讼活动。我国实行的是以公诉为主、自诉为辅的起诉模式。

（3）刑事审判程序。刑事审判程序，是指人民法院审理刑事案件的步骤和方式、方法的总和。我国刑事诉讼法规定了以下几种基本的审判程序：①一审程序，是指人民法院根据审判管辖的规定，对人民检察院提起公诉和自诉人自诉的案件进行初次审判的程序；②二审程序，是指人民法院对上诉、抗诉案件进行审判的程序；③案件的复核程序，包括死刑复核程序以及人民法院根据《刑法》第六十三条第二款规定“犯罪分子虽然不具有本法规定的减轻处罚情节，但是根据案件的特殊情况，经最高人民法院核准，也可以在法定刑以下判处刑罚”的案件的复核程序；④审判监督程序，这是对已经发生法律效力的判决、裁定，在发现其确有错误时，进行重新审判的程序。根据审判监督程序进行审判的案件，如果原来是一审案件，应依照一审程序进行审判；如果原来是二审案件，则依照二审程序进行审判。

（4）执行程序。执行程序是指将已经发生法律效力的判决、裁定所确定的内容付诸实施而进行的活动。其中包括对确定的刑罚给予一定限度的变更和调整，如执行过程中的减刑、假释等刑罚。

四、我国的仲裁法律制度

由于仲裁具有充分尊重当事人的选择、费用较低、结案速度较快等优点，因此，当今人们选择仲裁途径解决纠纷已成为非常普遍的现象，也成为当今国际上公认并广泛采用的解决经济纠纷的重要手段。

1. 仲裁概述

仲裁是指发生争议的双方当事人，根据其在争议发生之前或之后所达成的协议，自愿将该争议提交中立的第三者进行裁判的争议解决制度和方式。平等主体的公民、法人和其他组织之间发生的合同纠纷和其他财产权益纠纷，可以仲裁。仲裁法是国家制定或认可的，规范仲裁法律关系主体的行为和调整仲裁法律关系的法律规范的总称。其基本原则有：自愿原则，即公平合理合法解决纠纷原则；独立仲裁原则。其基本制度包括协议仲裁制度、或裁或审制度、一裁终局制度。

依我国仲裁法规定，仲裁委员会可以在直辖市和省、自治区人民政府所在地的市设立，也可以根据需要在其他设区的市设立，也可以不按行政区划层层设立。仲裁委员会由前款规定的市的人民政府组织有关部门和商会统一组建。设立仲裁委员会，应当经省、自治区、直辖市的司法行政部门登记。仲裁委员会独立于行政机关，与行政机关没有隶属关系。仲裁委员会之间也没有隶属关系。

仲裁协议是指双方当事人自愿将他们之间已经发生或将来有可能发生的争议提交仲裁解决的协议，包括合同中订立的仲裁条款和以其他书面方式在纠纷发生之前或之后达成的请求仲裁的协议。有效的仲裁协议一般应具备以下内容：请求仲裁的意思表示、仲裁事项和选定的仲裁委员会等。仲裁协议独立存在，合同的变更、解除、终止或者无效均不影响仲裁协议的效力。仲裁协议在仲裁制度中具有极为重要的作用，是整个仲裁制度的基石。

2. 仲裁程序

申请与受理。当事人申请仲裁应当符合下列条件：有仲裁协议；有具体的仲裁请求和事实、理由；属于仲裁委员会的受理范围。仲裁委员会收到仲裁申请书之日起5日内，认为符合条件的，则应当受理并通知当事人；认为不符合条件的，则应当书面通知当事人不予受理，并说明理由。仲裁委员会受理仲裁申请后，应当在仲裁规则规定的期限内，将仲裁规则和仲裁员名册送达申请人，并将仲裁申请书副本和仲裁规则、仲裁员名册送达被申请人。

案例：

马云达在一家乡办企业当车工，一直干得不错，可已经连续三年每月只能拿到一半的工资，如今被拖欠的工资已达 3 万多元。他一家人要靠他的工资生活，小儿子读书的学费也在他的工资里出，马云达一家生活已陷入困境。他多次找到厂长，提出要求足额发放工资，厂长却都以生产不景气或销售不畅为借口拒付。他也想过辞职，可他发现有的辞职工友，辞职一年多也没领到原企业欠发的工资。他便找到厂长要求共同去仲裁部门仲裁，厂长一听他要打官司，严厉地告诉他，劳动争议仲裁时效为60 天，如今早已过期了，找哪儿也没用，只能好好干，等企业翻身再说。马云达没听这一套，他第二天便找到劳动仲裁部门。劳动仲裁部门裁决，限企业在半月内补发全部拖欠的工资，并告诉马云达，如果超过半月企业仍拖欠，他可以申请法院强制执行。

分析：

企业拖欠劳动者工资现象在各地都有，原因可能确有生产不景气的，但也有企业老板自己出国旅游、买车买楼，就是不给员工发工资的情况，员工只能去找法律帮助，申请仲裁就是好办法之一。《劳动法》第八十二条规定："提出劳动仲裁要求的一方应当自劳动争议发生之日起六十日内向劳动仲裁委员会提出书面申请。"《最高人民法院关于审理劳动争议案件适用法律若干问题的解释（二）》第一条规定："对于以下情形，视为《劳动法》第八十二条规定的劳动争议发生之日：（一）在劳动关系存续期间产生的支付工资争议，用人单位能够证明已经书面通知劳动者拒付工资的，书面通知送达之日为劳动争议发生之日。用人单位不能证明的，劳动者主张权利之日为劳动争议发生之日。"因此，单位从没有将拒发工资的通知书面送给马云达，那么马云达向老板提出去劳动争议仲裁部门仲裁那天，便是自己主张权利之日。不管工资被拖了几年，只有从那一天开始算起，只要不超过 60 天，这官司就可以打。

（2）仲裁庭的组成。仲裁庭可由三名仲裁员组成并设首席仲裁员。当事人约定此类仲裁庭的，应当各自选定或各自委托仲裁委员会主任指定一名仲裁员，第三名仲裁员由当事人共同选定或共同委托仲裁委员会主任指定。第三名仲裁员是首席仲裁员。仲裁庭也可由一名仲裁员组成。当事人约定此类仲裁庭的，应当由当事人共同选定或共同委托仲裁委员会主任指定仲裁员。仲裁庭组成后，仲裁委员会应当及时将仲裁庭的组成情况书面通知当事人。

(3) 仲裁审理。是指仲裁庭按照法律规定的程序和方式，对当事人交付仲裁的争议事项作出裁决的活动。仲裁审理是仲裁程序的中心环节，应当开庭进行。当事人协议不开庭的，仲裁庭可以根据仲裁申请书、答辩书以及其他材料作出裁决。仲裁原则上不公开进行。若当事人协议公开的，可以公开进行，但涉及国家秘密的除外。在证据方面，当事人应当对自己的主张提供证据；仲裁庭认为有必要收集的证据，可以自行收集；在证据可能灭失或者以后难以取得的情况下，当事人可以申请证据保全。当事人在仲裁过程中有权进行辩论。辩论终结时，首席仲裁员或独任仲裁员应当征询当事人的最后意见，并将开庭情况记入笔录。

(4) 仲裁中的和解、调解和裁决。当事人申请仲裁后，可以自行和解。达成和解协议的，可以请求仲裁庭根据和解协议作出裁决书，也可以撤回仲裁申请。当事人达成和解协议，撤回仲裁申请后又反悔的，可以根据仲裁协议申请仲裁。仲裁庭在作出裁决前，可以先行调解。当事人自愿调解的，仲裁庭应当调解。调解不成的，仲裁庭应当及时作出裁决。调解达成协议的，仲裁庭应当制作调解书或根据协议的结果制作裁决书。调解书与裁决书具有同等法律效力。裁决应当按照多数仲裁员的意见作出，少数仲裁员的不同意见可以记入笔录。仲裁庭不能形成多数意见时，裁决应当按照首席仲裁员的意见作出。裁决书自作出之日起即发生法律效力。

阅读链接

315 维权：不许自带食品消费是否合理？

消费维权来电：

消费者刘女士向我们发来疑问：为什么只能购买影院指定的饮料不能自带饮料？为此，我们咨询了多家影院，都被告知一直执行不许自带食品饮料的规定。

影院经理说法：

“我们是为了保障观影效果。”据某影城的一位经理介绍，看电影是公共场所内进行的集体行为，禁止自带食品饮料是一种国际惯例，为的就是防止观众带着发出响声或者有异味的食品进入影院，影响别人观看。影院自己出售的饮料可以避免这些问题。

并不是所有影院都谢绝自带饮料食品。一些如青年宫、大观楼等相对老旧的影院对此并无严格限制。业内人士告诉记者，五星级新影院成本很高，要收回投入就要设立一些附加消费，出售价格稍高的食品饮料就是手段之一。

不过，尽管影院“上有政策”，观众也“下有对策”。一些观众把饮料食品放在包内带进影院去，也有人在影院内把瓜子嗑得嘎嘣响。有观众提出，正大光明买票看电影，这种进影院偷偷摸摸带进食品的感觉实在不好。电影院虽然拒绝观众公开拿着食物进入，但对这种私藏夹带却没有治理。这不得不让人心生疑虑：电影院拿管理当幌子，为的就是卖自己的食品饮料。

刘女士遭遇：

买了票去看电影，消费者刘女士却在检票口被拦了下来。工作人员指着她正在喝的半瓶饮料说，影院不许自带饮料，可以寄存或者扔掉。不过，旁边的电影院自己出售的饮料食品，消费者购买却可以顺利带入。望着售货架上和自己手里一模一样的饮料，刘女士实在不理解：为何在影院买就能带入，自己购买的就不行？

我们随机询问几位购票者是否知道这个规定，是否看到过影院的提醒。一位购票者表示，提醒没注意看，不过一直以来都是这样，已经习惯了。另一位购票者告诉记者，可以偷偷将食品饮料放在包里带进去，这样就不会被查出来。

律师点评：

目前在法律上没有依据认定影院这样规定是霸王条款，如果电影院事先进行了提示，消费者还买了票，可以认定电影院和消费者之间达成了某种协议。影院不允许观众自带饮料的根本原因是影院为了自己的经济利益。影院自己销售的饮料比观众自带的同样饮料价格要高，于是卖饮料、食品也成了影院收益的一部分。在以往消费者对影院不许自带饮料、食品的起诉案例中，因为缺乏法律依据，消费者多为败诉。

（资料来源：中国法律网）

思考

1. 如何理解我国宪法的地位和作用？
2. 我国的民法基本原则与民事权利制度体现了哪些人文精神？
3. 审判某犯罪嫌疑人是否构成犯罪的刑法依据是什么？掌握它有何法律意义？
4. 什么是行政诉讼？行政诉讼的目的与任务是什么？
5. 什么是民事诉讼？在举证责任上它与行政诉讼有什么不同？

推荐阅读

1. 许崇德．宪法学（中国部分）第二版．北京：高等教育出版社，2007.

本书由我国研究宪法学的专家学者编写，在介绍我国宪法与宪法学产生及发展的基础上，系统而详尽地论述了我国宪法各项基本制度及相关理论，并适时地吸收反映了中国共产党的十四大、十五大、十六大有关的重大理论发展以及八届人大、九届人大、十届人大对宪法修改后的新内容。

2. 彭万林．民法学．北京：中国政法大学出版社，2011.

本书在吸收国内外法学研究、法学教育的新成果、新经验基础上，坚持理论联系实际的原则，做到了科学性、系统性和实用性的统一。通过民法案例与法学理论分析结合的方式系统全面地介绍了民法的基本知识，同时提出了许多新观点和新论断，是学习民法的必备参考书。

3. 高明暄，马克昌．刑法学（修订版）．北京：中国法制出版社，2007.

本书是司法部统编教材《刑法学》的最新修订版，该书在保持第一版所具有的体系科学、结构完整、知识稳定成熟、理论联系实际等优点的基础上，全面准确地反映近年来我国刑事法治的发展变化，总结和体现司法实践中的新经验和新情况，研究和合理吸纳刑法理论研究的新进展、新成果。全书内容分上、下两篇，共32章，主要包括刑法的基本原则、犯罪构成、排除犯罪性的行为、故意犯罪的停止形态、刑罚裁量、刑罚执行、金融诈骗罪等。

4. 张树义．行政法与行政诉讼法．北京：高等教育出版社，2002.

本书入选了教育部“普通高等教育十一五国家级规划教材”。本书反映了行政法领域的最新立法成果和司法实践中新的发展变化，尤其是行政许可法的有关内容；在对行政法与行政诉讼法的基本原理、基础知识和相应对策予以深入浅出讲解的基础上，着力于对相关制度的社会背景、制度价值、存在的问题和相应对策的适度分析和阐述，综合评介理论界的最新研究成果，并针对法律实务中存在的问题进行理论分析。

5. 张卫平．民事诉讼法教程．北京：法律出版社，1998.

本书清晰阐述和勾画了民事诉讼法的基本体系和制度框架，只阐明基本原理，理论方面没有加以展开，且尽量不涉及理论源流和理论论争。本书不是一部关于民事诉讼法的资料手册，不追求内容的大而全。有一些程序由于独立性太强，内容太多需要专门论述，因此本书没有涉及，例如海事诉讼程序。本书的阐述力求简洁明快，避免繁复累赘。关于制度的结构、关系等也尽可能用直观的图示加以表现，使其一目了然。本书适合于法律专科、本科学生一般了解民事诉讼法的需要，能够满足非法律本科学生应考法律硕士之需要。

6. 陈光中．刑事诉讼法．北京：高等教育出版社，2002.

本书是教育部“高等教育面向21世纪教学内容和课程体系改革计划”的一项成果，后申报批准为“普通高等教育十一五国家级规划教材”。本书主要有如下特点：①以我国现行《刑事诉讼法》及有关司法解释为根据，系统地叙述了我国的刑事诉讼制度；②坚持理论与实践相结合，既阐述了刑事诉讼的基本理论，又密切联系司法实践；③立足中国刑事诉讼法制，借鉴外国立法、司法实践经验，并注意与联合国公约中的刑事司法准则相协调；④篇幅适度，文字论述深入浅出。

第十章

香港、澳门特别行政区基本法概述

这是一部具有历史意义和国际意义的法律著作。……是一个具有创造性的杰作。

——邓小平

在香港这个多元化的社会，实现社会稳定发展，关键是要求同存异、包容共济、齐心协力。

——胡锦涛

第一节　香港、澳门问题与“一国两制”国策

一、香港问题的由来

香港自古以来就是中国领土的一部分。考古工作者先后在香港岛、南丫岛和大屿山等地发掘了大量的考古文物，这些考古发现证明香港地区自古以来就是我国先民劳动繁衍生息之地，其史前文化与广东沿海以及我国东南沿海一带同属于一个文化脉系。据大量的史料考证，香港地区在中国历史上的历代建制多次变动：秦汉时期属南海郡番禺县管辖；三国时期，其所辖的岭南属吴国管辖；东晋咸和六年（公元331年）后，香港属东官郡宝安县管辖；唐明时期属新安县管辖，一直延

1843年的香港

至清道光二十年（1840 年）。

《南京条约》又称《江宁条约》，是中国近代史上与外国签订的第一个不平等条约。道光二十二年（1842 年），清朝在与英国的第一次鸦片战争中战败。清政府代表在泊于南京下关江面的英军旗舰康华丽号（亦译作皋华丽号）上与英国签署《中英南京条约》（来自百度图片）

从 18 世纪后半叶开始，英国殖民者为贩运鸦片的方便和将来发动侵华战争建立据点的需要，曾多次向清政府提出割让一处岛屿，但都被乾隆皇帝严正拒绝。1840 年 2 月，英国政府以林则徐“虎门销烟”为借口，派出远征船队向中国发动侵略战争，于 1841 年 1 月强行登陆，占领香港岛，并于 1842 年 8 月强迫清政府签订了中国近代史上第一个不平等条约——《南京条约》，其中规定将香港岛割让给英国。1856 年 10 月，英国政府借“亚罗号”事件挑起了第二次鸦片战争。1860 年 10 月，英法联军攻占北京，火烧圆明园后又强迫清政府签订了不平等的《北京条约》，其中规定将九龙半岛（今界限街）的南部分（包括昂船洲）割让给英国。1894 年中日甲午战争爆发，次年，在战争中失败的清政府与日本签订了《马关条约》。此后，英、俄、法、德等帝国主义掀起了瓜分中国的狂潮，纷纷以“租借条约”的形式在中国划分势力范围。1898 年 6 月，英国乘势强迫清政府在北京签署《展拓香港界址专条》，强租了界限街以北、深圳河以南的广大地区及附近岛屿，这部分地区后称为香港“新界”，从 7 月 1 日起计，租期为 99 年。至此，英国殖民者完成了对整个香港地区的占领。

对于晚清政府被迫签订的上述不平等条约，中国人民从来不予承认，并进行了长期的抗争。辛亥革命后，除袁世凯、黎元洪外，新中国成立之前各个时期的政府也曾试图收回香港，但在国力衰弱、民不聊生、政府腐败无能的旧中国，这是不可能做到的。因此，香港的主权问题一直悬而未决。

二、澳门问题的由来

据地理专家研究考证，澳门半岛原是香山县南端孤立于海中的小岛，后因泥沙冲积，堆塞成一道沙堤，与大陆相连接，成为澳门半岛。据费成康编著的《澳门四百年》一书提供的考古发现和大量文物，经“碳 14”鉴定，证实在距今 6000 多年的史前时期，我们的祖先已在澳门地区活动、繁衍生息。从秦代开始，澳门地区正式划入中国版图，是南海郡番禺县的一部分。晋代属东官郡，隋代划归南海县，唐代属东莞县。南宋绍兴二十二年（1152 年）建立香山县，澳门地区初属香山县延福里恭字围，后改属长安乡恭常都。

16 世纪初，葡萄牙殖民者侵犯屯门，激起明朝朝野的公愤和当地人的强烈反抗，爆发中葡战争，结果葡萄牙舰队被中国军队击退。1553 年，葡萄牙人借口船遇风暴，货物被海水浸湿，要求在濠镜（澳门）借块地方晾晒货物，并贿赂广东海道副使汪柏，获准在澳门登陆及暂居。由于明政府对澳门的管治转严，澳门的主权和治权始终掌握在中国政府手里。1842 年丧权辱国的《南京条约》签订后，葡萄牙人多次企图夺取澳门的主权和治权，均未得逞。1860 年，中、英、法《北京条约》签订后，葡萄牙政府派澳门总督强行进入北京，同清政府委派的大臣谈判，并于 1862 年 8 月双方草签了《和好贸易章程》，但最终未被清政府批准。此后，葡萄牙侵夺澳门的活动一直没有停止过。1886 年后，英国和葡萄牙互相勾结，迫使清政府与葡萄牙正式谈判，于是，《里斯本草约》于 1887 年 3 月签署。接着以此为蓝本，中葡《和好通商条约》于 1887 年 12 月签订。从此，中国神圣领土澳门，正式被葡萄牙人“永居管理”。

400 多年前，葡萄牙人侵占了澳门，也把天主教带到了澳门。1562 年，葡萄牙人历经数年，在澳门建起了这座哥特式教堂，取名“圣保禄”教堂。葡语“圣保禄”发音接近当地方言中的“三巴”，所以也称“大三巴教堂”。后来，教堂两次毁于火灾。1602 年，圣保禄教堂再次重建，历经 35 年于 1637 年完工。1835 年的一场大火，又把教堂烧毁，只剩下耗资 3 万两白银的前壁，这就是今天的大三巴牌坊。

三、香港、澳门问题的解决

（一）中国政府的一贯立场

香港、澳门先后被英国、葡萄牙强占以后，中国人民为了国家的统一、主权和领土的完整，进行了长期的不屈不挠的斗争。但是，在旧中国，由于国势衰微，内忧外患困扰不断，中国人民未能摆脱被压迫、被奴役的地位，国家尚未具备收回港澳主权的能力和条件。因此，港澳的历史遗留问题一直悬而未决。

1949 年新中国诞生以后，中国政府坚决维护国家主权和领土完整，曾多次阐明中国政府对港澳问题的立场——香港、澳门都是中国的领土，中国政府不承认过去帝国主义强加于中国人民的一切不平等条约；对于包括香港、澳门在内的历史遗留问题，中国政府再次重申：要在条件成熟的时候，通过和平谈判解决；在未解决前，维持现状。1972 年 3 月 8 日，中国驻联合国代表黄华，特别致函联合国非殖民化特别委员会主席，重申中国政府的上述立场并拒认香港、澳门属于所谓“殖民地”范畴。由于中国政府对香港、澳门主权问题的立场坚定明确，联合国非殖民化特别委员会于同年 6 月 16 日通过决议，同意中国的意见，并向联合国大会建议，从殖民地名单中删去香港和澳门。1972 年 11 月 8 日，第二十七届联合国大会通过决议，批准了该特别委员会的报告。

1974 年，葡萄牙发生“4・25”革命，推翻了法西斯独裁政权，宣布实行“非殖民化政策”，正式承认澳门是中国领土而由葡萄牙管理的特殊地区，不再列入葡萄牙的所谓“省”。1979 年 2 月 8 日，中葡两国建立正式外交关系，并就澳门主权问题达成了原则谅解。双方共认，澳门是在葡萄牙管理下的中国领土，这个历史遗留下来的问题在适当的时候，由中葡两国通过友好协商解决。

1982 年以后，我国政府进一步阐明了解决香港问题的两条基本方针：其一，到 1997 年，我国一定收回香港主权；其二，收回主权后，将充分照顾香港的特殊情况，采取特殊政策，以保持香港的稳定和繁荣，即实行“一个国家，两种制度”。

（二）《中英联合声明》的签订

20 世纪 70 年代末，随着“新界”租期届满（1997 年 6 月 30 日）的日益迫近，香港前途的不明朗使英国政府忐忑不安并开始试探我国对解决香港问题的态度。港督麦理浩、英国外交大臣卡林顿相继访华，在会晤邓小平同志讨论香港问题时，邓小平回答说，“你们可以研究我们对台湾的政策”（即叶剑英委员长宣布的对台湾的 9 条方针）。1982 年 9 月，英国首相撒切尔夫人访华。在这次会见中，邓小平同志正式提出，关于收回香港主权问题，可以用“一个国家，两种制度”的方案解决，并重申我国解决香港问题的上述两条基本方针。中方的立场终于为英方所接受，双方领导人同意通过外交途径继续进行商谈，从而开始了中英两国政府关于香港问题的外交谈判。

1982年9月，邓小平同志在北京人民大会堂会见英国首相撒切尔夫人

1997年7月1日，英国政府和中国政府在中国香港隆重举行香港回归及主权交接仪式

长达两年之久的中英香港问题谈判，分为两个阶段：第一阶段从1982年10月至1983年6月。此阶段，英方曾提出“主权治权分开论”，此论一提出就遭到中方的驳斥。在中方的据理力争之下，英方不得不收回这个要求，开始认真地进行谈判。第二阶段从1983年7月到1984年9月《中英联合声明》的草签。在此期间，两国政府代表团共举行了22轮会谈。1984年9月全部达成协议，12月10日，中英两国政府签署了包括三个附件的《中华人民共和国和大不列颠及爱尔兰联合王国政府关于香港问题的联合声明》，从而圆满地解决了中国恢复对香港行使主权的问题，也为香港的长期繁荣和稳定打下了坚实的基础。从此以后，香港进入过渡时期。

（三）《中葡联合声明》的签订

1984年9月26日，中英两国政府在北京签订关于香港问题的联合声明，解决了长期悬而未决的香港主权问题，这为澳门问题的解决提供了范例，也使澳门问题成为中葡友好交往中的热门话题。1984年11月，国家主席李先念应邀访问葡萄牙。两国领导人就澳门问题交换了意见。1985年2月，澳葡总督高斯答应中国对外经济贸易部邀请访华。李先念主席与之会见时指出：“澳门的前途，香港是榜样，……要搞‘一国两制’。”

1986年5月20日，中葡两国发布了就澳门问题进行会谈的“新闻公报”。1986年6月30日，首轮会谈在北京举行，双方就整个会谈应该如何进行交换了意见。第一轮会谈“令人满意”，圆满结束。第二轮会谈于1986年9月在北京举行，谈判没有第一轮那么顺利。这主要是中葡双方在“土生葡人”国籍问题上出现了分歧和争执，矛盾有待解决。第三轮会谈于同年10月进行。会谈进入关键阶段时，在葡萄牙首都里斯本却掀起一阵澳门的管治权“越晚移交越好”的小风波，这引起中国方面的密切关注和强烈反应。1986年11月，中国副外长、中葡会谈的中方首席代表周南应邀访问葡萄牙，先后与葡国总统、总理和外交部部长会晤。同年12月底，中国外交部发言人再次重申中国政府的立场。1987年1月，葡国总统召集国务会议。消息透露，葡方已确定原则上同意1999年将澳门的管治权交还中国。

中葡两国关于澳门问题的第四轮会谈，于1987年3月10日至23日在北京举行。至此，历时8个月又14天的中葡澳门问题会谈顺利结束。历史遗留下来的澳门问题，终于得以圆满解决。

四、基本法制定的指导方针——“一国两制”国策

载入中英、中葡联合声明的中国政府对香港澳门的方针政策，是根据“一个国家，两种制度”的构想而制定的。制定港澳特别行政区基本法，就是根据“一国两制”的指导方针把我国对香港、澳门的政策用法律的形式规定下来。因此，要正确理解基本法及其制定的方针，首先必须对“一国两制”构想有所了解和认识。

（一）“一国两制”国策的理论基础和现实依据

1.“一国两制”国策的理论基础

“一国两制”构想，是在党的十一届三中全会所确立的“实事求是，解放思想”正确思想路线的指引下逐步形成和发展的。其理论基础主要体现在以下三个方面：

（1）坚持一切从实际出发、实事求是的思想路线。20世纪70年代末以后，以邓小平为核心的党中央领导集体，坚持实事求是、理论联系实际的原则，提出以“一国两制”解决台湾和香港、澳门问题的构想，既在国家主权、统一和领土完整问题上寸步不让，又在具体措施上采取高度灵活性，坚持一切从实际出

发，充分考虑历史和现实状况，照顾各方利益，使各方都能接受，妥善地解决香港和澳门这两个历史遗留问题。

（2）坚持解放思想，敢于打破一切陈旧观念的束缚，是坚持实事求是原则的重要条件。在一个统一的国家里可以允许社会主义和资本主义两种制度并存、共同发展，这的确是世界罕见的重大突破。如果思想僵化，缺乏开拓精神，就会将其视为禁区，不敢越雷池一步，那就什么事情都办不成。以邓小平为核心的党中央领导集体，坚持马克思主义的辩证唯物主义和历史唯物主义原则，纵观形势，从国内外的客观实际出发，以革命家的勇气和胆略，提出“一个国家，两种制度”的科学构想，创造性地解决了香港和澳门这两个历史遗留问题，既为祖国统一大业找到了切实可行的途径，也丰富和发展了马克思列宁主义、毛泽东思想的理论。

（3）坚持深入调查研究，对客观事实有比较全面的了解和认识。“一国两制”构想之所以具有强大的生命力，就因为这一构想不是凭空臆造，而是以邓小平为核心的党中央领导集体，对国内外的形势以及香港、澳门和台湾的历史与现实进行了全面而深入的调查研究而提出来的。因此所采取的方针政策和具体措施，不仅体现了国家民族的长远利益，还考虑到了英国、葡萄牙等国家的利益；既有利于港、澳、台地区的稳定、发展和繁荣，也有利于我国改革开放和社会主义现代化建设事业，有利于我国同英国、葡萄牙等国家友好、互利、合作关系的发展，因此，受到国内外各方面的欢迎、支持和赞赏。

2. “一国两制”国策的现实依据

邓小平指出：“‘一个国家，两种制度’的构想，是根据世界的现实、历史的状况和中国的实际提出来的。”由此可见，“一国两制”构想的提出，有三个方面的现实依据：

（1）从我国内地的现实情况看，党的十一届三中全会以后，对内改革，对外开放，大力发展生产力，“建设四化，振兴中华”已成为全国各族人民的共同奋斗目标。如果能够找到一种途径，既使港澳台问题获得妥善解决，顺利实现国家的统一和领土完整，又能保持港澳台地区的稳定、繁荣和持续发展，使其成为我国同发达资本主义国家沟通的桥梁，这必将有利于我国引进国外的资金、先进技术和管理经验，有利于改革开放和我国现代化事业的发展。“一国两制”是最正确、最理想的解决港澳台问题的途径和科学创举。

（2）从港澳两地的历史与现状来看，香港和澳门自古以来就是中国领土，长期被英国和葡萄牙占据。在那里，所实行的社会、政治、经济和法律等制度同我国内地的制度完全不同，人民群众已习惯原有的那套社会制度和生活方式，已形成独特的社会文化观念。台湾地区的历史和现实情况虽然与港澳地区明显不同，但在制度、观念等方面有很多相似之处。实行“一国两制”，允许港澳台地区保留原有的资本主义制度和生活方式，50 年不变，这是当前情况下，保持港澳台地区稳定、繁荣和持续发展的必备条件。

（3）从国际政治关系角度看，香港、澳门问题是历史遗留问题，涉及我国和英国、葡萄牙的关系。在国家主权问题上，我们要坚持原则，寸土必争、寸权不让。但在具体政策措施上，又要灵活机动，从历史和现实状况出发，互谅互让，平等协商，搞好关系，维护世界和平，为我国的社会主义现代化建设事业创造一个和平的国际环境。

邓小平同志指出，采取和平方式解决香港问题就必须考虑到香港的实际情况，也要考虑到中国和英国的实际情况。就是说，我们解决问题的办法要使三方面都能接受，中国人民能够接受，英国人民能够接受，香港人民能够接受。三方面都能接受的只能是“一国两制”。邓小平同志的这段论述，更加具体、深刻地阐明了“一国两制”构想的现实依据。

（二）主权原则是“一国两制”的核心

“一国两制”的核心在“一国”，体现在港澳基本法中，就是主权原则。主要体现在：

（1）中央（即全国人大及其常委会、中央人民政府）享有有关特别行政区的立法权，包括设立特别行政区并制定基本法。

（2）规定特别行政区是中华人民共和国不可分离的部分；它是直辖于中央人民政府的一个享有高度自治权的地方行政区域。

（3）规定了中央人民政府负责管理特别行政区的外交和国防事务。

（4）中央人民政府有权依法任命特别行政区行政长官和行政机关的主要官员。

（5）全国人大常委会对特别行政区有特定的监督权。

（6）规定特别行政区享有的自治权是全国人大授予的。

（7）规定少数有关国防外交和不属于特别行政区自治范围的全国性法律，在特别行政区实施。

（8）规定特别行政区有义务自行立法禁止任何叛国、分裂国家、煽动叛乱、颠覆中央人民政府及窃取国家机密的行为。

（9）基本法的解释权属于全国人大常委会，并由其授权特别行政区法院在审理案件时对自治范围内的条款自行解释。基本法的修改权属于全国人大，修改提案权属于全国人大常委会、国务院和特别行政区。

（三）高度自治原则，是“两制”的重要内容

在确保祖国统一与主权完整的大前提下，给予港澳特别行政区实行高度自治的权利，这是“一国两制”国策的一大创新亮点，也是港澳基本法制定的一项重要原则。在港澳基本法中，港澳特别行政区享有的高度自治权，内容主要有：

（1）保持原有的资本主义制度和生活方式，50年不变。

（2）享有行政管理权，自行处理特别行政区的行政事务。具体包括政策制定权、发布行政命令权、人事任免权、社会治安管理权、财政独立权、金融管理权、货币发行权、贸易管理权、签发产地来源证权、制定产业政策权、民用航空管理权等21项权力。

（3）享有立法权，对在高度自治范围内的事务，都可以自行立法。立法会制定的法律报全国人大常委会备案，备案不影响法律生效。

（4）享有独立的司法权和终审权。特别行政区法院除继续保持原有的法律制度和原则对法院审判权所作的限制外，对所有的案件均有审判权；特别行政区的终审权属于本区的终审法院；特别行政区法院独立进行审判，不受任何干涉；在中央人民政府协助和授权下，特别行政区可与外国就司法互助关系作出适当安排等。

（5）在对外事务方面享有一定的职权。如特别行政区政府的代表，可作为中华人民共和国代表团的成员，参加特别行政区直接相关的外交谈判；可在经济贸易、金融、航运、通信、旅游、文化、体育等领域以“中国香港”、“中国澳门”的名义，单独地同世界各国、各地区及有关国际组织保持和发展关系，签订和履行有关协议；可根据需要在外国设立官方或半官方的经济和贸易机构，报中央人民政府备案等。

（6）特别行政区还享有全国人大及其常委会和中央人民政府授予的其他权力。

第二节　基本法与特别行政区的法律地位

一、基本法的颁布及其重要意义

香港、澳门基本法的制定，从起草委员会（以下简称“草委会”）成立至草委会第九次全会召开，分别历时四年零八个月和四年零四个月，投入如此巨大的人力、物力、时间和精力，这在世界法制史上是罕见的。香港、澳门基本法草委

会第九次全会分别于1990年2月17日和1993年1月13日在北京胜利闭幕。两次会议通过的各包括三个附件的香港、澳门基本法（草案）、区旗、区徽图案（草案）和相关附件，分别提交给七届全国人大三次会议和八届全国人大一次会议审议通过。香港特别行政区基本法于1990年4月5日颁布；澳门特别行政区基本法于1993年3月31日颁布。港澳基本法颁布后，先后在国内外引起了强烈反响，对于这两部没有世界先例的法律文件，各界纷纷给予了高度的赞扬。邓小平同志在会见全体草委会委员时高度评价，“这是一部具有历史意义和国际意义的法律著作……是一个具有创造性的杰作”。

1. 具有重大的历史意义

香港、澳门问题，是历史遗留的问题，这段历史，是旧中国丧权辱国的历史。雪洗国耻，收回主权，是中国人民企盼已久的愿望。基本法的制定及颁布，以法律形式实现了中英联合声明、中葡联合声明承诺，从而宣告结束了这段丧权辱国的历史，实现了中国人民洗雪民族耻辱的夙愿。

2. 具有重要的现实意义

（1）基本法起草程序的开放性、民主性实为世界罕见。主要表现在：两个草委会的委员构成，港澳委员各占有不低的比例；草委会起草工作严格执行民主协商的原则；每次全体会议都发公报，都向新闻界发布消息，尽可能提高透明度；起草过程进行了广泛的、大量的咨询工作；草案的形成经过反复讨论、修改，历时将近五年，这在世界法制史上没有先例。

（2）在不同法律体系的矛盾方面的解决方法上更是独树一帜。由于中国内地、香港、澳门实行不同的法律体系，因此基本法起草过程中常遇到许多难题和矛盾，如宪法与基本法的关系，宪法和全国性法律在特别行政区的适用，基本法的解释权、修改权，特别行政区立法的审查权归属以及法院督辖权等问题。草委会在贯彻“一国两制”总方针的前提下，坚持高度原则性与高度灵活性相结合的原则，极有创造性地圆满地解决了这一系列的矛盾和难题。

（3）在解决单一制下中央与特别行政区的职权划分上富有独创性。制定基本法较大的难度之一，就是如何创设中央与港澳特别行政区的关系，使它既不同于联邦制国家的中央与地方的关系，又区别于单一制国家的中央与地方的关系。但两者关系又必须包容于“一国两制”之中，这是一种世界上尚无先例可循的新型的特殊关系。基本法本着“一国两制”构想精神，大胆设计了中央与港澳特别行政区的关系，并在具体条款中对两者权限作了灵活而明确的划分。这一难题的解决，不仅对中国具有重要的现实意义，而且给世界各国解决此类特别关系的权限立法作出了榜样。

（4）基本法的制定，对于保持香港、澳门的长期稳定繁荣提供了法律上的保障。第一，基本法以法律形式规定了港澳特区不实行社会主义制度和政策，保持原有的资本主义制度和生活方式，50 年不变。从而使港澳同胞解除了对港澳前途的种种忧虑，进一步体会到我们党和政府对港澳的稳定与繁荣的关心和诚意，更加增强了对香港、澳门前途的信心。第二，基本法规定了特别行政区实行高度自治，享有行政管理权、立法权、独立的司法权和终审权。这些规定，不仅在法律上保障了香港、澳门的长期稳定和繁荣，而且为两地的发展前景及其长远利益，奠定了可靠的基础。第三，基本法的相关规定，还对港澳居民的权利和自由给予了多层次和多样化的保障，为特别行政区逐步消除殖民主义政治，加强民主政治的建设创造了有利的条件。

（5）基本法的诞生，对促进和平统一祖国的进程产生了积极的影响。它的制定，把“一国两制”构想具体化并用法律形式固定下来，不仅为和平解决我国主权和领土完整提供了切实可行的途径，而且使广大台湾同胞消除了疑虑，增强了信心，对海峡两岸走向统一产生非常积极的作用。

3. 具有开拓性的理论意义

（1）基本法的制定，是对我国社会主义宪法理论的发展。这主要体现在：第一，体现了具有最高法律效力的宪法在特殊情况下可具有高度的灵活性。许多问题特别行政区可以高度灵活处理；可以不适用宪法部分条文和原则。第二，发展了我国地方政权形式的理论。基本法不仅通过对特别行政区法律地位的确定，而且规定了既符合“一国两制”，又符合港澳实际情况的特殊的地方政权形式；规定了未来的政治体制，只能是体现“一国两制”方针和“港人治港”、“澳人治澳”原则的政治体制。第三，发展了宪法关于国家结构形式的理论。我国宪法规定，我国采取单一制的国家结构形式，又规定国家在必要时设立特别行政区。依据《宪法》第三十一条、第六十二条，基本法明确规定设立特别行政区并享有高度自治权。这种自治权不仅比我国民族自治区的自治权大，而且比联邦国家的州或成员国的权力还大，这就突破了联邦国家的州或成员国的权力远远大于单一制国家的省的理论，从而发展了宪法关于国家结构形式的理论。

（2）发展了“一国两制”构想的理论。基本法的制定与颁布，不仅从内容和政策措施上把“一国两制”方针进一步具体化、法律化，而且从实践上比较圆满地解决了国家在设立特别行政区后实施“一国两制”所面临的许多现实的矛盾和问题，极大地丰富和发展了“一国两制”构想的理论。

4. 具有深远的国际意义

“一国两制”构想的提出和基本法的颁布，为世界各国解决诸类争端提供了新的途径与范例。它有力地表明，只要当事国或有关当局本着求实精神，抱有解决问题的诚意，采取互谅互让的合作态度，许多问题和争端是可以通过和平方式来解决的。

二、基本法的性质、地位及效力

（一）基本法的性质

从基本法调整的范围与内容上看，虽然大都是港澳特别行政区各个方面的制度与政策，但必须明确的是，确定该项法律性质的标准，并非是该项法律所调整的范围与内容，而是制定该法律的机关、法律依据和指导思想。因此，从这三方面看，基本法不是资本主义性质的法律，而是属于我国社会主义性质的基本法律。

1. 基本法是由全国人民代表大会制定的全国性法律

根据我国宪法规定，全国人民代表大会是我国的国家最高权力机关，全国人大及其常委会代表人民行使国家立法权。按宪法规定：我国法律分为基本法律和基本法律以外的其他法律；由全国人大制定的法律是基本法律，是全国性法律；由全国人大常委会制定的法律，属于其他法律。基本法律与其他法律并无高低等级的差别，只是制定的机关不同而已。特别行政区基本法是全国人大授权作为下设工作机构的起草委员会起草，由全国人大会议通过并颁布的法律文件。虽然内容规定的是有关港澳特别行政区的制度与政策，又是颇具特点的创造性的法律，但在制定的机关上，它和基本法律是相同的，都是由全国人大制定的，因而实质上是全国性的基本法律。

2. 基本法是根据中华人民共和国宪法制定的

宪法是国家的根本大法，具有最高的法律效力，是制定基本法律、其他法律及法规的基础和依据。特别行政区基本法主要的立法依据，应当是我国宪法，而不是中英、中葡联合声明。联合声明是中英、中葡为解决香港、澳门这些历史遗留问题的国际协议，它对当事国具有约束力。在基本法起草中，它只是作为制定基本法的基本方针，而不是主要的立法依据。基本法的主要立法依据是我国宪法。其理由如下：

（1）香港、澳门的主权是中国的，1997 年、1999 年后我国对香港和澳门恢复行使主权。如何行使，如何以法律形式把我国对香港、澳门的基本方针政策固定下来，这是我国作为主权国家的事情。而且我国是单一制结构的国家，全国只能有一部宪法，它是制定其他一切法律的依据，因此，制定基本法的立法依据，只能是宪法。

（2）基本法的立法依据，在中英、中葡联合声明中也作了明确规定：为了维护国家的统一和领土完整，并考虑到香港、澳门的历史和现实情况，中华人民共和国决定在对香港、澳门恢复行使主权时，根据《中华人民共和国宪法》第三十一条规定，设立香港、澳门特别行政区。《宪法》第三十一条还规定："特别行政区内实行的制度按照具体情况由全国人民代表大会以法律规定。"

（3）宪法作为基本法的立法依据，不仅是第三十一条、第六十二条，而且还有其他条款。诸如，基本法中关于特别行政区的法律地位、高度自治权的授予、立法权的行使、基本法关于解释权和修改权的规定、特别行政区居民中的中国公民依法参与国家事务的管理、特别行政区悬挂中华人民共和国国旗和国徽等，都是根据我国宪法的有关规定作出的。正因为如此，《基本法》在"序言"中明确指出，根据《中华人民共和国宪法》，全国人民代表大会制定香港、澳门特别行政区基本法，规定特别行政区实行的制度，以保障国家对香港、澳门的基本方针政策的实施。这清楚地表明了宪法是制定基本法的依据和基础。

3. 基本法是根据"一国两制"总方针制定的

制定基本法就是要根据"一国两制"的指导方针把对香港、澳门的基本政策用法律形式规定下来，既要维护国家的统一和领土完整，又要保持香港的繁荣与稳定，这是制定基本法的总的原则。从整体上说，国家的主体是社会主义，内地 13 亿人口实行社会主义制度，同时允许港澳台特别行政区实行资本主义，这是出于历史和现实的考虑，是和平统一祖国的需要。基本法中的许多关于资本主义制度和高度自治权的规定，都是国家恢复行使主权和中央授权的具体体现。从全国范围来说，它维护国家的统一、主权和领土的完整，规定了港澳特别行政区是我国不可分离的地方行政区域，保护中央人民政府对特别行政区的直接管辖权等，这表明了它是在全国范围内实施的法律。从另一个角度来看，基本法保障港澳地区原有的资本主义制度 50 年不变，目的在于保持维护两地的稳定繁荣与发展，这也有利于全国的社会主义现代化建设，在此意义上说，它也是为社会主义现代化服务的。

由此可见，由全国人大制定的法律，当然是体现我国人民的意志和利益的基本法律；以我国宪法为基础和依据制定的基本法律，也当然是我国社会主义法律体系中的重要的组成部分；以"一国两制"为指导方针制定的法律，其本质上必然是以国家主权和国家利益为最高准则的法律。因此，上述分析充分表明，特别行政区基本法是我国社会主义性质的基本法律。

（二）基本法的法律地位及效力

基本法的法律地位及效力，是由基本法性质所决定的，主要体现在以下四个方面：

（1）基本法不是“小宪法”，而是国家的基本法律。

基本法是国家的基本法律，基本法从结构到内容之所以类似于宪法，是由“一国两制”方针所决定的，是尊重历史和现实，从保持香港、澳门繁荣和稳定出发所必须采取的特殊形式；根据宪法理论，单一制结构形式的国家，只能有一部统一的宪法，香港、澳门只是作为一个直辖于中央的特别行政区域，不能另立“小宪法”；基本法是以我国宪法为依据，由全国人民代表大会制定的，根据我国《宪法》第六十二条规定，全国人大制定的法律称为基本法律。因此，由全国人大制定的基本法是我国的基本法律之一，其法律地位及效力仅次于宪法。

（2）基本法也不是地方性法规，而是全国性的法律。

基本法不是地方性法规，而是全国性的法律。这是因为，确定法律、法规是地方性的还是全国性的，并不取决于它规定的内容，而是取决于它是由中央国家机关制定的，还是由地方国家机关制定的。由全国人大制定的特别行政区基本法，显然不属于地方性法规，而是属于全国性的法律。根据我国宪法和法律规定，全国性的法律在全国范围内均有法律效力。特别行政区基本法作为全国人大制定的全国性法律，也应在全国范围内有效，它对全国的一切国家机关、社会团体、企事业单位和公民，都具有约束力。例如，基本法规定，中央人民政府所属各部门、各省、自治区、直辖市均不得干预特别行政区根据基本法自行管理的事务；如需在特别行政区设立机构，须征得特别行政区政府同意并经中央人民政府批准；同意批准后必须遵守特别行政区政府的法律；中央人民政府驻港澳特别行政区负责防务的部队不干预特别行政区的地方事务，还须遵守特别行政区的法律，等等。另一方面，由于基本法是依据香港、澳门的实际情况制定的，是为“一国两制”方针的实施而提供法律上的保障，因此，它的法律效力主要是适用于特别行政区，它规定的在特别行政区实行的制度和政策，只能限于特别行政区的范围之内，而不能在我国其他地区适用。

（3）基本法是特别行政区制定一切制度和政策的法律依据。《基本法》第十一条第一款规定：根据中华人民共和国宪法第三十一条，特别行政区的制度和政策，包括社会、经济制度，有关保障公民的基本权利和自由的制度，行政管理、立法和司法方面的制度及有关政策，均以本法的规定为依据。这一条规定表明了特别行政区的制度和政策是根据宪法第三十一条制定的，符合宪法第三十一条的精神；宪法的效力高于基本法，是制定基本法的法律依据，而基本法的效力则高于特别行政区立法机关制定的任何法律。

（4）基本法是特别行政区的立法基础和依据。依基本法规定，一方面，基本法作为特别行政区制度和政策的法律依据，必然也是特别行政区日常立法的基础，是立法机关制定法律的依据；另一方面，特别行政区立法机关制定的任何法律，均不得同基本法相抵触。另外，香港、澳门原有的法律，在不抵触基本法的前提下继续有效。对于与基本法相抵触的香港、澳门法律（包括原有法律）应如何处理，《基本法》在有关条文中也作了明确规定：第一，全国人大常委会可将该法律发回，但不作修改；第二，特别行政区可依照基本法并依照法定程序予以修改和废除；第三，原有法律与基本法相抵触的，不能保留；等等。

三、基本法的解释及修改

（一）基本法的解释

根据我国宪法和有关法律的规定，目前我国实行的法律解释制度有立法解释、司法解释、行政解释和地方解释。与之相比较，香港、澳门原有的法律解释体制有着较大的差别，尤其是香港。香港原有的法制不存在立法解释和行政解释，而只有司法解释。司法解释权由香港法院行使，英国的枢密院司法委员会也享有最高的司法解释权。香港、澳门回归后，法律解释的主要问题在于应当如何建立一种既符合“一国两制”，又适合香港、澳门实际的新型的法律解释制度。而问题的核心在于如何解决基本法解释权的归属问题。对于这个难题，草委会在制定基本法中，富有创造性地作了妥善、正确的解决。解决的原则及办法在基本法中得到充分的体现：

（1）由于基本法是全国人大制定的，是我国的一项基本法律，因此，基本法的解释权属于全国人大常委会。关于基本法条文本身需要进一步明确界限或作补充规定的，都必须由全国人大及其常委会进行解释或用法令进行规定。全国人大常委会解释法律，只限于明确法律条文的含义和界限，不涉及具体案件如何处理的问题，因此，不需担心由全国人大常委会行使基本法的解释权会影响或干扰特别行政区的司法独立权。

（2）全国人大常委会授权香港、澳门特别行政区法院在审判工作中具体适用基本法时，可对基本法中关于香港、澳门特别行政区自治范围内的条款作出解释。也就是说，对自治范围内的条款的解释问题，香港、澳门法院即可自行处理，不需提请全国人大常委会解释，诉讼当事人也不得要求将问题提到全国人大常委会解释。而基本法中关于高度自治的条款占基本法条文的大部分，可见，特别行政区法院享有对基本法的解释权的范围是相当宽的。

（3）特别行政区法院在审理案件时，对基本法的其他条款也可解释。但是，如果需要对基本法中关于到中央人民政府管理的事务或中央和特别行政区关系的条款进行解释，而该条款的解释又影响到案件的判决，在对该案件作出不可上诉的终局判决之前，应由终审法院报请全国人大常委会对有关条款作出解释。如果全国人大常委会作出解释，则特别行政区法院在引用该条款时，应以全国人大常委会的解释为准，但在此之前作出的判决不受影响。由此可见，特别行政区法院在审理案件时对基本法所有的条款几乎都可以解释，唯一限制的是少部分涉及中央的条款，才需要提请全国人大常委会解释。提请解释的条件和原则是：①有需要对上述条款进行解释；②该条款的解释对判决有影响；③全国人大常委会接到提请后，可以解释，也可以不解释；④若作出解释，特别行政区法院在引用该条款时就应以全国人大常委会的解释为准；⑤全国人大常委会的解释对作出解释前的判决无溯及力。这主要是为了避免因有溯及力而引起法律上的困难。这样处理既符合两地惯例，也尊重特别行政区的终审权。即使法院判决对基本法上述条款所作的解释不一致，但终局判决具有法律效力。全国人大常委会加以纠正后，也只能对以后的判决有效。另外，采取在终局判决之前提请全国人大常委会作出解释的办法，这样可以避免发生法律上的困难。

（4）全国人大常委会在对基本法有关条款作出解释前，应征询其所属的特别行政区基本法委员会的意见。特别行政区方面可以通过该委员会充分反映当地的情况和意见。这样处理，既可以加强沟通，增进共识，减少矛盾，又可以更好地协调中央与港澳特别行政区的关系。

（二）基本法的修改

1. 基本法的修改权属于全国人民代表大会

香港、澳门基本法在我国法律体系中处于非常重要的地位，因而，对基本法的任何修改，都应持慎重、严肃的态度，不能随意修改或补充，任何机关部门或个人都无权修改基本法。特别行政区基本法是全国人民代表大会制定的法律，是国家的基本法律。依我国宪法和法律的规定，它的修改权当属全国人大，这是毫无疑义的。对此，《香港基本法》第一百五十九条、《澳门基本法》第一百四十四条第一款作了明确规定："本法的修改权属于全国人民代表大会。"

全国人大是我国的最高权力机关，拥有基本法的修改权，为确保基本法的权威性，以及维护国家对香港、澳门方针政策的稳定性、连续性提供了有力的保证。

2. 享有修改基本法提案权的法定机构

依据香港基本法和澳门基本法的相关规定，基本法修改提案权的法定机构只有四个，即全国人大常委会、国务院和香港、澳门特别行政区，其他部门和机构无权提出修改基本法的提案。基本法的这项规定，与我国法制惯例相比较，有明显的不同。根据我国宪法和全国人大组织法规定，全国人大主席团、全国人大常委会、全国人大各专门委员会、国务院、中央军委、最高人民法院、最高人民检察院、各省、自治区、直辖市出席全国人大的代表团，或30名以上的全国人大代表，均可向全国人大提出属于其职权内的议案。也就是说，上述机构、代表团或30名以上的人大代表，均有权提出修改国家基本法律的提案。上述这种区别充分体现了“一国两制”的原则和港澳基本法的特殊性，有利于维护港澳基本法的权威和稳定性。

3. 基本法修改的提案程序和审议程序

基本法是香港、澳门特别行政区的法律基础，是全国人大授权两个基本法草委会各用将近五年时间起草制定并经全国人大通过颁布的基本法律，需要保持较大的稳定性。这也是港澳同胞的愿望。因此，基本法除了将享有修改提案权的机构严格限制到上述四个机构之外，对基本法修改的提案程序、审议程序及修改内容，还作出了严格的规定：

（1）规定了严格的提案程序。香港、澳门特别行政区的修改议案，必须各自经过该区的全国人大代表2/3多数、该区立法会全体议员2/3多数和该区行政长官同意后，再交由该区出席全国人大的代表团向全国人大提出。

（2）规定了特殊的审议程序。基本法的修改议案在列入全国人民代表大会的议程之前，必须先由香港或澳门特别行政区基本法委员会研究并提出意见，然后才提交全国人大审议。

（3）规定了禁止修改的内容。即基本法的任何修改，均不得同中华人民共和国对香港、澳门的既定的基本方针政策相抵触。也就是说，对基本法的任何修改，都不能有碍中国政府恢复对香港、澳门主权的行使，不能有碍香港、澳门特别行政区的高度自治权的行使，也不能有损香港、澳门的长期稳定和繁荣。

四、特别行政区的法律地位

（一）特别行政区法律地位的内涵和特点

特别行政区的法律地位，是指依法设立的特别行政区在我国国家结构中的地位。其内涵包括特别行政区的性质、由这种性质所决定的特别行政区和中央的关系以及特别行政区在对外事务中的法律地位。其特点主要体现在以下方面：

第一，它体现了我国宪法关于特别行政区的原则规定。我国宪法第三十一条、第六十二条的规定，表明了我国宪法原则上允许特别行政区在宪法确定的国家结构中处于特殊的地方行政区域的地位，它可以实行不同于宪法所规定的制度和政策；可以享有不同于国内其他地方行政区域的高度自治权。无疑，宪法的这些原则规定是确定特别行政区法律地位的宪法依据。

第二，它由中英、中葡联合声明以国际协议的形式予以保证。一方面，两个声明是正式国际法律文件，它们确认了中国恢复对香港、澳门行使主权，从而使其作为中国领土不可分割的一部分的基本法律地位在国际上得到进一步肯定；另一方面，在中国政府的声明以及对香港、澳门的基本方针政策的具体说明中，我国决定根据两地的历史和现况，分别成立特别行政区，保证其享有高度的自治权，也进一步确认了两地在我国国家结构中的特殊地位。

第三，它由特别行政区基本法具体界定。基本法是具体规定特别行政区法律地位的最重要的法律文件。它依据特别法优于普通法的原则，以特别法的形式保障了特别行政区域的特殊地位：不实行社会主义制度和政策，保持其原有的资本主义制度和生活方式50年不变；它以仅次于宪法的基本法律渊源形式使我国在两个联合声明中的承诺变为香港、澳门在国内法中的现实地位，确认港澳两地享有行政管理权、立法权、独立的司法权和终审权，并保留其原有的法律制度。可见，基本法是确定香港、澳门法律地位的最重要的法律渊源。

第四，它充分体现了我国“一国两制”的方针政策。特别行政区法律地位的基本点就是：香港、澳门是中华人民共和国不可分割的地方行政区域，体现了“一个国家”的基本原则；其享有的高度自治权，实行不同的社会制度，拥有不同于其他地方行政区域的独特地位则是“两种制度”在法律上的集中表现。可以说，特别行政区的法律地位是“一国两制”设想的具体化；“一国两制”是确定特别行政区法律地位的理论基础和政策依据。

（二）特别行政区的法律性质

1. 香港、澳门特别行政区是单一制国家结构形式下的特别行政区域

依我国宪法总纲的规定，我国的国家结构形式是统一的多民族国家。香港、澳门特别行政区是依照宪法设立的地方行政区域，它不能改变我国单一制的国家结构形式。根据国家结构学说的理论，单一制国家的地方行政区域不是一个政治实体，不具有任何主权特征。根据香港、澳门的历史和现实情况，它们从来就不是一个政治实体，在鸦片战争前，它们是我国历代政府所辖的地方行政区域的一部分。因此，不能把中央和港澳特别行政区的关系同联邦制国家中联邦与联邦成员国（州）的关系混为一谈。

2. 香港、澳门特别行政区是直辖于中央人民政府的地方行政区域

依据中英、中葡联合声明，两国政府将港澳主权交还中国。随着主权的交还，香港、澳门作为中华人民共和国的特别行政区，当然要受中央人民政府的管辖和领导。据基本法的规定，香港、澳门特别行政区“直辖于中央人民政府”。作为一级地方行政区域，它同其他同级的地方行政区域一样，具有以下一些基本

特征：①它是中华人民共和国不可分离的部分；②国家对它享有主权；③它是由最高国家权力机关通过法律程序设置的；④它受中央人民政府管辖；⑤它享有的权力是中央授予的。

3. 特别行政区是不同于内地省、自治区、直辖市的一个特殊的地方行政区域

基本法规定的中央与特别行政区的关系，是一种特殊的中央与地方的关系。同我国其他地方行政区相比较，它之所以“特殊”，在于以下几个方面：

（1）划分的标准不同。我国现行的省、自治区、直辖市建制，是国家按照一定的原则，根据特有的历史传统、地理环境、经济状况、民族关系等因素决定的。而港澳特别行政区的设立，则是我国政府依据“一国两制”国策和宪法有关规定，为维护国家主权和港澳两地的稳定与繁荣而设置的。

（2）实行的基本制度不同。我国无论是省、直辖市还是民族自治区域，都必须实行以公有制为基础的社会主义制度，而依基本法第五条的规定，港澳特别行政区实行原有的资本主义制度和生活方式，50 年不变。

（3）中央授予的权力的范围和程度不同。依宪法有关规定，我国其他地方行政区域的职权主要是根据本地区实际情况来贯彻执行中央的政策，即便是中央授予民族自治区的自治权，也只限于主要行政领导职务由自治区域的民族的公民担任，以及在某些方面可根据各民族特点采取变通的政策或灵活的措施。而特别行政区则享有高度的自治权，比起其他地方行政区域的权限，在范围上要广泛得多，程度上也要高得多。

（三）特别行政区在国内法中的地位

1. 特别行政区的立法地位

（1）中央授予特别行政区享有立法权，在高度自治范围内的事务，可以自行立法（包括修改和废止法律），而且只要完成法定程序就生效，无须报请中央批准。

（2）特别行政区的立法必须以基本法为依据，不得同基本法相抵触，立法也只能以基本法规定的高度自治权的范围为限。同时，中央保留对特别行政区立法的监督和审查权，立法会制定的法律须报全国人大常委会备案。对于不符合基本法关于中央管理的事务以及中央和特别行政区的关系的条款，全国人大常委会在征询其所属的基本法委员会后，可以将有关法律发回，但不作修改，发回的法律立即失效。

与此相适应，特别行政区实行的法律制度应以基本法为前提；中央制定的全国性法律除列于基本法附件三的几项象征国家主权的法律外，均不在香港、澳门实施；全国人大常委会在紧急状态或战争状态时，可发布命令在香港、澳门实施

相关的全国性法律。这些规定表明，中央在保障特别行政区立法权真正实现的同时，也要捍卫、维护国家的主权。

2. 特别行政区的行政地位

（1）特别行政区是一个直辖于中央人民政府的地方行政区域，体现国家主权的外交事务和国防事务，特别行政区无权处理。中央依照法定程序任命特别行政区行政长官和行政机关的其他主要官员。行政长官须依照基本法对中央人民政府和特别行政区负责。这些规定，保障了国家对香港、澳门地区的行政主权的行使。

（2）特别行政区是享有高度自治权的地方行政区域，其行政管理权的内容十分广泛：可自行制定在本地区内施行的各项政策；自行负责维持本地区内的社会治安；在财政经济、工商贸易、交通运输、土地和自然资源的开发与管理、教育科技、文化体育等方面享有自治权；保持财政独立，实行独立的税收制度，中央不在特别行政区征税；自行制定货币金融政策，自行发行货币；自行采取措施规定航运责任，保持其航空中心的地位；自行制定教育发展和文化体育政策等。

除此之外，基本法还规定中央人民政府所属各部门、各省、自治区、直辖市均不得干预香港、澳门根据基本法自行管理的事务，以此保障其行政自治权的行使。

3. 特别行政区的司法地位

（1）香港、澳门特别行政区享有独立的司法权和终审权，其设立的各级法院独立行使其审判权，不受任何干涉。中央人民政府授予特别行政区终审权。这种司法地位不仅超过我国其他地方行政区域，而且超过任何一个联邦制度下的联邦成员国（州）的司法地位，同时也大大超过了香港、澳门原有的司法地位。

（2）基本法还规定，这种司法相对独立权来源于全国人大的授权；特别行政区的法院对国防、外交等国家行为无管辖权；只有在中央人民政府协助或授权下，香港或澳门才可与外国就司法互助关系作出适当安排。可见，特别行政区的司法权是国家主权原则下的相对独立权。

（四）特别行政区在对外事务中的法律地位

香港、澳门特别行政区作为地方行政区域，不享有对外交往中主权国家的地位，但根据港澳地区原有的特殊国际地位和保证其高度自治权的需要，中央人民政府授权两个特别行政区自行处理有关的涉外事务有以下几个：

（1）授予特别行政区在对外事务中的高度自治权：特别行政区政府的代表，原则上可作为中华人民共和国政府代表团的成员，参加由中央人民政府进行的同港澳有关的外交谈判；可以作为中国政府的代表团成员或者以中央人民政府和有关国际组织或国际会议允许的身份参加以国家为单位的、与港澳有关的、适当领域的国际组织和国际会议；可以“中国香港”或“中国澳门”的名义参加不以国家为单位参加的国际组织和国际会议；中国尚未参加但已适用于香港、澳门的国际协议仍可继续适用等。

（2）在国际贸易、金融、运输等经济交往和文化交流中继续保持享有的特殊地位：特别行政区可在经济、贸易、金融、航运、通信、旅游、文化、体育等领域以“中国香港”或“中国澳门”的名义，单独地同世界各国、各地区及有关国际组织保持和发展关系，签订和履行有关协议；可根据需要在外国设立官方或半官方的经济和贸易机构，报中央人民政府备案；可以“中国香港”或“中国澳门”的名义参加世界贸易组织等国际组织和国际贸易协定；港澳特别行政区将继续保持其自由港地位，香港将继续保持其国际金融中心的地位以及国际和区域航空中心的地位等。

（3）依中央授权签发特别行政区护照。港澳特别行政区政府根据中央人民政府授权，按照《中华人民共和国国籍法》可给持有特别行政区永久性居民身份证的中国公民签发中华人民共和国特别行政区护照，并可给其他的合法居留者签发特别行政区其他旅游证件。香港、澳门可对各国各地区的出入境者实行出入境管制，在中央人民政府的协助和授权下与各国或各地区缔结互免签证协议。中国其他地区的人进入香港、澳门按现在实行的制度和办法管理。

第三节　特别行政区行政长官与政治体制

一、特别行政区行政长官

（一）行政长官的法律地位

依基本法的规定，特别行政区的行政长官具有双重的法律地位：作为特别行政区的首长，他是特别行政区的最高地方长官；作为政府首长，领导特别行政区政府。可见，特别行政区行政长官的地位明显高于我国的省长、自治区主席和直辖市市长的地位，此地位、资格、待遇、职权等是他们无法相比的。

行政长官的法律地位是与特别行政区的法律地位相适应的。作为一个享有高度自治权的地方行政区域单位，需要有这么一个行政长官，在中央与特别行政区的关系中、在处理中央授权的对外事务中都代表特别行政区政府；同时，作为最高地方长官，在特别行政区负责执行由全国人大制定的基本法和依照基本法适用于该区的其他法律，执行中央人民政府就基本法规定的有关事务发出的指令等。

行政长官的地位决定了行政长官的负责对象：一是对中央人民政府负责；二是对特别行政区负责；三是以特别行政区政府首长的身份对立法会负责；四由于行政长官是在当地通过选举或协商产生的，因此也要对特别行政区居民负责。根据基本法的规定，行政长官在就职时，必须依法宣誓拥护特别行政区基本法，效忠中华人民共和国特别行政区。

（二）行政长官的任职资格与职权

依基本法的规定，特别行政区行政长官的资格，应具备以下条件：

（1）必须是中国公民。这一规定，从法律上保证了中国公民在中国领土上的政治主导地位，是国家主权在特别行政区政制方面的具体体现。

（2）必须是特别行政区永久性居民，并且在香港、澳门通常居住连续满20年。此规定既体现国家主权原则，又适合港澳实际，体现“港人治港”、“澳人治澳”的政策。

（3）必须年满40周岁。这是由行政长官特殊的重要地位决定的。年龄太小，难以胜任，年满40周岁较为合适。在此“不惑”年龄段，正年富力强，丰富的工作经验和较强的能力，较深的阅历和资历，是胜任行政长官这一要职应具备的条件。

（4）必须在外国无居留权（澳门基本法无此项要求，只是作为当选后须履行的义务）。这是考虑到香港永久性居民中的复杂情况，为维护国家主权和“港人治港”原则而作此规定，以保证行政长官必须是香港特别行政区永久性居民中的中国公民。

行政长官的职权，依基本法规定，包括以下两个方面：

（1）在政治法律方面的职权，主要有：领导特别行政区政府；负责执行基本法和依照基本法适用于特别行政区的其他法律；签署立法会通过的法案，公布法律；签署立法会通过的财政预算案，将财政预算、决算报中央人民政府备案；决定政府政策，发布行政命令；制定行政法规并颁布执行；依法赦免或减轻刑事罪犯的刑罪；处理请愿、申诉事项等。

（2）在人事任免方面的职权：如提名并报请中央人民政府任命（或建议免除）政府主要官员；委任部分立法会议员；依照法定程序任命各级法院院长和法官，任命检察官；依照法定程序提名并报请中央人民政府任命（或建议免除）检察长；依照法定程序任免其他公职人员等。此外，还享有执行中央指令权，处理中央授权的对外事务和其他事务等。

（三）行政长官的产生与任期

依基本法规定，“特别行政区长官在当地通过选举或协商产生，由中央人民政府任命”。在当地通过选举或协商产生，实际上是一种提名程序。而由中央人民政府任命，则是最后决定行政长官人选的任命程序。如此规定，既体现国家主权，有利于使行政长官依照基本法规定对中央人民政府负责；在当地通过选举或协商产生人选，则有利于保证行政长官代表特别行政区，对特别行政区和人民负责。这也是“港人治港”、“澳人治澳”原则的充分体现。

根据基本法的规定，港澳特别行政区行政长官，其任期都是五年，均可连选连任一次。如此规定，既与过去总督任期和我国内地同等机关首脑的任期基本一致，易于被人们接受，又有利于行政长官积累工作经验和能力的充分发挥，还有利于港澳社会政治与经济、文化的稳定繁荣的局面得以惯性、持续地发展。

（四）行政长官的辞职与代理

依基本法规定，行政长官在其任期内如有下列情况之一者必须辞职：因严重疾病或其他原因无力履行职务；因两次拒绝签署立法会通过的法案而解散立法会，重选的立法会仍拒绝签署；因立法会拒绝通过财政预算案或其他重要法案而解散立法会，重选的立法会仍拒绝通过所争议的原案。

香港特别行政区行政长官短期不能履行职务时，由政务司长、财政司长、律政司长依次临时代理其职务。澳门特别行政区行政长官短期不能履行职务时，由各司司长按各司的排列顺序（由法律规定）临时代理其职务。行政长官出缺期间的职务代理与上述代理办法及顺序相同。特别行政区行政长官的代理要报中央人民政府批准。

二、特别行政区行政机关与行政会议

（一）香港特别行政区行政机关（政府）的组成

为了达到平稳过渡，以保持香港的繁荣与稳定，基本法保留了布政司、财政司和律政司，更改了部门及其首长的称谓：原来的“司”乃是官职而不是机构，基本法将“司”改为机构，而不作为职位了。例如，布政司署改称政务司。政务司、财政司、律政司，是目前香港政府中的三个主要机构，分别掌管政务、财政和律政等政府事务，主管官员均称“司长”。为区别这三大司，原来的“科”改称“局”，与内地的司、局类似，是有拟订政策权力的部门，如工商局、金融局等，主管官员称“局长”。此外，政府中还有“处”和“署”的设置。“处”是负责执行行政事务而不拟订政策的部门，如警务处、入境事务处等；“署”则是工作具有独立性质的部门，如廉政公署、审计署等。主管官员分别称“处长”、“署长”或“专员”。

依基本法规定，香港特别行政区政府主要官员的范围包括各司司长、副司长、各局局长、廉政专员、审计署长、警务处长、入境事务处处长和海关关长。这些官员必须由在香港通常居住连续满 15 年并在外国无居留权的香港特别行政区永久性居民中的中国公民担任。

（二）澳门特别行政区行政机关（政府）的组成

澳门原来的行政构架是澳门总督（以下简称澳督）下设有七个政务司，协助澳督处理日常的政府事务。政务司的名称和职权范围由各届澳督自行决定。“司”指官职而不是机构。基本法则将“司”改为机构，官职则改为“司长”，政府机构设司、局、厅、处。

依基本法的规定，澳门特别行政区政府的主要官员是各司司长、廉政专员、审计长、警察部门主要负责人和海关主要负责人。主要官员由在澳门通常居住连续满 15 年的澳门特别行政区永久性居民中的中国公民担任，且任职期内必须在外国无居留权。

（三）特别行政区政府的主要职权

特别行政区政府是在行政长官领导下负责处理政府事务的机关。为保证其履行行政管理的职能，基本法特规定其可行使下列职权：①制定并执行政策。②管理各项行政事务，如管理特别行政区的土地、财政、货币、邮政、旅游、教育、体育、文化、新闻、卫生等事务。③办理中央人民政府授权的对外事务。④编制并提出财政预算、决算，提交特别行政区立法会审议。⑤提出法案、议案（特别是关系到政府运作、公共收支和政治体制的议案）、附属法规。⑥委派官员列席立法会会议并听取意见或代表政府发言，回答有关的问题或质询等。

（四）特别行政区行政会议（行政会）

行政会议，类似香港原有的行政局和澳门原有的咨询会制度。考虑到长期以来，行政局制度在香港、咨询制在澳门的行政管理中曾发挥重要作用，是香港、澳门行之有效的制度之一，因此，基本法保留了行政会制度。依基本法规定，行政会议的性质，即协助行政长官决策的机构。也就是说，它既不是决策机构，也不是其他职权机构，其唯一的任务和作用就是协助行政长官决策，向行政长官提供意见。如行政长官在作出某些重要决策、向立法会提交法案、制定附属法规以及解散立法会之前，必须征询行政会的意见。此外，由于行政会向行政长官提供的都是有关重要决策或重大问题方面的咨询意见，而且如果行政长官不采纳时必须将理由记录在案，这就使行政会在实际上对行政长官起了一定的监督和牵制的作用。基本法还规定，行政会的成员由行政长官从行政机关的主要官员、立法机关成员和社会人士中委任，其任免由行政长官决定。这既有利于沟通立法与行政的关系，又有利于协调行政、立法和社会各方面的关系，照顾到各方面的利益，更好地发挥集体协商的优势与作用。

三、特别行政区立法机关（立法会）

（一）特别行政区立法会的性质与地位

特别行政区立法会的性质及地位，主要体现在其行使立法权方面，具有真实性、完全性和高度自治性的特点：

（1）立法会通过的法律案，行政长官没有绝对的否决权，它一经行政长官签署公布立即生效。

（2）立法会制定的法律须报全国人大常委会备案，但备案不影响该法律的生效；只有在立法会制定的法律不符合基本法关于中央管理的事务及中央和特别行政区的关系的条款时，全国人大常委会才将有关法律发回，但不作修改，且不具溯及力。

（3）特别行政区立法会的性质同原香港立法局、原澳门立法会相比，有很大差别。后两者只是港督、澳督在立法方面的最高咨询机关，不是真正拥有立法权的机关，其殖民地属性非常鲜明，其有限的立法权随时可被英葡两国或两督剥夺。

（二）立法会的组成及议员的资格

依香港基本法规定，香港立法会的组成及议员的资格须符合如下条件：

（1）必须是香港特别行政区永久性居民，因为依基本法规定，永久性居民依法享有选举权和被选举权。

（2）必须由其永久性居民中占大多数的中国公民组成。因为，以中国人为主体的香港当地人，对香港最关心、最熟悉，对香港的稳定与繁荣负有更大的使命感和责任感。由他们组成立法会，参与特别行政区的政权建设，都是非常适宜和必要的。

（3）允许非中国籍的和在外国有居留权的香港特别行政区永久性居民当选

为立法会议员，但所占比例不得超过立法会全体议员的20%。这样既维护了国家主权，保证“港人治港”，又体现了香港国际化气度，增强以香港为家的外籍人士的归属感，让他们对香港的繁荣继续作出贡献。

关于澳门特别行政区立法会的组成及议员的资格，基本法草委会考虑到澳门的实际情况与香港不同，经讨论，最后达成共识，形成基本法第二十六条、第六十八条，即只要求议员具有澳门永久性居民身份，既无国籍的要求，也无“在外国无居留权”的条件限制。

（三）立法会的产生和任期

香港、澳门特别行政区立法会的产生，在基本法草案拟定中，草委们讨论、辩论得最多的就是产生的方式和体现民主进程的问题。最终达成两点共识：一是要考虑港澳地区的历史与实际；二是要采取循序渐进的原则，最终达至全部议员由普选产生的目标。

香港特别行政区立法会的产生和任期，依基本法规定，其办法与程序如下：①第一届立法会由60人组成，其中功能团体产生的议员30人，分区直接选举的议员20人，选举委员会选举产生的议员10人。②第二届立法会由60人组成，其中功能团体选举的议员30人，分区直接选举的议员24人，选举委员会选举的议员6人。③第三届立法会由60人组成，其中功能团体选举的议员30人，分区直接选举的议员30人。④第二届、第三届分区直接选举的选举及选举委员会选举议员等具体办法，由香港特别行政区政府提出并经立法会通过的选举法加以规定。⑤2007年以后立法会的产生办法，如需进行修改，须经立法会全体议员2/3的多数通过，行政长官同意，并报全国人大常委会备案。⑥香港特别行政区立法会除第一届任期为两年外，每届任期四年。

澳门特别行政区立法会的产生办法与香港不完全相同，其产生办法，可概括为如下五点：①立法会多数议员由选举产生。这既符合中葡联合声明的原则，也符合澳门的实际。②第一届立法会由23人组成，其中直接选举产生议员8人，间接选举产生议员8人，行政长官委任议员7人。③第二届立法会由27人组成，其中由直接选举的议员10人，间接选举的议员10人，由行政长官委任的议员7人。④第三届立法会由29人组成，其中直选议员12人，间选议员10人，由行政长官委任的议员7人。第二、第三届议员的任期，每届四年。⑤2009年及以后，立法会的产生办法如需修改，必须经立法会全体议员2/3的多数通过，并经行政长官同意，报全国人大常委会备案。

（四）立法会的职权

根据基本法规定，特别行政区立法会的职权主要有：①有权依照基本法的规定和法定程序制定、修改和废除法律。立法会通过的法案，须经过行政长官签署、公布后才生效。②有权根据政府的提案，审核、通过财政预算；有权批准税收和公共开支；审议政府提出的预算执行情况报告；立法会通过的财政预算案须经行政长官签署，并将财政预算、决算报中央人民政府备案。③有权对政府进行监督，包括听取行政长官的施政报告并进行辩论；对政府的工作提出质询；就公共利益问题进行辩论等。④如对有严重违法或渎职行为而不辞职的行政长官，立法会可以进行弹劾。立法会只是有权提出对行政长官的弹劾案，至于行政长官的去或留，则由中央人民政府决定。⑤行使基本法规定的其他权力，如接受及处理申诉权、传讯权等。

四、行政长官与立法会的关系

行政长官与立法会的关系，实际上就是相互配合、相互制约的制衡关系。这是基本法构建特别行政区政治体制模式的重要特点之一。这种相互制衡关系，主要体现为行政长官对立法会有解散权，立法会也具有使行政长官辞职的权力。基本法设置这种制衡模式，目的在于妥善解决立法程序运作中行政长官与立法会在法案通过、签署上发生的矛盾，同时有利于特别行政区工作的正常运行。对此，基本法规定了双方各自行使该项权利时都必须符合的条件和程序：

1. 因立法会通过的法案，行政长官要解散立法会，必须符合如下法定条件与程序：

（1）他认为立法会通过的法案不符合本特别行政区的整体利益。

（2）他必须提出书面理由并将法案发回立法会要求重议，而且从接到法案至发回法案的期限最长不得超过 90 天。

（3）法案发回后，立法会不少于 2/3 的多数议员仍然坚持原来意见，再通过原法案。

（4）立法会再通过原法案后，行政长官仍拒绝签署。

（5）行政长官要解散立法会必须在立法会再通过原法案后的 30 天内。

2. 因特别行政区政府提出的财政预算案或行政长官认为关系到本特别行政区整体利益的法案，行政长官要解散立法会，也必须符合如下法定的条件与程序：

（1）立法会拒绝通过上述法案。

（2）经过双方协商仍不能取得一致意见。

此外，基本法还规定：行政长官在解散立法会之前，必须征求行政会的意见；解散时应向公众说明理由，而且在其任职期内只能解散立法会一次；解散立法会后，行政长官还必须承担可能发生辞职的法律后果。可见，基本法对行政长官解散立法会后所规定程序和限制是严格的，在社会和立法机关的监督与制约下，行政长官并不能轻易解散立法会。

3. 因立法会通过的法案，立法会促使行政长官辞职必须符合如下法定条件和程序：

（1）行政长官两次拒绝签署该法案。

（2）行政长官第二次拒绝签署必须在立法会再次通过原法案后的30天内。

（3）行政长官征询行政会意见后解散立法会。

（4）重选的立法会又以全体议员2/3的多数通过原法案。

（5）行政长官仍坚持拒绝签署原法案。

4. 因政府提出的预算案或其他较重大的法案，立法会促使行政长官辞职，必须符合如下法定条件和程序：

（1）立法会拒绝通过上述法案。

（2）经协商后政府和立法会仍不能取得一致意见。

（3）行政长官征询行政会意见后解散立法会。

（4）重选的立法会又以全体议员2/3的多数拒绝通过原法案。

由此可见，基本法对立法会行使行政长官辞职的权力所规定的条件和程序同样，也是很严格的。在这些条件和程序的制约下，立法机关同样也不能轻易迫使行政长官辞职。

5. 立法会有权对严重违法和渎职行为的行政长官提出弹劾案。对此基本法也规定了严格的法定程序：

（1）提出弹劾动议的内容必须是指控行政长官有严重违法或渎职行为而不辞职，而且提出动议的议员必须至少占立法会全体议员人数的1/3。

（2）对议员提出的弹劾动议，立法会必须进行表决。若表决通过，则应作出决议，并委托终审法院院长负责组成独立的调查委员会进行调查，以保证调查的公正性和合法性。

（3）如果调查委员会认为有足够的证据构成对行政长官的指控，立法会则应再次进行表决。表决经立法会以全体议员的2/3多数通过，弹劾案就算成立。

（4）立法会须将弹劾案报请中央人民政府决定。因为，行政长官是由中央人民政府任免的，其去留理所当然应由中央人民政府决定。

五、特别行政区的司法制度

（一）香港特别行政区的司法制度

1. 香港特别行政区司法机关的性质与地位

依香港基本法规定，香港特别行政区法院是该区的审判机关，依法审理该区的一切民事、刑事案件以及其他案件；法院独立进行审判，不受任何干涉；司法人员履行审判职责的行为不受法律追究。这些规定确立了审判机关在香港特别行政区政治体制中的独立地位。

2. 香港特别行政区的法院系统及法官的任免

香港特别行政区设立终审法院、高等法院、区域法院、裁判署法庭和其他专门法庭。高等法院设上诉法庭和原讼法庭。原在香港实行的司法体制，除因设立香港特别行政区终审法院而产生变化外，予以基本保留。

依基本法的规定，“九七回归”后，香港特别行政区保留原有的司法体制基本不变；其唯一的变化是设立香港特别行政区终审法院并把香港的终审权授予终审法院，终审法院是香港特别行政区的最高法院；原来的最高法院的名称改为高等法院，其中仍设有上诉法庭和原讼法庭；地方法院的名称改为区域法院，裁判司署法庭和其他专门法庭仍保留。香港原有的法律系统如下图所示（箭头表示上诉方向）：

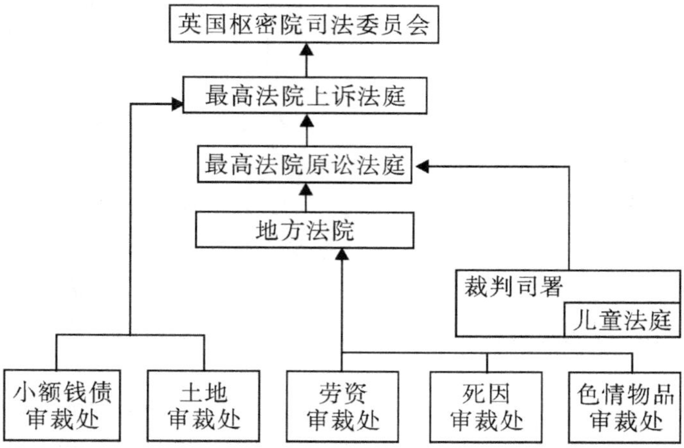

在法官的任用资格和任免程序方面，基本法规定，应根据其本人的司法和专

业才能选用，并可从其他普通法适用地区聘用。终审法院和高等法院的首席法官还必须具备在外国无居留权的香港永久性居民中的中国公民资格。法院的法官由当地法官和法律界及其他方面知名人士组成的独立委员会推荐，由行政长官任命。法官只有在无力履行职责或行为不检的情况下，行政长官才予以免职。但对于终审法院的首席法官，必须由行政长官任命不少于5名当地法官组成的审议庭进行审议、核实后才予以免职。

3. 保留普通法原则

香港《基本法》“总则”第八条规定：“香港原有法律，即普通法、衡平法、条例、附属立法和习惯，除同本法相抵触或经香港特别行政区的立法机关作出修改者外，予以保留。”这一原则规定，和“司法机关”一节中主要包括的遵循判例原则、法官享有司法豁免权原则、实行陪审制度原则、公平的诉讼程序原则和无罪推定等原则，都予以保留。

（二）澳门特别行政区的司法制度

澳门特别行政区司法机关的性质及地位与香港特别行政区的司法机关相同，其司法机关也是基本上保留了澳门原有司法体制的特点。

1. 澳门原有的法院系统

澳门原有法律属于大陆法系，实施的法律主要有三个部分：一是直接使用葡萄牙的有关法律；二是澳门立法会制定的法律；三是澳门总督制定的法令。澳门的司法组织，原属葡萄牙司法机构的一部分，本身没有独立的、自成体系的架构和制度。法院的审判、上诉和终审，均由里斯本中级法院或最高法院管辖，司法官员也由葡萄牙有关的委员会任免。1987年中葡《联合声明》签署后，1991年葡国议会通过《澳门司法组织纲要法》，同时筹组新的、独立的司法组织，于1993年初开始运作。此后，澳门的司法组织体系由法院、检察院、司法官团诉讼代理人（律师）、检察官公署、司法委员会、司法高等委员会等组成。法院则划分为三级：高等法院；审计法院，这是二审法院；第一审法院，包括普通管辖法院、刑事预审法院和行政法院。这三个法院作为一审法院继续运作，原有的制度和活动方式基本维持不变。略有不同的是，行政法院由原评政审计法院演变而来，不再负责审理审计案件。

2. 澳门特别行政区法院

澳门特别行政区法院是行使审判权的司法机关，由三级法院组成，即初级法院、中级法院和终审法院，其基本架构如下图所示：

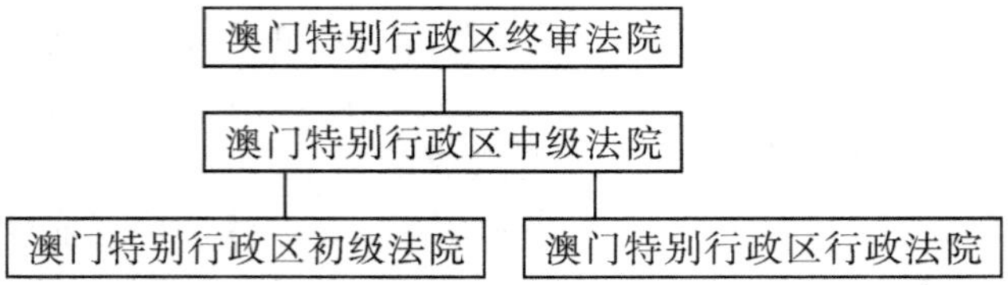

（1）初级法院。初级法院是具有一般审判权的初审法院，除了因法定理由需由中级法院行使初审管辖权的案件和由行政法院行使法定专属管辖权的案件外，任何案件（包括刑事、民事案件）都必须由其行使司法管辖权。其内部设置青少年法庭、小额钱债法庭、租务法庭、劳工法庭、海关法庭等专门法庭，具体处理特定性质的案件。

（2）行政法院。审级相当于初级法院，是管辖行政诉讼和税务诉讼的法院。其管辖范围及职能与原有的审计评政院或行政法院基本相同。所不同的是，对行政法院裁决不服的当事人可向澳门特别行政区中级法院提起上诉。

（3）中级法院。它实际上相当于原澳门高等法院中的分庭，其主要职能是接受审理对初级法院或行政法院裁决不服再提起的上诉。若对中级法院的裁决仍然不服，则需上诉到澳门特别行政区终审法院。

（4）终审法院。它实际上相当于原澳门高等法院中的法院全会，负责对中级法院裁决仍不服而提起的上诉做出最终的审判。澳门特别行政区实行三审终审制。

3. 澳门特别行政区检察院

澳门原有的司法体制不同于香港原有的司法体制，主要体现在检察院的设置及其职能上。香港受英国司法体制影响，无独立的检察机构，而是将主管刑事检控的机构划归港英政府的律政司管辖。而澳门则设有检察官公署，作为葡萄牙共和国派驻澳门的检察机构。

根据上述澳门的实际情况，基本法规定，澳门特别行政区检察院独立行使法律赋予的检察职能，不受任何干涉；检察院检察职能包括组织与运作等系列制度，由澳门特别行政区根据实际需要自行立法另作规定。

4. 澳门特别行政区法官的任免

澳门特别行政区法官包括各级各类法院的法官和检察官。基本法对其任职资格、任免等程序作了原则性的规定：法官的选用必须以其专业资格为标准；符合标准的外籍法官也可聘用；终审法院院长和检察长须由澳门永久性居民中的中国公民担任；各级法院的法官均由行政长官任命；终审法院的院长及法官的任命必须报全国人大常委会备案；检察长由行政长官提名，报中央人民政府任命；被罢免的法官必须是无能力履行其职责或其行为与其所任职务不相称；对于终审法院院长的免职，必须由行政长官根据审议委员会的建议来决定，并报全国人大常委会备案。

阅读链接

关于“港人治港”之我见

“一国两制”、“港人治港”、高度自治，这是人们熟悉的治港方略。无论是“一国两制”还是高度自治，都离不开人，尤其是港人。

回归以来，香港是否实现了“港人治港”？港人又是如何治港的？

要了解“港人治港”，首先要了解回归之前的情况。1997 年 6 月 30 日之前，香港是由港英当局管治的，最高权力者港督由英国派来。香港的行政大权长期是由英国官员控制的，虽然华人公务员甚至高级官员逐渐增加，但是决策大权始终掌握在英国人手中，华人官员只是执行者。也就是说，回归之前是“英人治港”，港英当局执行的政策，始终是从英国的利益出发的。

回归之前，中国的中央政府就为回归后香港的“港人治港”做了许多准备工作，其中最重要的是制定和颁布了香港基本法，以法律的形式规定了“港人治港”。有了这一法律的框架，“港人治港”就有了可靠的保障。

香港特别行政区首任行政长官在回归前根据基本法产生，并获得中央政府的任命。以行政长官为首的特区政府主要高官以及立法会主席和终审法院首席法官，全部由香港的中国公民担任。香港的高度自治权力来自中央政府，以行政长官为首的高级官员由中央任命并且向中央政府和香港特别行政区负责，这是“港人治港”的前提。

“一国两制”下的香港，港人是拥有居留权和定居香港的人士，其中大部分是中国国籍的居民，但也有数十万的外国国籍但又拥有香港居留权的居民。这些在香港工作和居住的外国籍香港居民，也是港人的一部分。

最近有香港报纸刊登文章，认为香港并非“港人治港”，而是外国人治港，其理由是，香港是重要的国际金融中心，也有比较完备的法制，但是与此有关的重要金融机构和法律界的高层有许多外国人，作者据此得出了这个结论。我觉得这个结论是无法成立的。虽然香港长期以来是金融中心，但不仅是金融业，许多行业都有外国专业人士任职，他们不仅必须具有相应的专业资格，还必须拥有经验。专业人士，特别是公营机构的高层管理者，往往是由特区政府在全球范围公开招聘和挑选的，绝少出现鱼目混珠的情况。根据香港的入境条例，中国内地和外国人士，只要合法长期在港居留，就可以成为香港居民。在香港工作和生活的外国籍居民的合法权利受到法律保护，他们是港人的一部分。中国籍港人构成了香港特区政府以及立法会、司法系统的主体，外国籍港人在金融和法律界的任职，并不影响“港人治港”，或者说，也是“港人治港”的组成部分，符合基本法，也反映了香港作为国际化都市的特点。

香港不仅真正实现了“港人治港”，而且治理得很不错。回归后经历了亚洲金融风暴和“非典”的考验，进一步巩固了香港的国际金融、贸易、航运三大中心地位。港人能治港，港人能治好港，过去的10年以及今后的岁月都将证明这一点。

（作者：香港凤凰卫视评论员何亮亮，资料来源：《人民日报》海外版2007年）

思考

1. “一国两制”的核心是什么？它在基本法中是怎样体现的？

2. 当年港澳基本法的颁布在国内外为何能够产生强烈的积极的反响？

3. 依基本法规定，特别行政区的法律地位是如何体现“一国两制”原则的？

4. 基本法关于特别行政区政治体制的设置，是如何体现“港人治港”、“澳人治澳”原则的？

5. 如何理解行政长官与立法会的关系实际上是一种相互配合又相互制约的制衡关系？

6. 香港特别行政区与澳门特别行政区的司法制度有哪些共同点与区别？

推荐阅读

1. 肖蔚云．论香港基本法．北京：北京大学出版社，2001.

肖蔚云．论澳门基本法．北京：北京大学出版社，2003.

作者为北京大学宪法学教授、博导，全国人大常委会港澳基本法委员会委员，曾任港澳基本法起草委员会委员。这两部论著是目前我国研究、论述基本法的著论中最权威的代表作。

2. 吴志良．基本法九九讲．澳门：澳门基金会，1994.

作者曾任当年澳门基本法起草委员会委员，该书作者集众多澳门各界代表人士，分九十九讲，围绕澳门基本法各项条文展开论述并介绍相关的历史背景、法律常识和法理原则，值得一读。

3. 钟业坤．中华人民共和国香港特别行政区基本法概论．广州：暨南大学出版社，1992.

钟业坤．中华人民共和国澳门特别行政区基本法论略．广州：暨南大学出版社，1996.

这两部教材都是全国高校最早论述港澳基本法的教材，也是当年国务院侨务办公室下达的重点课题的重要成果。其课题负责人钟业坤、蒙雅森均是暨南大学教授，他们自1992年起，在全国高校率先开设“香港基本法概论”、“澳门基本法概论”课程，并于1998年获批广东省省级重点课程。

参考文献

1. 朱永新．书院精神对于当代大学教育的启示．江苏高教，1994（2）．

2. 李中耀．关于大学精神的思考．新疆大学学报（哲学社会科学版），2001（3）．

3. 朱维铮．何谓“人文精神”．探索与争鸣，1994（10）．

4. 贺国庆等．外国高等教育史．北京：人民教育出版社，2002．

5. 夏中义．大学人文读本．桂林：广西师范大学出版社，2003．

6. 向洪，王雪，张强．哈佛理念．青岛：青岛出版社，2005．

7. 韩振峰．人格塑造与人生修养．北京：中央民族大学出版社，1999．

8. 杜作润，高烽煜．大学论．成都：四川教育出版社，2002．

9. 禹青华．在北大学做人：品格的力量．北京：企业管理出版社，2001．

10. 戴芸，李乾梅．我所设计的大学生．延吉：延边大学出版社，1998．

11. 傅建文．命运与抉择．珠海：珠海出版社，2002．

12. 周华．人生成败的关键在于做好自己．北京：新华出版社，2008．

13. 李恪实．坚持：决定成败的关键．北京：新华出版社，2005．

14. 田缘．安东尼·罗宾潜能成功学．北京：经济日报出版社，1997．

15. 孔克勤，叶奕乾，杨秀君．个性心理学．上海：华东师范大学出版社，2006．

16. ［美］珀文．人格科学．周榕等译．上海：华东师范大学出版社，2001．

17. ［美］杰瑞·伯格．人格心理学．陈会昌译．北京：中国轻工业出版社，2004．

18. 黄希庭．人格心理学．杭州：浙江教育出版社，2004．

19. ［美］珀文．人格心理学手册．黄希庭译．上海：华东师范大学出版社，2003．

20. 王海明．新伦理学．北京：商务印书馆，2001．

21. 章海山．西方伦理思想史．沈阳：辽宁人民出版社，1984．

22. ［德］叔本华．人生智慧．任立，潘宇译．北京：华龄出版社，1997．

23. ［古希腊］亚里士多德著，苗力田主编．亚里士多德全集（第八卷）．北京：中国人民大学出版社，1994．

24. 周辅成．西方伦理学名著选辑．北京：商务印书馆，1964．

25. ［美］道格拉斯·C. 诺斯．制度、制度变迁与经济绩效．刘宋英译．上海：上海三联书店，1994.

26. ［美］G. J. 施蒂格勒．经济学家和说教者．贝多广，刘泸生，郭治薇译．上海：上海三联书店，1990.

27. ［法］卢梭．爱弥尔（下卷）．李平沤译．北京：商务印书馆，1978.

28. 贺来．宽容意识．长春：吉林教育出版社，2001.

29. ［美］米歇尔·博芭．如何培养孩子的德商．顾大僖译．北京：中国发展出版社，2002.

30. 牟宗三．道德的理想主义．台北：学生书局，1978.

31. 李萍，钟明华等．思想道德修养．广州：广东高等教育出版社，2003.

32. 李春秋．高等学校教师职业道德修养．北京：北京师范大学出版社，2002.

33. 罗国杰等．思想道德修养与法律基础．北京：高等教育出版社，2006.

34. 王育济．中华民族精神读本．济南：山东大学出版社，2004.

35. 浦卫忠．爱国主义与民族精神．北京：社会科学文献出版社，2000.

36. 张文显．法理学（第三版）．北京：高等教育出版社，2007.

37. 程天权．法律基础（第二版）．北京：中国人民大学出版社，2005.

38. 孙笑侠．法理学导论．北京：高等教育出版社，2004.

39. 张千帆．宪法学．北京：法律出版社，2004.

40. 李龙．宪法学基础理论．武汉：武汉大学出版社，1999.

41. 罗豪才．行政法学．北京：中国政法大学出版社，1999.

42. 江平．民法学．北京：中国政法大学出版社，2003.

43. 高铭暄．新编中国刑法学．北京：中国人民大学出版社，1999.

44. 胡建淼．行政诉讼法学．上海：复旦大学出版社，2003.

45. 田平安．民事诉讼法原理（修订版）．厦门：厦门大学出版社，2005.

46. 姚莉．刑事诉讼法学．北京：中国法制出版社，2006.

47. 黄进．仲裁法学．北京：中国政法大学出版社，2007.

48. 肖蔚云．论香港基本法．北京：北京大学出版社，2001.

49. 肖蔚云．论澳门基本法．北京：北京大学出版社，2003.

50. 许崇德．港澳基本法教程．北京：中国人民大学出版社，1994.

51. 钟业坤．中华人民共和国香港特别行政区基本法概论．广州：暨南大学出版社，1992.

52. 钟业坤．中华人民共和国澳门特别行政区基本法论略．广州：暨南大学出版社，1996.

修订版后记

《大学与人生导论》教材于2010年出版，主要为暨南大学四海书院的学生使用。学校最近编订了新的人才培养方案，“大学与人生导论”课程由四海书院学生必修扩展到全校所有外招生必修。根据这一变动，也为了充分体现时代特点，紧扣学生实际，把新的教育教学思想融入教材之中，教材编写组根据课堂教学中的感受、学生的反馈进行了充分讨论，决定修订原来的教材。由于原主编蒙雅森教授已经退休，本次教材修订由金焱副教授、魏传光副教授主编。张志刚、陈联俊、黄聘三位博士参与编写。修订后的教材在大体保持原貌的基础上进行了细节修改。原来的第二章《人生哲学与人生真谛》与第四章《人生成败与人生创造》进行了合并，并增加了《爱情、婚姻与家庭伦理》和《法律原理与法治精神》两章。从总体上看，修订后的教材更加关照外招生的学习特点、文化背景和思维方式，结构更为合理，内容更为全面。

修订版教材具体分工如下：金焱、魏传光负责修订思路、框架的总体把握。金焱撰写第一章、第五章，魏传光撰写第二章、第三章，韩莉、陈联俊撰写第四章，张志刚撰写第六章、第七章，黄聘撰写第八章、第九章，蒙雅森撰写第十章。

不论是《人生修养与法律基础》与《大学与人生导论》（第一版），还是修订版的《大学与人生导论》，从组稿编写至出版发行，都得到暨南大学教务处、社会科学部以及暨南大学出版社、高教研究中心等部门的关心与帮助。暨南大学党委书记蒋述卓教授自始至终给予了极大的支持、悉心的指导，并在百忙中多次审稿并亲自为本书作序。同时思政专业研究生昌玉娇、李贺静、彭丹、黎燕、耿雅、于玺、任科、邓双全、洪志雄等在整理书稿及资料论证方面给予了很大的支持。在此一并致以诚挚的感谢！

由于我们的水平有限，书中纰漏在所难免，恳请读者批评指正。

编者
2014年元月